南开大学
世界古史
论　丛

由南开大学中外文明交叉科学中心资助出版
南开大学中外文明交叉科学中心文明互鉴系列

Noon
Sunshine

The Byzantine Empire
in Evagrius' Works (5th and 6th Centuries)

日中之光

埃瓦格里乌斯笔下
5—6世纪的拜占庭帝国

武　鹏　著

江苏人民出版社

图书在版编目(CIP)数据

日中之光：埃瓦格里乌斯笔下 5—6 世纪的拜占庭帝国 /
武鹏著. -- 南京：江苏人民出版社，2025.7. --（南
开大学世界古史论丛）. -- ISBN 978 - 7 - 214 - 29763 - 1

Ⅰ. K134

中国国家版本馆 CIP 数据核字第 20245G37P7 号

本书系教育部哲学社会科学研究后期资助项目"埃瓦格里乌斯作品的翻
译、注释与导读"(16JHQ038)的最终成果。

本书在结项后因出版需要进行了大量的体例修改与内容补充。其间，得到
国家社科基金冷门"绝学"和国别史等研究专项"希腊通史（从爱琴文明至今）"
(19VJX061)的经费支持。

特此致谢

书　　　名　日中之光——埃瓦格里乌斯笔下 5—6 世纪的拜占庭帝国
著　　　者　武　鹏
责 任 编 辑　于　辉
责 任 监 制　王　娟
装 帧 设 计　刘　俊
出 版 发 行　江苏人民出版社
地　　　址　南京市湖南路 1 号 A 楼，邮编：210009
照　　　排　江苏凤凰制版有限公司
印　　　刷　南京新洲印刷有限公司
开　　　本　652 毫米×960 毫米　1/16
印　　　张　24.25　插页 4
字　　　数　400 千字
版　　　次　2025 年 7 月第 1 版
印　　　次　2025 年 7 月第 1 次印刷
标 准 书 号　ISBN 978 - 7 - 214 - 29763 - 1
定　　　价　98.00 元

（江苏人民出版社图书凡印装错误可向承印厂调换）

"南开大学世界古史论丛"总序

南开大学历史学科即将迎来建立百年的日子,为纪念这一重要时刻,特推出"南开大学世界古史论丛"。作为南开大学世界史学科发展的重要学科领域,世界上古中古史学科方向经几代学者的不懈努力,不仅培养了大批学有专长的后备人才,而且取得了显著的科研成果。在世界上古中古史学科发展的历史上,涌现出蒋廷黻(曾开设欧洲文艺复兴史)、雷海宗、黎国彬、辜燮高、陈楠、王敦书、于可、李景云等蜚声国内外的老一辈学者群体,他们的弟子遍及海内外,也为其后以陈志强、杨巨平和王以欣等学者为代表的学科中坚力量的发展打下了坚实的学术基础。

改革开放以来,本学科优势持续发扬光大,呈现出令人可喜的局面,形成了西方古典史、拜占庭史、希腊化史、古代中西交流史、古埃及学等诸多国内领先的研究领域,在国内外学界的影响力持续增强。作为南开大学世界史学科重要的组成部分。世界上古中古史学科方向建立了南开大学希腊研究中心(教育部国别和区域研究备案中心)、西方古典文明研究中心、东欧拜占庭研究中心、丝路古代文明研究中心等学术机构,承担国家社科基金重大项目及以下各级别研究课题多项,培养了数以百计的硕士和博士生,他们已经成为国内各高校和科研机构的骨干力量。

为了继承和发扬传统、回顾和总结经验和成果、激励后学,在学院和学校各级领导大力支持下,我们决定共同努力,收集整理南开大学世界史老中青三代教师们的相关成果,编辑和出版"南开大学世界古史论丛"。该论丛以马克思主义历史唯物论为指导,突出学术性,展现南开大学世界上古中古史研究的实力,并向南开大学历史学科百年生日献上一束花,祝愿学科发展再上层楼。

序　言

陈志强

　　武鹏的这个专题研究成果即将问世前,他一再请我写点什么作为序言。

　　想说的话很多,但还是先来谈谈他的研究对象。埃瓦格里乌斯是 6 世纪拜占庭的一位历史学家,为拜占庭帝国叙利亚省区人氏,因其 6 卷本《教会史》而青史留名。根据后世学者考证,他出身布衣,虽家境一般,但学业有成,如同其他上进青年一样,借助当时多样性的社会流动上升通道,成为受人尊敬的律师。如果他没有撰写《教会史》的话,也许后世不会知晓他的大名,因为在所谓拜占庭史上第一"黄金时代"的繁盛时期,类似于他这样的中上等人士较多,不愁衣食,生活滋润,活跃于中上流社会名利场,游走于贵富权势圈子边缘,为见多识广、消息灵通而自鸣得意,私下里免不得指点江山、褒贬时政而凸显清高。他最难得的是喜好舞文弄墨,为后世留下了《教会史》。这部重要作品并不拘泥于教会见闻,而是广泛涉及当时教俗各界发生的大事,其中尤以政治、经济、军事、文化、自然事件为主,加之其取材广泛、史料来源丰富,故成为近现代研究者的必读书,具有很高的史料价值。与同时代其他作品相比,该书另一个突出之处是作品提供了大量叙利亚地区的信息。

　　研究拜占庭历史与文化的史料极其丰富,任何人终其一生也难以全部阅读,因此选择性阅读就显得十分重要。武鹏在近二十年前选择研究生阶段的研究重点时，便很有前瞻性地抓住了埃瓦格里乌斯及其作品。那时他就精心翻译了这部珍贵史书的全文，并仔细进行整理注释。他的硕士和博士学位论文均聚焦于此，选题虽有难度，但因为选择准确，为后来深化研究创造了条件，他的博士学位论文还获得了上级学位委员会专家的肯定，入选优秀博士学位论文。他从中学毕业进入南开大学后便显露出对历史研究的兴趣，特别偏好拜占庭历史与文化的学习，不仅藏书很多，阅读广泛，而且常有深度思考，写出很不错的文章。兴趣爱好引导他走上了拜占庭研究专业化的道路，作为他的老师，我目睹了他从懵懂少年到专业拜占庭学者成才的过程，也为他不断进步发展感到由衷的高兴。

即将问世的这部作品是他多年精心研究的结晶，也反映出他学业发展的阶段性特点。希望他继续努力，持之以恒，不断提高专业化水平，完成高质量的研究成果，为我国拜占庭学发展做出更大贡献。

目　录

绪　论

埃瓦格里乌斯和他的作品

第一节　埃瓦格里乌斯和他的世界

一、埃瓦格里乌斯的生平

埃瓦格里乌斯(Evagrius Scholasticus)是 6 世纪拜占庭帝国的历史学家和法学家。他传世的唯一作品是 6 卷本的《教会史》，涉及 428 年[聂斯托里(Nestorius)异端出现]至 593/594 年[莫里斯(Maurice)皇帝统治的第 12 年]间拜占庭帝国重要的历史事件。此书虽然名为《教会史》，但是作品不只局限于教会事务，而是广泛涉及政治、经济、军事、文化乃至自然等多方面内容。尽管这部作品也存在着某些缺陷，但是因为其取材广泛、史料来源丰富、立场客观，因此具有很高的史料价值。同时，作为唯一一部完整保存至今，几乎全面涵盖了 5—6 世纪拜占庭帝国宗教和世俗历史的文献，《教会史》也是研究该时期拜占庭史、基督教会史和叙利亚地区史最重要的参考资料之一。

在研究一部作品前，首先很有必要详细了解作者的身世，因为个人经历会在很大程度上影响写作的角度与见解。然而非常遗憾的是，因为埃瓦格里乌斯并非王公贵胄，同时，与他关系密切的一些历史学家，如其表弟埃皮法尼亚的约翰(John of Epipania)等的作品都已散佚严重。因此，目前能够反映他生平的史料极其有限。直至马其顿王朝初期，君士坦丁堡(Constantinople)大教长、著名学者弗条斯(Photius)才在其著作《群书辑要》中简要地介绍了埃瓦格里乌斯,说他是叙利亚地区的埃皮法尼亚人,曾经被皇帝授予"前任执政官"(ex-consulate)的称号。① 由于其他史料的缺乏,现代学者对埃瓦格里乌斯个人生平的研究主要还是依靠《教会史》中的相关记载,本书也概莫能外。

首先需要考证的是埃瓦格里乌斯的生卒年代与出生地点。其中,他的出生地点这一问题目前比较清楚。埃瓦格里乌斯自己就曾经明确写到,他的家乡是奥伦特斯河(Orantes)附近的埃皮法尼亚②,并且他还谈到,同时期的历史学家埃皮法尼亚的约翰不但是他的亲戚,更是他的同乡。③ 埃皮法尼亚是位于叙利亚地区塞昆达(Secunda)省的一个小城镇和主教区,在拜占庭帝国基督教会系统中隶属安条克(Antioch)宗主教区,并由安条克下属的阿帕米亚(Apamea)主教管理。这一记载也被弗条斯所沿用,应该说不存在任何异议。然而,和许多古代作家一样,埃瓦格里乌斯的生卒时间不甚明了,他也从未在自己的作品中明确提及这一问题,因此笔者只能就此做一些推测。

埃瓦格里乌斯在记载"查士丁尼瘟疫"的时候曾经写道:

> "写下这些内容的时候,我已经 58 岁了,大约两年前瘟疫第四次波及了安条克……这场瘟疫已经肆虐了 52 年。"④

这段话被很多现代学者用来推测埃瓦格里乌斯的出生时间。由此,我们可以大致推断出,瘟疫在 542 年第一次来到安条克时,埃瓦格里乌斯的年龄为 6 岁左右。换言之,埃瓦格里乌斯应该出生于 535—537 年间,这也是怀特比(M. Whitby)等大多数西方学者的看法。然而,阿伦(P. Allen)则提出了另一个有趣的观点,她认为埃瓦

① Photius, *Bibliotheca*, *codices* 1-165, trans. by J. H. Freese, London, 1920, cod. 29.
② Evagrius Scholasticus, *The Ecclesiastical History of Evagrius Scholasticus*, trans. by M. Whitby, Liverpool, 2000, Ⅲ. 34.
③ Evagrius Scholasticus, *The Ecclesiastical History of Evagrius Scholasticus*, V. 24.
④ Evagrius Scholasticus, *The Ecclesiastical History of Evagrius Scholasticus*, Ⅳ. 29.

格里乌斯在《教会史》第 4 卷第 26 节中写道，当波斯军队焚毁安条克
的时候（540 年），他是一名初级学校的学生。一般来说，拜占庭的儿
童教育开始于 6—8 岁①，由此推断，埃瓦格里乌斯应该诞生于 532—
534 年左右②。虽然这两种推论的结果稍有差异，依据也各有不同，
但是总体看来相去不远。与出生年份相比，埃瓦格里乌斯去世的时
间更不可考，他的作品没有给我们留下任何相关信息，我们只知道，
他至少亡于其作品结束的 593/594 年之后。

　　尽管一些细节尚不甚明了，但是我们对埃瓦格里乌斯生活的时
间范围能够有一个大致的了解。埃瓦格里乌斯应该与皇帝提比略
（Tiberius）和莫里斯是同一时代的人，生活在查士丁尼（Justinian）、
查士丁二世（Justin Ⅱ）、提比略和莫里斯统治的时期。

　　在初步考证了埃瓦格里乌斯的出生时间和地点之后，我们还可
以从他的作品中大致勾勒出其一生的经历。埃瓦格里乌斯在《教会
史》第 4 卷第 26 节中谈论了自己童年的生活。他写道：在安条克城
被波斯军队焚毁后（540 年），阿帕米亚的主教托马斯（Thomas）用城
中神圣的十字架举行圣事，年幼的他由一名初级学校的老师陪同，
从家乡来到这里参观。③ 从这一点不难看出，埃瓦格里乌斯至少出
身于一个经济条件尚可的家庭，因而他才可以接受这样精心的辅
导，而良好的基础教育对其日后的发展起到了重要的帮助。

　　大约两年之后，埃瓦格里乌斯在瘟疫第一次侵袭安条克的时候
不幸染病，但是侥幸活了下来。④ 我们尚不确知他在此后一段时间
内的行踪，但是既然埃瓦格里乌斯后来成了一名律师，那么他必然
需要按照拜占庭皇帝制定的法律进行特定的培训。从年龄上推算，

---

① N. H. Baynes and H. St. L. B. Moss, Ed. , *Byzantium: An Introduction to East
　 Roman Civilization*, Oxford, 1949 Reprint, p. 204.
② P. Allen, *Evagrius Scholasticus the Church Historian*, Lovain, 1981, p. 1.
③ Evagrius Scholasticus, *The Ecclesiastical History of Evagrius Scholasticus*, Ⅳ. 26.
④ Evagrius Scholasticus, *The Ecclesiastical History of Evagrius Scholasticus*, Ⅳ. 29.

培训的时间应该在 6 世纪 50 年代晚期。[1] 当时拜占庭帝国法律教育的中心主要在首都君士坦丁堡、亚历山大里亚(Alexandria)、贝鲁特(Beirut)和罗马(Rome)。从埃瓦格里乌斯的作品来看,他对 6 世纪罗马和亚历山大里亚的事务都非常陌生,加之贝鲁特在 551 年遭遇地震后很长时间都没能恢复,因此阿伦和怀特比等学者一致认为埃瓦格里乌斯是在君士坦丁堡接受的法律教育。[2] 应该说,这种判断是合乎逻辑的。比起 6 世纪的罗马和亚历山大里亚来说,埃瓦格里乌斯在《教会史》中对君士坦丁堡倾注了更多的关注,对查士丁尼时期首都建设的一些记载可能正是他在那里学习期间亲眼看见的结果。[3]

在这之后,埃瓦格里乌斯回到了安条克,并结识了当时安条克的主教阿纳斯塔修斯(Anastasius)。埃瓦格里乌斯给予阿纳斯塔修斯主教很高的评价,认为他"严于律己的同时又富有处理问题的技巧"[4]。在格里高利(Gregory)成为安条克主教(570 年)后,他成为主教的法律顾问和安条克城中比较有名望的人物。他在记载"查士丁尼瘟疫"的时候曾经写道:瘟疫夺去了他一些仆人的性命[5],由此可见,他的经济状况较好,能够负担雇用佣人的费用。此外,588 年10 月的最后一天,他举行婚礼迎娶第二任妻子,安条克人把这场婚礼当作节日,并举行了公共庆典以示庆祝。[6] 这表明除了经济地位外,他在当地也有比较显赫的社会地位。同时,他也得到了格里高利主教的充分信任,经常被主教委以重任。例如在 588 年,他就作为主教的随从顾问前往首都君士坦丁堡,参加一场为格里高利主教

---

① 关于早期拜占庭帝国法律培训的相关知识可参见 A. H. M. Jones, *The Later Roman Empire* 284 - 602, Oxford, 1964, pp. 511 - 513.
② P. Allen, *Evagrius Scholasticus the Church Historian*, p. 2. Evagrius Scholasticus, *The Ecclesiastical History of Evagrius Scholasticus*, p. xiv.
③ Evagrius Scholasticus, *The Ecclesiastical History of Evagrius Scholasticus*, Ⅳ. 30.
④ Evagrius Scholasticus, *The Ecclesiastical History of Evagrius Scholasticus*, Ⅳ. 40.
⑤ Evagrius Scholasticus, *The Ecclesiastical History of Evagrius Scholasticus*, Ⅳ. 29.
⑥ Evagrius Scholasticus, *The Ecclesiastical History of Evagrius Scholasticus*, Ⅵ. 8.

辩护的重要会议，并协助主教成功地洗清罪名。[①] 因为与安条克主教保持着密切的关系，埃瓦格里乌斯结识了一些社会名流，如后来成为圣徒的修士西蒙（Simone the Stylites the Younger）等人。其中尤为重要的是他与未来的皇帝莫里斯及其家人的相识。当还是拜占庭帝国东方军队司令官的莫里斯及其双亲某日在安条克的查士丁尼教堂敬奉熏香时，埃瓦格里乌斯陪同格里高利主教一起接待了他们，并和莫里斯的父母进行了愉快的交谈。[②] 之后埃瓦格里乌斯获得了一定的政治地位。提比略授予他荣誉法官（Quaestor）的称号，而在莫里斯皇帝之子塞奥多西诞生后（584 年），埃瓦格里乌斯因为撰文记载这一事件而被皇帝授予"前任执政官"的头衔。[③]

在个人作品方面，除《教会史》之外，按照埃瓦格里乌斯自己所言，他还写过一部作品，是以主教格里高利名义完成的一本报告、信件、法令和演说辞等文件的汇编集。[④] 由于埃瓦格里乌斯的创作得到了格里高利的全力支持，他很可能可以阅读安条克主教拥有的大量珍贵文献，因此这部作品应该对研究当时拜占庭帝国的典章制度和政治生活具有十分重要的意义，但是非常可惜的是，他的这部作品没能保存下来。

通过上述内容，我们可以对埃瓦格里乌斯有一个大致的认识。在考证了他的个人经历后，我们还应看到，作者所处的时空环境同样是影响其作品的一个重要因素。

二、埃瓦格里乌斯的世界

如前文所述，埃瓦格里乌斯出生在叙利亚地区的埃皮法尼亚，然而在作品中他却很少提及自己的家乡。最受他关注的地方是他

---

① Evagrius Scholasticus, *The Ecclesiastical History of Evagrius Scholasticus*，Ⅵ. 7.
② Evagrius Scholasticus, *The Ecclesiastical History of Evagrius Scholasticus*，V. 21.
③ Evagrius Scholasticus, *The Ecclesiastical History of Evagrius Scholasticus*，Ⅵ. 24.
④ Evagrius Scholasticus, *The Ecclesiastical History of Evagrius Scholasticus*，Ⅵ. 24.

长期工作和生活的安条克城。因此,研究埃瓦格里乌斯所处的时空环境首先必须对这一时期的安条克城有所了解。

安条克是古代东地中海世界极其重要的城市,其规模早在罗马帝国奥古斯都时期即与当时的埃及大都市亚历山大里亚相差无几。[①] 根据君士坦丁堡大教长"圣金口"约翰所言,在2世纪中叶图拉真(Trajan)统治的罗马帝国鼎盛时期,安条克当地人口已有20万之众。[②] 进入拜占庭时代后,安条克和首都君士坦丁堡、亚历山大里亚与罗马同为帝国境内首屈一指的大都市。作为叙利亚的首府,安条克是东方政区长官(comes Orientis)、叙利亚地区政务官(consularis Syriae)和东方战区司令官(magister militum per Orientem)等帝国军政要员的驻节地,同时是地中海东岸商业和贸易的重镇。在5世纪中叶皇帝利奥一世(Leo Ⅰ)统治时期,安条克城内已经"人口非常稠密,几乎没有多余的空地,历代皇帝出于攀比之心修建的建筑比比皆是"[③],呈现出一派繁荣昌盛的景象。在宗教领域,安条克主教则是可与君士坦丁堡、罗马和亚历山大里亚主教一争短长的基督教会领袖。在埃瓦格里乌斯生活的6世纪,因为拜占庭与波斯进行着漫长而频繁的战争,安条克还充当着东方前线的司令部与信息传递中心,同时承担着军队训练营的重要任务。[④]

不过,埃瓦格里乌斯身处的时代,安条克却处于风雨飘摇之中。进入6世纪以来,安条克开始露出盛极而衰的苗头,在6—7世纪先后两次被波斯人占领。尽管628年拜占庭人一度收复安条克,但是

---

① G. Downey, *A History of Antioch in Syria: from Seleucus to the Arab Conquest*, Princeton, 1961, pp. 582 – 583.

② John Chrysostom, *On the Priesthood, Ascetic Treatises, Select Homilies and Letters, Homilies on the Statutes*, NPNF1 – 09, general editor Philip Schaff, New York, 1886, p. 149.

③ Evagrius Scholasticus, *The Ecclesiastical History of Evagrius Scholasticus*, Ⅱ.12.

④ J. H. W. G. Liebeschuetz, *Antioch, City and Imperial Administration in the Later Roman Empire*, Oxford, 1972, p. 117.

此时的安条克已经不复之前的繁荣与重要①,并最终成为新兴阿拉伯帝国的战利品。

　　与同时期东地中海地区的其他诸多城市一样,安条克衰落的原因十分复杂。从埃瓦格里乌斯和当时其他一些作家的记载中,我们可以得出部分答案。首先,6世纪以来频繁的自然灾害对这座城市造成了巨大破坏。518年,查士丁一世(Justin Ⅰ)皇帝继位后,安条克发生了多次严重火灾,之后在526年5月发生了强烈地震,埃瓦格里乌斯描述"地震颠覆了整个城市并且几乎将所有建筑夷为平地。随后又发生了火灾,地震没有摧毁的建筑在大火中也被烧为了灰烬"②。仅仅30个月之后,这里再次发生地震,重建工作前功尽弃。③ 542年,"查士丁尼瘟疫"也波及安条克,并在随后的52年内4次发作,给当地造成严重的人员损失,仅埃瓦格里乌斯一家就有他的妻子、几个儿女、一个外孙和一些仆人染病去世。④ 随后安条克又发生了多次强烈地震,例如,在埃瓦格里乌斯作品即将结束的588年,地震再次爆发。在这次地震中,安条克有6万人丧生,其中包括了东方政区长官,大部分建筑又被彻底摧毁。⑤

　　6世纪的安条克,除了与地震和瘟疫等自然灾害、传染病相伴而生,还被兵祸所困扰。在这一时期,拜占庭帝国与萨珊波斯帝国进行着长期的争霸战争。安条克作为前线的司令部具有极其重要的战略意义,因此也就成为敌人觊觎的对象。在长期的战争中,即使拜占庭漫长的东方战线上有众多精兵强将,也无法确保万无一失。加之526年和528年的两场大地震使安条克原本坚固的城防设施几乎毁于一旦。因此,540年当波斯大军趁虚而入突袭该城时,尽管安

---

① G. Downey, *A History of Antioch in Syria: from Seleucus to the Arab Conquest*, p. 575.
② Evagrius Scholasticus, *The Ecclesiastical History of Evagrius Scholasticus*, Ⅳ.5.
③ Evagrius Scholasticus, *The Ecclesiastical History of Evagrius Scholasticus*, Ⅳ.6.
④ Evagrius Scholasticus, *The Ecclesiastical History of Evagrius Scholasticus*, Ⅳ.29.
⑤ Evagrius Scholasticus, *The Ecclesiastical History of Evagrius Scholasticus*, Ⅵ.8.

条克人民奋勇抗敌,但最终缺乏城防保护的城市还是轻易被攻破。波斯人则在劫掠之后毫不留情地将安条克付之一炬。① 之后,尽管查士丁尼皇帝拨款重建了该城,但是据现代学者考证,重建后安条克的城市规模已大不如前。②

除了自然灾害、传染病和战乱这些外部因素,在此时期,安条克的内部也是动荡不已,这主要表现在民众、修士与主教之间的矛盾上。自5世纪40年代"基督一性论"异端出现后,这一宗教问题就成了拜占庭基督教会内部的一项重大争端。当时拜占庭帝国诸大教区中,罗马和君士坦丁堡教区对基督一性论持明显的反对态度,亚历山大里亚教区的神职人员与民众则大多数是基督一性论的支持者,而以安条克为代表的叙利亚地区却呈现出一种分裂的态势,支持和反对基督一性论的势力各不相让,从而使得该教区的局势变得极为复杂。早在5世纪下半叶,安条克主教就经常成为双方冲突的牺牲品,他们中的一些人如安条克主教彼得(Peter the Fuller)等因为其宗教立场而被皇帝罢免乃至放逐,而另一位安条克主教斯蒂芬(Stephen)更是因为个人信仰而被反对他的民众当众杀死。③

进入6世纪后,宗教冲突愈演愈烈。512年,安条克城内反对基督一性论的民众与一些支持基督一性论的修士爆发武装冲突,许多修士被民众打死后抛尸在奥伦特斯河中,安条克主教弗拉维安(Flavian)为此被皇帝罢免。④ 6世纪初,安条克基督一性论派主教塞维鲁(Severus)任职期间(512—518),他属下的叙利亚地区主教们多次因为信仰问题爆发激烈冲突⑤,大量神职人员被罢免和流放,直

---

① Procopius of Caesarea, *History of the Wars*, ed. and trans. by H. B. Dewing, Loeb Classical Library, Cambridge, Mass., 1914 - 1940, 2. XIV. 5 - 7.
② G. Downey, *A History of Antioch in Syria: from Seleucus to the Arab Conquest*, p. 534.
③ Evagrius Scholasticus, *The Ecclesiastical History of Evagrius Scholasticus*, III. 10.
④ Evagrius Scholasticus, *The Ecclesiastical History of Evagrius Scholasticus*, III. 32.
⑤ Evagrius Scholasticus, *The Ecclesiastical History of Evagrius Scholasticus*, III. 34.

到查士丁皇帝继位后放逐塞维鲁，该地区方才略为安定。到了埃瓦格里乌斯的庇护人格里高利主教任职期间，安条克依然时常爆发宗教冲突，尽管埃瓦格里乌斯没有过多谈论这些事件，但其同时代的史学家以弗所主教约翰（John of Ephesus）却在作品中记录了当时激烈的冲突场面，甚至有些时候"安条克全城的人都开始激烈地反对他（格里高利）……"①

从某种程度上来说，繁华与困境并存的安条克是埃瓦格里乌斯所处时代拜占庭帝国的缩影。在伟大的查士丁尼皇帝统治下，拜占庭帝国对外发动大规模的征服战争。北非、意大利以及西班牙部分地区被收复；汪达尔和东哥特等蛮族被征服；地中海更是几乎再次成了帝国的内湖。在对内统治方面，查士丁尼组织编纂了洋洋洒洒的《罗马民法大全》，罗马时代辉煌的立法传统得到继承和发展。一座座宏伟的建筑也拔地而起，其中如圣索菲亚教堂至今仍然是人类建筑文明的奇观。从这些角度看，无论如何这都是继 2 世纪"五贤帝"统治时期之后，罗马人的又一个黄金时代。

然而，如果透过浮华的表面仔细审视帝国的每一个角落，我们就会发现，这座光辉灿烂宫殿的墙壁上已经出现了丝丝的裂缝。在军事方面，对西部征服的胜利是建立在削弱东部防线的基础之上，当拜占庭军队在意大利攻占哥特人的城市时，拜占庭帝国的东部像安条克这样的大都市却也被波斯人所蹂躏。即使在已经征服的地区，被征服者的反抗斗争依然此起彼伏，让拜占庭的将军们疲于应付。更为可怕的是，像阿瓦尔人（Avars）这样的异族已经在帝国北疆的边境线外虎视眈眈，一旦帝国内部有变，拜占庭人眼中的这些"蛮族人"就将挥动他们的马刀，冲垮帝国早已不是固若金汤的防线。在政治方面，伟大的查士丁尼皇帝过世后却并没有出现和他同

---

① John of Ephesus, *The Third Part of the Ecclesiastical History of John*, *Bishop of Ephesus*, trans. by R. Payne Smith, Oxford, 1860, V. 17.

样伟大的继承者,他的继任者查士丁二世的骄横与神经质最终给帝国带来惨痛的回忆。在经济方面,穷兵黩武和大规模的建造使拜占庭国库濒临崩溃,像安条克这样的东方城市更是开始显露出衰落的势头。在宗教方面,基督一性论争端一直没有平息,查士丁尼皇帝时而强硬、时而怀柔的宗教政策丝毫无助于局势的缓和,本应扮演皇帝精神统治工具的基督教会,自身却陷入激烈的冲突之中。宗教问题进而激化了民族矛盾,埃及、叙利亚地区的基督一性论派民众开始表现出与中央政府的离心倾向,这种情绪会在 7 世纪阿拉伯人征服的时候得到集中体现。此外,拜占庭人对肆虐的瘟疫也束手无策,只得听凭它在帝国内传播。这场灾难最终影响了拜占庭人达 200 年之久,宛如雪上加霜,使本已开始蹒跚的帝国更加步履维艰。

对于与埃瓦格里乌斯同时代的拜占庭人来说,也许这是拜占庭帝国建立后如日中之光般最灿烂的一个时代,但也是面对最艰巨挑战的一个时代。

然而,值得庆幸的是,尽管面对重重难题,这个获得新生且处在转型期的帝国依然具有顽强的生命力,它所面临的困难大多属于前进而非衰落过程中的问题。之后历史的走向会证明这一点。即使在埃瓦格里乌斯所处的时代,依然存在着很多积极的因素能够让帝国在危难中生存,并继续发展。查士丁二世的继任者提比略和莫里斯已经认识到东部战线对帝国至关重要,开始着手稳固波斯前线的局势,并取得了一系列重大的胜利,一度暂时消除了波斯人的威胁。在国家制度的完善方面,拜占庭统治者也一直在积极探索,建立拉文纳和迦太基总督区的做法在 7 世纪希拉克略一世(Herakleius)统治期间最终演变为军区制。① 它在之后几个世纪的拜占庭历史中发挥着至关重要的作用,这种以小农经济和农兵军队为根基的拜占庭经济与军事制度,为拜占庭人在马其顿王朝时期迎来第二个"黄金

---

① 陈志强:《拜占庭学研究》,北京:人民出版社,2001 年,第 51 页。

时代"奠定了坚实的基础。

同时,尽管发生了激烈的宗教争端,但是拜占庭帝国的基督教化进程早已不可阻挡。帝国内绝大多数的民众已经坚定地将基督教奉为自己的信仰。虽然彼此之间冲突不断,但是合作依然是拜占庭世俗权力与教会关系的主流,教会在拜占庭帝国内一直承担着精神统治者的作用。在之后近900年的历史中,基督教会与皇帝通力合作,每每在国家生死攸关的时刻激励拜占庭人英勇奋战,保卫"神圣的帝国"。

最后,拜占庭皇帝对君士坦丁堡的东部、南部地区进行了大量卓有成效的建设。尽管在埃瓦格里乌斯作品结束后不久,帝国就会永远地失去埃及、叙利亚和巴勒斯坦等东方省区,但是以巴尔干半岛和小亚细亚等为代表的帝国核心区域,在之前3个世纪帝国的持续建设下愈发稳固,尤其是宏伟的首都"新罗马"君士坦丁堡,更是在之后的历次战争中坚若磐石,让阿瓦尔、波斯和阿拉伯等敌军望城兴叹。尽管在阿拉伯人的征服之后,帝国的面积、人口和财政收入都大大减少了,但是帝国东部的这一核心区域最终还是能够在之后200余年的暴风骤雨中岿然不动,成为帝国再次复兴的坚固基石。

也许正是因为拜占庭帝国还处在它生命的青年时期,所以尽管埃瓦格里乌斯在作品中记录了一些帝国面临的困难,但是我们还是能从中看出其拥有的朝气。在看待帝国和基督教发展的前途时,埃瓦格里乌斯的心态无疑是积极的。正如著名学者查斯纳特所言,埃瓦格里乌斯表现了东部知识分子对基督教和帝国命运更为乐观的态度。[1] 如果将《教会史》与晚期拜占庭时代的那些略显颓丧的历史作品进行比较的话,我们就会很容易地发现,二者表现出截然不同的精神状态。可以说,埃瓦格里乌斯的作品鲜明地体现了其所处时空环境的特性。

---

[1] G. F. Chesnut, *The First Christian Histories*, Macon, 1986, p. 230.

第二节　埃瓦格里乌斯作品的版本
与研究概况

一、埃瓦格里乌斯作品的版本评介

与流传至今的许多古代著作一样,埃瓦格里乌斯的《教会史》也有诸多版本存世。在印刷本出现之前,11—16世纪已有多种手抄本出现。迄今发现的最早版本是11世纪编号为Laurentianus LXIX的抄本,该手抄本共290页,其中第193—290页为埃瓦格里乌斯的《教会史》。此版本抄写得较为精心,并对原文的一些错误有所订正。此后,在12世纪晚期又出现了编号为Laurentianus LXX的手抄本,该抄本共165页,其中第1—156页为埃瓦格里乌斯的《教会史》。该版本抄写错误较多,并在装订过程中有内容遗漏的现象,但因为该抄本内容主要限定于埃瓦格里乌斯的《教会史》,因此仍有不可替代的重要作用。之后,13世纪又出现了编号为Patmiacus 688的抄本,共217页,第132—217页为埃瓦格里乌斯的作品,这是又一个细心抄写的版本,可惜此版本没有进行装订,多以散页存世,其中至少有5页已经佚失。其后还有编号Baroccianus 142的手抄本,共292页,埃瓦格里乌斯的作品在第154—202页,该版本作者在抄写过程中比较随意和粗心,并且大量使用缩写,给后人的释读带来了许多困难。

除了上文提到的比较重要的4种手抄本,埃瓦格里乌斯的作品尚有 15 世纪的 Marcianus 337,16 世纪的 Parisinus 1446、Parisinus 1444,以及 Scorialensisy - Ⅰ- 3 等重要性略逊的抄本存世。①

从 16 世纪开始,埃瓦格里乌斯《教会史》的印刷本开始出现。② 其中最早的是 1544 年于巴黎出版的斯蒂芬译本(Stephanus),该译本依据的是价值较低的 Parisinus 1446 或 Parisinus 1444 手抄本。在此后的两个世纪中,该译本是其后许多印刷本的来源,其中最为重要的为克里斯托夫松(Christophorson)的拉丁文译本。③

1673 年出版的瓦莱西乌斯(Valesius)拉丁文译本④开启了埃瓦格里乌斯作品版本的一个新时代。瓦莱西乌斯译本与前本相比最大的突破之处在于,作者使用了多个而非一个手抄本作为翻译的底本,并且对原本进行了精心的译注。该版本出版后大受欢迎,并多次被再版印刷。它的另一个重要意义是,以其为蓝本在 19 世纪前产生了一些现代西方文字的译本,其中最为重要的是 1846 年的英文译本。该译本的作者匿名,但也有一些学者认为是沃尔富特(Walford)所译。⑤ 该英文译本翻译较为准确,然而缺点为注释很少,在之后的一段时间内,该版本一直是研究埃瓦格里乌斯《教会史》的重要选择。

其后,1898 年出现的彼得兹和帕门提尔(J. Bidez and L. Parmentier)所译的希腊文译本⑥成了埃瓦格里乌斯《教会史》里程

---

① 以上版本学信息参考 Evagrius Scholasticus, *Ecclesiastical History of Evagrius with the Scholia*, ed. by J. Bidez and L. Parmentier, London, 1898; rp. Amsterdam, 1964, pp. v - viii.

② 以下部分版本学信息参见 Evagrius Scholasticus, *The Ecclesiastical History of Evagrius Scholasticus*, trans. by M. Whitby, Liverpool, 2000, pp. lxi - lxiii.

③ Evagrius Scholasticus, *Ecclesiastical History*, trans. by J. Christophorson, Louvain 1570; Paris, 1571.

④ Evagrius Scholasticus, *Ecclesiastical History*, Ed. with Latin trans. by Valesius, Paris, 1673.

⑤ Evagrius Scholasticus, *Ecclesiastical History* (*AD* 431 - 594), translated by E. Walford, London, 1846.

⑥ Evagrius Scholasticus, *Ecclesiastical History of Evagrius with the Scholia*, ed. by J. Bidez and L. Parmentier, London 1898; rp. Amsterdam 1964.

碑式的版本。两位译者在翻译过程中参考了除 Scorialensisy - Ⅰ - 3 抄本外的上文提到的其他所有手抄本,尤其是极为重要的 Laurentianus LXIX 和 Laurentianus LXX 抄本。该译本的翻译极为准确,出版后得到学界普遍赞誉,成了公认的权威译本①,并在 1964 年再版重印。

再之后,出于研究需要,以彼得兹和帕门提尔的希腊文译本为底本又产生了其他现代西欧文字的译本。较为重要的是 1975 年费斯蒂吉埃尔(J. Festugière)的法文译本。② 该版本出现后便取代了上文提到的 1846 年英译本,成为埃瓦格里乌斯作品在现代西欧文字中的首选译本。然而,该译本也有许多问题,最严重的是译者的某些翻译不够精确,尤其在语意复杂的段落中,时时出现翻译错误,为此也招致了学界的一些批评。

2000 年由利物浦大学出版社出版的怀特比的英译本③是埃瓦格里乌斯《教会史》较为新和重要的一个译本。首先,怀特比译本出版时间较晚,从而有条件吸收当代学者关于埃瓦格里乌斯及其作品最新的研究成果。同时凭借可靠的彼得兹和帕门提尔的希腊文译本,辅以沃尔富特英译本,怀特比对以往版本,尤其是费斯蒂吉埃尔法文本中不准确的翻译做了纠正。④ 此外,怀特比不仅在翻译上颇有造诣,而且是一位出色的历史学家,著有多部(篇)早期拜占庭历史方面的著作或论文,他还曾经将 7 世纪初拜占庭历史学家塞奥菲

---

① 如英国著名拜占庭史学家卡梅隆女士认为这一版本堪称十分优秀。A. Cameron, "Reviewed Work(s) of *Evagrius Scholasticus, the Church Historian* by Pauline Allen", *Speculum*, Vol. 58, No. 2 (Apr. 1983), p. 430.

② Evagrius Scholasticus, "Évagre, Histoire Ecclésiastique", trans. by A. J. Festugière, *Byzantion*. 45(1975), pp. 187 - 488.

③ Evagrius Scholasticus, *The Ecclesiastical History of Evagrius Scholasticus*, trans. by M. Whitby, Liverpool 2000.

④ 参见 Evagrius Scholasticus, *The Ecclesiastical History of Evagrius Scholasticus*, pp. lxii - lxiii.

拉克特·西摩卡塔（Theophylact Simocatta）的《历史》①和佚名的《复活节编年史》②翻译成英文并作注，受到学术界的好评。在译注过程中，他不仅考订文本，而且对埃瓦格里乌斯记载史实的错误也多有修正，进一步提升了《教会史》这部作品的史料价值。在正文前长达 63 页的绪论中，怀特比从埃瓦格里乌斯的出身、所处历史环境、历史观和资料来源等诸多角度对该作品进行了研究，为后人使用这一史料提供了便利。他的研究也为笔者的翻译提供了极大的助力。

在怀特比的译本之后，又有几部值得一提的现代欧洲语言的译本出现。俄罗斯学者克里武申（Е. Cхоластик）翻译的俄语本《教会史》与怀特比英译本出版时间相近。这部俄译本共三卷，每卷对应翻译两册原文，三卷分别于 1999、2001 和 2003 年出版。③ 克里武申曾在其博士学位论文中专辟一章研究埃瓦格里乌斯《教会史》的史学观念，因此他的俄译本内容翔实丰富，足堪借鉴。

2007 年出版的德语译本由霍普纳（D. Hübner）完成，分成上下两卷。④ 该译本同样以彼得兹和帕门提尔的希腊文本为标准文本，译文准确晓畅，质量颇高。而在注释方面，该译本虽然不如怀特比译本丰富，但同样具备参考价值。值得注意的是，霍普纳还为《教会史》撰写了长达 97 页的导言（译本第 9—105 页），详细介绍了埃瓦格

---

① Theophylact, *The History of Theophylact Simocatta: An English Translation with Introduction*, trans. by Michael and Mary Whitby, Oxford, 1986.
② Anon, *Chronicon Paschale 284 - 628 AD*, translated with notes and introduction by Michael Whitby and Mary Whitby, Liverpool, 1989.
③ Евгения Cхоластик. Церковнаяистория. trans. by Иван Владимирович Кривушин. Санкт - Петербург. Т. 1: Кн. Ⅰ-Ⅱ, 1999; Т. 2: Кн. Ⅲ-Ⅳ, 2001; Т. 3: Кн. Ⅴ-Ⅵ, 2003.
④ Evagrius Scholasticus: *Historia ecclesiastica*-Kirchengeschichte. 1. Teilband. Übersetzt und eingeleitet von Adelheid Hübner (= Fontes Christiani; Bd. 57/1), Turnhout: Brepols 2007. Evagrius Scholasticus: *Historia ecclesiastica*-Kirchengeschichte. 2. Teilband. Übersetzt und eingeleitet von AdelheidHübner (= Fontes Christiani; Bd. 57/2), Turnhout: Brepols, 2007.

里乌斯的生平、《教会史》的主要内容、版本流变以及其他信息,"或是关于埃瓦格里乌斯的最为详细的德语著述"。①

2011 年和 2014 年,法国雄鹿出版社分上下两卷出版了《教会史》的新的法语译本,第一卷为原书第 1—3 本,第二卷为原书第 4—6 本。② 这个译本以 1975 年的费斯蒂吉埃尔法语译本为底本,但是在翻译的过程中,两位新译者格里耶(B. Grillet)和萨巴(Et G. Sabbah)参照彼得兹和帕门提尔的希腊文本对费斯蒂吉埃尔的错译之处进行了补充和修改,还加上了比较丰富的注释。不过两位译者在注解的时候往往偏重对所涉及人物与事件的普及性知识介绍,并未着力呈现最新的相关研究成果,这使得该译本的研究价值稍显欠缺。

二、埃瓦格里乌斯作品的相关研究概况

目前,在我国学界尚未有专门针对埃瓦格里乌斯及其作品的研究成果,但一些学者已经开始注意到这部拜占庭早期重要的史料。如陈志强教授就在《拜占庭帝国史》中评价《教会史》"资料来源广泛,描写生动,语言比较华丽",并指出在写作手法上,"他(埃瓦格里乌斯)作为教会史家并不完全采用传统的教会史写作方法,而是交替使用教会史和古典文史的写作风格"③。

根据现有资料来看,西方学界对于埃瓦格里乌斯作品的评介最

---

① Hartmut Lepp. in:Evagrius Scholasticus : *Historia ecclesiastica*-Kirchengeschichte (Rezension), in:sehepunkte 9 (2009), Nr. 10 [15. 10. 2009], URL:http://www. sehepunkte. de/2009/10/15895. html

② Évagre Le Scholastique, *HistoireEcclésiastique, Livres* Ⅰ-Ⅲ. TexteGrec De J. Bidez Et L. Parmentier. Introduction Par Guy Sabbah. Annotation Par Laurent Angliviel De La Beaumelle Et Guy Sabbat. Traduction Par A. - J. Festugière, Bernard Grillet Et Guy Sabbah, (Sources Chrétiennes, 542), Paris, Cerf, 2011. Évagre Le Scholastique, HistoireEcclésiastique, Livres Ⅳ - Ⅵ. Introduction G. Sabbah, Traduction A. - J. Festugière (†), B. Grillet, G. Sabbah, Annotation L. Angliviel De La Beaumelle, G. Sabbah, (Sources Chrétiennes 566) 2014.

③ 陈志强:《拜占庭帝国史》,北京:商务印书馆,2003 年,第 27 页。

早可追溯到拜占庭中期。9世纪拜占庭帝国君士坦丁堡大教长、著名学者弗条斯就在其著作《群书辑要》中给予埃瓦格里乌斯的作品以较高评价,认为他的《教会史》"尽管有一点冗长,但文风并非毫无感染力;而在涉及信仰方面的记载上,他无疑比其他的历史学家更为可靠"①。

在现代学者中,卡兰尼斯(P. Charanis)评价埃瓦格里乌斯的作品"是5—6世纪关于教义历史最重要的原始材料,同时在政治史方面也很有价值,因为他引用了很多已经佚失的同时代珍贵史料"②。著名拜占庭史研究者奥斯特洛格尔斯基(G. Ostrogorsky)也认为,埃瓦格里乌斯的史书除了继承先前教会史作品的传统外,对于拜占庭世俗历史也具有相当重要的价值。③ 美国历史学家汤普森(J. W. Thompson)评价埃瓦格里乌斯为6世纪最重要的教会史家。④ 他的同胞特雷德戈尔德(W. Treadgold)则指出,埃瓦格里乌斯的作品在后世拜占庭知识分子中十分流行。"受过良好教育的拜占庭人欣赏他古典式而又具有可读性的文风,以及符合正统信仰但却温文尔雅的观点。"⑤

然而,尽管广受好评,但是直至今日,关于埃瓦格里乌斯及其作品专门性的著作也并不多见。美国印第安纳大学唐尼(G. Downey)教授所著的《早期教会历史学家的视角》⑥一文是较早涉及

---

① Photius, *Bibliotheca*, *codices* 1 – 165, cod. 29.
② P. Charanis, *Church and State in the Later Roman Empire*: *The Religious Policy of Anastasius the First*, 491 – 518, Madison: The University of Wisconsin Press, 1939, pp. 83 – 84.
③ G. Ostrogorsky, *History of the Byzantine State*, New Brunswick: Rutgers University Press, 1969, p. 24.
④ [美]J. W. 汤普森:《历史著作史》上卷第一分册,谢德风译,北京:商务印书馆,1996年,第434页。
⑤ W. Treadgold, *The Early Byzantine Historians*, New York: Palgrave Macmillan, 2010, p. 308.
⑥ G. Downey, "The Perspective of the Early Church Historians", *Greek, Roman and Byzantine Studies*, 6:1(1965:Spring), pp. 57 – 70.

埃瓦格里乌斯及其《教会史》的研究成果。唐尼从史学史角度入手，着重研究了苏格拉底(Socrates)、索卓门(Sozomen)和埃瓦格里乌斯等拜占庭早期教会史学家的历史观和历史视角。在谈到埃瓦格里乌斯时，唐尼认为他在一些方面与先前的苏格拉底与索卓门一脉相承(例如将历史看作对抗魔鬼的进程，历史的走向由上帝所控制，重视"好"皇帝和圣徒的事迹以及写作风格高雅，等等①)。但是埃瓦格里乌斯的作品也有自己的特点，比起前辈，他记录了更多世俗的历史，并且对异教史学家左西莫斯加以批判。这表明埃瓦格里乌斯认为基督教会史家应该担负起同时阐述教会和世俗两方面历史的责任②。

唐尼的研究成果得到了后来历史学家的共鸣。10 年以后，马库斯(R．A．Markus)教授在其《教会史与早期教会史学家》③一文中进行了相似的研究。马库斯的主要论点是尤西比乌斯、索卓门、苏格拉底和埃瓦格里乌斯等早期教会史学家的作品具有三大特性。其一，在年代学的视野中，教会史学家不像世俗历史学家那样着重关注当代史，而是较多地记录更久远的历史。然而有趣的是，教会史学家作品的结束时间却比世俗历史学家更加靠近自己所处的时代。其二，在文学表现形式方面，教会史学家不像古典历史学家那样经常在作品中使用演说辞，相反却喜欢全文引用一些档案和文件。例如同为 6 世纪的历史学家，埃瓦格里乌斯的作品风格与普罗柯比(Procopius)、阿加塞阿斯(Agathias)的就完全不同。其三，也是最重要的一点，教会史作品在内容上经常表现为多主题性而非单一主题。④

1986 年，著名拜占庭史学家查斯纳特(G．F．Chesnut)出版了

① G. Downey, "The Perspective of the Early Church Historians", p. 67.
② G. Downey, "The Perspective of the Early Church Historians", pp. 68 - 70.
③ R．A．Markus, "Church History and the Early Church Historians", *Studies in Church History*, Vol. 11(1975), pp. 1 - 17.
④ R．A．Markus, "Church History and the Early Church Historians", pp. 2 - 5.

他的著作《最初的基督教史学作品》。①在书中,他依然是从史学史角度研究了尤西比乌斯(Eusebius)、索卓门、苏格拉底、塞奥多利特(Theodoret)和埃瓦格里乌斯五位早期教会史学家的《教会史》。其中他在第 9 章用部分篇幅对埃瓦格里乌斯的历史观进行了分析。他认为,埃瓦格里乌斯和 5 世纪的基督教史家苏格拉底、索卓门以及塞奥多利特一样深受古希腊作家,如希罗多德(Herototus)等人天命观的影响,认为世界是由变化无常的命运和偶发的事件所主宰。②同时通过对比埃瓦格里乌斯和奥古斯丁(Augustine)对待异教徒指责的反应,作者认为前者代表了帝国东部知识分子对基督教和帝国命运更为乐观的态度。③此外,查斯纳特还在书中第 10 章中特别分析了埃瓦格里乌斯对其作品中 7 位拜占庭皇帝的不同态度。埃瓦格里乌斯把马西安、阿纳斯塔修斯一世(Anastasius Ⅰ)、提比略和莫里斯评价为好皇帝;而泽诺(Zeno)、查士丁尼一世和查士丁二世则是他心目中坏皇帝的代表。埃瓦格里乌斯评价皇帝好坏并非使用单一的标准,他的价值观既受到古典作家的影响,又有基督教学者的特性。④

总之,上文提及的三篇(部)作品在研究角度上有鲜明的共性,即均将埃瓦格里乌斯作为早期教会史学家这一群体中的组成部分而非单一个体进行研究,同时他们的着眼点都集中于史学史研究范畴,如史学家的视野、作品特点和作者历史观,等等。从这一角度来看,1982年美国俄亥俄州立大学的凯莱斯(V. A. Caires)教授所著《对埃瓦格里乌斯〈教会史〉的文学解析》⑤一文尽管依然没有脱离史学史范畴,却因其将埃瓦格里乌斯作为一个独一的研究个体而使该文颇有新意。他着重从文学角度分析了埃瓦格里乌斯《教会史》的修辞、叙

---

① G. F. Chesnut, *The First Christian Histories*, Macon, 1986.
② G. F. Chesnut, *The First Christian Histories*, pp. 217 – 218, p. 221.
③ G. F. Chesnut, *The First Christian Histories*, pp. 227 – 230.
④ G. F. Chesnut, *The First Christian Histories*, pp. 241 – 242.
⑤ V. A. Caires, "Evagrius Scholasicus: A Literary Analysis", *Byzantinische Forschungen*, 8 (1982), pp. 29 – 50.

事、论说和组织材料等方面的特点,特别用大段篇幅讨论了埃瓦格里乌斯在引用普罗柯比《战史》时的正确与错误之处。凯莱斯认为,尽管埃瓦格里乌斯的作品在文学性上远非完美无缺,但作为历史著作,其中保存的许多史料依然具有宝贵价值。① 同时他和查斯纳特有相似的判断,即埃瓦格里乌斯对拜占庭帝国的前途抱有非常乐观的态度,这一特点导致埃瓦格里乌斯在其作品中不甚关注帝国的失败,从而遗漏一些消极信息。②

除了以上这些研究成果,最后我们尤其要关注有关埃瓦格里乌斯及其作品研究之中最具代表性的一部著作,即保利尼·阿伦的《教会史学家埃瓦格里乌斯》③一书。该作品本是她的博士学位论文,在结构上大致可分为两部分,其中第 1—3 章着重从史学史角度研究埃瓦格里乌斯的生平、作品特点(包括文风、资料来源和视角,等等)、所处的时代背景和与先前历史学家的传承性等内容。第 4—10 章则按照埃瓦格里乌斯作品的章节顺序逐节进行文本注释导读,并在一些具体问题上提出自己的观点。该书对于之后的学者使用埃瓦格里乌斯的《教会史》进行研究有重要的帮助。怀特比在自己的译本前言中就坦诚地表示,尽管他在一些地方不同意阿伦的看法,但正是因为阿伦这本权威性研究成果的出现,才使其译注工作变得更为轻松。④ 此外,这部著作还得到了其他学者,如英国拜占庭学名家卡梅隆女士的赞誉。⑤ 然而,阿伦这部作品的出现并不意味着对埃瓦格里乌斯的研究可以告一段落,相反,正是由于她细致的工作,才使得该成果成为对埃瓦格里乌斯作品研究的必备工具,借此可以对《教会史》在史学史领域之外的内容进行更为细致的解析。

---

① V. A. Caires, "Evagrius Scholasicus: A Literary Analysis", p. 50.
② V. A. Caires, "Evagrius Scholasicus: A Literary Analysis", p. 31.
③ P. Allen, *Evagrius Scholasticus the Church Historian*, Lovain, 1981.
④ Evagrius Scholasticus, *The Ecclesiastical History of Evagrius Scholasticus*, p. lxiii.
⑤ A. Cameron, "Reviewed Work(s) of *Evagrius Scholasticus, the Church Historian* by Pauline Allen", pp. 430 – 431.

第三节　埃瓦格里乌斯作品的主要
内容、资料来源和结构框架

一、埃瓦格里乌斯作品的主要内容

埃瓦格里乌斯的《教会史》共分 6 卷,较为全面地记录了 428—593/594 年间拜占庭帝国的历史。虽然本书名为《教会史》,但是作者在写作过程中没有把内容限定于教会题材之中,而是广泛地涉及了大量世俗事务,如战争、外交乃至自然灾害,等等,其中包括了一些作者的亲身经历。以下笔者将按照各卷顺序对该作品的主要内容做一简要介绍。

在作品第 1 卷的 21 节内容中,埃瓦格里乌斯主要讲述了卡尔西顿(Chalcedon)大公会议召开前拜占庭帝国的教俗历史。聂斯托里担任君士坦丁堡大教长并提出自己的教义理论成了《教会史》中的第一个重要事件。埃瓦格里乌斯全面记录了聂斯托里派在以弗所(Ephesus)大公会议上被定为异端的经过,以及聂斯托里之后的境遇。其中,对聂斯托里在以弗所大公会议后处境的描写是关于这一问题最为详尽的史料记载之一。在作品之后的几节中,埃瓦格里乌斯关注了亚历山大里亚教会在以弗所大公会议上大获全胜后进一步扩展其势力,叙述了由其所支持的代理人尤提克斯(Eutyches)与君士坦丁堡大教长弗拉维安(Fravian)在 449 年第二次以弗所基督教会议("强盗会议")上爆发冲突的经过,这一事件成为卡尔西顿大公会议的前奏。除了这条主线之外,埃瓦格里乌斯还穿插介绍了塞奥多西二世(Theodosius II)统治期间帝国宗教、政治、军事与外交方面的其他一些事件。特别重要的是,第13节中修士老西蒙(Symeon the Elder)的传记和第21节对东方几种修道方式的介绍为后人研究5世纪拜占庭修道生活和圣徒崇拜的兴起提供了重要依据。

作品的第2卷共18节(也有的译本为17节),主要围绕卡尔西顿大公会议展开,讲述了从450年马西安(Marcian)皇帝继位直到474年泽诺皇帝登基这段时期的历史。作者在本卷第4节中详尽地记载了卡尔西顿会议召开的经过以及通过的决议,并在第18节中以附录的形式呈现了完整的会议记录。通过与拜占庭官方记载的卡尔西顿大公会议记录①相对比,我们可以看出埃瓦格里乌斯的记载是十分精确的。在此之后,作者主要记述了帝国各地区,尤其是埃及、叙利亚和巴勒斯坦等支持基督一性论信仰的地区对会议的反应。其中,第5节和第8节详细描述了巴勒斯坦民众发动起义驱逐耶路撒冷主教尤维诺(Juvenal)并自行选举基督一性论派主教,以及埃及民众杀死支持卡尔西顿会议的亚历山大里亚主教普罗特里乌斯(Proterius)与攻击当地驻军的事件,为研究基督一性论在东方地区的影响提供了有力的佐证。此外,埃瓦格里乌斯在第12节援引约翰·马拉拉斯(John. Malalas)的《编年史》,记录了安条克发生的一场大地震。这也有一定的价值,因为约翰的原作品中涉及此部分的内容现已佚失。

埃瓦格里乌斯在《教会史》第3卷中分为44节记载了从474年泽诺登基到518年阿纳斯塔修斯一世去世之间帝国发生的重大历史事件。本卷是《教会史》中篇幅最长的一卷,埃瓦格里乌斯在本卷

---

① H. R. Percival, ed., *The Seven Ecumenical Councils*, NPNF2 - 14, general editor Philip Schaff, Edinburgh repr. 1988, pp. 352 - 418.

内容中引用了其他史家的作品,如尤斯塔西乌斯(Eustathius)的《历史》等,这些作品都已失传,因此他的转载成为研究这个时代极为重要的史料,具有很高的价值。作者在本卷开篇简要叙述了利奥一世的内弟瓦西里斯库斯(Basiliscus)发动叛乱驱逐泽诺,自立为帝的经过,随后就将目光投向宗教事务。在接下来的几节中,埃瓦格里乌斯记录了瓦西里斯库斯颁布支持基督一性论信仰的《瓦西里斯库斯通谕》,以及君士坦丁堡大教长阿卡基乌斯(Acacius)等起草《反瓦西里斯库斯通谕》的过程。此后,在泽诺平定叛乱,重新夺回皇帝宝座后,埃瓦格里乌斯将笔墨着力于5世纪拜占庭最重要的宗教诏令之一——《联合诏令》(Henotikon),该诏令旨在调和卡尔西顿派和基督一性论派之间激烈的矛盾。埃瓦格里乌斯在第11—13节简要地介绍了诏令出台的背景,然后在第14节中用整节的篇幅记录了诏令的全文。这部分内容具有极高的史料价值,因为与其他流传至今的版本相比,《教会史》中的诏令文本被一些现代学者认为是没有经过修改,从而保留了文件原貌的记录。[①] 在此后的几节中,埃瓦格里乌斯收录了教会内部关于这一诏令的许多通信内容,其中,第17节里亚历山大里亚主教彼得·蒙古斯致君士坦丁堡大教长阿卡基乌斯的信件已经成为现存唯一的记载。从第30节开始,埃瓦格里乌斯记述了阿纳斯塔修斯一世的统治。从作品中不难看出,他对这位皇帝极为赞赏,不时有类似“阿纳斯塔修斯皇帝做了一件伟大和极好的事情”[②]这样的描述出现。除了记载阿纳斯塔修斯一世统治时期的宗教与政治大事外,埃瓦格里乌斯还在第39节和第42节中叙述了皇帝实行税制改革的经过。这是埃瓦格里乌斯《教会史》中绝无仅有的涉及帝国经济问题的记载,这些内容很可能来自失传的尤斯塔西乌斯等人的作品。

---

① W. H. C. Frend, *The Rise of the Monophysite Movement*, Cambridge, 1979 Reprint, p. 360.

② Evagrius Scholasticus, *The Ecclesiastical History of Evagrius Scholasticus*, Ⅲ. 39.

埃瓦格里乌斯《教会史》的第4卷共41节,在全书中篇幅长度仅次于第3卷,记载了518年查士丁一世登基到565年查士丁尼一世去世期间的拜占庭历史。总体看来,本卷作品的史料价值要略逊于第3卷。主要是因为在本卷中,埃瓦格里乌斯大量引用了普罗柯比《战史》的相关内容,以记述查士丁尼皇帝发动对汪达尔、哥特和波斯战争的历史,而普罗柯比的记载已被完整保存至今,因此埃瓦格里乌斯的转引不再具有独特性。此外,埃瓦格里乌斯在引用过程中还时常出现如时间和地点之类的错误。不过,埃瓦格里乌斯与普罗柯比的写作视角还是有明显不同之处,埃瓦格里乌斯更关注的是战争过程中将领和军民在上帝和圣徒的帮助下取得胜利的事迹。例如,在此卷第16节中,他就着重记载了殉教士西普里安(Cyprian)对贝利撒留征服汪达尔人、收复北非地区的预言。除此之外,最受埃瓦格里乌斯关注的依然是宗教问题。在第38节中,他详细记录了第五次基督教大公会议召开的经过及后续影响。与此同时,埃瓦格里乌斯还在本卷内容中记载了很多他亲身经历的、在帝国东部地区发生的自然灾害与传染病事件,如第29节中"查士丁尼瘟疫"在542年传入安条克城的情景。关于这次大瘟疫的起源地、症状和传播方式,埃瓦格里乌斯和普罗柯比的记述有所不同,可为参照比较之用。

埃瓦格里乌斯《教会史》的第5卷和第6卷各分24节,记载了565年查士丁二世登基到593/594年莫里斯皇帝统治帝国第12年间的历史事件。尽管这是埃瓦格里乌斯亲身经历的时代,但是他笔下的这段历史却是全书中篇幅最短的两卷,估计这与埃瓦格里乌斯此时没有更多可以依靠的史料有关。上一卷中,他主要的参考资料——普罗柯比和约翰·马拉拉斯的作品都写到查士丁尼统治期结束。尽管如此,埃瓦格里乌斯在这两卷中依然保留了很多重要的信息,主要是他凭借安条克主教法律顾问的身份,记载了亲身参与东部地区重大事件的内容。如,第5卷第9节记载的安条克主教格里高利通过自己的情报协助皇帝进行与波斯的战争;第6卷第11—

13 节格里高利主教劝降抗拒皇帝命令的拜占庭叛军；第 6 卷第 18
节格里高利主教受莫里斯皇帝委托会见波斯国王科斯洛埃斯二世
（Chosroes Ⅱ），等等。这些都是研究 6 世纪拜占庭教会及其主教在
国家政治生活中发挥何种作用的重要参考资料。此外，在第 5 卷第
24 节中，埃瓦格里乌斯整理了一份从摩西直到他所处时代的历史学
家及作品的名录。尽管我们现今熟悉的诸多史家，如希罗多德等都
没有被收录在这份名单里，但是埃瓦格里乌斯却特意提到了波里比
阿和阿庇安等人及其有关罗马历史的作品，同时，这份名单中还有
一些对我们来说陌生的作家，想来他们的作品都已失传。最后值得
注意的是，埃瓦格里乌斯在这两卷中，尤其是叙述莫里斯皇帝统治
的部分，几乎没有涉及教义争端等内容，这应与此时期莫里斯采取
了平和的宗教政策、极大地缓和了宗教矛盾有关。不过，他还是在
第 5 卷第 4 节中全文收录了查士丁二世的一份宗教诏令，该诏令因
富于调和色彩后被称为"第二份《联合诏令》"，是 6 世纪非常重要的
一份宗教文件。此外，埃瓦格里乌斯在这两卷里还记录了数位圣徒
的事迹，如殉教士塞尔吉乌斯①（Sergius）和圣徒小西蒙②等，这些内
容与作品中其他的圣徒传记一样，都对研究当时拜占庭社会的基督
教化问题有较高的参考价值。

二、埃瓦格里乌斯作品的资料来源

埃瓦格里乌斯在《教会史》中引用了很多前人与同时代史家的
历史著作，这是他作品的一大优点，也是拜占庭历史学家一个优良
的传统。以下笔者将对埃瓦格里乌斯作品的资料使用情况做一简
要说明。

---

① Evagrius Scholasticus, *The Ecclesiastical History of Evagrius Scholasticus*，Ⅵ. 21.
② Evagrius Scholasticus, *The Ecclesiastical History of Evagrius Scholasticus*，Ⅵ. 23.

(一) 扎卡里亚

扎卡里亚(Zacharias Rhetor)的《教会史》是埃瓦格里乌斯《教会史》的重要资料来源。埃瓦格里乌斯在行文中多次引用该作品并提到这位作者的名字。如"修辞学家扎卡里亚记载了这些事情……"(第 2 卷第 10 节);"修辞学家扎卡里亚记载,刚刚从被放逐地召回的提摩太赞同这封通谕……"(第 3 卷第 5 节);"如扎卡里亚所言,皇帝怀疑这个人是在为自己谋求主教的职位……"(第 3 卷第 12 节),等等。关于这位修辞学家的身份,学界早先曾有争论,目前大多数学者都认定埃瓦格里乌斯书中的这位修辞学家扎卡里亚即 5 世纪末至 6 世纪初的米蒂利尼(Mitylene)主教扎卡里亚,但是否与当时的著名学者、神学家加沙的普罗柯比(Procopius of Gaza,465—528年)的兄弟扎卡里亚为同一人尚不明确。① 扎卡里亚的《教会史》成书于阿纳斯塔修斯皇帝统治时期,原文为希腊文(现已佚失)。作者从一个基督一性论派信徒的视角记载了 450—491 年间拜占庭教会的重要历史事件。后来,一位匿名的叙利亚修士用扎卡里亚的名义将其作品续写至 569 年。② 现今我们看到的扎卡里亚的作品是被收录在以他名义所著的 12 卷本《叙利亚编年史》之中(原文为古叙利亚阿拉米亚文字),其中第 3—6 卷为扎卡里亚本人所著的《教会史》。但是,埃瓦格里乌斯使用的应该是扎卡里亚作品最为原始的版本,因为他引用了一些现存版本没有的内容,例如他在第 3 卷第 18 节中摘录了罗马主教菲利克斯(Felix)写信指责君士坦丁堡大教长阿卡基乌斯(Acacius)的事件,此段描写并未出现在现存扎卡里亚的《教会史》中,应当是已佚失。

---

① P. Allen, "Zachariah Scholasticusand the Historia Ecclesiatica of Evagrius Scholasticus", *Journal of Theological Studies*, Vol. XXXI, p. 471.

② P. Allen, "Zachariah Scholasticusand the Historia Ecclesiatica of Evagrius Scholasticus", *Journal of Theological Studies*, Vol. XXXI, p. 472.

尽管扎卡里亚的作品是从基督一性论派角度书写的教会历史，与卡尔西顿派埃瓦格里乌斯的信仰不同，但埃瓦格里乌斯并未因此对扎卡里亚的作品抱有太多偏见。纵观全文，埃瓦格里乌斯仅在一处写有批评：

> 修辞学家扎卡里亚出于偏见曾经说过，甚至连聂斯托里也被从放逐地召回参加这次会议（卡尔西顿会议）。①

然而事实上，扎卡里亚原文的记载是皇帝马西安派人从流放地将聂斯托里召回参加会议，但是聂斯托里在半路上死去了。② 换言之，扎卡里亚并没有说聂斯托里参加了卡尔西顿会议。也许埃瓦格里乌斯是为了维护卡尔西顿会议的正统性和皇帝马西安虔诚的形象，才会急于否认拜占庭正统教会认定的异端头目聂斯托里和这次会议有任何的瓜葛。但是除此之外，埃瓦格里乌斯在《教会史》中未对扎卡里亚再有其他非议。总体看来，扎卡里亚的《教会史》是埃瓦格里乌斯在作品第 2 卷和第 3 卷中涉及教会事务部分引用最频繁的史料。

（二）尤斯塔西乌斯

尤斯塔西乌斯与埃瓦格里乌斯都是叙利亚的埃皮法尼亚人，他生年不详，据约翰·马拉拉斯记载，他于 503 年波斯与拜占庭爆发战争时去世。③ 按照埃瓦格里乌斯在《教会史》中的介绍，尤斯塔西乌斯著有一部两卷本的《历史》，内容涉及从创世纪到阿纳斯塔修斯皇帝统治第 12 年之间的历史（502/503 年），其中第 1 卷结束于特洛伊城（Troy）的陷落。④ 埃瓦格里乌斯在《教会史》的前 3 卷中大量引

---

① Evagrius Scholasticus, *The Ecclesiastical History of Evagrius Scholasticus*，II. 2.
② Zacharias Rhetor, *The Syriac Chronicke Known as That of Zachariah of Mitylene*，III. I.
③ John Malalas, *The Chronicle of John Malalas*，16. 9.
④ Evagrius Scholasticus, *The Ecclesiastical History of Evagrius Scholasticus*，V. 24.

用了他的作品来记述帝国的世俗历史。他在行文中经常对这位同乡大加赞赏：

> 来自埃皮法尼亚的叙利亚人尤斯塔西乌斯用非常雅致的语言精练地记载了这些事情。（第 1 卷第 19 节）

> 尤斯塔西乌斯还用极其富有说服力的语言记录了伊鲁斯（Illus）的事迹。（第 3 卷第 27 节）

> 如果有人想要了解细节的话，尤斯塔西乌斯尽最大的努力用雅致的语言详细精确地记录了每一件事。（第 3 卷第 37 节）

类似的赞誉在《教会史》中随处可见。借此我们可以推断尤斯塔西乌斯的作品应有一定的文采。拜占庭史学家卡兰尼斯更是将他的这部作品誉为研究阿纳斯塔修斯一世统治最重要的史料之一。[①] 但是非常可惜的是，尤斯塔西乌斯的《历史》现今已经几乎全部散佚。埃瓦格里乌斯在《教会史》中保留的残篇是我们如今了解这部珍贵史料为数不多的选择之一。

（三）约翰·马拉拉斯

6 世纪叙利亚史学家约翰·马拉拉斯的《编年史》是埃瓦格里乌斯在记载 526 年之前拜占庭历史的又一重要史料来源。约翰·马拉拉斯对埃瓦格里乌斯作品最大的贡献在于其对叙利亚当地的历史，尤其是社会生活和安条克城市发展方面的记录。在这些方面，他的作品有着不可替代的作用。在埃瓦格里乌斯的《教会史》中，约翰·马拉拉斯的名字是以"修辞学家约翰"的形式出现的。埃瓦格

---

① P. Charanis, *Church and State in the Later Roman Empire : The Religious Policy of Anastasius the First*, 491 - 518, p. 81.

里乌斯在作品中多次提到这位历史学家：

> 修辞学家约翰详细记载了这场地震的所有细节。（第 2 卷
> 第 12 节）

> 如修辞学家约翰所记载，安条克的子民们用削得像长矛一
> 样锋利的芦苇杀死了他。（第 3 卷第 10 节）

> 修辞学家约翰记载道……他在达芙涅的郊区建造了所谓
> 的反对者广场。（第 3 卷第 28 节）

值得注意的是，与扎卡里亚的《教会史》一样，埃瓦格里乌斯引
用的约翰的作品和其现今所留存的版本也有着明显的差别。比如
上文提及的第 2 卷第 12 节中埃瓦格里乌斯援引《编年史》记载的地
震事件就没有保存至今。再如，埃瓦格里乌斯在记载 526 年安条克
大地震的时候写道：

> 多少人死亡以及发生了多少奇怪和难以描述的事情都最
> 生动地被修辞学家约翰所记载，他的作品也就在这里结束了。[①]

这表明埃瓦格里乌斯所引用的《编年史》只是约翰·马拉拉斯
作品最初的版本，他并不了解之后《编年史》又被续写到查士丁尼皇
帝统治的末期。至于续写工作是不是由约翰·马拉拉斯本人完成，
目前学界尚无定论。

（四）普罗柯比

扎卡里亚、尤斯塔西乌斯和约翰·马拉拉斯的作品是《教会史》
前 3 卷最主要的参考资料，而埃瓦格里乌斯在《教会史》第 4 卷则主
要参阅普罗柯比的《战史》进行写作。普罗柯比是查士丁尼时代著

[①] Evagrius Scholasticus, *The Ecclesiastical History of Evagrius Scholasticus*, Ⅳ.5.

名的历史学家,其生平广为人知,笔者在此不再赘述。他的《战史》记载了查士丁尼皇帝统治时期的战争和其他重大历史事件。埃瓦格里乌斯在记述查士丁尼的事迹,尤其是战争与外交问题时,几乎整节地引用普罗柯比的原文,引用频度之繁、密度之大在《教会史》中都是首屈一指的。

但是正如前文所述,埃瓦格里乌斯的叙述视角与普罗柯比明显不同,他的兴趣集中在上帝和圣徒对基督徒的指引上。例如,记载 533 年夏天贝利撒留从君士坦丁堡出发,准备远征汪达尔王国的内容,双方撰写的侧重点就截然不同。普罗柯比用两节多的篇幅细致地描述了拜占庭军队出发前的准备工作,对于汪达尔军队的调动和战略部署也有详细的记载①。反观埃瓦格里乌斯,他却将所有的军事准备工作略去不谈,着重摘录了普罗柯比书中殉教士西普里安对汪达尔人灭亡的预言②,以此显示上帝的力量。埃瓦格里乌斯在本卷引用普罗柯比《战史》的过程中也出现了一些错误,尤其是在事件发生的先后顺序上时有含糊不清之处。例如,他在第 23 节中错把普罗柯比记载的 5 世纪哥特人对拜占庭帝国的一次入侵③混淆为查士丁尼时代发生的事情。凯莱斯教授专门在其文章中对埃瓦格里乌斯引用普罗柯比作品的正误情况进行了一番考证,可为使用《教会史》该部分内容进行研究的勘误。④ 总体来看,尽管埃瓦格里乌斯在第 4 卷中也引用了其他资料和个人的经历,但普罗柯比的《战史》仍然是《教会史》此卷的核心史料。

(五) 普里斯库、左西莫斯和埃皮法尼亚的约翰

1. 普里斯库

除了上述对埃瓦格里乌斯作品贡献最大的 4 位作家,《教会史》

---

① Procopius of Caesarea, *History of the Wars*, 2. X‑XI.
② Evagrius Scholasticus, *The Ecclesiastical History of Evagrius Scholasticus*, IV. 16.
③ Procopius of Caesarea, *History of the Wars*, 8. IV. 9 – 12.
④ V. A. Caires, "Evagrius Scholasicus: A Literary Analysis", pp. 46 – 47.

中还引用了一些其他拜占庭史家的作品,以下笔者将择其精要加以介绍。

普里斯库(Priscus)的代表作为 8 卷本的《历史》,涉及 433—468年间的历史事件,目前只有部分残篇存世。埃瓦格里乌斯在记载 5世纪历史时多处引用了该作品。尤其是在《教会史》第 2 卷第 5 节中,他援引普里斯库的记载描述埃及人民激烈反对卡尔西顿会议的情景:

> 修辞学家普里斯库在那个时候从底比斯地区来到亚历山大里亚……他看见人们群起围攻大小官员,当一支军队希望阻止暴乱的时候,人们用石块投向他们,并将他们围困在先前的塞拉皮斯神庙,而后放火将他们活活烧死。

这段记载成了研究埃及地区民众对卡尔西顿会议态度的关键原始资料之一。然而,遗憾的是,埃瓦格里乌斯在《教会史》中的很多地方引用普里斯库的作品时过于简略,例如,在记载阿提拉进攻拜占庭帝国的时候,他并未详细摘录普里斯库原文的细节,殊为可惜:

> 修辞学家普里斯库用高雅的笔调描写了阿提拉与帝国东部和西部军队的战斗,记录了他摧毁了哪座城市并掠夺了多少人口,以及他死时所完成的成就。①

2. 左西莫斯

左西莫斯是 5 世纪拜占庭历史学家,其 6 卷本的《新历史》涉及410 年前的重大历史事件。他因信仰希腊罗马多神教而被后人称为"最后一位非基督教历史学家"。埃瓦格里乌斯在《教会史》中引用了左西莫斯作品中的一些内容,但目的是进行批判和驳斥。埃瓦格里乌斯尤其不能容忍左西莫斯对给予基督教合法地位的君士坦丁

---

① Evagrius Scholasticus, *The Ecclesiastical History of Evagrius Scholasticus*, Ⅰ.17.

大帝的批评,为此他不惜使用近乎谩骂的言辞,这与其作品的整体行文风格明显不符。在谈论被拜占庭人民深恶痛绝的"洁净税"起源时,埃瓦格里乌斯对左西莫斯声称的是君士坦丁大帝制定了这一税收的说法予以坚决否认。他愤怒地写道:

> 左西莫斯是一个信仰可憎和罪恶的希腊异教的作家,他对君士坦丁十分愤恨,因为君士坦丁是第一个接受基督教并且放弃希腊人那些令人厌恶的迷信的皇帝。左西莫斯说君士坦丁最先制定了所谓的洁净税。[1]

> 这个人(君士坦丁)是如此的慷慨大度,你(左西莫斯)怎么能说他如此怯懦和吝啬地制定了如此值得诅咒的税收呢?我实在难以理解![2]

然而,左西莫斯的记载才是事实。埃瓦格里乌斯的这种态度恰恰体现了转型时期拜占庭帝国内基督徒对多神教残余势力的仇恨。

3. 埃皮法尼亚的约翰

埃皮法尼亚的约翰是埃瓦格里乌斯的同乡、亲戚和同僚,他们同为格里高利主教的随从。埃瓦格里乌斯在《教会史》中提到了这位约翰,但是却没有像对待其他作家那样,直接在作品中写明哪些内容是约翰的著述。现代学者阿伦通过比较约翰《历史》的残篇与埃瓦格里乌斯《教会史》中关于莫里斯皇帝统治的记载,认为两者的描写无论在内容还是结构上都非常相似,因此,她推断两人在写作过程中应该互相讨论和借鉴了对方的作品。[3] 美国学者汤普森也持有这种看法,他甚至更明确地认为"埃瓦格里乌斯(中译本译为伊发格里阿斯)在编写他的著作第 6 卷时,曾利用了约翰的著作"[4]。笔

---

[1] Evagrius Scholasticus, *The Ecclesiastical History of Evagrius Scholasticus*, Ⅲ. 40.
[2] Evagrius Scholasticus, *The Ecclesiastical History of Evagrius Scholasticus*, Ⅲ. 41.
[3] P. Allen, *Evagrius Scholasticus the Church Historian*, p. 10.
[4] [美]J. W. 汤普森:《历史著作史》上卷第一分册,第 434 页。

者没有更多证据证明他们的这一观点，但是从常理和作品内容推测，这种情况是很有可能发生的。

（六）宗教会议记录、诏令、书信和圣徒传记

除了上述作品外，埃瓦格里乌斯还在书中引用了许多其他资料。尤其引人注目的是《教会史》中收录了大量重要文件的原文。例如，前文提到的第 2 卷第 18 节的卡尔西顿会议记录、第 3 卷第 14 节的《联合诏令》、第 5 卷第 4 节的查士丁二世诏令等。一些现代学者认为，埃瓦格里乌斯之所以能够在作品中保留如此多的珍贵文献，与他作为格里高利主教的随从有关。安条克主教对他的写作工作大力支持，使其能够接触诸如安条克教区档案这样重要的官方文献。①

除此之外，埃瓦格里乌斯还完整保存了数十封主教、修士和皇帝之间信件的原文。例如，第 2 卷第 10 节中圣徒老西蒙写给安条克主教瓦西里的信、第 3 卷第 9 节亚洲地区诸位主教写给君士坦丁堡大教长阿卡基乌斯的信，以及第 3 卷第 33 节安条克主教塞维鲁的信件等。其中，如第 3 卷第 17 节中，亚历山大里亚主教彼得·蒙古斯致君士坦丁堡大教长阿卡基乌斯的信件已经成为现存的唯一记载。

最后，埃瓦格里乌斯还在作品中引用了很多圣徒传记，如第 1 卷第 13 节和第 3 卷第 33 节中记载圣徒老西蒙与安条克主教塞维鲁的生平时，他就引用了前文提到的《圣徒西蒙传记》和《塞维鲁传》的相关内容。

以上笔者简要地介绍了埃瓦格里乌斯在创作《教会史》中引用的原始资料，应该说这些史料在一定程度上影响了埃瓦格里乌斯作品的框架构成。笔者将在下文对其作品的结构特征进行一些必要的分析。

---

① P. Allen, *Evagrius Scholasticus the Church Historian*, p. 6.

三、埃瓦格里乌斯作品的结构框架

埃瓦格里乌斯《教会史》按照内容布局结构的不同大致可分为三个部分,第1—3卷为第1部分;第4卷为第2部分;第5—6卷为第3部分。

在写作第1—3卷时,无论在教会还是世俗历史方面,埃瓦格里乌斯都有较多可用的史料。从结构上来看,他大致采用了以皇帝世系为主线,将教会历史与世俗历史分开记载的方式搭建作品框架,即按照时间顺序记载每一位皇帝的统治,并在其中先记载与教会有关的历史,后记载世俗方面的历史。

埃瓦格里乌斯之所以采用这种布局与他所掌握的史料密切相关。例如,他的第1卷内容只包括塞奥多西二世统治下的拜占庭历史。埃瓦格里乌斯在记录教会历史时以使用基督教会议记录(如3—5节,9—10节)和圣徒传记(如13—16节)为主,大致按照两次以弗所宗教会议在前、圣徒事迹在后的顺序进行记载。在世俗历史方面,他引用的是普里斯库(如第17节)和尤斯塔西乌斯(如第18节)的作品内容,大体按照时间顺序简要记录了塞奥多西二世时期的战争和自然灾害等重大事件。

第2和第3卷相对来看是埃瓦格里乌斯作品中结构最为清晰的两卷。他紧紧围绕卡尔西顿大公会议这一关键事件展开布局,将大量史料安排在卡尔西顿会议召开的背景、过程和影响这一体系之内。同时在世俗历史方面,他仍然严格以皇位的更迭为时间线索进行记录。在这两卷中,埃瓦格里乌斯主要依靠扎卡里亚、约翰·马拉拉斯和尤斯塔西乌斯的作品进行写作。其中在宗教问题上他借鉴扎卡里亚的作品框架,取得了比较准确的时间定位。在记载世俗历史时,他以尤斯塔西乌斯的作品为纲,在涉及叙利亚地区内容时补充约翰·马拉拉斯的记载。总体看来,除了个别细节的错误外,这两卷的准确度比较高,便于研究使用。

埃瓦格里乌斯在写作第 4 卷时使用了与先前 3 卷完全不同的结构,即将世俗历史和教会历史按照时间顺序混合在一起而非分开记载。估计这是因为在该卷写作中,埃瓦格里乌斯主要的资料来源是普罗柯比的《战史》,而普罗柯比极少在作品中谈及教会方面的事务,因此埃瓦格里乌斯无法像前 3 卷那样建立教俗两套独立的时间架构。在本卷中,埃瓦格里乌斯基本按照《战史》的时间顺序记载了第一次波斯战争、尼卡起义、汪达尔战争、哥特战争和第二次波斯战争等世俗历史事件。同时,他把自己的一些童年和青年时期的回忆、圣徒传记,以及基督教会议记录等与教会有关的历史穿插其中。这产生了一个重要弊端,即因为埃瓦格里乌斯对这些教会史料的时间定位不清,同时自己的回忆难免由于时间久远而产生疏漏,所以在本卷中出现了一些年代倒置的错误。比较明显的例证是他对 553 年第五次基督教大公会议的记载。[1] 由于普罗柯比没有给他提供太多的信息,因此埃瓦格里乌斯只能依靠零散的史料与回忆来拼凑这段历史。在叙述背景的时候,他因为搞错了耶路撒冷主教尤斯托齐乌斯(Eustochius)上任的时间,从而把发生在 30 年代与 50 年代的事情混淆在一起,造成了叙述的混乱。在讲述会议过程时,因为可以借鉴会议记录,因此其记载比较清晰。但是在谈及会议的后续影响时,他又错把 565 年发生的一些事件和该次会议联系在一起,从而给研究者造成了不小的困惑。

在最后两卷中,埃瓦格里乌斯几乎没有为其作品建立起任何的架构。也许如阿伦所说,他借鉴了其亲戚埃皮法尼亚的约翰的《历史》,但是他应该没有按照约翰作品的结构进行最后两卷的创作,这也许是因为约翰的作品主要集中于军事领域。好在由于这段历史距他写作的时间比较接近,同时他主要描述的又是自己比较熟悉的叙利亚地区事务,因此,埃瓦格里乌斯并没有在这两卷内容中犯太

---

[1] Evagrius Scholasticus, *The Ecclesiastical History of Evagrius Scholasticus*, Ⅳ. 38.

多错误,只是在谈及其不熟悉的战争问题时,对一些小事件偶有混淆。① 但是从整个结构来看,他所做的只是将自己的亲身经历、见闻和其他个别史料按照皇帝更替的顺序大致罗列而已,并没有一条比较明确的写作线索。因此,他的这两卷内容布局相对不佳,行文也不够连贯,阅读起来明显不如前 3 卷流畅。

在对比了《教会史》的资料使用情况和结构特点后,我们不难得出结论,相对于搜集史料,埃瓦格里乌斯驾驭史料的能力稍逊。虽然他能够凭借有利的身份和认真的准备占有大量宝贵的资料,却总是没有很好地组织它们在自己的著作中。因此其作品的结构在某些部分表现出了凌乱和松散的特点,并且明显受到所使用材料的制约。尽管他在书中一直在尝试运用他人的史料为自己的观点和视角服务,并基本实现了这一目的,但是却没能书写出一部结构清晰统一、体例完整的著作。也许这就是他虽然在作品中保存了大量珍贵的乃至唯一流传至今的史料,同时拥有值得称道的文笔,但是在现代学者的心目中,依然难以和普罗柯比等顶尖拜占庭史家比肩的原因之一。

---

① 例如,在第 5 卷第 12 节记载查士丁二世时期和波斯人战后谈判的事件时,他将两次谈判混为一谈。Evagrius Scholasticus, *The Ecclesiastical History of Evagrius Scholasticus*, V. 12, 怀特比注释 49。

第四节　埃瓦格里乌斯作品的
史料价值与缺陷

　　埃瓦格里乌斯《教会史》的史料价值得到了许多现代西方学者的肯定,如卡兰尼斯评价其作品是关于五六世纪基督教教义史最重要的一本史料著述。[①] 著名拜占庭史学家奥斯特洛格尔斯基也认为,埃瓦格里乌斯的史书除了继承先前教会史作品的传统,对于拜占庭世俗历史也具有相当重要的价值;[②]汤普森则把埃瓦格里乌斯推崇为比以弗所的约翰更为重要的 6 世纪教会史家。[③] 然而,也并非所有学者都如此青睐他的作品,美国拜占庭学者特雷德戈尔德在其《拜占庭国家社会史》的史料综述中就只轻描淡写地提道:"查士丁尼去世后,拜占庭的史学也随之有些逊色了,埃瓦格里乌斯把他的历史写到了 594 年。"[④]

　　应该说,学者们对同一份史料有不同的评价是很正常的,埃瓦格里乌斯的《教会史》也是如此。这部作品与许多拜占庭史料一样,优点与缺点都比较突出,笔者愿意就此对两者做一些粗浅的分析。

---

① P. Charanis, *Church and State in the Later Roman Empire*: *The Religious Policy of Anastasius the First*, 491 - 518, pp. 83 - 84.

② G. Ostrogorsky, *History of the Byzantine State*, p. 24.

③ [美]J. W. 汤普森:《历史著作史》上卷第一分册,第 434 页。

④ W. Treadgold, *A History of the Byzantine State and Society*, Stanford, 1997, p. 904.

一、埃瓦格里乌斯作品的史料价值

判断一部史料的价值,除了其本身的优点,还要特别注重它在同时代历史作品中的地位与特性。笔者之所以认为埃瓦格里乌斯的《教会史》有不可替代的研究价值,也正是基于这一理由。

从涉及早期拜占庭帝国的史料来看,能够较为完整涵盖这一时段的大多是一些编年史作品。如约翰·马拉拉斯的《编年史》(创世纪—563/565 年)、赛奥法尼斯(Theophanes)的《编年史》(284—813)、米哈伊尔(Michael)的《编年史》(创世纪—1195 年)、匿名的《艾德萨编年史》(公元前 131 年—公元 540 年)和《复活节编年史》(创世纪—628 年)等。这些编年史作品虽然有助于我们从宏观上了解早期拜占庭帝国的历史发展脉络,但是它们也存在重大的缺陷。首先,这些编年史作品大多内容较为简略,史料中的信息量不够丰富,如《艾德萨编年史》和《复活节编年史》只是更多地被现代学者用来进行年代定位。其次,这些编年史作品时间跨度过大,因此作者在记载距自己生活时代较久远的历史事件时易出现错误。最后,这些编年史作家大多采取同样的著述风格,同时在史料的选择上往往不够恰当,叙述也欠缺严谨。约翰·马拉拉斯的作品就是典型代表,尽管其《编年史》内容相对于其他编年史作品更加丰富,但是其史料价值也遭到了诸多批评,一些现代学者如汤普森认为这部作品"毫无独创性可言,只是以前许多材料杂乱无章的混合体而已",而"编这部书的这位修士的无知是难以形容的"。吉本的评价甚至更低,他认为这部作品"是降到老百姓水平上写的。书中毫无比例感。叙述一个帝国的倾覆和描绘一个江湖骗子的魔术同样认真⋯⋯错误百出,实在惊人"[1]。当然,这些批评有过分之嫌,约翰的作品在研究安条克和叙利亚地区的历史方面依然有不可替代的重要作用。

---

[1] 参见[美]J. W. 汤普森:《历史著作史》上卷第一分册,第 437 页。

但是,上述拜占庭编年史作品的缺陷导致它们只能作为研究的辅助材料。

在古典风格的历史作品和教会史作品方面,现存涉及 4 世纪和 6 世纪历史的史料明显较 5 世纪更多。尤西比乌斯的作品开创了拜占庭史学的先河。在此之后,苏格拉底、索卓门和塞奥多利特三位史学家的《教会史》与阿米安的《历史》、左西莫斯的《新历史》等基本完整详细地涵盖了从君士坦丁到塞奥多西二世前的拜占庭教俗历史。而普罗柯比的作品、阿加塞阿斯的《历史》、米南德的《历史》和塞奥菲拉克特的《历史》基本上让我们可以对查士丁尼王朝的统治有比较清楚的认识,同时以弗所主教约翰的《教会史》尽管散佚过半,但是对 6 世纪后期教会历史的研究依然有较高的史料价值。

与上述时代相比,从塞奥多西二世到查士丁一世即位前的拜占庭史料却相对匮乏,这主要是因为涉及这段时期的多部重要历史作品散佚严重。例如,记载塞奥多西二世、马西安和利奥一世统治时期的普里斯库的《历史》现在只余残篇;尤斯塔西乌斯的《历史》和塞奥多利特的《教会史》(涉及 439—527 年的教会历史)分别全面涵盖了这一时期拜占庭世俗与教会的历史,尤其对研究皇帝阿纳斯塔修斯的统治极为重要[1],但是遗憾的是,它们现在几乎全部佚失,只有写作大纲保留至今。除了上述三部重要的历史作品,就只有扎卡里亚的《教会史》较为完整地记录了 5 世纪后半叶教会的历史,但该作品较少涉及世俗社会问题,内容不够全面,同时写作立场比较偏颇。其他保留至今的一些零散史料价值有限,对研究的帮助不大。因此,埃瓦格里乌斯的《教会史》相对完整地记录了 5 世纪教、俗两方面的拜占庭历史,从而成为全面研究这一时期拜占庭发展最重要的参考史料之一。

---

[1] P. Charanis, *Church and State in the Later Roman Empire*: *The Religious Policy of Anastasius the First*, 491 - 518, p. 81.

　　除了在早期拜占庭史料中占据重要的一席之地，埃瓦格里乌斯的著作在拜占庭众多的教会史作品中也有着独特价值。拜占庭教会史作品的一个特点就是教会史学家不像古典历史学家那样经常在作品中使用演说辞，相反却倾向于全文引用一些文件和档案。[①]埃瓦格里乌斯继承并将这一传统发扬光大，在《教会史》中完整保留下来许多重要的诏令、档案和信件，对研究该时期的教会历史有着至关重要的作用。不过，埃瓦格里乌斯的作品还是受到了古典作家的影响，尤其他比较推崇修昔底德，其作品中不时出现类似"记载这些事需要像修昔底德一样雅致的语言才能做到"[②]的话语。在他的写作过程中，尽管总体上保持了教会史的风格，但是有时也会运用一些古典历史学家的写作方法。例如在第 6 卷第 12 节中，埃瓦格里乌斯全文记录了格里高利主教劝降叛军的一篇演说词，其雄辩的语言更让人不禁联想到《伯罗奔尼撒战争史》中伯里克利等人演讲时的英姿，这种写作手法在教会史作品中是比较少见的。除此之外，埃瓦格里乌斯还在作品中大量记录了世俗社会的历史。虽然之前的教会史作品中也会涉及一些非教会事务，但是像埃瓦格里乌斯这样用全书一半左右的篇幅来记载世俗历史，且内容广泛，涉及战争、政治、外交、经济乃至自然灾害问题，还是非常罕见的。埃瓦格里乌斯将这些内容统一纳入教会史的传统主题之中加以记述，这种写作方式体现了作者所认为的，基督徒应该担负起同时阐述教会和世俗两方面历史的责任的观点[③]。拜占庭教会史的写作传统由尤西比乌斯开创，经由苏格拉底、索卓门和塞奥多利特发展，最终在埃瓦格里乌斯这里定型。从写作风格和内容构成上来看，埃瓦格里乌斯的《教会史》是早期拜占庭教会史著作中一部里程碑式的作品。

　　最后，除了内容与写作风格，在涉及五六世纪教会史的作品中，

---

① R. A. Markus, "Church History and the Early Church Historians", p. 2.
② Evagrius Scholasticus, *The Ecclesiastical History of Evagrius Scholasticus*, Ⅲ. 39.
③ G. Downey, "The Perspective of the Early Church Historians", pp. 68 - 70.

埃瓦格里乌斯《教会史》的立场还有其唯一性。如果我们与流传至今的其他史料对比一下，不难发现，现存记载该时期教会历史的作品几乎都是由基督一性论信徒完成的，如约翰·马拉拉斯的《编年史》、以弗所主教约翰的《教会史》、扎卡里亚的《教会史》、尼基乌主教约翰的《编年史》和约书亚的《编年史》等。而埃瓦格里乌斯的《教会史》作为唯一一部系统记载该时期基督教会历史的卡尔西顿派文献，其史料价值也是不言而喻的。

二、埃瓦格里乌斯作品的缺陷

尽管埃瓦格里乌斯的《教会史》具有上述众多的优点，但是其作品还是有一些值得特别注意的问题，除了上文着重提到的结构混乱等，笔者接下来将分析该作品在其他方面的不足，以免研究者在使用过程中出现不必要的错误。

（一）对待恩主的偏袒

如前文所述，埃瓦格里乌斯在创作过程中凭借其与格里高利主教亲密的关系得到了许多便利，从而极大地丰富了作品的内容。然而，与上层人士过于密切的交往也在某些问题上影响了埃瓦格里乌斯的公正态度，尤其是在记载与他的上司格里高利主教有关的事件上体现得更为明显。在使用《教会史》进行研究的时候，必须对这一点认真加以分辨。在埃瓦格里乌斯笔下，格里高利主教似乎是完美无缺之人。他称赞格里高利主教：

> 智慧和美德绝对超越众人……在所有场合都表现得慷慨大方……几乎所有人一听说他来了就蜂拥而至……人民都渴望在近处看见他并且聆听他的教诲。[1]

---

[1] Evagrius Scholasticus, *The Ecclesiastical History of Evagrius Scholasticus*, V. 6.

在格里高利主教陷入通奸罪指控之时,埃瓦格里乌斯在作品中强烈地抨击前来调查(并做出对主教不利行为)的官员,称其是一个"即使处理小事情也不称职的人,更不用说让他承担这么重要的任务了"。最后,当格里高利主教在首都赢得审判后,他强调主教脱罪才是公正的裁决。① 然而在同时代的历史学家和神学家、以弗所主教约翰的笔下,事情似乎截然不同。约翰在其《教会史》中写道:

> 安条克全城的人都开始激烈地反对他(格里高利)……当他被皇帝传唤的时候,他为元老院的显贵们准备了大量的金银和无数贵重的服饰作为礼物……最终他保住了自己的位置,并显耀地回到了安条克。②

诚然,以弗所主教约翰是一性论派基督徒,和卡尔西顿正统派的格里高利与埃瓦格里乌斯信仰不同,他的记载也未必就是历史真相,但是埃瓦格里乌斯的叙述显然也有为恩主美言之嫌。

还有一个例子也可作为旁证。埃瓦格里乌斯在作品第 5 卷第 9 节中记载,当拜占庭和波斯发生战争后,波斯大军逼近了安条克城。因为城墙大部倒塌,民众也不服从管理,因此格里高利主教被迫和其他教士一起携带教会的财产逃离。然而,时代稍后的历史学家塞奥菲拉克特在《历史》中却写道,波斯人逼近了安条克的郊区,然后只是摧毁了城外许多宏伟建筑后就转向其他地区。③ 这表明也许当时安条克的城防并非如埃瓦格里乌斯形容的那样不堪一击,他的记载更像是为自己主教的临阵脱逃寻找借口。

当然,从其他的史料来看,格里高利主教应该可以算是一位有作为的历史人物,但是埃瓦格里乌斯的相关记载也有溢美或粉饰之嫌。除此之外,埃瓦格里乌斯对给予他荣耀地位的提比略和莫里斯

---

① Evagrius Scholasticus, *The Ecclesiastical History of Evagrius Scholasticus*, Ⅵ.7.
② John of Ephesus, *The Third Part of the Ecclesiastical History of John*, *Bishop of Ephesus*, V.17.
③ Theophylact, *The History of Theophylact Simocatta*, iii.10.8.

皇帝也是赞誉有加，但其中一些颂词和辩白是否全部可信，应存有疑问。总而言之，埃瓦格里乌斯的身份为其创作带来了很多优势，增加了其作品的史料价值，然而，在某些问题上也削弱了作品的可信度。因此，在利用埃瓦格里乌斯的《教会史》进行涉及上述人物的研究时，参考和借鉴同时代历史学家的记载，并结合历史背景进行慎重分析是稳妥的做法。

（二）视野偏狭

除了身世地位，埃瓦格里乌斯的个人视角也是影响其作品的重要因素。总体看来，埃瓦格里乌斯的《教会史》带有鲜明的地方性色彩，这与作者本人以安条克和叙利亚地区为中心的视角一脉相承。从其作品来看，埃瓦格里乌斯在前4卷内容中由于能够大量参阅其他拜占庭历史学家的作品，虽然在行文中偏重叙利亚地区，但还是能广泛涉及君士坦丁堡、埃及、巴勒斯坦乃至意大利等地的历史。从第5卷开始，作者除了使用同乡埃皮法尼亚的约翰的《历史》等少数资料，已经没有更多可以借鉴的史料，因此，埃瓦格里乌斯更多的是凭借个人亲身经历和见闻进行写作。在这两卷内容里，他很少涉及叙利亚和首都君士坦丁堡以外的历史，而作品的主要叙述对象更是集中在以安条克为中心的叙利亚地区。

这种视角有其有利的一面，埃瓦格里乌斯在作品中保存的大量关于叙利亚，尤其是安条克地区的珍贵史料具有不可替代性。为此，唐尼推崇埃瓦格里乌斯的《教会史》，称这部作品是研究540年（马拉拉斯作品结束的年份）至593年间安条克历史的首要原始资料。①

然而，相对狭隘的视野也给埃瓦格里乌斯作品带来了很多问

① G. Downey, *A History of Antioch in Syria：From Seleucus to the Arab Conquest*, p. 43.

题。首先是记载内容的欠缺。尤其在作品最后两卷中,埃瓦格里乌斯偏狭的视角导致他遗漏了很多发生在叙利亚以外的重要历史事件。例如,他虽然用大量篇幅记载了许多圣徒的传记,但也忽视了很多与他同时代的小亚细亚地区极为重要的圣徒,如查士丁尼时期著名的修士塞奥多利(Theodore the Sykeon)等。

除此之外,更为严重的是,对叙利亚地区以外历史的陌生导致埃瓦格里乌斯在使用他人史料时犯下了诸多错误,其中最为明显的就是其作品纪年系统的混乱。埃瓦格里乌斯在作品中采用了多种纪年方法①,其中最常用的是安条克纪年法和皇帝年号纪年法,同时辅以税收年纪年法、罗马建城(罗慕路斯)纪年法等其他方法,这应该与他使用不同史料进行写作有关。对比这些纪年方法我们不难发现,埃瓦格里乌斯只在使用安条克纪年法时能够保证绝对的精确,而在使用其他纪年方法的时候,就经常会出现错误。例如,在记录526年安条克大地震时,埃瓦格里乌斯同时使用了安条克和皇帝年号两种纪年法,其中前者是正确的,而后者则被错记为查士丁7年(应为8年)②。类似的错误在他叙述最为陌生的西部帝国历史时更为明显,如他记载西部帝国末代皇帝小罗慕路斯继位是罗慕路斯建立罗马城1303年后发生的事情,事实上这已与真实历史事件的时间相差了将近百年。③

除了纪年,埃瓦格里乌斯有时还会出现诸如搞混其他教区主教或西部皇帝名字这样的错误。所幸现代学者如怀特比等已经在译本中对这些错误进行了一一修正。总体看来,他的安条克视角对作品的不利影响已经因为现代学者精心的考订而大大减小,所以如果使用一个优良版本的话,埃瓦格里乌斯的偏狭视角造成的错误不会过多影响其作品的史料价值。

---

① 关于拜占庭的历法和纪年可参考陈志强:《拜占庭学研究》,第275—290页。
② Evagrius Scholasticus, *The Ecclesiastical History of Evagrius Scholasticus*, IV.5.
③ Evagrius Scholasticus, *The Ecclesiastical History of Evagrius Scholasticus*, II.16.

(三) 过度的乐观主义

在前言部分的研究综述中,笔者提到现代学者查斯纳特和凯莱斯均认为埃瓦格里乌斯在其作品中表现了一种乐观主义的态度。这种态度对于作家个人来说可以是一种优点,但若在历史写作中因为这种态度影响了作品的客观性,无疑就是一种缺陷。埃瓦格里乌斯的这种乐观主义就属于后者的范畴。他的乐观主要表现在对帝国前途与基督教会命运的自信上。这给其作品造成了两个问题,一是在记载了史实后不能做出正确的价值判断,二是在作品中会遗漏一些帝国和教会面临的真实困难。

应该说,在大多数时候,埃瓦格里乌斯还是能够秉笔直书,记录下帝国和教会所面临的问题。他笔下的基督一性论争端就是明显的例证。在这 6 卷作品中,埃瓦格里乌斯从来没有停止记载宗教冲突对基督教会带来的影响。然而,在一些情况下,当客观地记录了这些争端后,其南辕北辙的评论却容易将读者引向错误的判断。例如,在作品的第 3 卷讲述阿纳斯塔修斯的统治时,埃瓦格里乌斯全面地记载了先前发生的大量宗教冲突,如安条克主教塞维鲁的一性论立场和维塔里安因宗教问题发动的叛乱等。但是,在皇帝阿纳斯塔修斯采取了一些措施后,他评论道:

> 他(阿纳斯塔修斯)尽其所能使最神圣的教会免受干扰,而他的所有臣民都十分享受这种平静的生活。所有冲突和斗争都被排除在宗教和政治事务之外。

然而,这显然与他所记载的历史事实相去甚远。如果我们只以这句话作为判断阿纳斯塔修斯时期拜占庭宗教状况的依据,无疑就会得出错误的结论。类似的情况还在该作品中时有出现,在记载查士丁尼放逐基督一性论派主教塞维鲁后,埃瓦格里乌斯又写下了如下不切实际的话:

从那时起各地教会之间就没有裂痕了，各教区的宗主教们彼此意见都保持一致，各城市的主教也都遵循他们的领袖。①

这显然不是事实，就在书中几节之后，他的笔下又记载了第 5 次基督教大公会议前后的一些剧烈宗教冲突。因此，在看到埃瓦格里乌斯做出类似的价值判断时，我们尤其需要保持一种清醒和冷静的态度，应以他作品中的史实出发，不能盲目认同他的观点。

此外，如果说在前 4 卷中因为大量使用他人资料，因此这种态度表现得还不够明显的话，那么埃瓦格里乌斯的乐观情绪导致他在作品第 5、6 卷中漏记了一些他认为的非常消极的史实。例如，他没有提到 568 年意大利的再次沦陷和莫里斯时期拜占庭军队的叛乱倾向（莫里斯皇帝正是于 602 年死于叛乱），等等。② 所幸的是，这些内容还是得到了其同时代一些历史学家（如其表弟埃皮法尼亚的约翰）的关注。通过参考这些史料或多或少可以弥补埃瓦格里乌斯作品的这一缺陷。

总而言之，笔者认为埃瓦格里乌斯的《教会史》是一位受过良好教育、学识比较渊博但是史才稍逊的拜占庭史家创作的重要历史作品。尽管存在着内容、观点和结构等各方面的缺陷，但是通过分析鉴别、阅读其他史料并参考现代学者的成果，我们还是可以很好地利用这部作品进行研究。同时，其作品的许多特性也更加奠定了它在早期拜占庭史料中不可或缺的地位。笔者相信，这样一部目前尚未完全得到重视的史学著作，会在今后的拜占庭帝国、东地中海与叙利亚地区史的研究中发挥越来越重要的作用。

---

① Evagrius Scholasticus, *The Ecclesiastical History of Evagrius Scholasticus*, Ⅳ. 11.
② V. A. Caires, "Evagrius Scholasicus: A Literary Analysis", p. 31.

第一章

塞奥多西二世的统治

概　述

　　塞奥多西二世(Theodosius Ⅱ,408—450 年在位)是塞奥多西王朝的第三位皇帝,塞奥多西大帝之孙,阿尔卡迪乌斯(Arcadius)皇帝之子。因为父亲早逝,他不到 8 岁便继承了拜占庭皇位,统治帝国42 年之久。

　　塞奥多西二世一生多居于深宫之中,深受其皇姐普尔切里亚(Pulcheria)影响。他虽然不善军事,但是在内政方面颇有建树,是拜占庭历史上以文治闻名的君主。著名的《塞奥多西法典》便是在其统治时期编纂完成。此外,他还设立了君士坦丁堡大学,修筑了塞奥多西城墙,最终完善了帝国首都君士坦丁堡的城防体系。

　　在其治下,帝国相对安全稳定,但也存在着一些隐患。军事上的主要威胁来自多瑙河以北的匈人国家以及北非的汪达尔人势力。在宗教领域,围绕基督论问题的神学异端"聂斯托里派"和"基督一性论派"也于其统治中后期陆续出现,使教会陷入了分裂的危机。终其一生,这两个问题并未得到有效解决。埃瓦格里乌斯在作品中比较全面地记录了上述内容,尤其对聂斯托里派的兴衰以及基督一性论派的兴起记载尤为详细准确。

第一节　聂斯托里争端及其后续影响

在《教会史》第 1 卷之前的全书卷首语中,埃瓦格里乌斯开宗明义,详细地解释了自己为何要撰写这部历史作品。

　　潘菲鲁斯之子尤西比乌斯①是一个在各方面都很博学的人,尤其表现在就算不能使其读者保持绝对正确,他也有能力使他们践行我们的信仰。现在,潘菲鲁斯之子尤西比乌斯、索卓门、塞奥多利特和苏格拉底②已经比其他任何人都更加详尽地描述了仁慈的上帝在我们之中降临的情形、通往天堂的道路、神圣的使徒和坚贞不屈的殉教士们的成就,以及直到塞奥多西统治时期值得赞扬的或其他方面的事情。

　　因为在这之后所发生的事情并不比上文所提的那些事在意义上相差甚远,同时它们又没能被系统地记录,因此,尽管并非此方面的专家,我还是决定为了这些事件承担书写这段历史的任务。我将全心信赖我主,因为他可以给予渔夫智慧,并且使缺乏理性的语言变为优雅的修辞③。我决定复兴那些因被遗忘而湮没无闻的史绩,通过我的记叙使其重获活力并在人们的记忆中不朽,这样每一个读者都能知道截至现在,在什么时间、

---

① 此处提到的尤西比乌斯是指那位撰写了《编年史》《教会史》和《君士坦丁传》的历史学家。潘菲鲁斯是他的老师和养父。
② 索卓门、塞奥多利特和苏格拉底是 5 世纪早期三位著名的拜占庭教会史学家。
③ 这是指《圣经》中提及的发生在五旬节的"奇迹"。

什么地点、通过何种方式、之于谁以及源于谁、发生了什么事情。如此一来，没有什么有价值的回忆将会经由疏忽的懒惰和遗忘而被隐藏，进而逃离人们的注意。我将依靠神圣的指引，从上文提及的那些作家结束其作品的时代开始我的记叙。

通过这段表白，我们不难发现，埃瓦格里乌斯把自己看作尤西比乌斯、索卓门、塞奥多利特和苏格拉底等教会史家的继承者，他所要做的，就是像这些先辈一样，记录那些和教会有关的历史，并将"非主要但是值得记载的事情"（世俗的历史）纳入其叙述范围。显然，埃瓦格里乌斯希望能够通过自己的书写延续上述四位历史学家的作品。因此，作为一名教会史家，尽管在书中大量涉及世俗历史，但是宗教问题依然是他最重要的着眼点。他的作品便是从 5 世纪上半叶拜占庭帝国一场重大神学争端——聂斯托里异端开始的。

在基督教教义发展的历史中，5 世纪是一个至关重要的时期。通过两次关于基督论的神学争端——聂斯托里和基督一性论问题，基督教教义得到了重大发展。这两次激烈争端的焦点在于基督是拥有神人两性还是只有神性一性，若是具有两性，则这两性是如何结合在同一个位格之中；若是只有一性，则人性是如何被神性所融合的。出身安条克的君士坦丁堡大教长聂斯托里率先开启了这场大争论。正如埃瓦格里乌斯记载的那样：

聂斯托里，这个与上帝争论的巧舌辩手、第二个犹太评议会的该亚法①、渎神之言的制造者，通过划分和割裂基督的神性和人性使得基督再一次被出卖……②聂斯托里拒绝承认"上帝之母"这个已被圣灵所缔造并被众多选举出来的教父所公认的概念；他重新伪造了"基督之母"这一概念，从而将教会带入了无穷的争斗之中，使教会内部血流成河。为此，我想我不应该

①反对耶稣基督的犹太大祭司。
②埃瓦格里乌斯作品的翻译文本中有省略号处代表译文有删节，以下同。

遗漏这段历史,并且要从中得出结论。在无所不在的主耶稣基督的指引下,我将以不虔诚的聂斯托里的渎神之言作为开篇,由其导致的教会内部斗争将是其后的内容。

某位叫作阿纳斯塔修斯的人是一个持异端观点的神甫,他是聂斯托里和聂斯托里所持的犹太教信仰[1]的极端崇拜者。此外,聂斯托里出发去其主教区上任的时候,阿纳斯塔修斯也是他的同伴。如塞奥都鲁斯[2]在一封信中所言,正是在那时,聂斯托里遇到了摩普苏埃斯提亚的主教塞奥多利,在听了后者的教诲后,聂斯托里改变了先前虔诚的信仰。在对上帝钟爱的君士坦丁堡民众布道时,阿纳斯塔修斯居然宣称:"所有人都不要称玛利亚为上帝之母。因为她是个凡人,上帝是不可能为一个凡人所生的。"当上帝钟爱的君士坦丁堡人民对此强烈反对并视其为渎神之言时,其教导者聂斯托里不但没有阻拦阿纳斯塔修斯也没有持正确的教义,反而强烈地赞成他的观点。在那时他还插入了自己的看法,并且将其精神中的毒素大肆宣扬。他甚至试图提出更为亵渎的理论,为此他冒险地发表了这样的演说:"那个变为两个月或三个月大的东西,我不会称其为上帝!"这件事情清楚地被苏格拉底和第一次以弗所宗教会议所记载。[3]

聂斯托里的这一观点深为埃瓦格里乌斯所痛恨,主要有两个原因。其一是拜占庭帝国在 4 世纪围绕"三位一体"的问题产生了多次重大神学冲突,如阿里乌争端、优诺米争端和马其顿尼争端等,这些争端给基督教会造成了分裂的危险,甚至在这一过程中还出现了

---

[1] 聂斯托里等人通过否定圣母,一定程度上影响了耶稣基督圣子的神圣地位,因此埃瓦格里乌斯说他们是犹太教的支持者。

[2] 此人身份尚未完全确定,英译本译者怀特比认为他是摩普苏埃斯提亚主教塞奥多利的学生。参见怀特比英译本第 10 页注释 21。

[3] Evagrius Scholasticus, *The Ecclesiastical History of Evagrius Scholasticus*, Ⅰ.2.

朱利安恢复多神教统治的尝试。当拜占庭皇帝开始将基督教作为帝国统治的精神工具时,这种分裂变得不可容忍。于是,君士坦丁和塞奥多西大帝先后召开了尼西亚和君士坦丁堡大公会议,通过强力政治手段平息了这些争议,让教会恢复了平静。而聂斯托里的新思想让刚刚获得不到半个世纪安宁的教会再次出现动荡。

> 朱利安①的不虔诚刚刚被殉教士的鲜血所洗刷,阿里乌②的疯狂也已被打造于尼西亚的镣铐禁锢;此外,优诺米和马其顿尼异端③也在博斯普鲁斯海峡中沉没,并在君士坦丁堡被彻底粉碎。现在,神圣的教会已经擦拭掉了新近染上的污秽,重新获得了先前的美丽,她佩戴俄斐金饰和心爱的新郎④结合到了一起。魔鬼,这个美好事物的憎恶者对此决不能接受。他无视偶像崇拜已经被人们践踏,阿里乌卑劣的癫狂也被丢弃在一边的事实,对我们发动了与之前不同的另一场进攻……魔鬼像小偷一样实施着他的行动,他重新设计了可供争论的问题并且用一种新的方式将人们带向犹太教的谬误,不解、不幸、颠倒黑白的事情同时从那里产生:曾经被魔鬼视为唯一对手的敌人,如今却被其珍爱和拥抱,并且他出于傲慢,不是整个地改变信仰,而是试图伪造仅仅一个单词⑤。频繁出现的卑劣行径是出于其邪恶的本性,他企图仅仅改变一个字母,这从一方面来看没有改变其本义,但是通过这种手段他可以使人们的思想发生分歧,从而使不同观点的人无法和谐地给予上帝相同的承认和赞美。⑥

---

① 指 4 世纪的皇帝"背教者"朱利安。
② 4 世纪早期的神学家,他所代表的阿里乌主义是早期拜占庭帝国的重大神学异端,直接导致了第一次尼西亚基督教大公会议的召开及之后"三位一体"正统教义的形成。
③ 4 世纪后期的神学异端,均在一定程度上受到阿里乌主义的影响,在君士坦丁堡召开的第二次基督教大公会议上被定为异端。
④ 新郎指耶稣基督。
⑤ 指 homo-ousios(同质)和 homoiousios(本质相似)。
⑥ Evagrius Scholasticus, *The Ecclesiastical History of Evagrius Scholasticus*, I.1.

埃瓦格里乌斯痛斥聂斯托里的第二个原因则在于,他提出的这一神学思想认为圣子的神性与人性分离,分别构成两个位格。这种观点过于强调耶稣基督的人性,因此实际上导致其神人两性产生了对立和割裂,从而使其分裂为神与人两个割裂的位格。同时聂斯托里认为基督人性是来自玛利亚,其神性是来自上帝。基督的人格独立于神格之外。因为认定玛利亚只对基督的人性有作用,所以他同时否定了圣母玛利亚拥有"上帝之母"这一称谓的资格。这对于在东地中海世界广泛流行的圣母崇拜观念也造成了巨大的冲击。

因此,聂斯托里的这一理论遭到了以亚历山大里亚主教西里尔为代表的许多教会人士的强烈反对。在431年召开的以弗所第三次基督教大公会议上,西里尔在罗马和亚历山大里亚教会的支持下取得胜利,聂斯托里的观点被斥为异端,其本人被皇帝罢免后放逐。埃瓦格里乌斯在本卷的3—5节中详细记载了会议的经过:

> 当著名的亚历山大里亚主教西里尔就这些问题和聂斯托里进行私人交流时,聂斯托里依次进行了反驳,而没有被西里尔和罗马主教塞莱斯廷的书信所劝服,并且他还不顾一切地向整个教会灌输他的谬论。在当时掌控整个东部帝国的塞奥多西二世的同意下,他要求召集了第一次以弗所宗教会议,皇帝的信函被送给了西里尔和神圣教会在各地的主教们。他宣布五旬节那天作为指定的集合日。

> 因为以弗所距离君士坦丁堡并不遥远,所以聂斯托里比其他人率先来到以弗所。西里尔和其支持者也在规定日期前出现。但是安条克教区的约翰主教及其支持者没能准时到达,他并非有意如此,而是因为不能及时召集他的支持者。因为过去所称的安条克,也就是我们现在的塞奥波利斯①地区之间的城市都相隔甚远,即使是脚程快的旅行者也需要至少12天才能

---

① 安条克在6世纪初经历了地震等重大灾难后,于528年被更名为塞奥波利斯。

到达,同时以弗所距离安条克差不多有 30 天的路程。约翰声称,因为其支持者要在各自教区庆祝复活节后的第一个星期日,所以他不能独自按时前来。①

在超过规定日期 15 天后,因为东部地区的主教们还没有抵达,或者他们即便能够赶来也要耗费相当长的一段时间,这样,那些已经到达的人们在可敬的西里尔的指引下聚集在一起,后者占据了上文提到的罗马主教塞莱斯廷的位置。他们召来了聂斯托里,要求他和反对者辩论。然后,当聂斯托里没有按其许诺的那样在次日到来,并且三召不至时,那些已经聚集起来的主教自行开始了讨论。以弗所主教梅姆农回顾了规定日期以来 16 天所发生的事情,然后他们宣读了可敬的西里尔致聂斯托里的信,以及聂斯托里对西里尔的答复,同时,至高的塞莱斯廷亲自写给聂斯托里的神圣的信也被提及。安卡拉主教塞奥多图斯和梅利泰内主教阿卡基乌斯多次宣读了聂斯托里公开亵渎以弗所的言语。同时,被推举出的圣洁的教父们制定的许多已经详细阐明并且毫无瑕疵的教义也随之被宣读,他们在其中还插入了不虔诚的聂斯托里的许多愚蠢的渎神之言。在这个神圣的会议结束后,他们逐字地制定了下述宣言:

> 除了其他事情之外,因为最尊敬的聂斯托里既没有答复我们的召唤,也没有迎接我们派去的最圣洁和虔诚的主教们,所以我们不得不自行调查他犯下的渎神行为;并且通过他的信、他已被读出的文章,以及他最近在这个城市发表的、已被证实的言论,我们发现他在言行上是不虔诚的。因此依据教规以及我们最神圣的主教和同伴,罗马主教塞莱斯廷的信,我们含泪说出如下严酷的话语:"因此,被聂斯托里亵渎的我主耶稣基督已经通过现在这个神圣会议命令剥夺聂

---

① Evagrius Scholasticus, *The Ecclesiastical History of Evagrius Scholasticus*, Ⅰ.3.

斯托里主教的资格，并且将其从神职人员的队伍中驱逐。①

在这个最合法并且最公正的判决出台后，安条克主教约翰和其支持者才来到以弗所，此时距聂斯托里被免职已经有 5 天时间了。在召集了他的所有支持者之后，约翰宣布罢免西里尔和梅姆农。由于西里尔和梅姆农对约翰他们召集的会议提出了指控（苏格拉底漏记了这段历史），因此他们召唤了约翰，以此可以让他就先前做出的罢免决定进行辩护。然而因为约翰三召不至，于是西里尔和梅姆农被免除罢免的处罚，同时约翰和他的支持者被剥夺了神圣的教籍，并且失去了神职人员的所有权利。起初塞奥多西二世没有接受罢免聂斯托里的决定，但是不久，在认识到此人的渎神行为之后，他再一次向主教西里尔和约翰下达虔诚的命令，他们二者也相互达成了一致，并且认可了将聂斯托里免职的决定。②

在被罢免之后，塞奥多西二世对聂斯托里抱有同情之心，一度给予他宽大的处理，并没有进行严厉的惩罚。这种做法与 4 世纪尼西亚大公会议后君士坦丁大帝处理阿里乌的方法十分相似。但是，5 世纪的基督教会拥有了更大的政治影响力，甚至能够左右皇帝的决定。在教会上层人士的集体压力下，塞奥多西二世被迫改变了最初的想法，聂斯托里由此迎来了自己悲惨的命运。埃瓦格里乌斯通过引用聂斯托里的书信，在本卷第 7 节中详细记载了该事件的始末。

聂斯托里是如何被放逐的、此后他的命运如何、他是如何去世的，以及他因为自己渎神的行为得到了什么报应，这些问题都没有被前人所记述。如果不是我碰巧发现了一本记叙了

---

① Evagrius Scholasticus, *The Ecclesiastical History of Evagrius Scholasticus*, Ⅰ.4.
② Evagrius Scholasticus, *The Ecclesiastical History of Evagrius Scholasticus*, Ⅰ.5.

聂斯托里后来下场的书①,这些事情一定会彻底淡出人们的记忆并且被时间吞没,以至于最终湮没无闻。

聂斯托里,这个万恶之首创造的渎神理论宛如一个无知的人把房子盖在沙土上,那房子就倒塌了。然后,出于自己的选择,他对那些指控他毫无必要地提出不当的理论以及错误地要求召开以弗所会议的人进行了答复。他为他的异端邪说辩解,称这是不得已之举,因为神圣的教会已经分裂,一部分人称玛利亚为凡人之母,另一些人称其为上帝之母。他声称自己提出"基督之母"的概念,是为了避免两个不良后果:其一是防止普通信众陷入无休止的冲突之中;其二是以免支持其中一派导致另一派攻击自己。

他指出,起初出于对他的同情,塞奥多西二世没有批准对他的放逐决定。其后,两派各自从以弗所派出了一些主教向皇帝汇报,同时他自己也向皇帝请愿,皇帝批准了聂斯托里的请求,允许他在塞奥波里斯(安条克)城外自己的修道院隐居。没有明确的记载表明这个修道院是以聂斯托里的名字命名的,但是他们说现在这个修道院叫作尤普列皮乌斯,它确实就在塞奥波里斯城外不到两个斯塔德②远的地方。聂斯托里自己说他在那里待了大约 4 年时间,备受一切赞誉,享尽所有特权。然后塞奥多西二世颁布了新的敕令,于是他被放逐到了奥西斯③。但是聂斯托里并没有谈到其中的具体情况。因为即使在那里他也没有放弃他的异端学说,因此,连上文提到的安条克主教约翰也对其公开抨击,聂斯托里被判有罪并被处以终身流放。

---

① 埃瓦格里乌斯的前辈教会史家,如苏格拉底只记录了聂斯托里的免职。我们尚不清楚此处他的史料来源,可能已经遗失。
② 古罗马长度单位之一,约合 185 米。
③ 位于埃及,属底比斯管辖。

聂斯托里还另外写了一篇文章，其中，他用与一些假想的埃及人对话的形式，更加详细地讲述了他被放逐到奥西斯的故事。但是因为聂斯托里无法逃出上帝的视线，因此他会因为他所持的异端而遭受惩罚，这些事情可以从他给底比斯地区长官所写的一些信中获悉。通过这些作品我们可以发现，虽然他当时没有接受应有的处罚，但是上帝的判决依然在等待着他，让他陷入困境并且落得最悲惨的下场。聂斯托里此后又受到了更严厉的惩罚，尽管后来被布勒米斯人释放①，但在这群人手里时，他事实上变成了一个囚犯。其后塞奥多西二世下达命令将其召回，他被不断地从底比斯地区边境的一个地方转移到另一个地方。在被丢落尘埃之后，他就以这种方式终其一生。聂斯托里是第二个阿里乌，阿里乌在他的叛教言论中规定并描述了亵渎基督会招致的惩罚。他们二者用相似的方式来亵渎基督，一个称他是被创造的生命，另一个则将他视为凡人。当看到聂斯托里抗议以弗所会议内容没有被正确记录，而是被西里尔非法恶意篡改时，我将极为欣喜地表示，他为何会被同情他的皇帝处以放逐并在之后受到如此多的惩罚？为什么他会以这种方式在那里终结他的一生？或者如果说已故的西里尔及其同侪所做出的判决并非神圣的，而正如一位古代异教哲人②所说："已逝之人往往享有不容诋毁的名誉"，那么为何唯独聂斯托里因渎神受到谴责并成为上帝的敌人，同时西里尔等人却被赞为高声的使者以及正确教义的伟大捍卫者？因此，我们还是避免错误的指控吧，让我们把聂斯托里带上来，让他自己来讲述这些事情。现在，聂斯托里，你自己来给我念一下你写给底比斯地方长官信中的部分内容吧。

---

① 居住在尼罗河东部的埃及部族。
② 指修昔底德。

由于最近在以弗所发生的事情涉及最神圣的信仰,因此皇帝命令我们移居到奥西斯,也就是伊比斯。

在说了一些其他的话后,他继续写道:

经过野蛮人的囚禁和烧杀抢掠后,上述地区已经彻底荒芜,在这之后因为他们突发善心我们才得以被释放。我不知道这是怎么回事,与此同时他们还恐吓我们,让我们迅速离开这里,因为马齐西人①会在他们之后迅速接管这一地区。所以我们就和一些被野蛮人出于未知的怜悯而释放的俘虏一起来到了底比斯地区。现在,那些人已经被释放到他们各自想居住的地方,而我们还正在潘诺波利斯②的可视距离内踌躇,因为我们担心某些人可能利用我们被俘的事情发起一场诉讼,我们可能会被控以试图逃跑或其他错误的罪名,因为邪恶的人会尽其所能地给错误的指控提供各种理由。因此,我们恳请您能宽宏大量地认为我们被俘的事情没有触犯法律,而不要认同那些针对被俘虏到邪恶之地的人所设计的阴谋,以免给后代留下这样的悲剧故事,即做野蛮人的俘虏也比做罗马帝国的流亡者更加幸福。

此外,再加上了一些誓言后,他又写道:

我向您报告了我们被野蛮人释放后从奥西斯到这里的经过,因此安置我们看上去可能正是上帝影响的结果。

在给这个人的第二封信中,他写道:

无论您把这封信当作我们对高贵的您的友好致意还是将其视为父辈对儿子的提醒,我都恳请您能够耐心看完它,尽管这封信涉及了许多事情,我们已经尽可能地简要叙述了。因为伊比斯的奥西斯最近被诺巴德人③部落的众多野蛮人所摧毁和踩蹋……

他进一步写道:

---

① 同为该地区的蛮族。
② 底比斯地区的首府。
③ 另一支该地区的蛮族部落。

在发生了这些事情之后，我不知道是什么驱使您或是让您将此作为借口，命令蛮族士兵把我们从潘诺波利斯转移到了底比斯地区边境上一个叫作伊里芬丁的地方，我们是被那些士兵拖曳而去的。然后，在经受了长途迁徙的折磨后，我们再一次收到了您的口头命令，让我们返回潘诺波利斯。我的老病之躯经受了艰难旅程中的颠沛流离，在历尽沧桑后我们终于回到了潘诺波利斯，从某种意义上来说，我们已经奄奄一息，并且在我们苦难的历程中一直被痛苦的烦恼所摧残。但是，您又下了另一个命令，将我们从潘诺波利斯城里迁移到郊区的一个地方。当我们猜想，对付我们的这些手段总算应该告一段落，我们应该敬候荣耀而常胜的皇帝关于我们的旨意时，突然另一道无情的命令导致我们再一次，也就是第四次被放逐。

隔了一小段之后他写道：

但是我对已经发生的事情很满意，我祈求通过颁布法令可以使如此之多的惩罚降临到一个人身上；并且怀着一线希望，我祈求我们给您递交的报告被荣耀而常胜的皇帝看到。我们就像父亲对儿子那样劝告您。但是如果您和之前一样焦急，并且如果真的没有什么话比您的决定更加重要，那么就做您想做的吧。

这个人甚至在他的信中还满怀反抗之心，他辱骂了皇帝和官员，看来他的处境还没有让他学会谨慎二字。但是我听某个人讲述了聂斯托里之死。在他的舌头被虫子吃掉后，他终于死于上天对他伟大和不朽的判决。①

448 年，塞奥多西二世正式颁布法令谴责了聂斯托里，由此给这场神学争端画上了一个休止符：

现在他制定了一条最虔诚的法令，这条法令就收录在查士丁尼法典的第一卷第一章的第三部分。在这条法令中，遵从上帝的启示，他毫无异议地谴责并且诅咒了聂斯托里，那个先前

---

① Evagrius Scholasticus, *The Ecclesiastical History of Evagrius Scholasticus*, I.7.

他所偏向的人。在此逐字摘录他的记述："我们进一步声明，那些崇敬聂斯托里不虔诚信仰或者追随他的不合法教义的主教和神职人员将被逐出神圣的教会，如果是平信徒则将受到诅咒。"他还制定了一些其他有关宗教的法令，这些都显示了他对宗教的热忱。[1]

但是，聂斯托里之死和他理论的失败并没有成为 5 世纪宗教争端的终点，相反却开启了一场更加剧烈冲突的大门。在反对聂斯托里的斗争中，亚历山大里亚教会获得了极大的成功，它的宗教领袖如西里尔等人由此声威大振。在以弗所大公会议结束后，曾经的反对者安条克主教约翰等人最终都接受了西里尔的观点。西里尔为此曾在一封书信中高度评价了会议成果，字里行间透露出胜利的喜悦：

> 愿天欢喜，愿地快乐；因为拆毁了中间隔断的墙，悲痛之源也已消逝，此外，一切造成混乱的阴谋都被挫败，因为我们的救世主耶稣基督已经将和平带给了他的教会，并且最虔诚和令上帝愉悦的皇帝们也已经为此召集了我们。作为虔诚的先祖们最卓越的仿效者，他们保持了信仰的正确性以及在自己心灵中不可动摇的地位，同时他们对神圣的教会表现了自己特别的关心，这样，他们就既能够享有广泛而不朽的荣耀，又可以使他们的统治得以名扬天下。而对于他们，造物主也慷慨地赐予祝福，并且使他们能够战胜敌人，同时轻易地获取胜利。因为上帝不会违背其所说的话："尊重我的我必看重他。"因而当我主派遣我最虔诚的兄弟和同僚保罗[2]来到亚历山大里亚时，我们周遭充满最自然的喜乐，因为这个人是作为调停者而来。他被选中来从事一项超越他所拥有权力的工作，以此来战胜魔鬼的

---

[1] Evagrius Scholasticus, *The Ecclesiastical History of Evagrius Scholasticus*，I.12.
[2] 埃米萨主教保罗，隶属于安条克主教约翰，此时受约翰主教的派遣来向西里尔求和。

妒忌，并弥合已经存在的裂痕；他移开了设在我们之间的陷阱并带来了和谐的花环，从而使我们彼此的教会实现了和平。

此外：

> 那么现在教会内部的不和已经彻底变得多余并且没有任何正当的理由继续存在，我们现在极其满意，因为我主派遣最虔诚的保罗主教带来了一份内含完美而准确的信仰的文件，并且已经由双方最虔诚和神圣的主教草拟完成。这份文件如下："在获悉你们关于上帝之母和其他问题的神圣解释后，我们发现自己也持有相同的看法，即一主、一信、一洗。我们赞美宇宙的主宰上帝，并且为我们彼此都有同一个符合神圣的《圣经》以及圣洁的教父传统的信仰而感到喜悦。"①

然而，在取得了对聂斯托里斗争的胜利后，亚历山大里亚教会逐渐发展了西里尔的神学思想，走向了另一个极端，即过度强调基督两性的合一，尤其是神性对人性的融合，这实际上就产生了5世纪基督教会另一个重大神学异端——"基督一性论"思想的雏形。5世纪40年代中期，亚历山大里亚教会在君士坦丁堡的代理人，修士尤提克斯正式将这一思想系统阐述成型，并立即得到了西里尔的继任者狄奥斯库鲁（Dioscurus）和亚历山大里亚教会的强力支持。基督一性论所造成争论的激烈程度远胜于之前的聂斯托里异端。尽管在448年的君士坦丁堡会议上，尤提克斯的思想被斥为异端，其本人也被放逐，但一年之后，在皇帝塞奥多西二世及其亲信的支持下，基督一性论在第二次以弗所基督教会议上被定为正统教义，反对者君士坦丁堡大教长弗拉维安甚至被迫害致死。这次宗教会议因其斗争的残酷，甚至得到了"以弗所强盗会议"的恶名。埃瓦格里乌斯在书中详细叙述了上述事件发生的过程：

---

① Evagrius Scholasticus, *The Ecclesiastical History of Evagrius Scholasticus*, Ⅰ.6.

魔鬼聂斯托里去世后，马克西米阿努斯被任命为君士坦丁堡教区主教，基督教会在他的治理下得到了彻底的和平。当他离世后，先前的昔齐库斯主教普罗科卢斯继任为君士坦丁堡教区新的领导者。当他也走完了凡人的生命旅程后，弗拉维安继承了他的职位。①

在弗拉维安治理君士坦丁堡教区期间，发生了一场不虔诚的尤提克斯所引发的暴乱。在君士坦丁堡召开的一个地区性宗教会议②之后，多里莱乌姆主教、修辞学家以及第一个主张放逐聂斯托里的神甫尤西比乌斯再一次对尤提克斯提出了指控。而此时尤提克斯尽管已被召唤，却并没有前来，而在他最终到来后，他就被逮捕了，因为他曾经说过："我主在最初确有神人两性，但是最终这两性合而为一，因此我认为我主只有一性。"他说，甚至主的肉身也不与我等同质。尤提克斯被免职了，但他向皇帝申诉说会议记录是弗拉维安伪造的。塞奥多西看到这份请愿书后，在君士坦丁堡召集了一个由当地人参加的会议，在会上一些官员审判了弗拉维安。当会议记录最后被确认为真实后，第二次以弗所宗教会议就被召集了。③

西里尔死后，狄奥斯库鲁继任为亚历山大里亚教区主教，他成了这次宗教会议的主宰，因为他得到了当时宫廷的实际主人，即克里萨菲乌斯④的支持。他在会议上图谋反对弗拉维安。被召集到会的有先前的以弗所主教、现耶路撒冷主教尤维诺及其大批的支持者。还有安条克主教约翰的继任者多姆努斯，以及罗马主教利奥的代表尤利乌斯。弗拉维安及其随从主教们也参加了会议，因为塞奥多西二世这样命令会议的主持者埃尔

---

① Evagrius Scholasticus，*The Ecclesiastical History of Evagrius Scholasticus*，Ⅰ.8.
② 即上文提到的448年尤提克斯被斥为异端的君士坦丁堡会议。
③ Evagrius Scholasticus，*The Ecclesiastical History of Evagrius Scholasticus*，Ⅰ.9.
④ 此人是塞奥多西二世的内侍和卫士。

皮狄乌斯:"当那些先前对最虔诚的修道院长尤提克斯进行判决的人出席会议并保持沉默时,虽然最圣洁的教父们不具备法官的身份,但是你也要等候他们共同投票的结果,因为他们过去的决议现在正在被评定中……"

在这次会议上,狄奥斯库鲁及其党羽召回了被免职的尤提克斯,这件事情被记录在案。但是弗拉维安和多里莱乌姆主教尤西比乌斯却被谴责和罢免。此外,埃德塞尼斯主教伊巴斯也被公开谴责,同时卡雷主教丹尼尔、推罗主教艾雷尼厄斯和比布鲁斯主教阿奎利努斯也都被免职。遭到同样命运的还有康斯坦提纳主教索弗尼乌斯、西鲁斯主教塞奥多利特以及安条克主教多姆努斯。而后者之后的命运不得而知。这样,第二次以弗所宗教会议就以如此的方式结束了。①

与聂斯托里及基督一性论相关的两次以弗所会议,以及在第 2 卷中将登场的卡尔西顿大公会议,是基督教会在 5 世纪发生的三次重要的争端。这些冲突不但在教会内部造成了严重的纷争,同时也成为多神教徒攻击基督教的武器。尽管 4 世纪末基督教成为拜占庭帝国的国教后,多神教已经不可避免地走向衰亡,但是这一过程是渐进性的。在埃瓦格里乌斯生活的 6 世纪末,多神教徒对基督教的言语攻击依然存在。为此他特意在本卷第 11 节用很大的篇幅进行了还击,怒斥了多神教诸神在道德上的缺陷,并且为基督教的内部争论进行了辩护。尽管这段辩护词没有什么实际的意义,成为帝国国教的基督教此时的地位已经不可撼动,但是,从这一段长篇大论中我们可以发现,埃瓦格里乌斯作为一名基督教学者对多神教的神话非常熟悉,这有力地证明了拜占庭帝国对古希腊罗马文化的传承。希腊神话作为一种所谓的"异教"文化,并没有在拜占庭人的记忆中彻底消失。此外,埃瓦格里乌斯还在这段辩论词的开头表明了

① Evagrius Scholasticus, *The Ecclesiastical History of Evagrius Scholasticus*, Ⅰ.10.

自己对待基督一性论争端的立场,他承认提出这一"异端"的动机具有值得谅解之处。这种比较温和的态度贯穿其作品始终。

不要让任何偶像崇拜者欺骗我,因为接下来的一些宗教会议推翻了之前的决议,并且对信仰进行了一些革新。因为我们在寻找不可言和不可知的仁爱的上帝,并且希望对其格外尊崇、使其地位尊隆之时,往往会被带往这条或那条道路。基督徒中那些已经提出异端教义的人,没有谁起初就是想要亵渎神灵或者对上帝不敬的。他们之所以犯错误,是因为他们试图比前辈更好地阐述自身所拥护的教义。并且对于最基本和关键的教义,大家都是普遍赞同的。例如我们都崇拜三位一体,我们都赞扬基督两性不可分割,此外我们都承认尽管上帝在人类产生之前就早已存在,但是为了拯救万民,他道成肉身并第二次降生。但是,如果在其他一些问题上产生了某些变革,那么这也是因为我们的救世主在这些方面对自由意志的让步,因此神圣普世的使徒教会,无论是支持这派还是那派,都应该表达得体、心怀虔诚,并且使教会走上一条平稳和正直之路。……

但是,那些异教徒的后代不愿意追寻上帝或者效仿上帝关怀人类的善心,而是摧毁了他们的先辈以及彼此的信仰。他们一个接一个地发明所谓的神,并且以自己的狂热来为之树立偶像和命名。因此,他们通过认可这些神,就可以给他们放肆的行为提供一个可原谅的理由。例如,在他们的观念中,人类和众神至高无上的父亲,通过变成一只鸟将弗里吉亚的男孩带走,并且提供给他喝水的杯子作为他无耻行为的酬劳,在允许他首先使用爱杯并共同饮下神酒的同时,他们也喝下了非难和谴责①。他是一个最没有理性的神,此外还做了无数即使最坏

---

① 指宙斯和伽倪墨得斯的神话。

的人所不齿的荒诞事情。他经常变作各种动物，并且还是雌雄同体，他居然可以怀上孩子，不在子宫里，却在大腿当中，所以这个行为即便对他而言也是违背自然的。这种行为的产物也是雌雄共体的，这侮辱了两个性别。这个家伙是烈酒的发明者，事实上他就经常酩酊大醉，此外他还是宿醉、变味的残渣以及接下来发生的丑事的发明者①。而对这个持有山羊皮盾的高贵的弄雷者，他们也赋予了他令人畏惧的作为——弑父，他放逐了生育他的父亲克洛诺斯，这对于所有人来说都是极恶的罪行②。我还要说的是，他们还将淫荡神化，因此他们编造了一个叫作阿弗洛狄忒的神，这个从海贝里出生的塞浦路斯神将谦虚视作污秽和一件古怪的事情，但是却对淫荡和一切下流的事情情有独钟。正是因为她，阿瑞斯使自己蒙受耻辱，而赫淮斯托斯则因此蒙羞并被众神所嘲笑③。此外，我们还可以公正地嘲笑他们的生殖崇拜和猥亵的崇拜，他们编造了普里阿普斯和潘神，他只是因为他身体上某个羞耻的部分而得到崇敬，并且在埃琉西斯④举行的神秘仪式只在一个方面值得赞成，那就是它不在光天化日下举行而只在黑暗中被谴责。现在，抛开这些以令人羞耻的方式崇拜或者被崇拜的家伙，让我们策马奔向目标并且以一种容易理解的方式继续谈论塞奥多西二世统治期间的其他事情吧。⑤

---

① 指酒神狄奥尼索斯的诞生等神话。
② 宙斯和其父克洛诺斯的神话。
③ 指爱神阿弗洛狄忒相关的神话。
④ 古希腊宗教中心之一，位于雅典西部，以秘仪闻名。
⑤ Evagrius Scholasticus, *The Ecclesiastical History of Evagrius Scholasticus*，Ⅰ.11.

第二节　塞奥多西二世统治时期的
拜占庭修道生活

　　基督教成为拜占庭帝国的国教后,拜占庭人对圣徒的崇拜达到一个新的高峰。这也引起了像埃瓦格里乌斯这样的基督徒历史学家的高度重视。他在书中前后 16 处长短不一地记录了基督教圣徒的事迹,其中有 8 篇都是 5—6 世纪拜占庭修士的事迹,这占据了其作品全部圣徒传记的半壁江山。从这一数量能够看出,修士群体在帝国精神生活中占据了越来越重要的地位。埃瓦格里乌斯在本卷中不但介绍了一些著名修士的事迹,更为可贵的是,他针对早期拜占庭几种不同修道方式的特点进行了详细的描述,为我们在该领域的研究提供了重要的史料。

　　叙利亚的高柱修士(老)西蒙成为埃瓦格里乌斯书中出现的第一位著名的修士圣徒。他用第 13、14 两节的极大篇幅介绍了西蒙的事迹。除了他的修道方式和一些所谓的"奇迹",还有一些记载对研究早期拜占庭帝国的教俗关系等问题有很高的参考价值。修士多与本教区的主教保持着极为密切的关系,他们在许多重大问题上持有相同的立场,甚至在一些场合,他们能够凭借其广受景仰的地位成为主教们的代言人。书中提道:西蒙应主教们的要求写信给皇帝,反对其宽容犹太教徒的政策,就是很好的例证。反之,教会则对这些有名望的修士给予极高的尊崇,使二者更为紧密地联系在一起,进而影响了普通拜占庭民众的态度。因此才会出现西蒙去世后，他的遗体被当作安条克守护者的情况。

在那个时代，还有一个著名人物西蒙，这是一个普遍存在于神圣而著名的记忆中的人物。他是第一个在几乎方圆不到 2 腕尺①的石柱上过修行生活的人，彼时多姆努斯正担任安条克主教。当西蒙来到多姆努斯面前时，多姆努斯为西蒙的姿态和生活环境而震惊，并且自己也渴望这种更加神秘的生活。这样，两个人就走到了一起。在祝圣之后，两人分享了主赐予的圣餐。西蒙的肉体宛如上天的力量所打造，他使自己摆脱了尘世的束缚。此外，通过约束可能暂时抑制他意志的天性，他可以去追求更高的目标。他能够与天地沟通，他与上帝和光荣的天使交谈，他在上帝面前为了人类的利益而请愿，同时又为人类带来了从天堂而降的恩惠。有人亲眼看见并且写下了这个人所行的奇迹，同时西鲁斯主教塞奥多利特也用雄辩的语言记下了这些事迹。把这里的大部分问题搁置在一边，我们已经通过神圣沙漠中的人保留至今的材料了解并明确了一些事情。

此后，因为人间的天使、神圣耶路撒冷的公民西蒙选择了这样一种不为世人了解的修行方式，所以那些神圣沙漠中的人向他派遣了使者②，并且命令他解释这种古怪的修道方式，以及他为什么放弃了圣徒们曾经走过的道路，而偏要采用这种完全无人了解的奇怪办法。此外，他们还命令他走下石柱并且追随先前教父们的修道方式。他们还说，如果他自愿走下来，那么他们可以允许他按照自己的方式修行，因为他的顺从可以清楚地表明他是遵循上帝的指示的。但是如果他反对这样做，并且屈从于自己的意愿而不顺从他们的命令，他将被用暴力的方式拖下来。当这个使者来到那里并且对西蒙宣读了教父们的命

---

① Cubit，1 腕尺约 45 厘米。
② 可能是指在埃及沙漠中进行苦修的修士。

令后,他立即顺从了教父们的命令。因此这个使者允许西蒙按
照自己的方式修行,并且对他宣布:"刚强壮胆,你的地位由上
帝决定。"这个事情被那些记载西蒙事迹的人所忽略,但是被我
当作重要的事情记下来。

西蒙此人所拥有的神圣力量影响极广。例如,塞奥多西二
世颁布了一个法令,允许安条克的犹太人收回先前被基督徒夺
走的犹太教堂。在获悉这件事后,西蒙用坦率的语言给皇帝写
了一封信,并激烈地批评了他,尽管他恰恰是尊敬自己的皇帝。
读了西蒙的信后,塞奥多西二世宣布先前颁布的命令无效,并
且满足基督徒的要求,此外还罢免了提议颁布该法令的官员的
职务,并请求神圣的、活在柱上的那位护教士①能够为他祈祷并
给予他祝福。就这样西蒙走完了他的一生,他过着这样的生活
长达 56 年,其中在传授给他神圣知识的第一所修道院度过了 9
年,此后在被称作"围场"②的地方独自修行了 47 年。这 47 年
中,他在某个封闭的地方度过了 10 年,在一个较矮的石柱上度
过了 7 年,最后在一个 40 腕尺高的石柱上度过了生命的最后
30 年。

西蒙去世时正值利奥皇帝统治期间,那时是由马尔提利乌
斯担任安条克主教。当时的东部军团③将军阿尔达布尔亲自带
领官兵和其他人员来到了西蒙修行所在的"围场",并且对他的
圣体严加保护,以免其他城市将其盗走。随后,在运送途中展
现了奇迹。再之后,他的圣体被护送到了安条克。利奥皇帝也
要求安条克人把西蒙的圣体运送到他那里。安条克人民向皇
帝请愿道:"因为我们城市的城墙已经毁于一场地震,因此我们

---

① 指高柱修士西蒙。
② 原文作 Enclosure。
③ 原文在不同位置分别使用了"军团"或"军队"等表述,本书根据原文用词进行相应的中
文翻译,特此说明。

希望把圣体留在这里，作为保护我们的一道城墙。"利奥皇帝被说服了，他同意了他们的请愿，让他们保留圣体①。

西蒙遗体的大部分都被保存至今，我和许多神甫曾一起瞻仰他神圣的头颅，此时安条克的主教是著名的格里高利，而东部军团长官菲力皮库斯这时已经提出要求将这件珍贵的圣物送到他那里，用于庇佑军队。出乎寻常的是，他的头发没有腐烂，而是完好如初，好像他还活在世上，没有与世人断绝联系。他前额的皮肤已经有了褶皱并且有些干瘪，但是依然完整无缺，而除了被这个虔诚的人自己拔去的之外，他的大部分牙齿也都完好无损：透过这些可以表明神圣的西蒙的出身、体形和年龄。头下面的部分有一个用铁打造的项圈，通过这件东西，这具著名的圣体保持着奋斗的姿态并且领受着上帝的奖赏；因为即使西蒙已经去世也不能使他心爱的铁圈离开他②。就这样我讲述了每一个细节，这给我和我的读者都带来了好处，因为我已经说过，塞奥多利特③没有如此详细地记录这些事情。④

那么现在让我来讲述另外一件我亲眼所见的事情。我渴望见一下那个圣人生活的地方。那个地方离塞奥波里斯大约300 斯塔德，坐落在一座大山的顶峰。当地人叫它"围场"，我猜想是因为神圣西蒙的苦行生活给这里留下了这个名字。从山下到那个地方的距离是 20 斯塔德。那里的教堂是按照十字架的样式建成的，四边有走廊装饰；由抛光的岩石做成的许多漂亮的支柱围绕着走廊，并且把屋顶支撑到一个相当合适的高度。在中央是一个庭院，它具有很高的艺术性。这里矗立着40

---

① 埃瓦格里乌斯在作品第 2 卷第 12 节记载了这场地震。
② 原文可能是指通过铁圈将西蒙的尸体固定在他生活的石柱上。
③ 应指前文多次提到的教会史家塞奥多利特。
④ Evagrius Scholasticus, *The Ecclesiastical History of Evagrius Scholasticus*, Ⅰ.13.

腕尺高的石柱,那位人间的天使就是在这里过完如天堂般的生活。然后,靠近前文提到的走廊屋顶的是一些开口——有人称其为窗户——这些开口通向前文提到的露天庭院和走廊。

在庭院四周的石柱周围挤满了人,各地的人都聚集到此,围绕着石柱。在石柱的左手边,我看见了一颗巨大的星星闪烁着划过窗户,并且这种场景不只一两次而是频繁地、不停地反复出现。这种场景只会发生在这个圣人的纪念日。还有人说他们在这时看见了西蒙的脸在各处飞舞,并且甚至可以看到他脸上的胡须,以及他习惯在头上戴着的兜帽。说这番话的人很有信誉,并且我已经看到了其他的奇迹,因此我没有理由不相信这些话。这样,人们可以自由而不受约束地来到这里参观,他们牵着自己的驮畜一圈接一圈地绕着石柱行走。我不知道为什么妇女不被允许进入这个圣地的内部参观。但是因为一扇门正对着那些若隐若现的星星,所以妇女们可以站在门外看见并赞美这个奇迹。①

除了西蒙之外,埃瓦格里乌斯接下来又记载了其他几位修士和殉教士圣徒的事迹。这里值得特别注意的是对锡纳西斯和伊格纳提乌斯的记载。前者本是一位受过良好教育的多神教徒,最后却被基督徒想方设法劝服皈依,甚至最终成了一名神职人员。后者则被塞奥多西二世赐予了一座教堂作为纪念,而这座教堂本是多神教的神殿,此时被基督徒通过国家权力的方式剥夺。这是4—5世纪帝国基督教化进程中两个很有代表性的实例。

在同一领域,伊斯多里做出的成绩也十分突出。如诗中所言②,他声名显赫,并且无论言或行都享有盛名。这个人是如此辛苦地锤炼肉体,并用振奋人心的话语来升华精神,以至于在

---

① Evagrius Scholasticus, *The Ecclesiastical History of Evagrius Scholasticus*, Ⅰ.14.
② 指《荷马史诗》中的《奥德赛》。

这世间,他追求着天使一样的生活,他的生活虽然孤单却与上帝同在,就像一座活着的丰碑。当时他写了许多其他非常有益的东西,此外,他还给著名的西里尔①写过许多封信。从这一事件中,尤其可以看出他与那位值得尊敬的人活跃于同一个时代。

我已经费尽全力尽可能地将这些事情精确雅致地表达出来,现在让我们用对昔兰尼的锡纳西斯的回忆来充实我的文章吧。锡纳西斯在许多方面都有一定造诣,但是他的哲学水平是如此出众,以至于即使是那些不以个人好恶来判断是非的基督徒也十分钦佩他。因此尽管这个人还不接受并且也不想相信复生这一教义,他们还是说服他相信救赎和再生的观念并且担负起神甫的职责。他们准确地推测出,由于这个人具备众多美德,因此他最终会接受这些理念,因为上帝不会容忍他所钟爱的人有任何缺点。他们的希望没有落空。从他成为神甫后所写的优雅和博学的信中、从他为塞奥多西二世进行的讲演中,以及从他有价值的工作中,都可以看出这个人的天性和伟大。②

此外就是可敬的伊格纳提乌斯,他的事迹由前文提到的修辞学者约翰和其他人所记载③,从他的时代起一直流传至今。他按照自己的意愿葬身于罗马大竞技场的猛兽腹中,然后,他残存的遗骨被运送到安条克,并且埋葬在当地的一处公墓中。此后,全能的上帝命令塞奥多西二世给予这位殉教士更大的荣誉。这样,一座被当地人称为堤喀④神庙的异教神庙被献给了这位殉教士作为褒奖。这样,先前的堤喀神庙变成了纪念伊格

---

① 指前文多次提到的亚历山大里亚主教西里尔。
② Evagrius Scholasticus, *The Ecclesiastical History of Evagrius Scholasticus*,Ⅰ.15.
③ 他是罗马皇帝图拉真时期的殉教士。修辞学者约翰是指编年史作家约翰·马拉拉斯。
④ 古希腊神话中主管命运之神。

纳提乌斯的圣地,他的圣体被放置在一辆由护卫队护送的马车上穿过城市,随后被安葬在那个地方。这个纪念他的公共节日和庆祝仪式一直延续至今,主教格里高利更是将其提升到愈加重要的地位。相同的事迹通过许多不同的方式被传颂,因为上帝会使圣徒的事迹得到荣耀。

当万恶的朱利安,这个上帝所憎恶的暴君来到安条克的阿波罗神庙祈求神谕时,灵感之泉①没有给他任何回答,这是因为神圣的巴比拉斯②从附近拦截了他的声音,这样朱利安就不得不违背自己的意愿,在责骂声中用荣耀的仪式将这位圣徒的遗体移开。事实上,他在城外却为这个圣徒建了一座至今仍然存在的巨大教堂,如此那些异教的神就可以不受干扰地自由行事了,就像他们先前允诺朱利安的那样。这是救世主上帝安排的事情,这样,荣耀和圣洁的殉教士必然会被送往洁净的地方,并且被安葬在最美丽的圣地,从而流芳千古。③

与这些个人事迹相比,埃瓦格里乌斯作品对于该时期拜占庭修道方式的记载更加富有史料价值。罗马拜占庭时代的修道生活源于3世纪一些基督徒的禁欲苦修实践。其中最著名的就是有"隐居修道之父"美誉的埃及圣徒安东尼(Antony)。他最终躲入渺无人烟的沙漠之中,在一座墓窟里修行了20年之久。他的这种行为吸引了众多追随者,他们居住在他的墓窟周围,接受他的教诲。大约与安东尼同时代,埃及还出现了另外一位重要的修道者,即圣徒帕克缪斯(Pachomius)。此人生活于上埃及地区,他觉察到了独自隐修的不便与危险,因此将附近的修士召集在一起,于塔本尼西(Tabennisi)建立了第一所修道院。这座修道院包括几栋不同的建筑,每处居住30—40名修士,由一位监督负责管理。这一修道方式

---

① 原文为 Castalian。
② 曾担任安条克主教,死于罗马皇帝德修斯对基督徒的大迫害。
③ Evagrius Scholasticus, *The Ecclesiastical History of Evagrius Scholasticus*, Ⅰ.16.

大受欢迎,到了 345 年的时候,帕克缪斯的修道团体已经拥有 9 所男修道院和 2 所女修道院[1]。而埃瓦格里乌斯则介绍了 5 世纪后帝国内陆续出现的一些新修道方式。他提到了该时期 4 种不同的方式,前两种是有组织的群体修道。其中放弃个人财产集体修道的修道院是前文提到的圣帕克缪斯所提倡的传统修道方式。前文提到的伊斯多里就是这样一座修道院的院长。拉乌拉(Lavra)则是最早出现于加沙的、由单独隐居和集体修道相结合的修道方式,是由中心修道院和分散隐居点组成的修道团体。其余两种方式为个体修道方式。第一种在艰苦环境中的苦修继承了安东尼独自隐修的修道传统,但是之后在具体形式上又有所发展,如高柱修士老西蒙就将自己置身于高耸的石柱之上而非沙漠洞穴中独自悟道,其性质同样为远离人世的隐修。另一种则是修士在人群中通过假痴扮癫进行特殊修行。这一类型的修士代表是圣徒愚人西蒙(Symeon the Fool,他的事迹可见于第 3 卷第 34 节)。这是一种先前作品中没有出现的新修道方式:

> 尤多西雅先后两次造访耶路撒冷。关于她访问的原因或首要动机,要留给历史学家考证,即使在我看来,他们的研究结果并不真实[2]。然而,在去圣地的途中,她做了许多宣扬上帝的事情,比如她建造了两座神圣的修道院以及我们所称的拉乌拉。这些地方内部的运作机制是不同的,但是它们的结果却都是一致的,那就是取悦了上帝[3]。
>
> 那些以集体为单位修行的人不受世俗事务的掌控;因为他

---

[1] N. H. Baynes and H. St. L. B. Moss, Ed. , *Byzantium*: *An Introduction to East Roman Civilization* , Oxford, 1949 Reprint, p. 137.

[2] 关于尤多西雅两次造访耶路撒冷有多种解释,最常见的是她与塞奥多西二世的姐姐普尔切里亚不和之说。

[3] 尤多西雅建立的修道院包含两种修道方式,拉乌拉是一些隐修士单独居住在不同小屋,由一个修道院长管理,科诺比乌姆(Coenobium)则有比较共同的生活方式。详见怀特比英译本第 50 页注释 180。

们没有金钱——但是我又何必提到金钱呢，其实他们连外衣或食物这样的私人财产都没有。比如他们现在穿在身上的斗篷或束腰外衣也许在不久以后就会穿在别人身上，因此事实上所有的外套都属于每一个人，并且每一个人的外套又属于所有人。此外，他们在一张普通的桌子旁吃饭，桌上既没有美味佳肴，也没有其他类似的东西，而只有蔬菜、豆类这些维持生命正常所需的食品。他们日夜在一起向上帝祈祷，迫使自己承受如此繁重的磨炼与苦役，以至于有些人会认为他们是没有坟墓的僵尸。他们还经常履行一些"额外"的任务，即绝食两到三天，有人甚至超过五天，在这些日子里他们几乎连一点必需的粮食也不吃。

但是也有一些人采用了相反的方法，他们将自己限制在一个狭小的空间内，在那里他们不能垂直站立，也不能舒适地平躺，他们像使徒所说的那样将自己置身于洞穴之中。还有一些人和野兽同居并且在难以发现的凹洞里与上帝交流。此外，他们还发明了另外一个方法，这需要极大的勇气和忍耐力：他们将自己置身于荒芜的沙漠，并且不论男女都只穿着勉强蔽体的衣服。他们将身体其他部位暴露在极其寒冷的霜冻或者酷热的烈风之下，他们就是这样不惧寒暑。并且他们完全抛弃了人类的生活方式，而是从大地上获取维持生命的食物，他们自称为"食草者"，而且他们也和野兽聚集在一起，这样他们的外表扭曲，精神也变得与人类大相径庭；当看到人的时候他们甚至会逃跑，在被追逐的时候他们可以通过快速奔跑或躲进隐蔽处所而成功脱逃。

我还要谈一谈另外一类修行者，尽管这一类人在所有人眼中都是最具荣耀的，但是他们险些被我遗漏。这类人罕见，但是他们凭借自己的品德避免了狂热，回到了混沌之中的世界。他们宣称自己陷入了癫狂状态，从而践踏自己的虚荣心。正如智者柏拉图所说,虚荣心是灵魂自然地脱下的最后一件外衣。因此他们的实践就是不带热情地进食,即使在店主和商人中也是如此。他们还在任何地方和任何人面前都放弃羞耻之心。他们频繁共浴,甚至和妇女在一起洗浴,通过控制自己的激情,他们甚至可以超越天性。此外,不论是看、触摸,甚至是拥抱一个女性都不能使他们回到人类冲动的天性;他们在男人中就是男人,在女人中就变为女人,他们希望游走于两性之间而不局限于一种性别。所以简单说来,在这种卓越而具有灵性的生活中,他们的美德和自己的规则结合起来用于抵御人的天性,这样他们就可以不必有过高的需求。而他们强加于自己身上的法则使他们甘于饥渴和仅能蔽体的穿着。他们生活方式达到如此精确的平衡,以至于当他们游走于两个极端之间的时候,即使二者之间有相当程度的区别,也难以被察觉。因为如此极端的表现都结合在他们身上,并且由于神的恩典将不可混合的事物聚合在一起,反之又使它再度分裂,因此他们身上集合了生与死的特性,这些事物在自然和现实中都是对立的。在有激情的地方,他们就如同行尸走肉,而在对上帝祈祷时,他们即使已经不再青春年少,却依然生机勃勃。在他们身上,两种生活是如此紧密地交织在一起,以至于事实上在他们完全拒绝了肉欲的同时能够继续生活并且和谐地生活,还能祈求肉体的救赎并将请愿的声音传达给上帝;在其他方面他们引导自己回到早先的生活,除了不缺少生活必需品和不再居住于受限制的处所——他们倾听每个人的声音并且与之紧密相连。他们频繁地屈膝并且虔诚地站起,满怀热情地独自点燃自己的青春和主观的软弱:他们就像无形的运动员和冷酷的摔跤手,他们将禁食看作丰盛的宴会和饱足的酒席。无论什么时候,一个陌生人来到他们中间,即使是在黎明,都会得到盛情和友爱的欢迎,因为在他们看来,在不愿吃东西的时候进食是另一种形式的禁食。然后发生的事情是一个奇迹,当他们需要足够多的食物时,于是他们就会在很短的时间里拥有足够多的食物。他们抑制自己的个人欲望和天性,并服从于所处群体的共同意志,他们会不断地丢弃肉体的愉悦,通过辨别和选择给精神指引方向,并且保持最纯洁的部分以愉悦上帝。在生命中,他们会在此处得到祝福,而在他们离开这里时会得到更多的祝福,因为他们一直渴望见到他们所期望的上帝。①

---

① Evagrius Scholasticus, *The Ecclesiastical History of Evagrius Scholasticus*, Ⅰ.21.

第三节 塞奥多西二世统治时期的
战争、灾害与城市建设

与之后的几卷相比,本卷中世俗历史的占比相对较少。这可能主要有两个原因:其一是这段历史距离埃瓦格里乌斯生活的时代较远,他对近一个半世纪之前的很多史实并不十分清楚;其二是他在记载军事、外交等重要问题时主要参考了普里斯库和尤斯塔西乌斯的作品,由于这两部史料记载翔实,因此他没有在自己的作品中重复前人作品中所有的细节。遗憾的是,因为普里斯库等人的作品佚失严重,所以我们今日无法通过埃瓦格里乌斯的叙述了解这些重要问题的全貌。例如,匈人阿提拉的入侵、对西部帝国的军事支援,以及与波斯的外交活动都是如此。

> 在那个时期,西徐亚(斯基泰)人之王阿提拉①经常发动战争。修辞学者普里斯库运用自己卓越的学识全面地记录了这些事情。他用高雅的笔调记录了阿提拉与帝国东部和西部军团的战斗,记录了他摧毁了哪些城市并掳掠了多少人口,以及他死时所取得的成就。②

> 在塞奥多西二世统治东部帝国时期,瓦伦提尼安③治下的

---

① 即匈人王阿提拉。
② Evagrius Scholasticus, *The Ecclesiastical History of Evagrius Scholasticus*, Ⅰ.17.
③ 指西罗马帝国皇帝瓦伦提尼安三世,他是塞奥多西二世的女婿。

西部帝国暴乱丛生;塞奥多西二世派遣了大量的陆海军部队去协助其平叛。此外,他在与波斯帝国的外交中也占据了优势,波斯在其国王亚兹达德,也就是瓦拉姆的父亲统治期间,对我们犯下了种种暴行,或者如苏格拉底①所说,这件事情发生在瓦拉姆本人统治期间。其后,在他们派遣了使者表达了和平的愿望后,塞奥多西答应了他们的请求,这种和平局面一直保持到阿纳斯塔修斯统治的第十二年。虽然这些事情其他人也记载过,但是来自埃皮法尼亚的叙利亚人尤斯塔西乌斯用极为雅致的语言精练地记载了它们,他还记载了波斯人占领阿米达的事情。

他们说克劳迪安和居鲁士都是著名的诗人,居鲁士还取得过很高的官位,我们的先祖叫它宫廷长官,此外在汪达尔人占领迦太基以及盖泽里克出任蛮族首领的时候,他是西部军队的指挥官。②

在埃瓦格里乌斯这几段不长的摘录中,塞奥多西二世统治时期拜占庭人面对的最危险的对手是匈人。尤其是阿提拉成为匈人的领袖后,他们一再突破帝国北部防线,甚至多次深入首都君士坦丁堡附近的色雷斯地区。面对阿提拉的入侵,拜占庭军队屡遭败绩,只能通过纳贡求和的方法维持短暂的和平。例如,公元 441 年,匈人大败拜占庭帝国军队,为了求得和平,帝国被迫每年向其交纳 15.12 万索里德金币,此外还要一次性付清 43.2 万索里德的战争赔款③。此后匈人多次撕毁协议,并迫使帝国不断赔款求和④。阿提拉在 450 年左右突然率部西侵意大利,从而使东部地区暂时得到了安宁。不久之后,阿提拉暴卒,强大的匈人政权随之瓦解,但是拜占

---

① 前文提及的 4—5 世纪的教会史学家苏格拉底。
② Evagrius Scholasticus, *The Ecclesiastical History of Evagrius Scholasticus*, Ⅰ. 19.
③ W. Treadgold, *A History of the Byzantine State and Society*, p. 94.
④ 参见陈志强:《巴尔干古代史》,北京:中华书局,2007 年,第 137—139 页。

庭人的对手并没有消失,本卷提到的波斯人和汪达尔人会在之后的历史中一再出现,成为困扰帝国边境安全的重要敌人。

与兵祸相伴,塞奥多西二世统治时期还出现了以地震为代表的一些自然灾害。埃瓦格里乌斯的作品对于东地中海地区灾害的记载是比较翔实的,有些成为流传至今的孤本史料,他在本卷第 17 节中对 447 年大地震的描述便是其中的典型代表。

> 在塞奥多西二世统治期间,发生了一场极其猛烈的地震,地震的规模是空前的,在地震中君士坦丁堡的许多防卫塔都被震毁,半岛上的"长城"也倒塌掉了,地震还使大地出现裂缝,许多村庄就此被吞没;这场地震在陆地和海洋上都引发了很多灾难;一些地方的泉水变得干涸,而一些本来无水的地方却有大量水涌出,很多大树被连根拔起,许多的土墩顷刻变为高山;海水卷起了无数死鱼,很多岛屿也被淹没;而在海水消退之后,在陆地上发现了许多海船的残骸。地震波及了比提尼亚①、赫勒斯滂②和两个弗里吉亚地区③。这场灾难持续了一段时间,直到余震慢慢减弱后才最终平息。④

公元 5 世纪对于拜占庭帝国来说是一个政治、经济与文化中心逐渐向东地中海世界转移的时代,这一过程伴随着该地区大量的基础设施建设。塞奥多西二世是拜占庭历史上一位比较有代表性的文人皇帝,在位期间武功成就不多,但是文治颇有可称道之处。在建设方面,除了赫赫有名的君士坦丁堡大学之外,塞奥多西还为首都建设了一道壮观的防卫设施——高大坚固的塞奥多西城墙,这道城墙成为之后君士坦丁堡最可靠的安全屏障。可惜的是,因为埃瓦格里乌斯个人视角的局限,他并没有在作品中记录这些内容。但

---

① 位于小亚细亚西北部。
② 即达达尼尔海峡。
③ 位于小亚细亚中西部。
④ Evagrius Scholasticus, *The Ecclesiastical History of Evagrius Scholasticus*,Ⅰ.17.

是,他详细描绘了皇帝和皇后在以安条克和耶路撒冷为代表的东部帝国其他大城市的建设成果。东部各地区城市的建设直接促进了人口的增长和城市的发展。据美国拜占庭学者特雷德戈尔德考证,至5世纪中期,帝国东部地区已有三座人口超过10万人的大都市,即首都君士坦丁堡、亚历山大里亚和安条克。此外,人口超过1万的城市有30余座[①],这在当时的欧洲地区可谓首屈一指。埃瓦格里乌斯的记载为我们全面了解该时期帝国中心东移的全貌提供了史料基础。在记载了这些建设之后,他在本卷的结尾也提到了皇帝的去世与皇位的更替:

> 现在,在尤多西雅受洗之后,塞奥多西二世娶了她为皇后;尤多西雅是雅典人,她谈吐文雅,相貌美丽;这桩婚姻的媒人是皇帝的姐姐普尔切里亚。婚后,皇后生下了一女,名为尤多克西雅,在她到了结婚的年龄后,西部皇帝瓦伦提尼安三世就和她订婚并且去了君士坦丁堡。此后,在皇后尤多西雅去我们上帝的神圣之城[②]的路上,她来到了这里[③],并且对这里的人民进行了公开演讲,她用下面这句话作为结尾,暗示这里曾是希腊人的拓殖之地:"我非常骄傲,因为我们有相同的种族和血统。"如果有人想了解这些,你可以参考地理学家斯特拉波[④]、弗里贡[⑤]和西西里的狄奥多罗斯[⑥]、阿里安[⑦]和诗人皮桑德[⑧],以及乌尔皮安[⑨]、里巴尼乌斯[⑩]和最好的诡辩家朱利安[⑪]的著作。安

---

① W. Treadgold, *A History of the Byzantine State and Society*, p. 138.
② 指耶路撒冷。
③ 指安条克。
④ 公元前1世纪到公元1世纪的古罗马地理学家、历史学家,著有《地理志》等作品。
⑤ 公元1世纪的历史学家。
⑥ 公元前1世纪的历史学家。
⑦ 公元2世纪的历史学家,著有《亚历山大远征记》等作品。
⑧ 3世纪的诗人,主要活跃于亚历山大·塞维鲁统治时期。
⑨ 4世纪的修辞学家,主要生活在安条克城。
⑩ 4世纪的修辞学家和演说家,主要生活在安条克城。
⑪ 4世纪的诡辩家,生于雅典。

条克的子民奉献了一尊精美的铜像，以此向皇后致敬，这尊铜像一直被保存至今。她还恳求塞奥多西二世扩大安条克城的面积，将城墙一直延伸至达佛涅的郊区：如果想的话，你还可以看到它，因为古城墙仍被保留至今，它的遗迹还在吸引着人们的目光。但是有些人说是塞奥多西一世扩展了城墙。此外，他还捐赠了二百镑的金币，用于修缮被烧毁的瓦伦斯皇帝所安排建造的公共浴室的一部分。①

现在，正如我所说，塞奥多西的妻子在和这些人交流之后②，修建了许多修道院，并且重修了耶路撒冷的城墙，她还派人修建了第一位助祭和殉教士斯蒂芬的圣殿，它的规模是极其宏大的，并且外观十分美丽，坐落于距耶路撒冷不到 1 斯塔德远的地方。她在去世后就被安葬在这里。在此之后，或如有些人所说是在此之前，塞奥多西二世也去世了。之后，为塞奥多西服务了 38 年的杰出人物马西安接替了他，执掌罗马帝国。如果能够得到上天特别的帮助，那么马西安在其统治东部帝国期间做的事情将在其后的历史中被更加详尽地记载。③

---

① Evagrius Scholasticus, *The Ecclesiastical History of Evagrius Scholasticus*, Ⅰ.20.
② 指耶路撒冷的修士。
③ Evagrius Scholasticus, *The Ecclesiastical History of Evagrius Scholasticus*, Ⅰ.20.

第二章
马西安与利奥一世的统治

概　述

马西安(Marcian,450—457年在位)是塞奥多西王朝的第四位皇帝。他在塞奥多西二世病逝后,通过与塞奥多西二世的姐姐普尔切里亚结婚的方式继承了皇位。马西安在位时间不长,只有六年半左右的时间,但是却得到了拜占庭历史学家们,如埃瓦格里乌斯和塞奥法尼斯等人极高的评价,在现存的拜占庭史料中拥有比较完美的形象。

马西安是色雷斯人,出身军人家庭,后来其本人也投身军旅。成为皇帝之后,他最主要的政绩表现在宗教领域。在卡尔西顿第四次基督教大公会议上,他裁定基督一性论为异端,会议通过的《卡尔西顿信经》成了帝国的正统信仰,他也因此在死后被教会封圣。在军事外交方面,马西安作为不大,尤其是在其统治期间,汪达尔人攻陷了罗马城,他没有采取军事行动,因此受到了很多现代学者的批评。除此之外,他在财税改革方面也有一些举措,例如对贵族的减税政策等。总体看来,他的各项施政比较偏向于大贵族阶层,虽然因此他在贵族知识分子书写的史料中得到了"仁慈"的美誉,但就当时帝国的发展来说,他的种种举措并无特别贡献,应该算拜占庭历史上比较平庸的一位统治者。

利奥一世(Leo I,457—474年在位)是利奥王朝的开创者,在位将近17年。利奥与马西安一样,也是来自色雷斯的军人。与马西安相比,利奥的地位更低,在军队中的影响力不及马西安,在登基之前,他只在军队中担任军事保民官(tribunus militum),属于中级军官。马西安去世后,因为塞奥多西皇室血亲彻底断绝,所以利奥在军队,尤其是得到他的上司——蛮族将领阿斯帕(Aspar)的支持登上了皇位。值得一提的是,利奥是第一位由君士坦丁堡大教长加冕的拜占庭帝国统治者。

利奥继位之初便面临着基督一性论派对卡尔西顿会议的激烈反抗

以及各大宗主教区之间的尖锐矛盾。他绞尽脑汁暂时解决了这些问题之后,帝国又被地震、洪水和火灾困扰。在他的统治中后期,为了解决汪达尔人的威胁,他曾经派遣大军远征,但最终因统兵主帅临阵脱逃而以惨败告终。利奥的晚年一直面临着权臣阿斯帕的政治威胁,最终在471年,他在女婿泽诺的支持下杀死了阿斯帕父子,暂时化解了蛮族将领对皇位的挑战。

　　总体看来,利奥一世比前任马西安的能力更强。他的统治使帝国的皇权专制得以加强,为拜占庭帝国的中央集权发展做出了贡献。

第一节　卡尔西顿大公会议的
召开与影响

如前文所述,在对抗聂斯托里思想的过程中,基督教会内部产生了更具争议的基督一性论派别。在塞奥多西二世统治时期,基督一性论派在第二次以弗所宗教会议上一度取得了政治上的优势。但马西安继位之后,在他的皇后——塞奥多西二世的姐姐普尔切里亚的支持下,召开了基督教历史上的第四次大公会议——卡尔西顿会议,最终将基督一性论定为异端。这一事件对于基督教和早期拜占庭帝国的历史都有着至关重要的影响。

卡尔西顿会议得以召开还受到了以罗马主教利奥为代表的反基督一性论势力的支持。埃瓦格里乌斯在本卷第 2 节详细叙述了罗马主教利奥及其所撰写的《利奥大卷》(Tome of Leo)带给皇帝的影响。

正当马西安考虑这些事情的时候①,罗马主教利奥的使者来到了他这里,并且说狄奥斯库鲁在第二次以弗所会议上没有接受定义正统教义的《利奥大卷》,同时被狄奥斯库鲁侮辱的那些神职人员也请求召开一次宗教会议以裁定强加给他们的罪名是否成立。曾经担任多里莱乌姆主教的尤西比乌斯尤其坚持这一点,他认为他和弗拉维安是被塞奥多西二世的卫士克里

---

① 指平息基督一性论造成的宗教争端。

萨菲乌斯施诡计陷害的,当时克里萨菲乌斯向弗拉维安索要黄金,弗拉维安奉命送去圣器以羞辱他,同时在宗教观点上,克里萨菲乌斯也站在了尤提克斯异端的立场上。他还说道,在会议上狄奥斯库鲁猛推和猛踢弗拉维安,最终将他虐打致死①。因此,应他们的要求,卡尔西顿宗教会议召开了,使者带着会议通知被派到了帝国的各个地方,各地的神甫们都被召集前来。最初,会议定于尼西亚召开——事实上罗马主教利奥还给聚集到尼西亚的他的使者帕斯卡西阿努斯和卢森西乌斯等人写过信——但是随后会议被定在比提尼亚省的卡尔西顿召开。

修辞学家扎卡里亚②出于偏见曾经说过,甚至连聂斯托里也被从放逐地召回参加这次会议。但是聂斯托里在这次会议上被反复谴责这一事实表明,这种看法并不是真的。同样的事情也被贝鲁特主教尤斯塔西乌斯清楚地说明了,他在给两个叫作约翰的主教的信中谈到了会议中发生的事情,他说那些聂斯托里的余孽一再反对会议决定并且高呼"为什么如此谴责圣徒们?",这种做法触怒了皇帝,马西安因此下令卫兵将他们赶了出去③。所以,我无法解释聂斯托里是如何在离开这个世界之后还能受到邀请的。④

接下来,埃瓦里格里乌斯话锋一转,描述了这些参会中的主教们参观卡尔西顿附近的女殉教士尤菲米娅墓地的场景。在这段描述中,自然不乏一些"奇迹"的显现,按照埃瓦格里乌斯的暗示,这些"奇迹"甚至对会议最后的结果产生了影响。同时,他关于周边环境的描写清新宜人,与后文即将出现的激烈斗争的会议场景形成了鲜

---

① 如前文所述,弗拉维安在 449 年的第二次以弗所宗教会议上遭到了尤提克斯支持者的殴打,但是他不是死于会议之中,而是在会议之后被放逐的路上去世的。
② 即本书绪论中提到的教会史学家扎卡里亚。
③ 聂斯托里的余党参加了卡尔西顿会议也许说明扎卡里亚的记载是有一定根据的。
④ Evagrius Scholasticus, *The Ecclesiastical History of Evagrius Scholasticus*, II.2.

明的对比。

另外值得注意的是,埃瓦格里乌斯记载尤菲米娅的一些"神迹"看似没有什么史料价值,但一定程度上反映了当时拜占庭人对圣徒崇拜的鲜明特征,即这些崇拜活动越来越多地与一些"奇迹"联系在一起。在 5 世纪之前,尽管很多作品也记载了一些和圣徒有关的"奇迹",但是却未如此时这般频繁。在埃瓦格里乌斯笔下,几乎每名圣徒都能和一些难以解释的奇闻轶事联系在一起。显然,津津乐道的"奇迹传说"比晦涩艰深的教义更容易吸引普通民众的关注。面对这种现象,甚至一些现代基督教学者认为,5 世纪后这种"大众的基督教崇拜"使教会处于异教化的危险之中①。埃瓦格里乌斯总是在作品中强调这些"神迹"都是让人亲眼可见的,例如,他描述尤菲米娅的圣墓能够让来到其棺材前的人"浑身散发出异于常人极其特别的异香"。然而这种"亲眼所见"除了因过于虔诚而产生的幻觉外,反倒是本节中的另一段话更能说明问题,"人们说如果一个品德高尚的人来到这里,奇迹就会特别频繁地发生,但是如果来者并非如此的话,奇迹就很少显现"。由此观之,许多信徒在崇拜圣徒的时候,为了避免"品德不够高尚"之嫌,纷纷声称见证了异象,从而更加推动了这些"奇迹"故事的流传。

因而,大家聚集到了殉教士尤菲米娅的圣地,它位于在比提尼亚省的卡尔西顿城,坐落在距离博斯普鲁斯海峡不到两斯塔德的一个迷人乡村的缓坡上。当你在教堂外行走的时候很难察觉,但突然进入教堂内部时,你就会感觉到垂直空间十分开阔。将视线放得更远,你就会看到脚下的平原平坦延伸,绿草覆盖大地,庄稼随风摆动,各种树木将这里装饰得非常美丽,同时,起起伏伏的群山错落有致,大海在无风时波澜不惊,紫色

---

① ［美］威·沃尔克:《基督教会史》,朱代强等译,北京:中国社会科学出版社,1991 年,第 198 页。

的浪花轻抚海岸;而在大风下则变得波涛汹涌,将碎石、海草和小贝壳等卷入海浪之中。这处圣地正对着君士坦丁堡,这座教堂也因如此壮丽的城市而得到映衬。这处圣地主要包括三个建筑物:第一个是露天的,它包含一个长条形的庭院,庭院两旁还矗立着圆形的石柱。第二个建筑在长度和宽度上与第一个建筑大致相同,唯一的不同是它有一个屋顶。在它的北边正对太阳升起的位置坐落着一个圆形大厅,其内部环绕着做工精细的圆形石柱,这些石柱材质和体积都是一样的。在它们的上方和屋顶之下,还有一个部分,此处可以满足那些希望向殉教士祈祷并举行纪念仪式的人的需要。大厅内部正对着东方的地方有一座比例协调的圣堂,那里停放着殉教士的遗体,她的遗体被放在一口长方形的棺材中——也有人叫它石棺——这口棺材的做工十分巧妙,上面还用白银点缀。

　　这位神圣女殉教士展示的几次奇迹被全体基督徒所共知。她曾经屡次给这座城市的主教和其他各界著名人物托梦,要求他们来参拜她并且从她的圣地中收获葡萄酒。每当皇帝、大主教和城市里其他人知道这个消息的时候,他们就会与想参加这个盛事的平民百姓一起来到那个教堂。然后在众人注视之下,君士坦丁堡大教长和他的随从一起进入圣堂,殉教士的圣体就停放在上文提过的棺材内。在那口棺材的左侧有一些小开口,他们就从那里将一个绑有海绵的长铁棍对着圣体伸进棺材里面,在用海绵擦拭以后,他们将铁棍收回,海绵上沾满了鲜血和许多血块。当群众看到这个场景后,他们立即向上帝表示敬意……所以人们说如果一个品德高尚的人来到这里,奇迹就会特别频繁地发生,但是如果来者并非如此的话,奇迹就很少显现……①

---

① Evagrius Scholasticus, *The Ecclesiastical History of Evagrius Scholasticus*, Ⅱ. 3.

卡尔西顿大公会议是基督教历史上最重要的会议之一。其决议在某种程度上成了当今基督教各主要派别共同承认的信仰规范，是基督教发展史和拜占庭帝国基督教化进程中的一座重要里程碑。埃瓦格里乌斯关于这次会议，尤其是前六个阶段的记载是现今留存拜占庭史料中最为详细的范本之一。在处理方式上，他的写作很有技巧。因为这次会议的争论过程十分曲折，会议记录随之变得比较冗长。为了不让本卷内容结构失衡，埃瓦格里乌斯在第4节中比较精炼地描绘了会议的过程和重要的决议，随后又在卷末第18节用附录的形式保存了会议完整记录，以此实现了结构平衡与内容完整的统一。本书尊重原著的布局，在此先引用精简版的会议概况，完整的会议记录将在正文后的附录中整体呈现。

> 现在回到我之前所谈的卡尔西顿会议，参会的人有罗马主教利奥的代表帕斯卡西努斯主教、卢森西乌斯主教和卜尼法斯司铎，还有君士坦丁堡大教长阿纳托利乌斯、亚历山大里亚主教狄奥斯库鲁、安条克主教马克西姆斯和耶路撒冷主教尤维诺。此外，他们各自的随从神甫和元老院中的显赫之人也都出席了会议。在会议开始时，利奥的代表提出拒绝让狄奥斯库鲁和他们坐在一起：因为罗马主教利奥曾经这么要求过他们，如果不照办的话，就会被教会开除。当元老院询问他们究竟以什么罪名指控狄奥斯库鲁时，他们提出狄奥斯库鲁应该说明他自己的观点，因为他曾经做出了错误的判断①。在他们说了这些话后，元老院推举狄奥斯库鲁坐在了中央的位置，尤西比乌斯②要求宣读他给皇帝的请愿书，他是这样说的："我曾经被狄奥斯库鲁错误地对待，我们的信仰也被歪曲，弗拉维安主教被谋杀了，而我也被不公正地罢免；我希望能够当场宣读我的请愿

---

① 这是会议的第一阶段。
② 指前文多次提到的多里莱乌姆主教，他和君士坦丁堡大教长弗拉维安一起在第二次以弗所基督教会议（"强盗会议"）上被狄奥斯库鲁宣布罢免。

书。"这个要求得到了同意，请愿书被宣读如下：

　　最谦卑的多里莱乌姆主教尤西比乌斯代表我自己、正统的信仰和比肩圣徒的前君士坦丁堡大教长弗拉维安向您上书。

　　您凭借您所拥有的权力可以照顾到您所有的臣民，您会伸出援助之手以帮助那些被错误批判的人，尤其是那些神职人员。因为上帝赐予您帝王的权力和掌管人间事务的资格。因为最虔诚的亚历山大里亚主教狄奥斯库鲁的缘故，我们对于耶稣基督的信仰发生了严重的分歧，因此我们恳请您来主持公正。

　　事情的真相如下所述：在最近于以弗所召开的宗教会议上——我们宁可这个会议没有召开过，因为这样的话整个世界就不会像现在这样充满邪恶和迷惑——"好人"狄奥斯库鲁无视公正和上帝的权威，公然支持尤提克斯愚蠢的异端教义，他在会议中就是这么做的，但是却没有被大众所察觉。而我则对他的同伙尤提克斯提出了指控，神圣的弗拉维安主教也站在了他们的对立面。于是，狄奥斯库鲁通过金钱诱惑的手段集合了大量暴民，并且由此增强了他的力量。他玷污了虔诚的信仰和正统的教义，同时他尽其所能支持修士尤提克斯的教义，而这种错误的教义早在其刚刚出现的时候就已经被神圣的教父们所批判①。因为他公开侮蔑信仰和耶稣基督以及与我们作对的举动不是无足轻重的事情，我们恳请您能够下令给予最虔诚的狄奥斯库鲁主教一个机会，就我们对他的指控进行辩护；也就是说，在一个神圣的宗教会议上当众宣读他当初反对我们的记录，然后通过这个方法，我们可以揭露出他的所作所为确实是违背了正统教义，证明他支持了一个充满了不虔诚的异端，同时表明他不公正地罢免了我们的行为给我们造成了恶劣的影响；一旦您下了神圣的命令，并且将这个决定传达给参加这次神圣会议的上帝最钟爱的主教们，我们就将立即展开行动。在这次会议上，他们应该认真聆听我们的指控和狄奥斯库鲁之前的所作所为，并且将这一切事情提交给虔诚的您来裁定，因为您能够做出不朽而至高无上的决定。如果您答应了我们的请求，那么我们就会为了

---

① 指上一章中提到的批判尤提克斯的448年君士坦丁堡会议。

您,我们最神圣的皇帝永恒的权力而终日祈祷。

在此之后,应狄奥斯库鲁和尤西比乌斯的共同要求,第二次以弗所会议的记录被公开宣读。这些文件的详细版本虽然篇幅很长,但还是被列入了卡尔西顿的会议记录之中,我把它附在了我的书中,以免让那些渴望了解事情结果的人认为我絮絮不休;但如此一来,我给那些渴望无所不知的人一个机会,让他们既细读这些文件同时又精确了解每件事①。但是,我要先扼要讲述一件更重要的事情,那就是狄奥斯库鲁被发现拒绝了罗马主教利奥的信,此外,在罢免君士坦丁堡大教长弗拉维安的那天,他安排集合在一起的主教在一张空白纸上签字,而事实上那张纸却是罢免弗拉维安的文件。因为这些原因,元老会议做出了如下决定②:

> 考虑到正统和普世的教义后,我们决定在明天出席人员更齐整的情况下进行一项更细致的调查。但是关于虔诚的弗拉维安和最虔诚的主教尤西比乌斯的案件,在检视了他们的所作所为之后,我们认为操控那次会议的人是错误的,并且他们做出的罢免决定是不合理的,因为事实证明弗拉维安和尤西比乌斯的罢免是不公正的,他们没有在信仰方面犯下任何错误。如果以下决定能够得到我们最神圣和虔诚的主的认同,那么我们就会因为使上帝感到愉悦而认定此举是公正的。所以我们决定在这次神圣的宗教会议上,给予操控上次会议的亚历山大里亚主教狄奥斯库鲁、耶路撒冷主教尤维诺、卡帕多西亚的凯撒里亚主教萨拉西乌斯、亚美尼亚主教尤西比乌斯、贝鲁特主教尤斯塔西乌斯,以及伊苏里亚的塞琉西亚主教瓦西里等人以同样的处罚:这些人将被剥夺主教的职位,并且所有的结论应该由神圣的"显赫者"元老们做出。

----

① 指附录中的本卷第 18 节内容。
② 这是会议的第二阶段。

之后,关于罢免狄奥斯库鲁的问题被移交给了另一次会议①,因为狄奥斯库鲁在被传唤三次之后还以他之前的借口②拒绝出席。罗马主教利奥的代表们做了如下发言:

> 前亚历山大里亚主教狄奥斯库鲁公然违背教规并对抗教会的处置,这种轻慢的态度已在会议调查的第一阶段以及今天的情况中清楚地体现出来。我们不谈其他事情,而来看看他的罪行。他凭借自己的权力公然对抗教规,并且和尤提克斯走到了一起。尤提克斯曾经在参加以弗所会议前被他的主教罢免——我说的就是和圣徒比肩的弗拉维安主教。而对于他们,使徒教区甚至可以原谅他们的所作所为是无心之失:这些人应该由此对最神圣的利奥大主教和神圣的大公会议保持恭顺,这样他们就可以被我们看作信仰上的同伴。但是,这个家伙固执己见,甚至犯下了应该令他痛心疾首并且要跪在地上请求饶恕的恶行。此外,他甚至拒绝宣读蒙主祝福的罗马主教利奥写给被尊为圣徒的弗拉维安的信,尽管之前他已经被那些送信人再三劝告,要求他宣读这封信。因为此信没有被宣读,所以他使各地最神圣的教会充满了麻烦和危害。但是,尽管他犯下了这么多恶行,我们还是可以宽恕他之前不虔诚的行为,因为连其他那些权力不如他大的主教都是蒙上帝钟爱的。然而他又犯下了更大的罪行,他居然胆敢宣布将最神圣的罗马大主教利奥革除教籍。此外,神圣而伟大的会议充满了各种控诉他非法行径的证词,同时那些蒙上帝钟爱的主教屡次召唤他,而他都不予理睬——无疑他的良心受到了谴责——并且因为他不合法地接待了那些被历次宗教会议合法罢免的人,同时他屡次践踏教规,所以现在他是自食其果。因此,最神圣和受祝福的伟大的罗马大主教利奥通过我们和现在这次会议,与多次蒙受祝福和盛名远扬并且是正统信仰基石的圣彼得一起剥夺他主教的职位以及所有作为神职人员活动的资格。因而,现在这次神圣而

---

① 指会议第三阶段,主要内容是针对狄奥斯库鲁的裁决。
② 可参见附录中本卷第 18 节的详细记载,狄奥斯库鲁一直在采用拖延策略。他首先宣称卫兵阻止他参会,然后要求参加过之前会议的官员和元老也要出席,之后又以身体有病为由推辞。

伟大的会议对狄奥斯库鲁施行了与教规相适应的制裁。

当这些提议被大会批准并且一些其他事务得到处理之后，应会议的要求并经皇帝的批准，那些曾经被狄奥斯库鲁免职的人得到了复职①。在讨论了一些其他事项后，会议发表了如下声明②：

> 我们的上帝和救世主耶稣基督曾经对他的门徒们明确信仰，"我留下我的平安给你们，我将我的平安赐给你们"。所以任何人都不能和其他人的信仰相异，而是应该明确地表明，彼此在坚持真理方面保持一致。

此后，当宣读了神圣的尼西亚信经和君士坦丁堡大公会议的决定后，他们进一步说道：

> 现在，为了完美地明确我们虔诚的信仰，我们制定了如下智慧和救世的信经：关于圣父、圣子和圣灵的问题已经有了完整的阐述，并且通过上帝道成肉身被信仰的人所接受。但是，因为真理的敌人试图通过他们的异端思想和愚蠢的语言来否定我们的信仰，一些人胆敢贬低上帝赐予我们信仰的神圣性，彻底拒绝童贞女玛利亚是上帝之母这一概念③；而另一些人则愚蠢地提出了让人困惑和混淆的新观点，他们将基督的人性和神性混为一谈，并且沉迷于混淆中，提出了一个怪异的理论，那就是独生的基督的神性是能感知俗世的④。出于这一原因，现在召开的神圣且伟大的普世大公会议希望能够从各种层面上消灭反对真理的异端，保卫之前确立的不可动摇的信仰，这一信仰是由318名圣洁的教父制定的，它应该一直不被怀疑和挑战。并且，一方面，由于有一些人对抗圣灵⑤，所以在接下来于首都召开的大公会议上，150名教父制定了关于圣灵本质的教义，他们将

---

① 这是会议的第四阶段。
② 这是会议的第五阶段。
③ 指聂斯托里派。
④ 指基督一性论派。
⑤ 指4世纪的马其顿尼派异端。

这一信仰公之于众,并没有指出他们先辈的不足,而是进一步明确了我们所理解的关于圣灵信仰的宣言,以此对抗那些试图否定它的人。同时,另一方面,由于那些人胆敢贬低我们信仰的神圣性,并且无耻且愚蠢地宣称由童贞女玛利亚所生的耶稣基督仅仅是一个凡人,这些观点可以从受祝福的亚历山大里亚教会领袖西里尔写给聂斯托里和那个东方人的信中得到佐证。在信中,西里尔驳斥了聂斯托里神志不清的异端理论,并且为那些渴望理解救世信经的虔诚信众解释了信仰。此外,最伟大且古老的罗马的教长、最受上帝祝福和最神圣的利奥大主教,在他写给堪与圣徒比肩的弗拉维安大教长的信中也明确了我们的教义。因为尤提克斯提出了具有破坏性的异端思想,所以利奥主教做了与圣彼得对信仰的声明相一致的事情,他的信成了对抗异端的一座丰碑①。在信中,他批判了那些试图将圣子分割为二元的谬论②;他在神圣的会议中驳斥了那些胆敢说独生的基督的神性能感知俗世的异端;他还反对那些混淆和试图混合基督两性的人;他将那些提出愚蠢理论的人逐出教会,这些人居然认为基督从我们身上取得的人性会具有神圣的性质或其他的本质;最后,他还谴责了那些认为神在两性结合前具有两性,而在结合后则只有一性的人③。

因此,我们继续跟随那些神圣教父的足迹,我们承认这独一、同一个的圣子,我主耶稣基督,并且我们全体一致地阐明他具有完全的神性和完全的人性,他是真正的神,也是真正的人,他是有理性的同时也是有肉体的生命,就神性而言,他与圣父本质相同,就人性而言,他与我们本质相同,除了他没有罪,在其他各个方面都与我们完全一致。按照神性而言,他是在万世之先,为圣父所生,按照人性而言,他是在末世时由上帝之母童贞女玛利亚所生;这独一、同一个的耶稣基督、圣子、我主和独生子,他处于不可混淆、不可变换、不可割裂,以及不可离散的两性之中,因为不同的两性绝不由于联合而失去区别,相

---

① 指罗马主教利奥的《利奥大卷》。
② 指聂斯托里异端。
③ 以上指基督一性论异端。

反每一性质都保持其特点并且存在于同一个人和一体之中;他不可以割裂为两个位格,而是独一的同一个圣子、独生子、神圣的逻各斯、我主耶稣基督。就如从前先知们教授的关于他的话一样,也和耶稣基督自己教授给我们的以及教父们制定的信经传给我们的说法一样。

因而,在我们精确和详细地说明这些事情后,这次神圣的大公会议决定任何人都不能够提出另一个信仰,也不能编造、建立、思考和传授另一个信仰,但是那些胆敢建立、传播、教授或散布另一个信仰给那些希望通过异教、犹太教和其他任何异端获得真理的人,如果他们是主教或神职人员,那么他们将被驱逐,主教将失去主教的职位,神职人员将被剥夺神职的资格;如果他们是修士或者平信徒,那么他们将被谴责。

所以在颁布了这个声明之后,马西安皇帝也来到卡尔西顿出席了会议,并且在做了一场公开演讲后再次返回参会①。此外,就各自管理区域的问题,尤维诺和马克西姆斯达成了协议,塞奥多利特和伊巴斯也被召回,再者,会议还处理了其他事务,如我之前所言,这些都在本书后附记②。而且会议还决定,尽管相对旧罗马来说是第二位的,但是新罗马的地位应该比其他地方更高③。④

卡尔西顿会议及其决议在拜占庭帝国和基督教会历史中产生了很多深远的影响。就基督教教义的发展来看,这次会议无疑具有非常积极的意义,它在某种程度上奠定了现今基督教各主要派别共同承认的教义基础。通过解答应该如何理解基督神性与人性这两个性质之间的关系实现了对 4 世纪神学争论的完善。然而,它也给

---

① 会议第六阶段,《卡尔西顿信经》颁布。
② 详见附录本卷第 18 节的卡尔西顿大公会议详细记录。
③ 这就是著名的卡尔西顿会议第 28 条教规,它导致了之后罗马教会和君士坦丁堡教会的冲突。本书将在第四章第三节对此进行更进一步的分析。
④ Evagrius Scholasticus, The Ecclesiastical History of Evagrius Scholasticus, Ⅱ.4.

以埃及、叙利亚和巴勒斯坦为代表的东部地区的民众造成了巨大的冲击，从而引发了激烈的社会冲突。那些基督一性论的支持者不但拒绝承认帝国政府认定的正统信仰，反而通过暴力的方式反抗官方的宗教政策。除了普通民众外，本来标榜出世修行的修士也成了暴力活动最积极的参与者。在暴力冲突中的直接受害者则往往是教会中的主教和其他神职人员，他们经常会成为一些极端宗教异见者攻击的对象。埃瓦格里乌斯在本卷中详尽地描绘了这一混乱的场面。

在这之后，狄奥斯库鲁受到谴责，并且被强令移居到帕夫拉戈尼亚地区①的甘格拉城②，同时普罗特里乌斯通过亚历山大里亚的宗教会议的选举，成了该地区的主教。在他接任这个职位后，由于人民内部持有不同意见，一场规模浩大而难以控制的暴乱发生了。有些人怀念狄奥斯库鲁，通常在其他情况下也可能有这种情绪，同时另外一些人则最坚定地支持普罗特里乌斯，这样就产生了致命的后果。修辞学家普里斯库在那个时候从底比斯来到亚历山大里亚，他记载了当时的情形。他看见人们群起围攻大小官员，当一支军队希望阻止暴乱的时候，人们用石块投向士兵，并将他们围困在先前的塞拉皮斯神庙，而后放火将他们活活烧死；当皇帝获悉这件事情后，他立即派出了一支两千人的部队，由于风向十分有利，他们在第六天就到达了亚历山大里亚；但是，因为发生了部分士兵奸淫亚历山大里亚民众妻女的事件，局势变得更加恶化；然后，人们聚集在赛马场，恳求埃及军事长官兼行政长官弗洛卢斯，希望他恢复之前被其剥夺的谷物补贴、因局势混乱而关闭的公共浴室和被取消的各类表演；弗洛卢斯在普里斯库的建议下答应了人民的要

---

① 小亚细亚地名，位于安纳托利亚中北部。
② 甘格拉是如今土耳其首都安卡拉以北 130 公里的坎奇利(Cankiri)。

求,暴乱很快平息了。

甚至在耶路撒冷附近的沙漠地区局势也不平静,因为一些出席此次会议的修士不满会议的决定,并且带着相反的观点回到巴勒斯坦;还因为信仰被背叛而感到愤恨,他们希望重新点燃和唤醒修道院团体的荣光。在主教尤维诺回到自己的教区后,他受到那些疯狂的人的强迫,反对并且谴责了自己的观点,因此他逃到了君士坦丁堡来寻求庇护。然后那些我提到的反对卡尔西顿会议的人,聚集在基督复活教堂,选举塞奥多西为主教:他在卡尔西顿会议上就曾经扰乱会议,并且他是第一个将消息通报给那些人的家伙。巴勒斯坦的修道院团体后来写信给阿尔奇森①,报告了关于此人的情况。他曾经被自己的主教定罪并且从自己的修道院中被赶走。然后当他来到亚历山大里亚的时候,攻击了狄奥斯库鲁,于是他被许多人看成麻烦的制造者,并且像囚犯一样骑着骆驼游街示众。此人随后亲自任命了许多巴勒斯坦地区城市的主教。其中就有伊比利亚的彼得,他被任命为玛依乌玛的主教,这座城市的地位低于加沙。当马西安获悉这个消息后,他马上命令将塞奥多西带到他的宫廷来,并且派遣尤维诺去整顿当地局势,他还要求罢免塞奥多西任命的那些主教。

接下来,在尤维诺到达耶路撒冷后,在两派各自怀有的愤怒情绪驱使下,那里发生了许多邪恶的事情:妒忌和被上帝厌恶的魔鬼邪恶地设计并且曲解了"一个词语",因此,尽管正是其中一派的表述才引出了另一派的观点,但是对大多数人来说,另一方的观点和自己是完全对立的,从而两派就相互排斥②。其实,那些信奉基督存在于两性之中的人宣称基督将从

① 伊庇鲁斯的尼科波利斯主教,是一位坚定的卡尔西顿派的教会领袖。
② 所谓的"一个词语"是指卡尔西顿派认为的耶稣基督的在两性之中(in two)和一性论派认为的从两性中而来(from two)。

两性中而来,而通过承认基督共同地存在于神性和人性之中,认定基督由神性和人性组成。而信奉基督来自两性的人肯定地提出基督存在于两性之中,因为通过宣称基督从神性和人性之中而来,他才得以承认基督存在于神人两性之中。既不是人性转化为神性,也不是神性变为人性。通过这些就产生了难以用语言形容的联合。通过"从二性中来""在二性之中"的表达我们就可以恰当地理解教义,并且通过这两种表达,两者之间就互不分离了。作为结果,依照这丰富的内涵,我们可以赞成整体从两性中而来,并且也是存在于两性之中。但是,人们把这两个问题考虑得是如此截然对立,或是因为赞颂上帝的一些习俗和方式,或是因为他们的先入之见,这样他们就蔑视一切形式的死亡,而不愿意去赞同现实。上面就是我对这些事情的描述,我言尽于此。①

面对这些冲突,马西安皇帝一度采取了十分强硬的应对措施,后来在普尔切里亚皇后的建议下,改用更加怀柔的手段安抚异见者,并收到了一定的效果,帝国东部暂时恢复了平静。然而,当 457 年马西安去世的消息传开后,新的暴力冲突再次出现,并在埃及造成十分血腥的后果。

在塞维鲁做西部皇帝的时候,马西安离开了人世,他的帝国易主了。马西安仅仅统治帝国 7 年,但是给所有人都留下了深刻的记忆,在人们看来,他是真正的帝王。利奥成了他的继任者②。当亚历山大里亚的人民得知这个消息后,他们重新燃起对普罗特里乌斯的更大的愤怒和斗争的热情。诚然,群众是很容易被激怒和利用,从而引发一场骚乱的,但是亚历山大里亚的群众情况更为特殊,那里人口众多、人员结构复杂,并且那

① Evagrius Scholasticus, *The Ecclesiastical History of Evagrius Scholasticus*, Ⅱ.5.
② 此处埃瓦格里乌斯记载有错误。马西安于 457 年去世,而塞维鲁在 461 年才成为西部帝国皇帝。

里的人时常有不理智的鲁莽情绪。结果,如人们所说的,只要有人愿意,那么此人很可能就有机会使整个城市陷入骚乱,并且能够煽动民众到任何地方,攻击任何他想攻击的人;在大多数情况下他们是在说笑,正如希罗多德关于阿玛西斯的记载那样。这是他们的天性,但是在其他方面,人们不应该轻慢他们。

所以亚历山大里亚的人民在等待时机,趁着军队的长官狄奥尼西乌斯在上埃及耽搁的时候,推举了绰号为"猫"的提摩太接任显赫的大教长职务①。他曾经是个修士,但是随后被任命为亚历山大里亚教会的司铎。人们来到了以恺撒而得名的大教堂,任命提摩太为他们的主教,尽管实际上普罗特里乌斯还在世并且还在履行主教的职责。贝鲁西亚主教尤西比乌斯和玛依乌玛主教伊比利亚的彼得出席了这个仪式;而按照彼得传记的作者所言,是一个士兵而不是群众杀死了普罗特里乌斯。

尽管狄奥尼西乌斯因为事变而以最快速度赶回亚历山大里亚,并且希望能够平息已经被点燃的暴乱之火,但是正如他写给利奥皇帝的信中所说的那样,亚历山大里亚的一些暴民在提摩太的唆使下,攻击并且杀死了普罗特里乌斯,他们在他逃进神圣的洗礼堂后,用剑刺穿了他的肚肠。他们甚至将普罗特里乌斯用绳子悬挂起来,在四面门②向所有人展示,对着他的尸体嬉笑吵嚷。此后,他们拖着尸体绕城而走,然后将其投入火中,有人甚至像野兽一样吃了他的内脏。在由埃及和亚历山大里亚全体神职人员向马西安的继任者利奥皇帝递交的请愿书中,所有这些事情都被记录,请愿书如下:

> 致虔诚的、为基督所钟爱的、由上帝宣布成为帝王的、胜利的、成功的奥古斯都利奥皇帝,这是一封来自您下属的埃及地区所有主教

---

① 提摩太的绰号是 Aelurus。
② 即 Tetrapylon,或译为四塔门,是一种造型独特的凯旋门。

以及最伟大和最神圣的亚历山大里亚教区的所有神职人员的请愿书。奥古斯都，最纯洁的皇帝，你是上帝对人类的恩赐，在上帝之后，你每日都毫不停歇地为社会深谋远虑。

然后请愿书接着写道：

信仰正统教义的民众与我们和亚历山大里亚城一直处在安静和平的氛围之中，但是提摩太除外，他将自己排斥在普世的教会和信仰之外，并且在神圣的卡尔西顿会议后立即开始玩弄手段，在那时他和仅有的四到五个主教以及几个修士一起，充任教会的司铎职务；与他一样，那些人都被阿波里拿里乌斯及其追随者的异端邪说所影响。正是因为这样，他们随后被神圣的普罗特里乌斯在一次全埃及的宗教会议上按教规免去职务，同时他们也受到了皇帝的惩罚。

然后他们接着写道：

在等到前任皇帝马西安离开人世去往上帝的极乐世界后，他仿佛成了一个自由的人，因此他无耻地用亵渎的话语咒骂皇帝，并且他还毫无羞愧地诅咒神圣的卡尔西顿大公会议。他带领一群暴民和花钱雇佣的乌合之众对抗神圣的教规、教会组织、公共法令和法律。他闯入上帝神圣的教会，而这个教会本来已经有了他的牧人和导师，最神圣的普罗特里乌斯，他在那时是我们的教父和大教长，并且他一直恪守应有的礼仪，为了您虔诚的统治和您受基督恩宠的宫殿，向救世主耶稣基督进行祷告。

然后他们紧接着写道：

在刚刚过了一天之后，当最受上帝钟爱的普罗特里乌斯如往常一样身处主教宅邸的时候，提摩太带着两个被依法免职的主教以及被判处流放的神职人员出现了，正如我们前面所言，他好像是从这两个主教手中得到的圣职，尽管亚历山大里亚主教属下的信仰正统教义的主教之中，没有任何一人出席那次选举会议①；他如其所愿地占据了司铎

---

① 埃瓦格里乌斯这里应该是暗示提摩太是没有什么支持者，但是从前文记载来看，这显然不是事实。基督一性论派在亚历山大里亚占据了明显的优势。

的宝座,好比胆敢公然和已经有了新郎的教会通奸,而那个新郎正履行着神圣的职责并且合乎教规地处在他自己的位置上。

然后他们进一步写道:

> 那个受到祝福的人①或许只能选择压制住愤怒而退却,如《圣经》中写的那样,他进入了神圣的洗礼堂,以躲避那些冲向他并试图杀害他的暴徒的攻击。在那里,就算是野蛮人和那些最凶残的人也会感到敬畏,即使他们事实上并不知道那个地方的神圣性和它散发出来的优雅气息。然而,那些急于完成提摩太所交给任务的人,即使在这种洁净圣地也没有放过普罗特里乌斯,他们既不尊敬这个圣洁之处,也不尊敬这个圣洁之时(因为这天是复活节),此外,他们在担负沟通神人之间的神甫面前也不感到战栗,他们残忍地杀死了那个清白的人,此外还有其他六人一起殉难。然后,在将他遍体鳞伤的尸体抬起后,他们还残忍地将其拖到城市的每一个角落示众,却丝毫没有觉得良心受到谴责。他们无情地凌辱他的尸体,将他的四肢一点点砍下,他们甚至还像野兽一样分食他的内脏,而此人在不久之前还是负责沟通上帝和人类之间关系的中介者,在将他的残尸投入火中后,尸体的灰烬随风飘逝,他们的罪行超过了最凶残的野兽。这一切罪行的始作俑者就是提摩太。
>
> 然而,按照记载详细情况的扎卡里亚的说法,他通过引用一封提摩太写给利奥的信表明,尽管上述大部分事情都发生过,但这是由于普罗特里乌斯的过失,他给亚历山大里亚带来了巨大的骚乱②。并且这些恶行不是由民众犯下的,而是出自一些士兵之手。因此,利奥皇帝派出了斯蒂拉斯③对他们施加惩罚。④

在亚历山大里亚的骚乱之后,利奥接替去世的马西安登上了皇位,开创了利奥王朝。值得注意的是,皇帝利奥出身平平,并非皇亲

---

① 指普罗特里乌斯。

② 如前文所述,教会史家扎卡里亚是基督一性论派信徒,因此他在自己的作品中显然不会站在普罗特里乌斯一边。

③ 斯蒂拉斯可能是狄奥尼西乌斯埃及军队司令官职位的继任者。

④ Evagrius Scholasticus, *The Ecclesiastical History of Evagrius Scholasticus*, Ⅱ.8.

国戚,只是一名来自色雷斯的军人①。按照编年史家约翰·马拉拉斯所言,他是出生于该地区的培西人(Bessian)②。我们对利奥早年的经历了解很少,在457年登基之前,利奥只在拜占庭军队中担任了所谓军事保民官(tribunus militum)的职位③,这是一个高于百夫长(centurion)而低于军团长(legate)的中级军官头衔。

只是因为前任皇帝马西安无子,利奥才在蛮族将领阿斯帕(Aspar)等人的支持下登上了皇位。因此,即位之初他除了极力笼络军队高级将领,也对宗教势力加以妥协,以换得他们的承认,让自己的继位披上一层神圣的外衣。457年2月7日④,利奥在君士坦丁堡举行了登基仪式,君士坦丁堡大教长阿纳托利乌斯亲自为他加冕。他也由此成了第一位被大教长加冕的拜占庭皇帝。拜占庭史学家塞奥法尼斯记载了这一历史事件:

> 这一年⑤,利奥成了皇帝,他是一个色雷斯人,职务为军事保民官。在本税收周期第10年的2月⑥,他由大教长阿纳托利乌斯加冕登基。⑦

这一事件具有深远的意义,正如著名拜占庭史学者奥斯特洛格尔斯基所言:

---

① Theophanes Confessor, *The Chronicle of Theophanes Confessor*, *Byzantine and Near Eastern History AD284 - 813*, AM5950.

② John Malalas, *The chronicle of John Malalas*, a translation by E. Jeffreys, M. Jeffreys & R. Scott, Sydney: Sydney University Press, 2006, Book14, 35(369).

③ Theophanes Confessor, *The Chronicle of Theophanes Confessor*, *Byzantine and Near Eastern History AD284 - 813*, AM5950.

④ Anon, *Chronicon Paschale*, 284 - 628AD, s. a. 457.

⑤ 公元457年。

⑥ 税收年(indication 希腊文为 Ἰνδικτίων)是早期拜占庭帝国官方和民间最常用的纪年法,始自公元312年。拜占庭人以15年为一个税收周期,纪年时一般不特别指出具体为第几个税收周期,只记为本税收周期某年。在用公元纪年推算税收年时,可用"(公元纪年+3)/15"的公式进行换算,所除余数即为具体税收年份。参见 A. P. Kazhdan, editor in chief, *The Oxford Dictionary of Byzantium*, Oxford, 1991, "indication", p. 993.

⑦ Theophanes Confessor, *The Chronicle of Theophanes Confessor*, *Byzantine and Near Eastern History AD284 - 813*, AM5950.

他（利奥）以前的那些皇帝虽然都青睐基督教，但是更愿意沿袭罗马传统，或者是从某位高级官员或将军手中接受皇冠，或者是被军队将士用盾牌抬起并受军队、民众和元老院的欢呼。由大教长加冕这一创举反映出君士坦丁堡大教长在最近这次基督教大公会议上取得的有利地位。从此以后，拜占庭皇帝都要由首都大教长加冕，而加冕仪式则要采取宗教典礼的方式。一种宗教仪式就是这样与有军队参加的罗马世俗加冕仪式相结合，此后被一再强化，逐渐演变为定制，在中世纪被当作授予拜占庭皇冠的最重要的活动。[①]

拜占庭皇帝在继位大典上增加了由君士坦丁堡大教长涂油加冕的仪式，诚然可以体现拜占庭皇位"君权神授"的神圣性，从而拜占庭教会借此获得了一项政治上的特权，但并不能以此改变皇位的传承，不过拜占庭教会也可以凭借这项权力在某些特殊时刻制约皇帝的登基。这在拜占庭帝国之后的历史中屡见不鲜。刚刚继承皇位后就遇到了如此血腥的宗教争端，利奥的决策不能不考虑宗教界的意见。因此在镇压了骚乱之后，利奥一世马上向各地的宗教领袖询问应该如何处理这一问题。最终，按照大多数人的意见处理了亚历山大里亚的暴乱，罢免了提摩太。

利奥皇帝向全罗马帝国的主教们和那些杰出的修士下发了通谕，询问他们如何看待卡尔西顿大公会议以及提摩太的地位，同时，他还随信附上了普罗特里乌斯和提摩太各自支持者请愿书的副本。通谕如下：

> 这是最神圣的利奥皇帝亲笔所写的神圣信件之副本，它将被送给君士坦丁堡大教长阿纳托利乌斯以及其他主要城市的主教和其他的主教们。

---

① G. Ostrogorsky, *History of the Byzantine State*, p. 61.

虔诚的、胜利的、成功的、最伟大的和永远值得尊敬的皇帝恺撒利奥致阿纳托利乌斯主教。

在我看来，所有正统、最圣洁的基督教会和那些罗马帝国统治下的城市都应该享有最平静的氛围，并且应该不让任何事情干扰他们的秩序和安宁。但是最近在亚历山大里亚发生的事情，我想主教大人已经知晓了。不过我想进一步告诉你所有事情的始末，关于为什么那里会发生动荡和混乱的问题，来自亚历山大里亚和埃及地区最虔诚的主教和神职人员们亲自到首都君士坦丁堡向我递交了控诉提摩太的请愿书，我已经将其副本送交给你。与此同时，打乱我们平静氛围的提摩太也有支持者从亚历山大里亚来到了我的神圣宫廷，他们递交的请愿书我也转达给你了。我这样做是为了让主教大人可以清晰地了解围绕提摩太都发生了什么事情，那个人被一些显贵、咨议员和船东拥戴成为主教，同时，你可以了解请愿书中包括的其他一些事情，此外，还有他们在请愿书中流露出的坚决反对卡尔西顿会议的问题。因此，请你立刻召集所有此时此刻身在首都的正统和圣洁的主教吧。因为亚历山大里亚的秩序和平静对我们来说非常重要，而它现在正处于混乱之中，所以在仔细检视和调查一切事情后，请你立即宣布你对于提摩太和卡尔西顿会议的态度。你不必惧怕任何人，也不要让喜好和敌意干扰你的判断，你应该心怀敬畏上帝之心使你的双眼看清真伪，因为你知道你将向圣洁的上帝提交这件事情的报告；然后，当我从你关于这件事情的来信中获悉所有的情况后，我将能够给出正确的命令。

这就是给阿纳托利乌斯的信，同时利奥皇帝也给其他主教写了内容大致相同的信。此外，如我先前所说，他还写信给那些在当时十分杰出的人，那些人选择了放弃财富而追求人生的价值。先前提到的在石柱上修行的西蒙就是其中之一，叙利亚人巴拉达图斯和雅各布①也名列其中。②

---

① 这两个人与西蒙一样，是叙利亚著名的修士。
② Evagrius Scholasticus, *The Ecclesiastical History of Evagrius Scholasticus*, Ⅱ. 9.

罗马主教利奥是第一个回信的人,他赞成卡尔西顿会议并且反对通过非法手段上台的提摩太。皇帝将利奥主教的信转给了亚历山大里亚主教提摩太,咨议会的召集人①狄奥米得斯负责传达皇帝的命令;提摩太回复了皇帝,在信中他反对卡尔西顿会议和利奥主教的信,这些文件保存在所谓的《通谕》之中,但是我将忽略它,以避免使我目前的著作过于臃肿。同时,其他城市的主教们也站在了卡尔西顿信经一边,都谴责提摩太通过非法选举手段获得权力的行径。赛德主教安菲洛奇乌斯给皇帝写了一封信,他反对提摩太获得主教的职位,但是也不接受卡尔西顿信经。修辞学者扎卡里亚记载了这些事情,同时他的作品也收录了安菲洛奇乌斯的这封信。来自圣地的西蒙也针对这些事情写了两封信给利奥皇帝和安条克主教瓦西里。我把给瓦西里的那封信简要记载如下:

> 致我的主人、最圣洁和圣徒般的为上帝所钟爱的主教瓦西里,罪孽深重并且卑微的西蒙向您表达我的祝福。
>
> ……因为在收到了您圣洁的信后,我为我们皇帝的热忱和虔诚而惊讶,他过去和现在的所作所为证明,他是上帝最钟爱的人,并且他是拥护圣洁的教父和坚定的信仰的……

他稍后继续写道:

> 因此,我这个卑微和无足轻重的为修士所遗弃的人,将对威严的皇帝表明我对聚集在卡尔西顿的630名教父所制定信仰的态度,我支持它并且它为由圣灵表明之物所捍卫。因为如果救世主能够做到"无论在哪里有两三个人奉我的名聚会,那里就会有我在他们中间",那么圣灵怎么会不出现在那么多和那么圣洁的教父中间呢。

他进一步写道:

---

① 咨议会的召集人是高级宫廷官员,负责监督宫内典礼以及安排皇帝会议。

因此正如嫩的儿子、上帝的仆人约书亚那样,我们"当刚强胆壮",因为我们代表了人民的利益。从而为了我和您麾下所有神职人员以及受到上帝祝福的那些最虔诚的百姓们的利益,请您接受我信中的请求。①

由于上述这些原因,提摩太被谴责后放逐,而且被命令居住在甘格拉城。从而亚历山大里亚的人民又任命了另一个提摩太成为继任普罗特里乌斯的新主教;有些人叫他瓦西里斯库,也有人叫他萨洛法西阿路斯②。而当阿纳托利乌斯死后,金纳狄乌斯出任首都的主教,在他之后,阿卡基乌斯成了君士坦丁堡大教长,并且担负起了管理首都内为孤儿设立的救济所的职责。③

卡尔西顿会议引起的风波在埃瓦格里乌斯本卷的记载中就此告一段落。但是这个问题会在接下来继续对拜占庭帝国产生深远的持续影响。

---

① Evagrius Scholasticus, *The Ecclesiastical History of Evagrius Scholasticus*, Ⅱ. 10.
② 根据卡日丹在《牛津拜占庭词典》相关词条中的解释,Salophacialus 这个外号的意思是白帽子或者摇摆的帽子,可能指提摩太主教真实的穿着,更可能是暗示他在宗教立场上摇摆不定。A. P. Kazhdan, editor in chief, *The Oxford Dictionary of Byzantium*, p. 2087.
③ Evagrius Scholasticus, *The Ecclesiastical History of Evagrius Scholasticus*, Ⅱ. 11.

第二节　马西安皇帝在埃瓦格里乌斯作品中的完美形象分析

　　马西安是塞奥多西二世的继任者,他娶了后者的姐姐普尔切里亚,由此获得了继承皇位的权利。按照《复活节编年史》的记载,马西安于450年8月25日在君士坦丁堡正式举行了登基大典。[1] 马西安在位时间不长,仅有不到7年。但是得到了埃瓦格里乌斯极高的评价,在其书中记载的5—6世纪10位拜占庭帝国皇帝中,他用浓墨重彩为其描绘了一幅近乎完美的人物形象。埃瓦格里乌斯对马西安的推崇得到了后世拜占庭历史学家的继承。例如9世纪的塞奥法尼斯就在其《编年史》中盛赞马西安为东地中海世界的罗马人带来了和平、公正和幸福,他的统治时期是一个"黄金年代"[2]。20世纪之前的一些重要的历史学家遵循拜占庭史料中的论断,给予马西安很好的评价。例如,吉本在《罗马帝国衰亡史》中称赞其"对正统信仰十分热忱","性情温和、富有才干"[3]。因为注释这部名著而声名鹊起的著名历史学家布瑞也在其1889年出版的《晚期罗马帝

---

① Anon, *Chronicon Paschale*, 284 – 628AD, s. a. 450.

② Theophanes Confessor, *The Chronicle of Theophanes Confessor*, *Byzantine and Near Eastern History AD284 – 813*, Translated with Introduction and Commentary by Cyril Mango and Roger Scott, Oxford: Clarendon Press, 1997, AM5946.

③ E. Gibbon, *The Decline and Fall of Later Roman Empire*, ed. by J. B. Bury, Vol. Ⅵ, New York: Fred De Fau Company, 1907, pp. 37 – 38.

国史》第 1 卷中援引史料称赞了马西安的外交与经济才能。①

　　然而,到 20 世纪后,现代学者对马西安的态度逐渐发生了转变,最明显地表现为对其关注度的下降。此外,学者们普遍认为,他在拜占庭帝国历史中只能算是一位政绩和影响居于二流地位的统治者,不要说与缔造帝国历史上第一个"黄金时代"的查士丁尼大帝相比,即使是与武功赫赫的莫里斯、实行税制和货币改革来振兴帝国财政的阿纳斯塔修斯,以及实行文治、编纂《塞奥多西法典》,并修筑塞奥多西城墙的塞奥多西二世等皇帝相比,马西安都有所不及。

　　对马西安的这种态度可以在当代几部重要的拜占庭通史作品中得到明显体现。在这些重要的拜占庭通史中,涉及这位皇帝的内容远远少于古代史料中的比例,经常居于早期拜占庭皇帝中十分靠后的位置。在记载拜占庭早期历史时,学者们往往只用很少篇幅提及马西安在位期间的某些重大事件,甚至对其统治一笔带过。例如瓦西列夫在《拜占庭帝国史》中用 150 页左右的篇幅记录了从君士坦丁大帝到莫里斯的拜占庭史,其中马西安和他的继任者利奥一世被放在一个章节中,二者加在一起只有不到 3 页的篇幅,而涉及马西安的重大历史事件主要是他主持召开的第四次基督教大公会议,即卡尔西顿大公会议②。而在奥斯特洛格尔斯基的《拜占庭国家史》(国内译本《拜占庭帝国》)中,有关早期拜占庭历史的记载有 70 页的篇幅,涉及马西安的只有 3 个自然段,内容也仅为卡尔西顿会议③。更有甚者,如西里尔·曼戈主编的《牛津拜占庭史》几乎没有

---

① J. B. Bury, *History of the Later Roman Empire*, Vol. 1, New York: Dover Publications, 1958 reprint. p. 236.

② A. A. Vasiliev, *History of the Byzantine Empire*, Madison: The University of Wisconsin Press 1952, pp. 104 – 106.

③ G. Ostrogorsky, *History of the Byzantine State*, pp. 59 – 60. [南斯拉夫]奥斯特洛格尔斯基:《拜占庭帝国》,陈志强译,西宁:青海人民出版社,2006 年,第 44 页。奥斯特洛格尔斯基主要记载了匈人对西罗马帝国的入侵,因此在该部分内容中没有像瓦西列夫一样提及马西安。

提及马西安的名字，只有"从 451 年的卡尔西顿基督教大公会议起，东部教会就陷入了一场基督身份中神人两性关系的痛苦争论之中"等勉强与之相关的寥寥数语①。相较而言，只有希腊的卡拉扬诺布鲁斯教授在其鸿篇巨著《拜占庭国家史》第一卷中用 8 页多的内容叙述了马西安的统治，但与该卷 752 页的总量相比，依然是屈指可数，所占篇幅仅比只统治数月的卓维安皇帝略多②。

相较于当代学者对马西安并不重视的态度，埃瓦格里乌斯给予了马西安很高的待遇。他在《教会史》中非常详细地介绍了马西安在宗教和世俗领域的贡献，其中甚至用不寻常的较大篇幅记载了和他有关的众多"奇迹传说"。

> 我已经在第一卷中讲述了塞奥多西二世统治时期所发生的事情。然后，让我们把著名的罗马皇帝马西安提上前来，我将先讲述一下他是谁以及他为何并且如何拯救罗马人的帝国的；好吧，让我们在适当的时候来讲一讲他统治下发生的事情。
>
> 修辞学家普里斯库和其他一些人都记载了马西安是色雷斯人，他的父亲是一名军人；因为渴望从事父亲的职业，他在菲利普波利斯③开始了入伍当兵的生涯。在去那里的路上，他看见了一个刚刚被杀的人横尸地上。除了其他的美德，他还特别具有同情心，因此他走向那具尸体，哀悼发生的这件事，并且由于此事他希望能够给予那个被害人一个适当的悼念仪式，所以耽搁了自己的行程。但是当一些人看到他的举动后就通知了菲利普波利斯的地方长官，他命人逮捕了马西安，并且以杀人

---

① C. Mango, Ed. , *The Oxford History of Byzantium* , Oxford and New York：Oxford University Press, 2002, p. 40.
　［英］西里尔. 曼戈主编：《牛津拜占庭史》，陈志强、武鹏译，北京：北京师范大学出版社，2015 年，第 57 页。
② I. E. Καραγιαννοπουλος, Ιστορία Βυζαντιν υ Κρατο υs, Θεσσαλον ικη：Εκδοτικόs Ο ικοs Βάνιαs 1995, Τόμοs Α, pp. 275 - 283. 卡拉扬诺布鲁斯的《拜占庭国家史》第一卷只涉及 565 年之前的拜占庭史，不包括上文提及的查士丁二世、提比略和莫里斯等皇帝。
③ 即现在的保加利亚第二大城市普罗夫迪夫（Plovdiv）。

罪审讯他。然后,推测战胜了事实,尽管马西安否认杀了那个人,他还是面临谋杀罪的惩罚。就在此时,一个神圣的奇迹出现了,杀人者被交了出来。于是,此人因其罪行被砍了头,而马西安则被无罪开释。马西安意外获救后,来到了菲利普波利斯部队下辖的一支分队,希望加入其中。出于对他的钦佩及预见他将成为伟大和最显赫之人,那里的军人欣然接受了他并将他编入队伍,也未按军法规定将其列为末位,而是授予他一个刚去世军人的军衔,此人的名字叫作奥古斯都。这样,登记簿上就写道:"马西安就是奥古斯都。"而"奥古斯都"这个名字是我们皇帝的称号,那些身穿紫袍的人才会被如此称呼。似乎是这个名字不能容忍没有相称的职位,反之这个职位也在寻觅适合它的人一样,于是马西安的名字和称号就恰如其分地结合在一起了,这样他应得的职位和公共称号便通过此事情得以昭示。

此外,其他的一些事情也能表现出马西安的帝王之气。当他跟随阿斯帕与汪达尔人作战并遭到惨败后,他和许多战士都成了俘虏。因为盖泽里克想看看这些俘虏,所以他们被一起带到了一片平地上。当他们集合好之后,盖泽里克坐在高处,看到俘虏数量之众而欣喜。一段时间之后,这些俘虏获准自由活动,按照盖泽里克的指示,卫兵们解开了他们的绳索。如此一来,每个人的举止行为都有所不同。而马西安却躺在平地上,在太阳下睡着了。当时天气炎热,与一年中的这个季节非常不协调。然而一只鹰飞到了马西安上方,飞行轨迹恰好挡住阳光的直射,就像一片云一样造成了阴影,使马西安不会感到炙烤。盖泽里克对此十分震惊,并正确地推测了未来将要发生的事情。他把马西安叫来释放了他,马西安被要求立下重誓,在成为皇帝之后将遵守约定,不与汪达尔人为敌。普罗柯比记载马西安在行动上履行了承诺。不过,我们不要纠缠于这个枝节问题,还是回到正题上来吧。

马西安对宗教事务非常虔诚,并且能够公正地处理涉及臣子的事情。在对待财富的态度上,他既不认为应该大量蓄积,也不认为应该任由税务官横征暴敛,而是认为财富应该用来扶贫济弱,同时还要保证富人家产的安全。他不用处罚使人畏惧,而是能够防患于未然;他的帝位不是继承的而是来源于他的美德,在普尔切里亚的建议下,元老院和各级官员一致同意把皇位给予马西安。他娶了普尔切里亚为皇后,但是却没有和她进行任何性行为,这样直到终老她一直保持着处女之身。尽管在当时西部帝国皇帝瓦伦提尼安还不承认这一继位结果,但最终因为马西安的美德瓦伦提尼安承认了他的地位。马西安希望每个人都能够崇敬上帝,一度因为不虔诚而出现的杂音消失了,虔诚的声音再度聚合到一起,这样上帝就可以被同一个信经所荣耀了。①

这段关于马西安的记载体现了埃瓦格里乌斯作为基督教学者对拜占庭皇帝"神圣性"的态度。但是,一些学者对文中这些"奇迹传说"颇有非议。例如,埃瓦格里乌斯记述马西安获得了"奥古斯都"的名字,从而暗示他会成为皇帝,然而,在拜占庭帝国时代,代表皇帝头衔的"奥古斯都"被用作普通人名字是十分怪异的现象,从现在流传的史料中很难找到类似例子。因此,《教会史》法文译本的译者费斯蒂吉埃尔就认为埃瓦格里乌斯的记载,尤其是第二段"奥古斯都预兆"的传说是他自己编造的②。

此外,如引文所言,马西安后来参加了对北非汪达尔人的军事行动(431—434)。但是,在战斗中,拜占庭军队遭遇惨败,马西安本人也和许多战士一起成为俘虏。后来,汪达尔国王释放了他。这段经历也成了拜占庭史学家们津津乐道的"奇迹"之一。如埃瓦格里

---

① Evagrius Scholasticus, *The Ecclesiastical History of Evagrius Scholasticus*, Ⅱ.1.
② Evagrius Scholasticus, "Évagre, Histoire Ecclésiastique", trans. by A. J. Festugière, *Byzantion*, 45(1975), P. 258, 页下注释 2。

乌斯所言,普罗柯比的《战史》也叙述了几乎相同的故事。关于马西安被俘后的这段传奇经历甚至在 9 世纪初还得到了历史学家的关注,塞奥法尼斯在他的《编年史》中对马西安赞赏有加,他认为"从最开始上帝就选择了马西安作为帝王",为了证明自己的观点,他也引用这段"神迹"作为论据,只不过在他的作品中,这段故事被放到了拜占庭与波斯人的战争背景之中。马西安同样"在烈日中熟睡,一只巨大的鹰飞到他的上空,用它的翅膀为他遮阴避暑……"①

值得注意的是,埃瓦格里乌斯对普罗柯比的记载进行了微妙的修改。《战史》中十分清楚地记录了这个故事发生的时间,即"因为是夏天,所以俘虏们苦于烈日炎炎"②,但是埃瓦格里乌斯比较隐晦地暗示这一事件发生在冬天③。埃瓦格里乌斯非常熟悉普罗柯比的《战史》,在作品第 4 卷中集中大量引用了这部著作的内容,并且与《战史》的记载高度吻合,这种完全扭曲普罗柯比记录的行为恐怕更多是因为埃瓦格里乌斯想要通过奇特天象的氛围进一步突出这一传说的"奇迹性",从而更能证明他所认定的"这件事情能够表现出马西安的帝王之气"④。这也进一步表明了作者对马西安的偏爱。

埃瓦格里乌斯的《教会史》中,类似为皇帝撰写抑或"加工"的"神迹"较为罕见,在涉及皇帝的记录时,他的写作风格偏于写实,他只对所推崇的另一位皇帝莫里斯有过相近的描绘。然而,莫里斯毕竟是埃瓦格里乌斯的故交与恩主,而与他毫无瓜葛的马西安能得到和莫里斯相同的待遇,这说明埃瓦格里乌斯评判皇帝的优劣有自己的标准。从他的作品中,我们可以分析总结这些标准,并发现其具有一定的代表性。从拜占庭历史的编纂传统来看,埃瓦格里乌斯的

---

① Theophanes Confessor, *The Chronicle of Theophanes Confessor*, *Byzantine and Near Eastern History AD284—813*, AM 5943.
② Procopius of Caesarea, *History of the Wars*, 3. Ⅳ. 4.
③ 埃瓦格里乌斯在前文的引文中说"当时天气炎热,与一年中的这个季节非常不协调",显然暗示这件事发生在寒冷的冬季。
④ Evagrius Scholasticus, *The Ecclesiastical History of Evagrius Scholasticus*, Ⅰ. 1.

著作是早期拜占庭时代最后一部冠名为《教会史》的作品,他也是诸多拜占庭早期教会史家思想的继承者。同时,埃瓦格里乌斯还是一名熟识古典文化的贵族知识分子,这两种身份在他作品的价值标准上得到了鲜明的体现。

埃瓦格里乌斯由始至终都是以一个基督教学者的身份来记录拜占庭帝国的历史。对于基督徒历史学家来说,判断皇帝优劣最直接的价值标准就是他们对待基督教信仰的态度。如果皇帝崇敬上帝,其统治就繁荣昌盛,反之就会遭受悲惨的命运。例如,尤西比乌斯就曾经把君士坦丁的胜利归因于虔诚结出的果实①。

尤西比乌斯之后的教会史家们继承了这种观点。例如5世纪初的索卓门写道:

> 君士坦丁得到了上帝的帮助,因此他得以在陆地和海洋都赢得了对敌人的胜利。②

埃瓦格里乌斯在作品中也体现出这样的倾向。他在作品中将马西安归为好皇帝的一个重要标准便是马西安对于拜占庭正统教会的贡献,即召开卡尔西顿基督教大公会议。如前文所述,马西安皇帝召开卡尔西顿会议,最终在其支持下通过了《卡尔西顿信经》。这给基督教发展带来了深远的影响,并塑造了现今基督教各主要派别承认的正统教义的雏形。正是因为卡尔西顿会议的重要意义,所以埃瓦格里乌斯对于召开会议的皇帝马西安给予了高度的评价,这种以宗教虔诚来判定皇帝好坏的标准和之前的教会史学家们一脉相承。

但是,他对皇帝的评价并不仅仅局限于宗教虔诚这一个方面。一些同样坚持正统信仰的皇帝在他笔下却是以坏皇帝的形象出现

---

① Eusebius Pamphilus, *Church History*, NPNF2 - 01, general editor Philip Schaff, New York: Grand Rapids, 1890, Ⅹ. Ⅸ.
② Sozomen, *Ecclesiastical History of Sozomen*, NPNF2 - 02, pp. 282 - 613, general editor Philip Schaff, New York: Grand Rapids, 1886, Ⅰ. Ⅶ.

的。因此,我们有必要就其价值判断做进一步的分析。

埃瓦格里乌斯的《教会史》较前辈的同体裁作品,记载了更多与古典文化相关的内容。作为一名贵族精英,埃瓦格里乌斯对古典文化有比较深的了解,在行文中也时常提到一些古典作家,如修昔底德和普鲁塔克①等人。这说明在拜占庭帝国早期虽然基督教化进程大大加速,许多原来的多神教徒都皈依了基督教,但是古典时期的文化并没有和多神教一样受到国家的打击和取缔。正如曼戈所说,"世俗教育得以保留原有的地位……要求基督徒男孩们摒弃古代众神伤风败俗的那些故事,而要集中精力学习好的和有用的东西"②。

一些现代学者认为埃瓦格里乌斯个人也深受希腊罗马道德理念的影响,③这种看法有一定的根据。从作品中来看,埃瓦格里乌斯的确很注重皇帝的私德,他把慷慨、公正、仁慈等品质看作与宗教虔诚同等重要的因素。例如,他曾经非常明白地在作品中阐明了皇帝品德的重要性。

> 皇帝并非因为对他人自然形成的管辖权而得到承认,相反,他应该首先约束并管理好自己,他要使自己免于接近任何不适宜的事物,还要通过宽容的法令使自己变得如此清白,以至于可以为人民提供一个道德的楷模和教育的典范。④

相反,一些坚持正统信仰的拜占庭皇帝如果不具备埃瓦格里乌斯认定的这些品德,同样会遭到他严厉的批评。最为典型的就是查士丁二世。这位皇帝在位期间虽然坚持《卡尔西顿信经》,更是提出了调和基督一性论与正统教义矛盾的诏令,应该说其宗教立场与埃

---

① 埃瓦格里乌斯曾经在《教会史》第 6 卷第 1 节中引用普鲁塔克的名言"罗马的美德和机遇彼此达成了一致",Evagrius Scholasticus, *The Ecclesiastical History of Evagrius Scholasticus*, Ⅵ. 1。

② C. Mango, Ed. , *The Oxford History of Byzantium*, p. 103.

③ G. F. Chesnut, *The First Christian Histories*, Macon: Mercer University Press 1986, p. 242.

④ Evagrius Scholasticus, *The Ecclesiastical History of Evagrius Scholasticus*, Ⅲ. 1.

瓦格里乌斯所持的温和正统派信仰极为一致，但是埃瓦格里乌斯在简略地承认他的宗教立场有利于提高其声誉后，在作品第 5 卷中却用大量篇幅指出了他的缺点，如奢侈、贪婪与鲁莽等。而马西安则是埃瓦格里乌斯认为在道德上符合罗马人皇帝标准的代表，所以他在谈论马西安的时候，除了赞扬他的虔诚，还极力称赞他的品德，即所谓"不用处罚使人畏惧，而是防患于未然。他的帝位不是继承的而是源于美德"。①

除了关注皇帝的私德之外，对于那些深受古典文化影响的拜占庭历史学家来说，罗马的贵族共和理念对他们有深刻的影响，这种观念也在他们的作品中时有体现。例如左西莫斯便是代表人物。他在作品中曾经直白地阐述了自己的政治观点：

> 他们并不明白，他们如同掷骰子一样将所有人的希望，以及这样一个广袤的伟大帝国置于统治者个人心血来潮的念头和权力之下……如果他不顾约束变成了一位暴君，将政府置于混乱，忽视世间的罪行，任意出卖公正并将他的臣民视作奴仆——除了极个别皇帝，其余大多数皆如此——那么单一统治者不受约束的权力势必会造成全世界的灾难……②

然而，这样一种怀念贵族共和的理念与拜占庭帝国早期政治局势的发展背道而驰，在该时期内，拜占庭皇权较罗马帝国时代得到了进一步的发展，逐渐形成一个以皇帝为最高统治者的专制帝国，罗马时代的共和传统趋于瓦解。这样一种变化让 6 世纪倾向古典传统的历史学家痛心疾首，普罗柯比就是最典型的代表。尽管他公开发表了记录查士丁尼丰功伟业的《战史》和为其歌功颂德的《建筑》，但却留下了一部用极端恶毒语言咒骂皇帝的《秘史》。在这部

---

① Evagrius Scholasticus, *The Ecclesiastical History of Evagrius Scholasticus*, Ⅱ. 1.
② Zosimus, *New History*, trans. and commentary by Ronald T. Ridley, Canberra: Australian Association for Byzantine Studies 1982, Ⅰ. 5. (2)-(3).

著作中,他对专制皇权的发展和贵族地位的下降深恶痛绝。如他记载查士丁尼在皇储时期要打破禁忌,公然迎娶艺妓塞奥多拉为妻时,表现得心痛不已。

> 元老院没有任何一个成员在目睹帝国遭受的这一奇耻大辱时,胆敢提出异议或出面阻止这件事,相反,他们全都在她(塞奥多拉)面前卑躬屈膝,仿佛她是位女神。①

埃瓦格里乌斯也不例外,从他的作品中不难看出,埃瓦格里乌斯希望皇帝能够重视贵族的利益,尊重他们的权利。而马西安就是《教会史》中尊重贵族传统的皇帝代表。由于在皇位继承过程中得到了元老院和军队的帮助,所以马西安在统治期间对官僚贵族阶层比较温和,注意维护他们的利益。埃瓦格里乌斯在赞扬马西安具有种种美德时,特别提出他"能够公正地处理臣子的事情"②,这样类似的词句几乎很少被用在作品中的其他拜占庭皇帝那里。

显然,一个如《教会史》中刻画的既仁慈善良,又重视贵族利益的马西安皇帝很好地符合了埃瓦格里乌斯的价值观。加之马西安在基督教信仰上的虔诚,对教会的尊重等因素,使他成了作者心中皇帝的楷模。这种价值标准既体现了埃瓦格里乌斯继承教会史学家的传统,也符合他贵族知识分子的身份。

现代学者的价值标准与埃瓦格里乌斯等古代作家不同,他们绝大多数人不再以宗教信仰或者私德作为评判皇帝好坏的主要依据,更不会站在拜占庭贵族的视角上思考问题。他们倾向于从马西安施政本身的影响给予其评价,从而立场更为客观中立,视野更为开阔,对史料的研究也更为深入。由此从不同角度质疑了马西安的执政能力。这些质疑可以归纳为以下三个方面。

---

① Procopius of Caesarea, *The Secret History*, trans. by G. A. Williamson, New York: Penguin Books 1983, 3. 9 - 11. 10. 6.
② Evagrius Scholasticus, *The Ecclesiastical History of Evagrius Scholasticus*, Ⅱ. 1.

首先,古今学者对于马西安一些主要政绩的施政主体存在着明显不同的认识,即现代学者质疑马西安取得功绩背后的真实施政者另有其人,从而动摇了古代学者对他的高度评价。这种观点集中体现在对卡尔西顿大公会议的认知上。一些现代学者提出,马西安的皇后,即前任皇帝塞奥多西二世的姐姐普尔切里亚在这一问题上发挥着比他更为重要的作用。例如,卡日丹教授在《牛津拜占庭词典》的"普尔切里亚"词条中明确写道:

> 她寻求与罗马主教利奥一世结盟……再次来到了前台……在他(马西安)的帮助以及罗马教区的支持下,她出席了卡尔西顿会议,并恢复了正统的信仰。[1]

显然,在卡日丹看来,早在塞奥多西二世统治时期就能够影响政局的普尔切里亚不仅是卡尔西顿会议的参与者,还比马西安发挥了更为重要的作用。持类似看法的学者很多,如海费尔在其《基督教会会议史》中也详尽地叙述了卡尔西顿会议召开前的背景。塞奥多西二世去世后,他的姐姐普尔切里亚成了皇位的实际继承者。"但是,因为女性从来不能独自掌控罗马人的帝国",她选择了帝国"最显耀的将军"和"以高度虔诚"闻名的马西安作为自己名义上的丈夫,并使他成为皇帝。因为马西安和普尔切里亚一样均是正统信仰的支持者,所以他们分别给罗马主教利奥写信,要求改变前任皇帝塞奥多西二世支持的以弗所"强盗会议"的宗教观点,这些交涉活动最终促成了卡尔西顿基督教大公会议的召开。[2]

普尔切里亚对马西安的宗教政策影响之大不仅仅局限于卡尔西顿会议召开之前。会议结束之后,《卡尔西顿信经》在教会内部造成了很大的争论,甚至在部分支持基督一性论的地区爆发了兵变等

---

[1] A. P. Kazhdan, ed. , *The Oxford Dictionary of Byzantium*, pp. 1757 – 1758.

[2] 参见 C. S. Hefele, *History of the Councils of the Church*, New York: AMS Press, 1972, Vol. 3, pp. 269 – 271.

骚乱。普尔切里亚在这种情况下力劝马西安采取怀柔政策,取得了较好的效果。霍鲁姆在其《塞奥多西王朝的皇后们:古代晚期女性和帝国的统治》一书中认为:

> 普尔切里亚就是这样运用其影响力,引导马西安在面对此类暴动时放弃了罗马统治者惯用的严厉做法,转而采用了温和劝服的政策。①

然而,现代学者笔下强势出现的普尔切里亚皇后在埃瓦格里乌斯的《教会史》中几乎成了隐形人,从《教会史》中很难看到普尔切里亚对马西安施政的任何影响。这种差异使人疑惑。因为《教会史》是以保存了大量前人留下的著作、宗教会议记录和书信闻名于世,埃瓦格里乌斯凭借安条克大教长的支持能够随意使用教会藏书。因此,他不可能完全不了解上文提及的现代学者所依据的原始文献。显然,埃瓦格里乌斯不是因为不了解,而是出于某种原因忽略了这位皇后的作用。

作为一名深谙罗马古典文化的历史学家,埃瓦格里乌斯有意或无意地忽略了马西安背后这个女人的实际影响力是可以理解的,这种来自古罗马时代男权传统的视角非常符合早期拜占庭帝国的主流精神。其中最有代表性的便是普罗柯比写作的《秘史》。在这部著作中,他对于女性直接参与政治生活表现得极为反感。例如,在作品中他不满查士丁尼的皇后塞奥多拉,写道:

> 对于皇后,(传统是)不用对其特别表示敬意。但是当查士丁尼和塞奥多拉出现时,包括元老阶层的臣子不得不匍匐在地,尽可能远地伸展四肢,对他们施吻靴之礼……塞奥多拉甚至声称自己拥有接待波斯和其他国家使节,并赏赐他们钱物的权力。仿佛她就是罗马帝国的女主人一样——这种事是在历

---

① K. G. Holum, *Theodosian Empresses: Women and Imperial Dominion in Late Antiquity*, Berkeley and Los Angeles: University of California Press, 1982, p. 224.

史上从来没有发生过的。[①]

埃瓦格里乌斯《教会史》的字里行间也能够看出类似的观点,他并不认为女性应该参与到政治生活之中。例如,他在记录汪达尔国王盖泽里克攻打西罗马帝国的史实时,片面地将这场灾祸归因于西罗马帝国皇后尤多克西雅为前夫的复仇行为。

> 处在悲痛中的女人通常是可怕和无情的……她劝说盖泽里克出其不意地攻打罗马人的领地,并且许诺为他提供内应。当她做了这一切后,罗马沦陷了。[②]

这种"红颜祸水"的论调在我们看来并不陌生。当然,埃瓦格里乌斯在作品中对于皇室女性总体是尊敬的,但是,他所尊重的只是她们高贵的身份,抑或虔诚的信仰,而不是她们的才能。例如,在记载马西安继位的过程时,有关普尔切里亚对于政局的重要影响,以及她在塞奥多西二世统治体系中的核心地位,埃瓦格里乌斯几乎没有着墨,而是着重强调普尔切里亚虔诚修女的身份,因此她和马西安的结合只是名义上的婚姻,这样一种禁欲行为更加符合作为基督徒的埃瓦格里乌斯的道德观,所以他才会在作品中强调"马西安娶了普尔切里亚为皇后,但是直到终老她一直保持着处女之身"[③]。

仅仅从这段描述来看,普尔切里亚的形象只是一位信仰虔诚的公主,而非精明强干的女政治家,她只是起到了皇位传承工具的作用。与此同时,这段描述的主角显然是皇帝马西安而非皇后,正是因为马西安的虔诚与宽容,才保全了普尔切里亚的贞洁。这种以男性为中心的视角使得他将马西安时代的宗教政绩全部归于皇帝,而让起到更为重要作用的皇后退居幕后,也就不足为奇了。现代学者的视野显然更为开阔,他们依据史料,还原了普尔切里亚应有的功

---

① Procopius of Caesarea, *The Secret History*, 30. 23 - 24.

② Evagrius Scholasticus, *The Ecclesiastical History of Evagrius Scholasticus*, II. 7.

③ Evagrius Scholasticus, *The Ecclesiastical History of Evagrius Scholasticus*, II. 1.

绩,势必削弱了马西安在帝国宗教政策上的影响力。由此他们没有给予马西安以埃瓦格里乌斯那样的称赞也就顺理成章了。

其次,与古代作家相比,现代学者还还原了马西安施政中被过度夸大的某些重要成就。例如在外交领域,如前文所言,5 世纪 40 年代之后,阿提拉率领的匈人军队成为拜占庭人所面临的主要威胁。他们多次洗劫巴尔干半岛,迫使拜占庭帝国缴纳高额的贡金。至马西安继位时,他中止了贡金,这一举措得到了拜占庭史家的好评,称赞他的这一举措改变了使国库空虚的局面。①

然而,现代学者对马西安这一举措有不同的解释,他们虽然承认中止纳贡是正确的选择,但是却指出这更多是阿提拉战略抉择的原因。例如,特雷德尔戈尔德指出:

> 放弃这种绥靖的政策是因为阿提拉已经宣布了向西部帝国进军的意图。②

这种观点可以从史料中找到依据。现存普里斯库《历史》的残篇就有以下记载:

> 东罗马人说他们不同意继续支付塞奥多西时期的贡金。如果他(阿提拉)能够保持和平的话,他们可以赠送给他礼物……阿提拉还没有明确选择该先进攻哪一方,但是看上去首先向西部进军显然是他的最佳选择。③

约达尼斯的《哥特史》也有类似的记载:

> 汪达尔国王盖塞(瑟)里克得知阿提拉正在致力于征服全世界,于是派人给他送去了许多礼物,并催促他对西哥特人发

---

① J. B. Bury, *History of the Later Roman Empire*, Vol. 1, p. 236.
② W. Treadgold, *A History of the Byzantine State and Society*, p. 98.
③ R. C. Blockley, ed., *The Fragmentary Classicising Historians of the Later Roman Empire*: *Eunapius, Olympiodorus, Priscus, and Malchus*, Vol. 2. Liverpool: Francis Cairns, 1983, p. 307.

动战争……因为受了盖塞(瑟)里克的贿赂,阿提拉决定发动这场他策划已久的战争。①

可见,在阿提拉已经表露出向西进军的战略抉择时,马西安停止缴纳贡金虽然也是审时度势之举,但也并无特别值得大书特书的过人之处。而他的汪达尔政策,则引发了更大争议。

在马西安统治时期,汪达尔人入侵意大利,最终攻陷罗马城,对于帝国来说是一项重大的事件。作为东部帝国的皇帝,马西安却选择了按兵不动。关于他的这一举措,以埃瓦格里乌斯为代表的拜占庭历史学家并没有对其指责,反而为他进行了辩解。例如前文提到埃瓦格里乌斯在撰写马西安与汪达尔人作战被俘后受到神鹰庇护的神话时,特意强调:

> 盖泽里克把马西安叫了过来并且释放了他。但马西安被要求发下重誓,在成为皇帝之后将不与汪达尔人为敌……马西安在之后履行了承诺。②

显然,在埃瓦格里乌斯看来,马西安选择不救援西部帝国是履行个人诺言的君子之举。然而,正如这个神话本身不可信一样,对马西安的汪达尔政策的辩解也是软弱无力的。正如汤普森一针见血地指出:

> 这个故事的意图是十分明显的,它是为了给马西安不干涉西地中海世界的政策找借口……在 5 世纪中叶出现这个故事并被记录在或多或少类似正史的历史作品中,是否说明他需要为自己的政策进行辩护?③

而卡拉扬诺布鲁斯也对马西安的汪达尔政策提出了一定的

---

① [拜占庭]约达尼斯:《哥特史》,罗三洋译注,北京:商务印书馆,2012 年,第 116 页。
② Evagrius Scholasticus, *The Ecclesiastical History of Evagrius Scholasticus*, Ⅰ.1.
③ E. A. Thompson, "The Foreign Policies of Theodosius Ⅱ and Marcian", *Hermathena*, No. 76 (1950), pp. 68 - 69.

批评：

> 马西安放任盖泽里克对不设防的意大利和西西里发动进攻。后者在之后的几年中一到春季来临之时就进攻意大利和西西里的海岸，掳掠奴隶并进行洗劫。[1]

公平地来看，早期拜占庭的历史上，马西安时期的外交政策并无太突出之处。例如5世纪的皇帝阿尔卡迪乌斯和泽诺同样通过"祸水西引"的政策将哥特人导向意大利地区，暂时维持了东部帝国的安全，但是他们的政策却没有在同时期的历史学家那里得到和马西安一样的赞誉。因此，现代学者们没有给予马西安外交政策过高的评价是一种合理的观点。

最后，在马西安另一项标志性的政绩——财政税收改革方面，在大多数现代学者看来，古代作家对他的称赞则是一种因为阶层利益而产生的价值取向上的偏见。马西安在位时期实行了一些减轻税收的政策，这些措施为他在拜占庭史料中赢得了极高的声誉。例如，埃瓦格里乌斯就在本卷第1节中称赞他：

> 在对待财富的态度上，他既不认为应该大量积蓄，也不认为应该任由税务官横征暴敛。而是认为财富应该用来扶贫济弱，同时还要保证富人家产的安全。[2]

从这样的描述中，我们似乎应该对马西安的税收政策持肯定态度。然而，如果细究他所减免的税种，也许就会得出不同的结论。马西安时期废除的最为重要的税收是一种基于土地的财产税——*follis*[3]，也就是埃瓦格里乌斯所言的"保证富人家产的安全"的一项税收。根据5世纪历史学家左西莫斯记载，是君士坦丁大帝开征了这一税种：

---

[1] I. E. Καραγιαννόπουλος, Ιστορια Βυζαντινο υ Κρατο υς, Τόμος Α, p. 282.
[2] Evagrius Scholasticus, *The Ecclesiastical History of Evagrius Scholasticus*, II. 1.
[3] 参见 J. B. Bury, *History of the Later Roman Empire*, Vol. 1, p. 237.

他开列了一张最富有人的名单，并向他们强加了被称为 *follis* 的税收。①

马西安废除这一税种显然会受到贵族们的欢迎。事实上，他的施政都是建立在贵族精英统治基础之上的。公元5—6世纪是拜占庭大地产者势力急速发展的时期，马西安没有像之后的查士丁尼那样采取加以限制的措施，反而通过税收政策默许了他们的特权。这样的劫贫济富、以贵族利益为出发点的举措没有得到现代学者的认同。例如琼斯认为：

> 如果采取减免税收政策的话，那么 *follis* 应该是最后一项被废除的税种。②

汤普森更是写道：

> 如果不是因为他是一位"元老院的"皇帝的话，马西安本应一无是处……马西安废除了对元老们财产征收的 *follis* 税……也许如塞奥法尼斯所言，他的统治是一个黄金时代，但是，那应该是那些元老贵族们的黄金时代。③

汤普森一针见血的论述反映了一个事实——即在绝大多数情况下，拜占庭帝国掌握历史书写话语权的是那些贵族精英知识分子。尽管在撰写历史的过程中，他们都会标榜客观公正的原则，但是当本阶层利益受到损害的时候，他们难以避免地会受到情感的左右，从而影响了自身的价值判断。

综上所述，埃瓦格里乌斯在他的作品中将马西安描绘为一个近乎完美的皇帝形象。作为在拜占庭帝国早期一位政绩和影响力并不突出的皇帝，他能够得到与之毫无利益关系的历史学家的赞扬是

① Zosimus, *New History*, Ⅱ.38.(4).
② A. H. M. Jones, *The Later Roman Empire* 284 - 602, Vol. 1, Oxford: Basil Blackwell, 1964, p. 219.
③ E. A. Thompson, "The Foreign Policies of Theodosius Ⅱ and Marcian", p. 72.

因为埃瓦格里乌斯等基督教贵族知识分子受到自己以及当时主流价值标准的影响,对于马西安的表现高度认同,为此进一步塑造他的传奇形象。

然而,现代学者对于马西安形象的不同看法是因为他们对马西安标志性政绩的参与者和影响力有了更为深入的认识,并以更为客观中立的立场扭转了古代学者的偏见。马西安在他们的作品中不再具有与《教会史》相同的形象是一种必然。现代学者并没有全盘否定马西安,甚至还会肯定他的个人品德,但是就拜占庭历史发展的趋势来说,马西安在现代研究著作中地位的改变是其应有历史定位的合理回归,体现了拜占庭史研究的进步和发展。①

---

① 拜占庭史研究名家舍甫琴科曾教导特雷德戈尔德说:"我们要尊敬拜占庭的历史学家们,却不能处处相信他们。"这句名言也可以作为此处最好的诠释。参见 W. Treadgold, *The Early Byzantine Historians*.（扉页致敬语）。

第三节　马西安与利奥一世统治时期的自然灾害、战争与权力斗争

如前文所述，马西安和利奥一世的统治时期，帝国内部的宗教争端十分严重，然而这些冲突只是他们所面临的一系列麻烦的一部分。其他天灾人祸也在史料中频繁出现。例如，在马西安时期，小亚细亚多个地区就出现了严重的旱灾。

在那时，弗里吉亚、加拉太①、卡帕多西亚②和西里西亚③地区发生了一场旱灾，由于缺少食物，人们被迫食用一些有害的食品，于是瘟疫就发生了。人们因为饮食的改变而生病，他们的身体由于炎症而变得肿胀，他们失去了视力，并且还伴随着咳嗽，在第三天人就死去了。但是普世而救世的上帝减轻了幸存者的饥荒，他在没有收获的年份从天上降下食物，就像对古以色列人那样（他们叫它马纳④），同时在下一年里，上帝使庄稼丰收，因此人们得以享用粮食。这些事情也发生在巴勒斯坦和其他许多地区，事实上是数不清的地区，因为痛苦的事情传播到了整个世界⑤。

---

① 位于小亚细亚中部，在卡帕多西亚以西。
② 位于小亚细亚东部偏南，在西里西亚以北。
③ 位于小亚细亚东南部。
④ 原文作 manna。这段记载并没有其他史料作为旁证，也明显缺乏事实依据。
⑤ 埃瓦格里乌斯是已知唯一记载这场瘟疫的历史学家。Evagrius Scholasticus, *The Ecclesiastical History of Evagrius Scholasticus*，Ⅱ.6.

在利奥皇帝的统治刚刚开始的时候,叙利亚首府安条克城又发生了大地震。埃瓦格里乌斯详细记载了这场灾祸的始末。

在利奥皇帝统治的第二年,安条克发生了一场强烈的地震。在这场灾难发生之前,那里的人们已经表现出了某些征兆,他们都陷入了疯狂的状态,并且超过了任何野兽的天性。这场地震发生在安条克获得城市地位后的第 506 年①,也就是第 15 期财政年度的第 11 年高尔皮埃月②(也就是罗马人说的 9 月)临近安息日的第 14 日夜里的第 4 个小时。这是自 347 年前发生在图拉真时期的大地震后被记载的第六次地震,那次地震发生在建城 159 周年庆典时期。如今,这次地震如同勤奋的人们所记载的那样,发生于建城第 506 年的利奥统治时期。这场地震摧毁了新城区的绝大部分建筑,那里人口非常稠密,几乎没有空地,历代皇帝出于攀比之心营造的建筑比比皆是。安条克宫殿的第一、第二座建筑倒塌了,但是其他的建筑和邻近的浴室却得以保全,因为灾难席卷城市,这座浴室尚未被使用。但是,现在它变得十分重要了,因为这场地震把其他公共浴室都摧毁了。地震还毁掉了宫殿前面的柱廊以及旁边的四面门,同时,赛马场门口的一些塔以及附近的柱廊也遭到了破坏。而在老城区,地震没有使任何柱廊或者其他建筑倒塌,但是图拉真、塞维鲁和哈德良浴室的一小部分出现了坍塌现象。同时,周边的奥斯特拉基尼地区的部分建筑也遭到破坏,尼姆法埃姆地区也受到了影响。

除了旱灾和地震,埃瓦格里乌斯还在作品中援引普里斯库的记载,描绘了首都和周边地区的一场洪水灾害。

普里斯库还记载道,在君士坦丁堡和比提尼亚地区降下了

---

① 安条克于公元前 49 年获得这一地位。
② 原文作 Gorpiaeus。

持续 3—4 天的暴雨,雨水就像从天而降的洪流;高山被冲刷成了平原,村庄也被淹没并冲毁,甚至在离尼科米底亚不远的博阿内湖之中出现了许多由大量垃圾堆积而成的小岛。但是这些事情是在稍后发生的①。

除了这些天灾之外,首都君士坦丁堡还于 465 年遭遇了一场大火灾的侵袭,这是一场不折不扣的人祸,是一场恶性的纵火案。尽管帝国在城市建设中,已经考虑到了防火的需求。例如拜占庭城市建筑使用的主要材料是砖块和粗石,这样的建筑方式至少延续到了 14 世纪②。从现存的拜占庭史料我们也能够发现,拜占庭的城市中有一些明确的防火规定,内容主要包括严格限定大量使用明火,对公共建筑的位置有相应规定,做好火灾隐患预防,以及强制建筑之间留出足够的安全距离,防止火情来临时烧毁大片建筑等。例如,《市政官法》第 18 章"关于面包师"的第 3 款特别指出:

> 面包师不得将面包房置于居民区,这是因为他们使用易燃木柴。而且,其他私人也必须将草料和干柴存放于露天的地方或者石头建造的房屋中,以防止这些易燃物品引起城市火灾。③

但是,在城市中依然无法避免存在着许多纯木质结构的建筑,并且有大量的明火和可燃、易燃物,加之拜占庭早期像君士坦丁堡这样的大城市,人口密度极大,因此一旦火势蔓延,便会带来难以挽回的后果。埃瓦格里乌斯此处记载的这次大火灾就是典型的例证。

> 还有一场与上面提到的相似甚至更严重的灾祸,它发生在君士坦丁堡海边叫作博斯普隆的地方。这件事情是这样的,在掌灯时分,一个邪恶和充满报复心的恶魔伪装成女人(或者就

---

① Evagrius Scholasticus, *The Ecclesiastical History of Evagrius Scholasticus*, Ⅱ.14.
② [美]西里尔·曼戈:《拜占庭建筑》,张本慎等译,北京:中国建筑工业出版社,2000 年,第 7—8 页。
③ 毛欣欣、李强:《拜占庭〈市政官法〉译注》,《古代文明》2012 年第 3 期,第 31 页。

是一个女人，抑或一个受雇于魔鬼的工人，两个版本都是流行的说法）拿着一盏灯来到市场买一些腌渍食品，但是当这个女人扔下这盏灯后，她就偷偷溜走了。火苗点燃了一些大麻，接着巨大的火焰腾空而起并迅速蔓延到周围的建筑。邻近的建筑也轻易付之一炬，大火不但烧毁了易燃物，而且摧毁了石头建筑。大火一连持续了四天且火势根本没有得到有效控制，因此，城市从北到南的中央地区绝大部分都被波及，这块区域大约有 5 斯塔德长、14 斯塔德宽。结果，在这个区域中的公共或私人建筑都未能逃脱这场灾难，甚至石柱和石拱门也无法幸免，所有坚固的材料都像易燃品一样被大火吞没。在城市造船厂坐落的北部地区，灾难发生于博斯普隆，并一直波及古阿波罗神庙地区，同时在南部，大火从朱利安港一直烧到了康科德教堂的小礼拜堂附近的房屋，而在城市正中地区，从君士坦丁广场一直到陶鲁斯广场①都被大火燃烧，这是一个令所有人痛惜并愤慨的景象。因为城市中所有的美景都被付之一炬，无论是无可匹敌的奇观还是公共或私人的建筑，都变成了无法通行的崎岖山地，散布着各种建筑材料，完全看不出原先的样貌。因此，即便是本地居民也无法辨认出这个地方曾经的建筑现在是什么或者在哪里。②

在灾害频发的同时，马西安和利奥时期的帝国也面临着战争的危险。在马西安统治的公元 455 年，汪达尔人攻陷了罗马城，给帝国上下造成了巨大的震动。马西安对此并没有采取军事行动。尽管埃瓦格里乌斯暗示他通过外交手段拯救了西罗马皇帝瓦伦提尼安的妻女，但是直到利奥皇帝登基后，她们方才来到了君士坦丁堡。

在罗马，埃提乌斯在胆怯中被除掉，同时西部皇帝瓦伦提

---

① 或意译为"公牛广场"。
② Evagrius Scholasticus, *The Ecclesiastical History of Evagrius Scholasticus*，Ⅱ.13.

尼安和希拉克略一起被埃提乌斯的一些卫兵杀死。这是一个由马克西姆斯制造的阴谋,他事实上控制了国家①。他之所以这么做是因为瓦伦提尼安通过暴力手段奸污了他的妻子。马克西姆斯随后强行娶了瓦伦提尼安的妻子尤多克西雅。但是,她将这种行为视作凌辱和不可接受的事情,因此她选择了用生命来冒险,这既是为了她的丈夫,也是为了她自己的自由,正如人们所说:处在悲痛中的女人是可怕和无情的,在坚守贞操之后,她最终还是失身于他,而且正是这个男人夺走了她前任丈夫的生命。她立即派人携带厚礼来到利比亚地区,并且许诺了美好的前景,她劝说盖泽里克②出其不意地攻打罗马人的领地,并且许诺为他提供内应。当这一计划完成后,罗马沦陷了③。

但是,盖泽里克是一个难以控制且反复无常的野蛮人,他没有信守对那个女人许下的诺言,而是在烧杀抢掠之后带着尤多克西雅和她的两个女儿一起踏上了回乡之路。他离开了罗马回到了利比亚。随后他与尤多克西雅结婚,而他的儿子胡内里克则娶了尤多克西雅的长女。接下来他派遣尤多克西雅与其幼女普拉西狄亚及随从一起前往拜占庭,这是为了安抚马西安皇帝。因为火烧罗马和凌辱皇室妇女的行为都激怒了那位皇帝。④ 然后,奉马西安的命令,普拉西狄亚和她早年间的订婚对象欧里布利乌斯联姻;欧里布利乌斯正巧是元老院中显赫的一员,他是在罗马被占领时逃到君士坦丁堡的。

然后,在马克西姆斯去世之后,马约里安当了两年西部帝国皇帝,然后当马约里安被罗马的将军里西默杀死后,阿维图

---

① 埃提乌斯是瓦伦提尼安统治时期的西罗马帝国权臣,马克西姆斯和瓦伦提尼安的禁卫军长官希拉克略于 454 年合谋杀死埃提乌斯。之后马克西姆斯又在次年除掉了瓦伦提尼安和希拉克略。

② 汪达尔国王。

③ 汪达尔人于 455 年 6 月 2 日占领罗马。

④ 实际上她们被送到拜占庭时已经是利奥皇帝统治时期。

斯当了两年零八个月的皇帝①,在他之后,塞维鲁做了三年皇帝。②

与西部帝国惨遭汪达尔人洗劫相比,东部帝国的战争压力相对较小,但是也有外族入侵的记录。埃瓦格里乌斯援引普里斯库的史料记录了利奥一世期间的兵祸。然而与第一卷的引用相同,他依然没有过多引用细节,留下了史料遗失的缺憾。

> 同时,一场由斯基泰人挑起的战争也在困扰着东罗马人,色雷斯和赫勒斯滂的领地都被波及,同时爱奥尼亚地区和基克拉泽斯群岛③也被袭扰,而尼多斯和克里特岛的大部分地区都被战火焚毁。④

与外患相比,马西安和利奥面临的内忧的问题更为严重。在这两位皇帝,尤其是利奥一世统治期间,围绕皇权的斗争可谓暗潮涌动,这一权力之争和军队有着密切的关系。军队在罗马时代一直是帝国政治生活中的重要力量。握有重兵的军事将领能够在皇位传承过程中扮演关键角色。值得注意的是,该时期掌握兵权的往往都是蛮族将领。在早期拜占庭军队之中,蛮族士兵是不可忽视的力量。在 3 世纪时,以哥特人为代表的"蛮族"大规模地进入罗马帝国境内,其中很多青壮年后来被编入了帝国的军队。在 4 世纪时,君士坦丁大帝的军队中大约有 4 万名哥特士兵,他们在君士坦丁发动的统一战争中发挥了重要作用。至塞奥多西一世统治时期,哥特人在帝国军队中的地位更加重要,他将哥特士兵作为同盟者军团编入了帝国军队。随着蛮族士兵数量的增加,帝国军队中的蛮族将领也

---

① 因为对西部帝国的历史不够熟悉,此处埃瓦格里乌斯犯了一些错误。比如,阿维图斯才是马克西姆斯的继任者,而马约里安则在阿维图斯之后。
② Evagrius Scholasticus, *The Ecclesiastical History of Evagrius Scholasticus*, Ⅱ.7.
③ 基克拉泽斯意为"环状"的,是爱琴海南部的一个群岛,包括著名的米科诺斯、圣托里尼和纳克索斯岛等。
④ 据推测这是指阿提拉之子丹克兹克在 467 年和 469 年对拜占庭的进攻。Evagrius Scholasticus, *The Ecclesiastical History of Evagrius Scholasticus*, Ⅱ.14.

在逐渐增多。至 5 世纪中期,蛮族将领的权力达到了顶峰。

因为马西安和利奥都与前代皇帝没有血缘关系,并且都是行伍出身,所以二人登基的过程中都有赖于军队高级将领的支持。此时在军队中最有影响力的将军是前文提到的阿兰人阿斯帕,马西安和利奥从军时都是他的下属。在马西安登基的过程中,他就起到了重要的助力作用。而在马西安去世后的皇位真空时期,他再次施展自己的影响力,将另一位部将利奥推上了皇位。此后他让其子帕特里西乌斯(Patricius)娶了利奥一世的女儿为妻,并获得了副皇帝“恺撒”的头衔。因为利奥此时没有儿子,所以实际上阿斯帕已经把自己的儿子推上了帝国的皇储之位。

利奥并不甘心成为阿斯帕政治上的傀儡,因此一直试图培植自己的心腹势力。他出人意料地挑选了一位名不见经传的、小亚细亚伊苏利亚蛮族出身的将领成为自己的另一位女婿,此人就是后来的皇帝泽诺。关于泽诺早年的经历我们所知不多,这从现存文献中关于他原名的混乱记载就可见一斑。例如,埃瓦格里乌斯的《教会史》称其为阿里克麦西乌斯(Aricmesius)①,而约翰·马拉拉斯的《编年史》和《复活节编年史》则将其记为考迪塞奥斯(Kodisseos)②。

公元 466 年,41 岁(另一说为 36 岁)的泽诺第一次来到了帝国的首都君士坦丁堡,他随身携带了一封密信。按照信上所言,当时帝国东部军队的司令官,也是权臣阿斯帕的儿子阿尔达布尔(Ardabur)密谋煽动波斯人进攻拜占庭帝国,并答应与他们合作。正在苦于阿斯帕家族势力过于强大的利奥一世对这封信如获至宝。他很快召开了元老会议,并以此为证据作出决定,解除了阿尔达布

---

① Evagrius Scholasticus, *The Ecclesiastical History of Evagrius Scholasticus*, II. 15.
② John Malalas, *The chronicle of John Malalas*, Book14, 46(375). Anon, *Chronicon Paschale*, 284—628AD, s. a. 474.

尔的兵权,把他召回首都。① 泽诺由此得到了利奥皇帝的赏识,由此在拜占庭政治舞台上留下了自己最初的印记。

泽诺在发迹之后,他的很多亲属宾朋陆续从伊苏里亚地区来到了首都投奔他,随之迅速形成了一个强大的政治集团。伊苏里亚人素以彪悍善战闻名于世,利奥一世希望能借助这股势力对抗阿斯帕家族。为了进一步笼络泽诺,他将自己的另一个女儿阿里阿德涅嫁给他为妻。埃瓦格里乌斯记载了这一事件。

> 利奥皇帝将自己的女儿阿里阿德涅嫁给了泽诺,泽诺以前叫作阿里克麦西乌斯,但是在结婚后他以一个成为帝国高官并且享有很高声望的伊苏里亚人泽诺的名字为自己命名。叙利亚人尤斯塔西乌斯记载了利奥皇帝提拔泽诺的过程以及偏爱泽诺的原因。②

除了泽诺,利奥还重用自己的内弟瓦西里斯库。464 年,皇帝利奥一世擢升了这两名重要的高级将领。一项是任命泽诺为东方大区军队司令官(*magister militum per Orientem*),另一项任命就是让瓦西里斯库担任了色雷斯军队司令官(*magister militum per Thracias*)③。瓦西里斯库由此也成为帝国军队中拥有实权的重要人物。

然而,瓦西里斯库顺风顺水的军旅生涯很快就遭遇了沉重的打击。468 年,利奥一世任命他为总司令,统率大军远征汪达尔王国。这次远征成了拜占庭人彻头彻尾的灾难,几近全军覆没。普罗柯比在《战史》中详细记录了这次失败远征的全过程。

---

① Elizabeth Dawes and Norman H. Baynes, trans., *Three Byzantine Saints*: *Contemporary Biographies translated from the Greek*, Crestwood: St. Vladimir's Seminar Press, 1977, *Life of Daniel the Stylite*, 55.

② Evagrius Scholasticus, *The Ecclesiastical History of Evagrius Scholasticus*, Ⅱ.15.

③ Theophanes Confessor, *The Chronicle of Theophanes Confessor*, *Byzantine and Near Eastern History AD284—813*, AM5956.

　　盖泽里克利用瓦西里斯库的疏忽做了如下的事情：他竭尽全力地做到全民皆兵。他让战船装满了战士，但不是所有的船。他准备了一些空船，这些空船都是速度最快的船。他还派遣使者去见瓦西里斯库，恳请他把开战的日期推迟五天，以便他能够深思熟虑，去做皇帝希望他做的事情。还有人说他瞒着瓦西里斯库的军队给其送去了大量黄金，由此换取了这一协议。盖泽里克这样做是因为他认为在停战期间会刮起对他有利的风，而事实确实如此……瓦西里斯库就这样应其所求静静地待在军营之中，将有利的时机拱手让给敌人。

　　但是，当休整期间的汪达尔人一直期盼的风为他们刮起来之后，他们立刻扬帆起航。他们牵引着前文所说的无人乘坐的船只，驶向了敌人。当他们逼近敌人时，他们就借助风势点燃了他们拖来的船只，并让它们冲向罗马人的舰队。因为那里的船只非常多，这些火船轻易地点燃了所有它们遇到的船只，并与其一起同归于尽。当火势如此向前蔓延时，很自然地在罗马人的舰队中引发了大喧嚣，以及不亚于大风和烈火声音的巨大声响。此时的罗马士兵和水手们正在彼此大声号令，并且用长杆推开火船和自己的战船。这些船只正在一片混乱中互相摧毁。而此时汪达尔人已经近在咫尺，他们撞沉敌船，俘虏试图逃跑的敌兵并缴获他们的武器……①

经历了这次大败之后，利奥皇帝已经没有能力再组织对汪达尔人的后续军事行动，而瓦西里斯库的声望也在这次失败后遭到了毁灭性的打击。回到君士坦丁堡后，瓦西里斯库虽然凭借姐姐维里娜（Verina）皇后的周旋保住了性命，但是却不得不暂时离开拜占庭政治舞台的中心。

3年之后，瓦西里斯库重新回到了君士坦丁堡的权力核心。当

---

① Procopius of Caesarea, *History of the Wars*, Ⅲ. Ⅵ. 12-22.

时,利奥一世苦于蛮族将领阿兰人阿斯帕的专政,密谋除之而后快。瓦西里斯库和泽诺一起作为皇帝的近亲承担了清除阿斯帕家族的重任。上述这些历史被埃瓦格里乌斯比较混乱地记录在一段对西部帝国历史的叙述之中。

> 在担任了来自西罗马的使者职务之后,安特米乌斯被派遣担任罗马城的皇帝;而当时还是东罗马皇帝的马西安将自己的女儿嫁给了他。而后,利奥皇帝的皇后维里娜的弟弟瓦西里斯库被任命为攻打盖泽里克的将军,他受命指挥一支集结完毕、装备精良的军队。这些事情都被修辞学者普里斯库详细地记载下来,同时他还记载了利奥是怎么通过背信弃义的手段战胜了阿斯帕,这种行为似乎就是对他自己飞黄腾达的一种回报,他杀死了那个使他自己获得统治者地位的人,同时他还杀死了阿斯帕的儿子阿尔达布尔和帕特里西乌斯;后者当初因为利奥要获得阿斯帕的支持而被任命为恺撒。安特米乌斯在当了 5 年罗马皇帝后被杀害,欧里布利乌斯被里西默拥戴为皇帝,在欧里布利乌斯死后,格里萨利乌斯成了罗马人的皇帝。5 年后,内波斯驱逐了格里萨利乌斯并且控制了罗马,同时他任命格里萨利乌斯为达尔马提亚一座叫作萨罗纳城的主教①;而后,内波斯被欧列斯特斯驱逐,而欧列斯特斯的儿子罗慕路斯被拥戴为皇帝,并且得到了"小奥古斯都"的称号,他是罗慕路斯入主罗马城 1303 年后的最后一位皇帝②。在他之后,奥多亚克接手了罗马事务,不过他自己拒绝了皇帝的称号,而称自己为王。③

---

① 埃瓦格里乌斯在时间记载方面有误,格里萨利乌斯只统治了 15 个月。内波斯于 474 年被利奥皇帝派遣去西部帝国罢黜了格里萨利乌斯,然后成为西部帝国的统治者。

② 欧列斯特斯是意大利军队的司令官,但是后来起兵叛乱,他废黜了内波斯,并拥立自己的儿子罗慕路斯为皇帝。476 年,奥多亚克杀死了欧列斯特斯,并废黜了罗慕路斯。众所周知,相传公元前 753 年罗慕路斯建立罗马城,因此"1303"这个数字显然有误。

③ Evagrius Scholasticus, *The Ecclesiastical History of Evagrius Scholasticus*, Ⅱ.16.

利奥杀死阿斯帕父子的这一行为招致了一些拜占庭史学家的批评,如埃瓦格里乌斯就在上文中说他"背信弃义",利奥也因此在史书中得到了"刽子手"(Makelles)的绰号。但是,一些现代学者却高度评价他的这一举措,例如乌斯片斯基(Uspensky)认为,利奥应该为此获得"大帝"的称号,因为他显著推进了军队的国家化,并且削弱了蛮族军人的支配性地位。[①] 不管后人评价如何,利奥的措施的确在一定程度上解决了 5 世纪困扰拜占庭皇权的日耳曼蛮族军人干政问题。

利奥皇帝统治的晚年还面临着一项重大政治隐患。他在选择继承人的问题上一直面临着和前任皇帝塞奥多西二世与马西安相同的困境,即他们都没有成年的儿子作为皇位传承的对象。为了求得子嗣,花甲之年的利奥甚至还向当时帝国内德高望重的修士圣丹尼尔祈祷。他的皇后维里娜于 463 年真的为他诞下了一个儿子。[②]然而不幸的是,这个婴儿后来夭折了。他的两个女儿,其中一位嫁给了阿斯帕之子,没有留下子嗣,另一位就是嫁给泽诺的阿里阿德涅,她后来生下了一个儿子,名字也叫利奥。在除掉了阿斯帕家族之后,利奥皇帝于 473 年选定了这位年幼的外孙作为继承者,转年古稀之年的利奥一世就在君士坦丁堡去世了。

利奥一世去世后不久,幼童利奥成为拜占庭帝国新的皇帝,是为利奥二世。他在登基之后所做的唯一重要的事情,便是在君士坦丁堡大赛车场加冕他的生父泽诺为共治皇帝。在为他父亲加冕 10 个月之后,利奥二世于 474 年 11 月罹患重病,不久之后逝去,年仅 7 岁。泽诺成了帝国新的统治者。埃瓦格里乌斯在本卷正文的最后一节记录了这些事件。

　　利奥皇帝在统治了 17 年之后也离开了人世,他在生前钦

---

① A. A. Vasiliev, *History of the Byzantine Empire*, p. 105.
② *Life of Daniel the Stylite*, 38.

命女儿阿里阿德涅和泽诺的儿子利奥为共治皇帝,尽管当时他还是个孩童。而小利奥的父亲泽诺则因为与老皇帝利奥之妻维里娜相互勾结而穿上了紫袍。当他的儿子不久夭亡之后,泽诺成了帝国的唯一统治者。如果上帝允许的话,我将在其后记载泽诺皇帝的所作所为以及针对他的敌对行为,同时我还要继续记录其他所有接下来发生的事情。①

---

① Evagrius Scholasticus, *The Ecclesiastical History of Evagrius Scholasticus*,Ⅱ.17.

第三章

泽诺与阿纳斯
塔修斯的统治

概　述

　　泽诺(Zeno,474—491年在位)是利奥王朝的第三位皇帝,也是利奥一世的女婿。利奥一世去世前钦定由泽诺之子继承皇位,是为利奥二世,泽诺则以共治皇帝的身份承担摄政之责。然而,利奥二世在位仅10个月便不幸早夭,因此泽诺不得不从他的幼子手中接过皇权,独自执政。

　　泽诺本是利奥一世为了打击制衡阿斯帕而特意扶植的伊苏利亚蛮族将领。在他岳父执政时期,他在史料中拥有精明强干、忠诚可靠的良好形象。然而,当他称帝之后,因为其伊苏利亚人的出身极其不受欢迎,所以代表贵族知识分子阶层的拜占庭史学家便开始激烈地抨击他的品德与行为。尽管他在位期间颁布了调和卡尔西顿派与基督一性论派争端的《联合诏令》,一定程度上抵御了东哥特蛮族的入侵,这些都有利于帝国的发展,但是依然没有改变他在史料中负面的评价。

　　尤其值得一提的是,泽诺的皇位并不稳固,因为其出身,即使在皇室内部也有众多反对他的势力。先皇利奥一世的内弟瓦西里斯库就曾经发动政变,一度自立为帝,推翻了泽诺的统治。尽管泽诺后来重新征服君士坦丁堡,夺回皇位,但是终其一生都不得不面临这种统治的不稳定性,这也在很大程度上影响了他的施政效果。

　　阿纳斯塔修斯(Anastasius,491—518年在位)是利奥王朝的末代皇帝。他出生于巴尔干半岛西部港口第拉修姆的一个贵族家庭。他的早年仕途并不显赫,在泽诺皇帝去世时,按照埃瓦格里乌斯记载,他虽已年过六旬,但还没有跻身元老阶层,仅仅担任一名宫廷侍卫官,然而泽诺的遗孀阿里阿德涅却出人意料地选择他作为自己新的配偶。阿纳斯塔修斯就这样神奇地成了帝国新的统治者。

　　阿纳斯塔修斯意外登基给他的统治带来了很多不稳定的因素。首先,他的宗教信仰被以君士坦丁堡大教长为代表的教会领袖诟病。他的母亲是摩尼教徒,叔叔是阿里乌异端信仰者,他本人则被怀疑倾向基督一性论异端,因此按照埃瓦格里乌斯的记载,在继位之初,他的权力受到了教会领袖的制约和限制。此外,他并非皇室血脉,因此在其继位之初,以泽诺的兄弟为代表的伊苏里亚人就发动了叛乱,在其统治晚期还经历了军事将领维塔里安的兵变。

但是,总体来看,阿纳斯塔修斯登基之后的内外政策证明了阿里阿德涅的选择颇具眼光。在其长达 27 年的统治时期很有建树。在军事方面,他迅速强力地镇压了伊苏里亚叛党针对皇位的叛乱,巩固了皇权。在内政建设上修筑了著名的"长城",有效地加强了首都的安全防卫。最为重要的是,在经济方面,他是一位理财高手。他果断废除苛捐杂税,实行货币改革。当他去世时,给国库留下了巨额的盈余,为之后查士丁尼大帝大展宏图奠定了重要的财政基础,这也为他在后世史家的笔下赢得了中肯的评价。

第一节　泽诺时期的叛乱与
维护皇权的斗争

　　泽诺在拜占庭的史料中是一个形象较为负面的皇帝。有趣的是,在他登基之前,却展示出另一种精明强干、忠诚可靠又不乏仁慈的良好形象。比如成为皇帝的女婿之后,泽诺对于他的岳父十分忠诚。他积极地协助利奥一世对抗阿斯帕家族,不惜屡次以身犯险,一次,他险些在色雷斯的冲突中被阿斯帕手下的士兵们杀死。① 471年,在一场宫廷斗争中,阿斯帕父子被杀。泽诺当时身在卡尔西顿,他迅速返回首都辅佐利奥对抗阿斯帕的残党。② 在这场斗争平息之后,泽诺以德报怨,拯救了阿斯帕最年幼的儿子阿尔门纳里克(Armenarich),并把他送到了伊苏里亚,使其能够得以善终。③

　　然而,在泽诺成为帝国唯一的统治者之后,也许是因为伊苏里亚蛮族的出身原因,拜占庭的史学家转而开始用非常负面的言辞来评论他。例如塞奥法尼斯就批评他具有邪恶的趣味和不公正的行为。④ 埃瓦格里乌斯更是在《教会史》第 3 卷的开篇,长篇大论地抨

---

① Theophanes Confessor, *The Chronicle of Theophanes Confessor*, *Byzantine and Near Eastern History AD*284—813, AM5962.
② *Life of Daniel the Stylite*, 66.
③ Theophanes Confessor, *The Chronicle of Theophanes Confessor*, *Byzantine and Near Eastern History AD*284—813, AM5964.
④ Theophanes Confessor, *The Chronicle of Theophanes Confessor*, *Byzantine and Near Eastern History AD*284—813, AM5966.

击泽诺的品质,进而借此阐述理想君王的特质。

　　但是泽诺在因自己的儿子早夭而获得了皇帝的地位后,他似乎认为如果不尽可能地追逐所有享乐,就不能实现彻底的统治,因此,从一开始他就有如此的欲望,以至于可以不顾及任何不合适和违法的行为;更准确地说,因为他了解这些欲望的限度和范围,所以他认为隐秘地做这些事对自己更有好处,但是如果这些事情被公之于众,就如已经发生的那样,那么作为占据优越地位的人,恰恰就如他这个皇帝,他的错误和奴性的决定就会为人所诟病。皇帝并非因为对他人自然形成的管制权而得到承认,相反,他应该首先约束并管理好自己,他要使自己免于接近任何不适宜的事物,还要通过不受放纵的行为的污染,以至于可以为人民提供一个道德的楷模和教育的典范。但是他使自己逐渐陷入欲望享乐之中,并且在不知不觉中逐渐变成一个极度可耻的奴隶、一个未被救赎的俘虏和一个不断变换主人的无用奴隶,因为事实上,他像找情妇一样毫无节制且接连不断地寻求享乐:目前的享乐总是变幻无常的,并且总是成为下一个欲望的刺激物和序曲。直到一个人能够真正地变成主人并且摆脱欲望的支配,这样,他才能成为一个统治者而不是暴君的臣民,或者还有另一种可能,那就是到了冥王哈德斯的世界,他的最终命运依然是一个奴隶。①

　　埃瓦格里乌斯罗列了泽诺诸多低劣的品行,但并没有举出具体的事例加以证明,让我们不得不产生疑问,这样的指责是否足够可信。除了个人品行的批判,塞奥法尼斯还在书中提到了泽诺继位之初帝国面临着萨拉森人和匈人的入侵,并把因此造成的灾难和泽诺

---

① Evagrius Scholasticus, *The Ecclesiastical History of Evagrius Scholasticus*, Ⅲ.1.

糟糕的统治相提并论。① 显然，这样的指责过于苛刻和偏颇。之前的几位拜占庭皇帝统治的时期都深受外敌入侵之害，但是却没有人遭到类似的批评。

> 这样，泽诺皇帝在他统治的开始就把自己的生活引向一种肆意放荡的方式，但是他的臣民，那些终日面对日出日落的人们却遭受着令人发指的苦难，因为一方面，萨拉森人的入侵毁灭了一切，同时匈人的一部，马萨革泰人也洗劫了色雷斯地区，他们在没有抵抗的情况下渡过多瑙河，而泽诺皇帝自己则以野蛮人的方式通过武力将其余的人赶走。②

这些拜占庭历史学家的记载体现了当时帝国社会精英的价值评判标准。泽诺的出身使他在首都君士坦丁堡非常不受欢迎。一些贵族甚至密谋发动叛乱推翻他的统治。这场阴谋的主要策划者便是前文提及的瓦西里斯库。

瓦西里斯库是利奥王朝的重臣。如前文所述，他是已故皇帝利奥一世的遗孀维里娜的兄弟，并且在宫廷和军队中都拥有实力可观的支持者。与此同时，作为皇室的一员，他在理论上也拥有利奥一世的皇位继承权。更何况太后维里娜也倾向让自己的兄弟继承皇位。此外，如前文所言，泽诺还有一个天然的劣势，即他是伊苏里亚人，也就是君士坦丁堡民众十分厌恶的蛮族出身。对于刚刚摆脱了阿斯帕父子的拜占庭人来说，显然他并不是一个令人愉悦的选择。与其相比，出身皇族，同时拥有军旅生涯经验的瓦西里斯库更能为大众所接受。

于是，在泽诺刚刚继承皇位，独揽大权之后不久，瓦西里斯库就图谋篡位。泽诺对此早有察觉。圣徒高柱修士丹尼尔的传记就记

---

① Theophanes Confessor, *The Chronicle of Theophanes Confessor*, *Byzantine and Near Eastern History AD* 284—813, AM5966.
② Evagrius Scholasticus, *The Ecclesiastical History of Evagrius Scholasticus*, Ⅲ. 2.

载了泽诺为此而苦恼，并向圣徒倾诉的经历。

> 罗马人的政府按照上帝的意志行使着统治，国家享受着平静而有秩序的时光，神圣的教会则处于和平与联合之中。这时嫉妒和恶毒的魔鬼却在泽诺皇帝的一些亲人的心中种下了仇恨的种子。我说的就是瓦西里斯库……当泽诺皇帝意识到他们针对他的阴谋之后，泽诺皇帝来到圣徒那里向他倾诉。圣徒告诉他，"不要为了这些事情让自己烦恼，这一切都是命中注定要发生在你身上的。他们会把你逐出你的王国……但是不要灰心丧气……终有一日你将会带着更大的荣耀与光辉回到你的帝国，直到你告别人世，你都将享有这一切……"皇帝对圣徒的这些话表示了感谢，在得到圣徒的祝福之后，他返回了君士坦丁堡。[①]

475 年 1 月，瓦西里斯库在维里娜太后的支持下终于发动了武装叛乱。泽诺慑于叛军的威势，仓促逃出首都，回到了自己的家乡伊苏里亚。不久之后，泽诺的皇后阿里阿德涅在自己的母亲和丈夫之间选择了后者，来到了泽诺的身边。埃瓦格里乌斯在《教会史》中详细记载了这场政变的始末。

> 当维里娜的弟弟瓦西里斯库发动叛乱以推翻泽诺的统治之时——甚至他的亲戚也对他抱有敌意，因为每个人都试图避开他那种最可耻的生活——他彻底地失去了勇气而毫无作为：因为坏事是不光彩和让人沮丧的，更是通过屈服于享乐显示了他的怯懦。他选择了轻率地逃跑，将如此巨大的一片国土不经任何抵抗地拱手让给瓦西里斯库。而在他的出生地伊苏里亚，他遭受了一次围攻，那时他的妻子阿里阿德涅则从她的母亲身边逃出来到了他的身旁，同时那些保持对他效忠的人也和他在

---

① *Life of Daniel the Stylite*, 68.

一起。这样，瓦西里斯库就获得了罗马人国家的皇冠，并宣布他的儿子马库斯为恺撒，随后对泽诺及先前的统治势力采取了敌对行动。①

尽管埃瓦格里乌斯在这段文字中继续批评泽诺的品德，但是从他的妻子与亲信毅然逃离君士坦丁堡来到伊苏里亚的事实来看，这位逃亡的皇帝似乎并未人心尽失，而叛乱成功的瓦西里斯库也没有表现出高超的政治才能。从常理来说，瓦西里斯库应该迅速出兵伊苏里亚，斩草除根。然而他虽然向小亚细亚派遣了军队，但是因为泽诺据守的据点十分坚固，战事陷入了僵局。值此关键时刻，瓦西里斯库并没有选择亲自前往小亚细亚指挥，而是留在了首都君士坦丁堡，其后又无谓地卷入宗教争端之中，难以脱身，这就给了泽诺翻盘的机会。在小亚细亚的泽诺趁机组织力量反扑，纠集了一支大军反攻首都君士坦丁堡。476 年 8 月，他在内应的帮助下攻入了首都，彻底击败并杀死了瓦西里斯库，重新夺回皇位。

泽诺皇帝做了一个梦，在梦中神圣的、受过巨大磨难的第一个殉教士塞克拉鼓励他并且允诺帮助他收复失去的帝国。因此，在用厚礼贿赂了包围他的敌军之后，泽诺开始向首都进军。他在第二年将瓦西里斯库赶下皇位，并且在他躲进神圣的教堂之前将他俘获。泽诺因此在伊苏里亚附近的塞琉西亚地区为殉教士塞克拉修建了一座无比壮观和美丽的教堂，并且捐献了很多御用物品来装饰教堂，这些物品甚至被保存至今。而瓦西里斯库则被送到卡帕多西亚地区，但是在途中的库库苏斯

---

① Evagrius Scholasticus, *The Ecclesiastical History of Evagrius Scholasticus*, Ⅲ. 3.

的驿站,瓦西里斯库与其妻儿一起被杀害①。②

然而,泽诺的快乐并没有持续多久,此后他不得不一直面对此起彼伏的宫廷阴谋与军事叛乱,这也成了他近17年皇帝生涯中最主要的政治内容。在复位之后不久,他就把矛头对准了之前的政治盟友阿尔马图斯,在重臣和伊苏里亚老乡伊鲁斯的建议下他杀掉了阿尔马图斯,以此削弱了皇太后维里娜的政治势力。

> 泽诺在伊鲁斯的建议下杀死了皇太后维里娜的亲戚阿尔马图斯:当此人被瓦西里斯库派去对付泽诺的时候,泽诺用礼物将他收买并和他结为同盟,并且将他的儿子瓦西里斯库③任命为恺撒,驻扎在尼西亚城;但是在重新夺回首都后,他指使手下谋杀了阿尔马图斯,并且将他的儿子由恺撒变成了一个神甫,后来还使其成为主教。④

479年,又有一位皇亲国戚对泽诺举起了叛旗。这次的叛乱者是他的连襟马西安。如前文所述,这个马西安不但是西罗马皇帝之子,还是前拜占庭皇帝马西安的外孙,而且也是利奥一世的女婿,因此,他在血统上与塞奥多西王朝和利奥王朝的君主都有极其密切的联系。他的叛乱给泽诺造成了很大的麻烦。二人各自的支持者在宫殿附近激烈交战。马西安本来占据了上风,但是之后却为部队休整停止了行动,当夜伊鲁斯秘密调集伊苏里亚军队并在次日镇压了他的叛乱。

> 接下来,在与泽诺发生分歧之后,马西安也发动了叛乱;他

---

① 约翰·马拉拉斯的记载略有不同。瓦西里斯库和他的家眷在兵败之后逃到了圣索菲亚教堂,在得到免死的承诺后他走出了教堂。之后他们被送往卡帕多西亚,最后在那里的利姆纳伊(Limnai)城堡内活活饿死。参见 John Malalas, *The chronicle of John Malalas*, Book15, 5(380).
② Evagrius Scholasticus, *The Ecclesiastical History of Evagrius Scholasticus*, Ⅲ.8.
③ 阿尔马图斯之子与之前发动叛乱的瓦西里斯库碰巧同名。
④ Evagrius Scholasticus, *The Ecclesiastical History of Evagrius Scholasticus*, Ⅲ.24.

是前西罗马皇帝安特米乌斯的儿子,此外他还娶了前拜占庭皇帝利奥的幼女莱昂提亚为妻。在宫殿周围进行了一场激烈的战斗并且双方各有很多人阵亡后,马西安击溃了他的敌人。如果不是因为他错过了机会而选择直到次日再采取进一步行动的话,他本可以成为这座宫殿的新主人。因为机遇是稍纵即逝的。当它落在一个人的脚边时也许很好被捉住,但是当它一旦逃脱并飞向空中并且嘲笑它的追逐者,从此以后再也不会靠近它了。正是因为这个原因,所以那些雕塑家和画家塑造了这样的形象,让他的头发在脑前长长地垂下,同时剃掉他脑后的头发:他们用最巧妙的方式表明当机会从后面而来时也许会被他前面的头发抓住,但是当从前面而来时,机会可能就会逃得无影无踪,因为它的追逐者没有任何东西能够抓住它。[1] 这就是发生在马西安身上的情况,他错失了一度呈现在他面前的良机,但是之后再也不能找到它了。因为第二天他就被自己的手下背叛并且独自一个人被遗弃,他逃到了古老的使徒教堂。后来他被军队从教堂中拉了出来并且被流放到卡帕多西亚的凯撒里亚。再后来,他在进入一所修道院计划逃跑的时候又被发现,之后,他被皇帝下令放逐到西里西亚的塔尔苏斯,此后,他被剃发并成了一名神甫。后来叙利亚人尤斯塔西乌斯留下了对这些事情精彩的记载。[2]

马西安在起兵叛乱时得到了巴尔干半岛的一位哥特人部落领袖塞奥多里克·斯特拉波(Theoderic Strabo)的支持,后者曾经出兵君士坦丁堡策应马西安的谋反,但是被泽诺收买后退兵。481年,他再度起兵,攻入了色雷斯地区,并且一直进兵到黑海入海口,几乎攻占了首都,但因一场意外而暴卒,哥特人随之退兵,泽诺由此逃过一劫。

---

[1] 埃瓦格里乌斯此处运用拟人的修辞表达了对机遇稍纵即逝的看法。

[2] Evagrius Scholasticus, *The Ecclesiastical History of Evagrius Scholasticus*, Ⅲ. 26.

　　西徐亚人塞奥多里克也起兵反抗泽诺,在聚集了他的私人武装后,与泽诺在色雷斯大战。他沿途洗劫乡村并且一直进兵到黑海的出海口,几乎攻占了首都,但是他的一些亲随收受了贿赂并且密谋杀害他。意识到自己的手下并不忠诚后,他撤退到了后卫营,但是没过多久就死去了。我也要叙述一下他是如何死于非命的,这件事是这样发生的。塞奥多里克的帐篷前面悬挂着一支带有皮带用来投射的长矛,这是蛮族的一个标志。后来的某日,为了锻炼身体,他命人牵来一匹马,因为他没有让马夫帮忙上马的习惯,所以他自己跳上了这匹马。但是,这匹马是未被驯化且不受管束的,因此在塞奥多里克两腿分开坐在马背上之前,它就两条前腿腾空而只用后腿站立。同时塞奥多里克十分激烈地挣扎,害怕被这匹马砸在身上而不敢去勒住马的笼头,同时也无法稳定地坐在马背上。因为此马四处急转,他猛烈地撞上了矛尖,长矛斜着刺伤了他的胁腹。之后他被抬到床上,过了几天就因为这个伤口感染死去了。①

　　埃瓦格里乌斯在后面又记载了泽诺遭遇伊鲁斯叛乱、逼死太后维里娜以及应对另一位叫作塞奥多里克的哥特首领等事件。但是,在本卷第 27 节中,他对这些事件的记载较为含糊。因此,我先简要梳理这段历史的始末。

　　泽诺的股肱之臣伊鲁斯叛变的原因比较复杂,与泽诺的岳母维里娜太后有直接关系。在泽诺重夺皇位之后,同族的伊鲁斯深受他的倚重,因此遭到了贪权的维里娜的嫉恨。她先后多次派遣刺客刺杀伊鲁斯,均告失败。478 年的一次刺杀活动之后,伊鲁斯获悉幕后主使是太后维里娜,于是他拒绝再进入君士坦丁堡,除非泽诺答应将维里娜交给他发落。最终,泽诺向伊鲁斯妥协,维里娜被诓骗至

---

① Evagrius Scholasticus, *The Ecclesiastical History of Evagrius Scholasticus*, Ⅲ. 25.

小亚细亚的卡尔西顿城,之后被伊鲁斯送往巴比里奥斯(Papyrios)城堡,与先前兵变失败的她的次女婿马西安和女儿莱昂提亚关押在一起。480 年前后,维里娜的长女、皇后阿里阿德涅向伊鲁斯求情,希望能够将太后释放,但是遭到了严词拒绝。愤怒的皇后向皇帝下达最后通牒:"我和伊鲁斯只有一个能够留在宫中。"泽诺妥协了,回答说:"我选择你,你可以尽你所能对付伊鲁斯。"因此,阿里阿德涅也安排人去刺杀伊鲁斯。这个刺客虽然砍中了伊鲁斯的头部,但只割掉了他的右耳,伊鲁斯保住了性命。伤势基本痊愈之后,伊鲁斯向皇帝提出希望离开首都疗养,泽诺为了安抚他,任命他为东方军队总司令。伊鲁斯随后来到了叙利亚的安条克城,并以此为基地开始密谋叛乱。①

484 年,伊鲁斯正式起兵反对皇帝。泽诺在劝降不成的情况下,派遣将军莱昂提乌斯(Leontius)率军平叛。但是后者来到安条克之后,被伊鲁斯用黄金收买,倒戈加入了他的叛军阵营②。考虑到自己出身卑贱无法称帝,伊鲁斯随后将维里娜太后由囚禁之地带到安条克,迫使她加冕莱昂提乌斯为皇帝。③

泽诺皇帝再次派出一支规模庞大的军队征讨伊鲁斯。一场激战之后,伊鲁斯和莱昂提乌斯兵败,带着维里娜太后逃奔到了巴比里奥斯要塞,并且在那里坚守了 4 年之久。④ 维里娜也在围城期间客死于此。最终在 488 年,由于内部叛乱,巴比里奥斯城堡失陷,伊鲁斯和莱昂提乌斯被皇帝杀死,他们的头颅被挂在了首都大赛车场

---

① Theophanes Confessor, *The Chronicle of Theophanes Confessor*, *Byzantine and Near Eastern History AD*284—813, AM5972.
② Joshua the Stylite, *The Chronicle of Joshua the Stylite*, *Composed in Syriac*, *AD* 507, English trans. by W. Wright, Cambridge:At The University Press, 1882, XIV.
③ John Malalas, *The chronicle of John Malalas*, Book15,13(388).
④ Theophanes Confessor, *The Chronicle of Theophanes Confessor*, *Byzantine and Near Eastern History AD*284—813, AM5976.

的柱子上示众。① 泽诺皇帝终于在他的统治末年基本平定了国内的叛乱。

泽诺和东哥特人首领塞奥多里克(Theoderic Amal)一直保持着良好的同盟关系。尽管在前文提及的泽诺与另一位哥特首领塞奥多里克·斯特拉波的战争中,二者之间有一些冲突,但是双方的关系在此后迅速修复。483 年,泽诺再次和塞奥多里克缔结了盟约,并且授予他执政官的头衔。②

在伊鲁斯叛乱时,塞奥多里克也在泽诺的要求下随军作战,参与了平叛战争。但是在巴比里奥斯围城战期间,泽诺皇帝开始怀疑他的忠诚,于是下令将他及其军队召回,塞奥多里克随后返回了色雷斯地区。③

486 年,塞奥多里克发动叛乱并洗劫了色雷斯④。488 年,他开始向君士坦丁堡进军。此时西地中海世界的政治局势正是非常混乱之时。如埃瓦格里乌斯在上一卷记载的那样,476 年,蛮族将领奥多亚克废黜了西罗马皇帝"小奥古斯都"罗慕路斯。此后他对泽诺表示恭顺,在名义上成了拜占庭皇帝的臣属。但在塞奥多里克兵临城下时,泽诺选择了牺牲奥多亚克。他与塞奥多里克达成了协议,诱惑他向西进军罗马。作为回报,泽诺给予他丰厚的馈赠。塞奥多里克则允诺征服意大利之后会继续承认拜占庭帝国的宗主地位:

> 如果我,你的仆人和儿子,能够战胜并占领那个王国的话……我将遵奉你们传统的仁政,像对待你们赠予我们的礼物那样占有它;而如果我被击败,也无损于你那虔诚的荣光;正相

---

① Theophanes Confessor, *The Chronicle of Theophanes Confessor*, *Byzantine and Near Eastern History AD284—813*, AM5980.

② [拜占庭]约达尼斯:《哥特史》,第 175 页(289)。

③ Theophanes Confessor, *The Chronicle of Theophanes Confessor*, *Byzantine and Near Eastern History AD284—813*, AM5977.

④ Zachariah Rhetor, *The Syriac Chronicke Known as That of Zachariah of Mitylene*, Ⅵ.6.

反,这还会节省你们在我们身上所花销的费用。①

由此,拜占庭人基本摆脱了一直困扰他们的哥特人问题。493年,塞奥多里克杀死了奥多亚克,在意大利建立了东哥特王国,这个政权一直存续到查士丁尼统治时期。接下来我们引述埃瓦格里乌斯关于这些事件记载的原文。

> 尤斯塔西乌斯还记载,泽诺策划了很多阴谋来对付他的岳母维里娜,此后他将她送到了西里西亚省,接下来在伊鲁斯叛乱之后,她逃到了巴比里奥斯要塞并在那里去世。尤斯塔西乌斯还用极其富有说服力的语言记录了伊鲁斯的事情,比如他是如何逃脱泽诺策划的阴谋,以及泽诺是如何判处那个刺客死刑并且将他的头颅送给伊鲁斯以作为报偿的。因为伊鲁斯力求避免被监控,泽诺甚至任命他为东方军队的司令官。伊鲁斯在得到了莱昂提乌斯和声望卓著的马尔苏斯以及潘普里皮乌斯的支持之后来到了东方地区。接下来,尤斯塔西乌斯用最富有智慧的言辞记录了莱昂提乌斯在西里西亚省塔尔苏斯的称帝宣言,以及这些人是如何从叛乱中得益的。此后泽诺派出了一个有哥特血统,但是在罗马人中也是出类拔萃的将领塞奥多里克率领本土和外邦联军前去平叛;而后这些叛军因为支持伊鲁斯而被泽诺悲惨地处死;而塞奥多里克在察觉到了泽诺的背信弃义后撤退到了罗马,也有一些人说这是泽诺建议他怎么做的。在战胜了奥多亚克后他使自己成了罗马的主人并且宣布自己为王。②

在记载了一系列惊心动魄的叛乱之后,埃瓦格里乌斯笔锋一转,记录了泽诺时期安条克城一些重要的建设成果,缓和了书中紧张的气氛。

---

① [拜占庭]约达尼斯:《哥特史》,第176页(291)。
② Evagrius Scholasticus, *The Ecclesiastical History of Evagrius Scholasticus*, Ⅲ.27.

修辞学者约翰①记载,在泽诺统治时期,有一个叫作马米阿努斯的手艺匠变成了声名显赫的人士并且进入了元老院。他在达佛涅的郊区建造了所谓的反对者广场,广场所在地原先是适合耕种的葡萄种植地,正对着公共浴池。后来那里矗立起马米阿努斯的铜像,他是这座城市所钟爱的人。在这座城市里他还修建了两条柱廊,这两座建筑都极其美丽并且用华美的石制品进行装饰;在两条柱廊之间他建造了四面门,而且用最华丽的石柱和铜像加以修饰。那两条柱廊与伴随着它们的名称,以及用普罗康尼斯大理石铺成的地板上留下的昔日辉煌的遗迹,一直保存至今。尽管这些建筑实际上已经不再为人注意了:因为它们最近遭受了灾害而被重建,并且没有增加新的装饰。可惜那座马米阿努斯建造的四面门,我们现在已经找不到一点踪影了。②

491 年 4 月,统治帝国 17 年的皇帝泽诺去世。关于他的死因拜占庭史家们的记载不尽相同。埃瓦格里乌斯认为他死于癫痫③,而约翰·马拉拉斯则称他患痢疾不治而亡④;甚至还有传言他是被皇后阿里阿德涅灌下毒药后活埋致死的。这位终身与叛乱、战争相伴的皇帝,就这样并不平静地结束了自己辛劳的一生。

---

① 指约翰·马拉拉斯。
② Evagrius Scholasticus, *The Ecclesiastical History of Evagrius Scholasticus*, Ⅲ.28.
③ Evagrius Scholasticus, *The Ecclesiastical History of Evagrius Scholasticus*, Ⅲ.29.
④ John Malalas, *The chronicle of John Malalas*, Book15, 16(391).

第二节　阿纳斯塔修斯统治期间的
战争、建设与经济改革

除了早夭的利奥二世外,泽诺和阿里阿德涅没有其他子嗣。泽诺的兄弟朗基努斯(Longinus)当时占据高位,希望能成为皇帝的继任者,这也符合兄终弟及的继承原则。但或许是因为不受欢迎的蛮族身份,他没能如愿以偿。阿里阿德涅选择了老臣阿纳斯塔修斯作为新的皇帝,并与其结婚,后者便是利奥王朝的末代皇帝阿纳斯塔修斯一世。

泽诺皇帝统治了十七年后死于癫痫,没有留下子嗣。他的兄弟朗基努斯当时身居高位,希望自己可以登基称帝;但是朗基努斯未能如愿,因为被阿里阿德涅扶上皇位的是阿纳斯塔修斯,尽管阿纳斯塔修斯当时还不是元老,只是一名被称作"静默者"的宫廷侍卫①。尤斯塔西乌斯记载,从戴克里先开始统治至泽诺去世和阿纳斯塔修斯继位,其间,经历了 207 年;从奥古斯都成为罗马的唯一统治者开始计算则有 532 年又 7 个月;从马其顿的亚历山大开始计算有 832 年又 7 个月;从罗马王罗慕路斯开始计算有 1052 年又 7 个月;而从特洛伊被攻陷开始计算则有 1686 年又 7 个月。阿纳斯塔修斯是埃比达姆诺斯人,这个地

---

① 原文为 schola of silentiaries。这一官职主要负责在皇家大型典礼中承担仪仗护卫等工作,因为在典礼中需要保持静默所以得名"静默者"。参见 J. R. Martindale, *The Prosopography of the Later Roman Empire* II, Cambridge 1980, p. 78.

方现在叫作第拉修姆①,他继承了泽诺的帝国,并娶了泽诺的遗孀阿里阿德涅。在他继位之初,泽诺的兄弟朗基努斯担任了帝国的执事长官,而人们之前称呼这个职务为宫廷军团司令官。阿纳斯塔修斯解除了朗基努斯的职务并将他遣送回乡②。在此之后,或许是出于主动要求,许多伊苏里亚人接受了同样的安排,也被遣送回乡。③

阿纳斯塔修斯首先要做的便是稳固自己的统治。与之前的皇帝马西安和利奥一样,他并非皇族出身,登基前也不具有很高的政治地位,因此登基之初不免处于弱势。更何况他还需要面对泽诺余党咄咄逼人之势。最终,当泽诺余党发动叛乱时,阿纳斯塔修斯将其一举击溃,并将朗基努斯等首领斩杀示众。此举不但巩固了自己的皇位,同时在经济上也给帝国带来不小的益处,使政府节省了为羁縻伊苏里亚人势力而需的大量经费。埃瓦格里乌斯在书中完整记载了这一事件的始末。

为了和我最初许下的诺言相一致,我理应讲述一些阿纳斯塔修斯统治期间发生的其他有价值的事情。在泽诺的兄弟朗基努斯回到了他的家乡之后,就如我先前说的,他公开发动了反对皇帝的叛乱④。在从四面八方调集了大量军队——其中包括科农,尽管他是叙利亚的阿帕米亚主教,但作为伊苏里亚人,他加入了伊苏里亚人的队伍——战争最后的结果是:朗基努斯的伊苏里亚叛军被彻底击溃,叛军头目朗基努斯和塞奥多利两人的首级被西徐亚人约翰带到了首都。皇帝下令将两人首级

---

① 这些拜占庭帝国在巴尔干半岛西部的一个重要城市,现今为阿尔巴尼亚最大的港口都拉斯。
② 埃瓦格里乌斯在此处搞混了两个同名的朗基努斯。发动叛乱的不是泽诺的兄弟,而是另一个伊苏里亚人卡尔达拉的朗基努斯(Longnius of Cardala)。
③ Evagrius Scholasticus, *The Ecclesiastical History of Evagrius Scholasticus*, Ⅲ.29.
④ 这里提到的朗基努斯还是那位卡尔达拉的朗基努斯,而不是泽诺的兄弟。

绑在竿子上,竖立在一个名为西凯的地方①示众,此处正对着君士坦丁堡。这对拜占庭人来说是一个令人愉悦的景象,因为他们已经遭受了太多由泽诺和伊苏里亚人带来的苦难。而叛军中的一员勇将,被称作塞利努斯的朗基努斯,连同因德斯一起,被绰号为驼背的约翰②活捉并且押送到阿纳斯塔修斯面前。这使得皇帝和拜占庭人都非常开心,他们在朗基努斯和因德斯的脖子和双手上套上铁链,押着他们沿着首都的道路示众,最终将他们带到赛马场以庆祝胜利。这之后,先前被称作伊苏里卡③的岁币被收归帝国财政:这是每年给野蛮人的供奉,价值5000磅黄金。④

在平息了伊苏里亚人叛乱之后,阿纳斯塔修斯治下的拜占庭帝国还遭受了阿拉伯人、波斯人、匈人等外族入侵,同时在其统治晚年,国内还爆发了维塔利安的叛乱。这些史实都被埃瓦格里乌斯记录在自己的作品之中。

　　虽然不是为了他们自己的利益,但是塞尼特阿拉伯人还是对罗马人的领土进行了劫掠,并且洗劫了美索不达米亚、腓尼基和巴勒斯坦地区,在被当地的军队严厉打击之后,他们接下来与罗马人达成了协议,双方维持了和平状态。⑤

　　当卡巴德斯是波斯国王的时候,他撕毁了条约并且从本国的领土上对拜占庭帝国发起进攻,他们首先入侵了亚美尼亚,并且在占领了一个名为塞奥多西欧波利斯的镇子后,他们来到

---

① 西凯是君士坦丁堡经常用来处决罪犯的地方。
② 西徐亚人约翰和驼背约翰是阿纳斯塔修斯平叛军队的两位主要将领,在镇压了伊苏里亚人的叛乱后,二人都被授予了执政官的荣誉称号。
③ 原文为 Isaurica。
④ Evagrius Scholasticus, *The Ecclesiastical History of Evagrius Scholasticus*, III. 35.
⑤ Evagrius Scholasticus, *The Ecclesiastical History of Evagrius Scholasticus*, III. 36.

了美索不达米亚地区的一个重要城市阿米达，经过长期围困后波斯人占领了这个城市。罗马（拜占庭）皇帝想尽种种办法来收复这座城市。如果有人想要了解细节的话，尤斯塔西乌斯尽最大的努力用优雅的语句详细精确地叙述了每一件事：在记录了这些事情后，他在阿纳斯塔修斯当政的第 12 年去世了。

在这场战争之后，阿纳斯塔修斯建造了达拉城。它位于美索不达米亚地区，坐落在波斯和拜占庭帝国的边境上；阿纳斯塔修斯从平地上建起了这座城市，用坚固的城墙来保卫它，同时还建造了许多著名的建筑——不仅有教堂和其他神圣殿宇，还有柱廊、公共浴室以及其他一些城市应有的建筑。有些人说达拉是因为腓力之子马其顿的亚历山大得名，因为他在这里击败了大流士①。②

一个色雷斯人维塔里安③发动了对阿纳斯塔修斯的叛乱，他率兵洗劫了色雷斯和默西亚④，最远到达了奥德苏斯⑤和安奇阿鲁斯⑥，然后和大批匈人游牧部落一起向首都推进。皇帝派遣希帕提乌斯⑦迎敌。但是，希帕提乌斯被自己的手下背叛并作了俘虏，之后皇帝花了一大笔钱把他赎了回来。然后西里尔接替了他。最初的战役双方势均力敌，之后在一段时间内互有进退。尽管西里尔一度占据了上风，但是他的士兵们故意在战斗中失败，致使维塔里安在奥德苏斯俘虏了西里尔，然后继续推进到西凯，在那里叛军抢掠了所有东西，烧毁了所有建筑，

---

① 指波斯国王大流士三世，但众所周知，亚历山大击败大流士三世的地方在高加米拉。
② Evagrius Scholasticus, *The Ecclesiastical History of Evagrius Scholasticus*, Ⅲ. 37.
③ 维塔里安是色雷斯地区军队的指挥官。他背叛阿纳斯塔修斯的一个重要原因是他信奉卡尔西顿正统派教义，而阿纳斯塔修斯则倾向于支持基督一性论。
④ 巴尔干地区地名，位于今塞尔维亚和保加利亚境内。
⑤ 今保加利亚的黑海港口城市瓦尔纳。
⑥ 今保加利亚的黑海沿岸城市波摩莱。
⑦ 希帕提乌斯是阿纳斯塔修斯的侄子。

维塔里安一心只想攻占首都然后控制帝国。

　　当维塔里安在西凯安营扎寨后，我们前面提到的叙利亚人马里努斯被皇帝派遣带领一支海军舰队迎战他。这样，两军就相遇了，一方来自西凯，一方来自君士坦丁堡。起初双方都没有动作，但是接下来双方的小分队相互攻击并且投掷投射物，一场激烈的海战在比撒里亚①的附近爆发了。在海战中撤退后，维塔里安迅速地逃离战场，丢下了他的大部队，同时他的军队也在翌日快速逃跑了，这样就没有一支敌军停留在阿纳普鲁斯②及其周围了。有人说维塔里安依然在安奇阿鲁斯停留了一段时间，但是也没有生出事端。

　　另外一支匈人军队也在穿越了卡帕多西亚关口之后发动了入侵。

　　同时，罗德岛在某日深夜发生了一场大地震，这是它在历史上遭遇的第三次这样的灾害。③

　　在应对外敌入侵的过程中，在调兵遣将之后，阿纳斯塔修斯还进行了大规模的防卫设施建设。

　　阿纳斯塔修斯皇帝还完成了一项伟大和值得纪念的工程，那就是所谓的"长城"④，它坐落于色雷斯，距离君士坦丁堡大约280斯塔德，并且又修建了一条沟渠连接了两个海⑤，跨度超过了420斯塔德。它使得这座城市更像一个岛屿而不是半岛，并且对那些希望从本都去普罗庞提斯⑥和色雷斯海的人们提供了一条十分安全的通道。与此同时，它还能抵御来自尤克森海⑦、

① 位于今日伊斯坦布尔的贝西克塔斯区附近。
② 位于博斯普鲁斯海峡附近。
③ Evagrius Scholasticus, *The Ecclesiastical History of Evagrius Scholasticus*, Ⅲ. 43.
④ 原文为 Long Wall。
⑤ 指马尔马拉海和黑海。
⑥ 即马尔马拉海。
⑦ 即黑海。

科尔基斯①和迈奥提克湖②、高加索地区以及那些已经洗劫了
欧洲的蛮族入侵。③

　　除了这些工程建设,阿纳斯塔修斯在其统治期间最为人熟知的
是他的财政改革措施。他是拜占庭史研究者公认的一位杰出财政
改革家。尽管如前文所述,他面临着内部叛乱和外敌入侵的威胁,
并进行了大规模的公共建设,需要耗费更多的金钱。但是他凭借出
色的货币与税收改革④,使 5 世纪帝国经常面临的财政困境完全扭
转。他在去世时给国库留下了达 2300 万诺米斯玛金币的巨额储
备。正是由于这笔财富,查士丁尼才得以在其统治的初期进行耗资
巨大的远征⑤,从而为在 6 世纪公认的帝国第一个"黄金时代"奠定
了基础。埃瓦格里乌斯在书中还提到了一些相关内容,尤其是阿纳
斯塔修斯废除"洁净税"的过程,更是富有戏剧性。

　　　阿纳斯塔修斯皇帝还完成了一件伟大和杰出的成就,他废
　　除了洁净税⑥;这件事是一定要记载的,尽管这需要像修昔底德
　　的文笔甚至更为雅致的修辞才能做到。但是我还是要记载这
　　件事情,不是以文采取胜,而是要以真实取信于人。罗马这个
　　伟大而古老的国家被强加上一种悲惨的税负。洁净税被上帝
　　痛恨,甚至野蛮人也对它不以为然,更不用说信仰基督教的罗
　　马帝国了。尽管阿纳斯塔修斯之前的皇帝忽略了这个问题(我
　　也不知道是什么原因),但是阿纳斯塔修斯却用最匹配皇帝身
　　份的行为废除了它。这种赋税是强加在那些以提供服务而谋

---

① 高加索地区地名,位于今天的格鲁吉亚。
② 即亚速海。
③ Evagrius Scholasticus, *The Ecclesiastical History of Evagrius Scholasticus*, Ⅲ. 38.
④ 阿纳斯塔修斯的重要改革举措包括引入铜币弗利促进市场交易、调整税收、任命官派
　　税吏进行征税等,因为埃瓦格里乌斯并没有在书中记载全部内容,因此不做展开论述。
⑤ W. Treadgold, *A History of the Byzantine State and Society*, P. 281.
⑥ 又被称作金银税(Chrysargyron/collation lustralis),是君士坦丁大帝制定的一个税种,
　　对象主要是商人、手工业者以及一些其他职业者。最初 5 年征收一次,后改为 4 年。

生的人身上的枷锁,其中包括了妓女,她们在城市阴暗角落的妓院里随意地提供自己迷人的肉体来谋生,更有甚者,还有那些娈童,这不但玷污了人性更使国家蒙羞:这样,金钱而不是法律导致了这个邪恶事物的出现,并且像一些人希望的那样不会受到惩罚。每隔四年,那些负责在各地征收这项税款的人将该项邪恶可憎的收入上缴给最高级官员,因此在政府事务中,它不是那种微不足道的事情,而是有专门的"财库"①来保存这项收入。同时,负责这项事务的人都不是小人物,而是政府中有身份的官员,他们的地位和职责与其他官员都在伯仲之间。

当阿纳斯塔修斯发现这一弊政后,他就将其提交给元老院,并且正确地宣布这是一种可耻的税收,下令立即并永远废除,然后将这项税收的记录文件投入火中焚毁。他希望能将这种举措全部奉献给上帝,以免让后继者再次征收这项不虔诚的税种,因此他就假装很烦恼并且责备自己考虑不周。他说在这项变革进行后,发现自己忽略了国家的利益,掉以轻心,并且不周全地中止了这么可观的一笔收入,这项税收是很久之前就被设计好和批准的。他说自己没有考虑到迫近的危险,忽视了作为国家血肉长城的军队的开支需求,也没有考虑到礼敬上帝所需的花费。他隐藏了所有内心想法后,宣布希望这项税收能够恢复。然后,他召集那些负责征收这项税款的官员,宣布他非常后悔,但没有什么办法来解决或改正他的错误,因为那些记录了这项税款的文件都已经被烧毁了。而这些官员也都为这项行动而痛心疾首,他们此举是发自肺腑而非伪装出来的,因为这让他们损失了大笔非法收入。阿纳斯塔修斯随即承认他也遭受了类似的损失,然后鼓励他们尽力去调查以找出是否还能从各个城市的文件中汇集出完整的税收记录。之后他给他

---

① 原文为 scrinia。

们提供了资金,以便让每个人都去按照他的指示搜寻与此有关的每一份文件,而他命令无论在哪里发现这样的文件,都要立即呈送给他,这样就能最大程度仔细和精心地重新编纂整个文件。

如此过了一段时间,派出去的人陆续归来,阿纳斯塔修斯变成了一个快乐的人并且表现得十分开心,但是这回他的开心是出于真心的,因为他完成了自己的目标。他询问了整个过程,包括他们是如何以及和谁一起发现这些文件的,以及是否还有相近的文件没有被交送给他。当他们保证已经尽力搜寻了这些文件并且发誓全国已经没有其他相关文件之后,阿纳斯塔修斯再次下令将他们带来的这些文件烧毁,并且用水冲走了灰烬,以抹去所有痕迹,这样关于这项税收就再也没有任何遗迹留下了,因为它们已经全部被焚毁了。但是,当他做了废除这项税收的伟大政绩时,我们不应该忽视之前的作家出于偏见而进行的那些记载,现在让我们通过这些作家的记录来看一看他们的谬误吧①。②

详细描述了阿纳斯塔修斯废除这一拜占庭人深恶痛绝的税收后,埃瓦格里乌斯借着这一主题将矛头对准了前文多次提及的 5 世纪多神教历史学家左西莫斯,因为后者在自己的《新历史》中认为,是君士坦丁大帝设立了这一税种。这种说法显然触怒了以正统基督教学者自居的埃瓦格里乌斯。他不能容忍异教徒对"第一位基督教皇帝"的批评,为此他在本卷第 40—41 节的批判论述中使用了大段极端的言辞,这与其作品整体温文尔雅的风格明显不符。

在对左西莫斯关于"洁净税"记载批驳的同时,他也借题发挥,就其他对基督教的指责进行了辩护,例如流传已久的"君士坦丁杀

---

① 指埃瓦格里乌斯马上要批驳的左西莫斯的言论。
② Evagrius Scholasticus, *The Ecclesiastical History of Evagrius Scholasticus*, Ⅲ. 39.

妻杀子说"等。此外,他还将帝国的昌盛与信仰的虔诚紧密联系在一起,这体现了《教会史》作品的传统。对于教会史学家来说,判断帝国皇帝是否称职最直接的一个标准就是他们是否虔诚地坚持基督教信仰。按照他们的看法,如果皇帝崇敬上帝,其统治就必然繁荣昌盛;如果他们反其道而行之,那么就会遭受悲惨的命运。例如,在尤西比乌斯《教会史》的最后一节,作者将君士坦丁的胜利与李锡尼悲惨的命运进行了对比,从而得出结论,即君士坦丁的胜利是虔诚结出的果实。[①] 埃瓦格里乌斯也在本卷第 41 节中通过列举多神教和基督教皇帝命运的差别,表明了只有信仰基督教才能得到上帝的眷顾,而异教的支持者必受惩罚的态度。尽管这两节内容叙述显得比较极端,在段落安排上也有些突兀,但是依然具有较高的价值。从埃瓦格里乌斯的论述中,我们能看出作者对希腊罗马多神教和多神教作品有一定的了解。这也从侧面表明,即使在他生活的 6 世纪晚期,多神教依然在帝国内具有一定的影响力,这对于我们研究该时期拜占庭帝国基督教化的进程有着重要的参考价值。

　　左西莫斯是一个以邪恶异教为信仰的希腊作家,他对君士坦丁十分憎恨,因为君士坦丁是第一个接受基督教并且放弃希腊人那些令人厌恶的迷信的皇帝。据左西莫斯说,君士坦丁最先制定了所谓的洁净税,并且规定每四年征收一次。此外,左西莫斯还用其他罪名亵渎虔诚慷慨的君士坦丁。他说君士坦丁还设计了许多其他令人难以忍受的手段来对付不同阶层的人。他指控君士坦丁残忍地杀害了自己的儿子克里斯普斯,并且将自己的妻子福斯塔关在一间极热的浴室中,最终导致了她的死亡[②]。因为这些可憎的杀戮,君士坦丁曾试图从自己的祭司那里寻求心灵的净化,但是没有成功——由于这些事情甚至

---

① Eusebius Pamphilus, *Church History*, Ⅹ. Ⅸ.
② 326 年君士坦丁将克里斯普斯处死,理由是他与继母福斯塔有不正当的关系。福斯塔很快于同年被杀或者被强迫自杀。

不能被公开谈论——他后来遇到了一个来自伊比利亚的埃及人。此人向君士坦丁保证基督教信仰能够去除一切罪恶,君士坦丁也接受了埃及人带给他的信念①。然后左西莫斯就诋毁他背弃了祖先的信仰,并且走上了不虔诚的道路。接下来我将详细指出这些指控是不真实的,但是首先我还是要谈一下洁净税的问题。②

你这个邪恶和骗人的恶魔说,当君士坦丁希望再建立一座与罗马地位相同的城市后,他先是准备在特罗亚③和伊利昂④之间筹建这座伟大的城市,并且打好基础,建造了一定高度的城墙,但是当他发现拜占庭是更合适的地点后,他就在该处周围建好了城墙,然后扩建了原来的城市,同时建造了很多美丽的建筑来为其添色增光,这样一座新城就和多少年来才逐渐发展起来的罗马不相上下了。你还说他给拜占庭的人民提供了公共谷物配给,同时给那些与他一起迁居到拜占庭的人大笔黄金,用于他们建造私人住宅。

你又写道,君士坦丁死后,君士坦提乌斯继承了政权,在他的两个兄弟死后,他就是君士坦丁唯一在世的儿子。另外你还描述了接连发生的马吉嫩提乌斯和维特拉尼奥叛乱⑤。他说服了维特拉尼奥的军队。当双方军队列阵之后,君士坦提乌斯首先向士兵发表演说,提醒他们自己父亲的慷慨、他们曾与君士坦丁一起进行艰苦卓绝的战役,以及父亲给予他们的回报和财富。当士兵们听到这些话后,他们扯下了维特拉尼奥的长袍,像对待

---

① "那个埃及人"指的应该是左西莫斯书中提到的"来自西班牙的埃及神甫"——科尔多瓦主教霍西乌斯,他是君士坦丁大帝重要的顾问,但是他只是造访过埃及,却并非埃及人。
② Evagrius Scholasticus, *The Ecclesiastical History of Evagrius Scholasticus*, Ⅲ. 40.
③ 小亚细亚西北部的古城,在《圣经》中有所记载。
④ 奥古斯都在小亚细亚西北部建造的古城,位于特洛伊遗址。
⑤ 此二人都是君士坦丁大帝之子君士坦提乌斯二世麾下的将领,曾先后发动了叛乱,最终被君士坦提乌斯二世剿灭。

一个小人物似的将此人拉下高台。此后君士坦提乌斯没有对他施加任何迫害。但你还是如此恶毒地诋毁他和他的父亲。①

那么你怎么能说这个人既是如此慷慨大度,又是那样怯懦吝啬,制定了如此该被诅咒的税收呢?我实在难以理解。但是因为他没有杀害福斯塔或克里斯普斯,并且也不是由于这个原因在某个埃及人的指导下加入了基督教,所以还是让我们来看看潘菲利乌斯之子尤西比乌斯记载的历史吧,他是君士坦丁和克里斯普斯同时代的人,并且与他们有联系。因为你甚至没有按照你所听到的事情来撰述你的历史,于是你的记载偏离了真相;况且你生活于年代更晚的阿尔卡迪乌斯和霍诺留的统治时期,但是你的记载不仅涉及了这两位皇帝,甚至述及了在那之后的时代。尤西比乌斯在其 8 卷本《教会史》中是如此记载的:

> 当这个不好的时候来临,君士坦提乌斯皇帝②接受自然规律离开了人世。他的一生都以最温和与仁慈的方式对待自己的臣民并且深受臣民爱戴。他在基督面前表现了极大的虔诚。他去世后,他的亲生儿子君士坦丁继承了他的皇位。

他接着写道:

> 他的儿子君士坦丁,从被军队宣布为至高无上的皇帝和奥古斯都的时刻起(甚至在那很久之前,君士坦丁就已经被宇宙的主宰上帝所承认了),就使自己比他在信仰方面更加虔诚。

在其记载的历史即将结束的时候他写道③:"君士坦丁在各方面都拥有神圣的品质,最伟大和胜利的君士坦丁与他的儿子克里斯普斯一起为皇帝所钟爱,君士坦丁在各方面都像他的父亲一样,他理所当然是东部地区的统治者。"但是尤西比乌斯比

---

① 参见左西莫斯(Zosimus)的《新历史》(*New History*),2.43—44。
② 此处的君士坦提乌斯指的是君士坦丁大帝的父亲。
③ 参见尤西比乌斯(Eusebius, Pamphilus)的《教会史》(*Church History*),10.9.6。

君士坦丁活的时间更长,如果克里斯普斯被君士坦丁所杀,那么尤西比乌斯就不会用这种方式赞扬他了。而塞奥多利特则在他的《历史》中写道,君士坦丁直到生命的最后时刻才在尼科米底亚接受了洗礼,君士坦丁一直推迟洗礼时间是因为他想要在约旦河受洗。

而你这个最肮脏、最邪恶的人说,自从基督教出现时起,罗马人的各项事业就开始黯淡并迷失了,这要么是因为你没有读过早期作家的著作,要么是因为你故意歪曲事实。很明显与你所说的相反,罗马人的事业是和我们的信仰一起繁荣昌盛的。试想一下,当我们的上帝基督降临世间之时,罗马人是如何开始征服大部分马其顿人的,又是如何让阿尔巴尼亚人、伊比利亚人、克尔吉人和阿拉伯人臣服的。根据一些历史学家的记载,在第 123 个奥林匹克周期,恺撒经过艰苦作战,使高卢人、日耳曼人和不列颠人的 500 座城市接受了罗马的统治。他也是在执政官之后的第一个王,因而第一次用一个人的统治代替了寡头统治和暴民统治,因为基督独一统治的时代就要来临了。随后整个犹太和邻近地区都被征服了,之后就开始了第一次人口统计,基督也被纳入其中,所以伯利恒可能实现了预言中预告的事情……

而在我们的神基督降生后,埃及也被罗马人征服了。恺撒奥古斯都(耶稣就是降生在他统治的时期),战胜了安东尼和克里奥芭特拉,最后迫使他们自杀身亡。随后奥古斯都任命科尼利乌斯·伽卢斯为埃及地区的长官,如历史学家记载,这是托勒密家族后第一位统治埃及的人。而波斯人又有多少次被文提狄乌斯①和尼禄的将军科尔布罗②,抑或被塞维鲁③、图拉

---

① 公元前 1 世纪的罗马将军,曾大败帕提亚人。
② 尼禄时代的罗马将军,后被尼禄处死。
③ 公元 2 世纪末至 3 世纪初的罗马皇帝。

真①、卡鲁斯②、卡西乌斯③、帕尔米拉的欧代纳图斯④,以及阿波罗尼乌斯⑤和其他人击败。塞琉西亚、泰西封又有多少次被占领。双方争夺的尼西比斯、亚美尼亚,以及邻近地区又有多少次被罗马人征服。你也要像记载其他事情一样记载这些事啊!

我几乎忘却了你所记载的君士坦丁取得的成就和朱利安承受的苦难,前者坚定而勇敢地引导罗马国家皈依我们的信仰,而后者则是你的朋党和你的教条的支持者,并且给这个国家造成了重创。但是,他无论是否得到关于世界末日预言的先兆,还是这个预言是否真的会实现,这都是天命的问题,远比你的层次要高。

不过,如果适当的话,让我来回顾一下那些信奉希腊异教的皇帝和拥护基督教的皇帝最终结局的差异吧。第一个君王恺撒难道不是被刺身亡的吗?一些军人难道不是用他们的剑刺杀了提比略的继承人盖乌斯吗?尼禄难道不是被自己的家人杀害的吗?伽尔巴、奥索和维特利乌斯⑥这三个皇帝难道不是一共仅统治了16个月,然后遭遇了相同的命运吗?图密善难道不是在毒死了自己的哥哥提图斯⑦之后才当上皇帝的吗?图密善难道不是悲惨地被斯蒂芬杀死的吗?你接下来又怎么说康茂德⑧呢?他难道不是被纳尔奇苏斯杀死的?相同的事情难道没有发生在佩提纳科斯和尤利阿努斯⑨身上?塞维鲁的儿

---

① 公元1世纪末至2世纪初的罗马皇帝,五贤帝之一。
② 公元3世纪的罗马皇帝,以对波斯的胜利闻名。
③ 公元2世纪的罗马皇帝。
④ 3世纪罗马统治下的帕尔米拉的首领,曾经将波斯人逐出美索不达米亚。
⑤ 此人情况暂且不明。
⑥ 公元1世纪罗马内乱时期的三位罗马皇帝。
⑦ 公元1世纪弗拉维王朝的两位皇帝,提图斯被图密善毒死并非通说。
⑧ 五贤帝最后一位皇帝马可·奥勒留之子。
⑨ 公元2世纪末罗马内乱时期的两位皇帝。

子安东尼努斯①难道没有杀害他的兄弟盖塔,而他自己也被战神相同地对待吗? 马克利努斯②又怎么样了呢? 他难道不是像一个俘虏一样围绕拜占庭城被示众之后又为他自己的军队杀死了了吗? 而来自埃米萨的奥勒里乌斯·安东尼努斯③难道不是和他的母亲一起被杀死了吗? 他的继承者亚历山大④和他的母亲难道一起没有遭受相同的命运吗? 我们又怎么写马克西米努斯⑤呢? 他难道不是被自己的军队杀死的吗? 还有戈尔迪安⑥,他不也是在菲利普⑦的阴谋下死于自己士兵之手的吗? 那你再来说说菲利普和他的继承者德修斯⑧,他们难道不是被自己的敌人毁灭的吗? 而伽卢斯和沃卢西阿努斯⑨不是被自己的军队杀害的吗? 埃米利阿努斯⑩又如何呢? 他难道没有遭遇相同的命运吗? 瓦勒良⑪难道没有被波斯人俘虏然后游街示众吗? 而在加利努斯被谋杀以及卡里努斯⑫被残杀后,政权才交到了戴克里先⑬和他选定的共治者手中。 这些人中包括赫丘利乌斯·马克西米阿努斯和他的儿子马克森提乌斯,还有李锡尼⑭,他们都被彻底消灭了。

但是从那时起,万人景仰的君士坦丁掌握了政权,他建立了以他名字命名的城市并将它献给了基督。 此后的皇帝(除了

---

① 即罗马皇帝卡拉卡拉。
② 是他刺杀了卡拉卡拉皇帝。
③ 3 世纪初塞维鲁王朝皇帝,又称埃拉伽巴路斯。
④ 即塞维鲁王朝末帝亚历山大·塞维鲁。
⑤ 3 世纪上半叶的罗马皇帝。
⑥ 3 世纪上半叶的罗马皇帝。
⑦ 3 世纪上半叶的罗马皇帝,被称作阿拉伯的菲利普。
⑧ 3 世纪中叶的罗马皇帝。
⑨ 3 世纪中叶的两位罗马皇帝。
⑩ 3 世纪中叶的罗马皇帝,被瓦勒良杀死。
⑪ 3 世纪中叶的罗马皇帝,被波斯人俘虏后最终死于波斯。
⑫ 3 世纪下半叶的两位罗马皇帝。
⑬ 3 世纪末期的罗马皇帝,四帝共治制度的缔造者。
⑭ 马克森提乌斯父子和李锡尼都是君士坦丁大帝重新统一帝国过程中的竞争者,先后被其消灭。

朱利安,他是你们异教的祭司长和皇帝)只要遵守教义,虔诚祈祷,还有谁被自己的人民和军队毁灭呢?或者简言之,还有哪个叛乱者推翻一个皇帝吗?只有一个例外就是瓦西里斯库对泽诺的政变,但是最终他被放逐并且失去了自己的生命。事实上如果你谈到瓦伦斯我可能会被说服,但是他对基督徒也做了许多错事吧①。而对于其他人,你没有什么可说的了吧。不要认为这些事情和教会史无关,它们的确是十分必要的,因为那些希腊异教的史学家歪曲事实。但是还是让我们回到阿纳斯塔修斯的统治吧。②

我们先来看一下以上两节长篇大论中关于君士坦丁杀妻杀子的指控。埃瓦格里乌斯在第 41 节中引用尤西比乌斯的作品为君士坦丁撰写的这段辩护词,在今日看来显然是不够准确的。因为众所周知,尤西比乌斯的《教会史》结束于公元 324 年,而所谓的君士坦丁杀妻杀子的事件发生于 326 年。因此,尤西比乌斯在作品中称颂克里斯普斯并不能证明"杀妻杀子"事件不存在。

然而,如果不考虑君士坦丁是否真的杀死了自己的妻儿,我们会提出另一个值得思考的问题——为什么在君士坦丁身后 1—2 个世纪,还会有作家对这一事件如此关注?肯定或否定君士坦丁杀害亲人究竟有什么重要的价值?

事实上,这一争论与基督教取得现有地位的合理性密切相关。按照基督教学者的看法,希腊罗马的多神教是一种不道德的宗教,它最终被基督教取代是一种必然。但是按照左西莫斯等多神教历史学家的观点,君士坦丁皈依基督教并非因其道德高尚,而完全是因为对于自身罪孽的恐惧。罗马人信仰的多神教不能够原谅他杀害至亲的罪行,相反基督教主教却承诺其皈依之后可以让他不必为

---

① 瓦伦斯皇帝在宗教立场上支持阿里乌派异端,因此遭到了埃瓦格里乌斯的批评。

② Evagrius Scholasticus, *The Ecclesiastical History of Evagrius Scholasticus*, Ⅲ. 41.

此惶惶不安。这实际上就等于提出多神教比基督教具有更严格的道德标准,由此影射基督教并非一个合乎道德的宗教,进而否定了其成为帝国国教的合理性。这种观点显然是基督徒不能接受的,因此基督教学者才会竭力对此说法加以驳斥。左西莫斯的作品结束于 410 年,这与埃瓦格里乌斯创作《教会史》的时代已有 1 个多世纪之隔。埃瓦格里乌斯依然在作品中用大段篇幅引用他的记载并严厉批驳,这从侧面表明在他所处的时代此种观点还有一定的影响力,依然是基督徒与多神教徒争论的一个焦点问题。

接下来,埃瓦格里乌斯连篇累牍地对比了基督教皇帝和异教皇帝的命运差别。诚然,作为一篇对多神教的檄文,这段文字在文笔和气势上都能体现他的文学功底。但就论述本身来说,他在选取样本时根本没有考虑西罗马帝国历史上那些命运悲惨的基督教皇帝,因此这段文字的说服力大减。

埃瓦格里乌斯的此段叙述也是为了应对多神教徒对基督教的另一项指责,即基督教导致了罗马人事业的衰落,从而试图彻底否定其在帝国内存在的意义。多神教徒的这一指控是建立在一定的现实基础上的。公元 5 世纪,罗马人的帝国,尤其是西地中海世界存在着一系列严重的社会问题。政府统治失灵、社会混乱、经济凋敝和蛮族入侵等给当地人民造成了极大的困苦。而 410 年发生的阿拉里克率领哥特军队攻陷罗马城这一事件更是对帝国上下造成了前所未有的震动。对于多神教的信仰者来说,罗马城作为罗马国家的标志,其象征意义依然是巨大的。在他们的心目中,罗马这座伟大的城市是早年帝国荣光的体现,而它的陷落则完全是因为帝国接受了基督教的结果。左西莫斯是持这一观点的典型代表人物,他坚定地认为"只要这些(多神教的)仪式还在,罗马帝国便能延续不绝"①。

---

① Zosimus, *New History*,Ⅱ. 5. (5).

对于这一指控,西地中海世界的基督教学者们进行了一系列的抗辩。例如,5世纪马赛的萨尔维安就提出基督教本身并无问题,罗马帝国之所以遭受厄运是由罗马社会本身的邪恶造成的,这种邪恶甚至比蛮族的统治过犹不及。

> 多数人被少数人所压迫,那些人将苛捐杂税看作自己的特权……不仅贵族这样做,甚至最低阶的官员也是如此;不仅法官败坏法纪,连他的下属也对其效仿……所以穷人遭受劫难,寡妇只能叹息,孤儿备受欺凌。到了最后,那些出身并不卑贱且受过良好教育的人们为了逃避压迫只能逃到了敌对的蛮族那里。[1]

在这一问题的辩论过程中产生的最著名的基督教思想家是圣奥古斯丁。他在著作《上帝之城》中为基督教进行辩护。他提出并非基督教导致410年罗马城的沦陷,相反的是,城市沦陷后许多民众幸免于难恰恰是基督的恩典。

> 这些人能够保住性命,完全是因为蛮族人尊敬基督,所以才饶恕他们。但是他们却不归功于我们的基督,反而认为是自己的好运所致。[2]

随后,奥古斯丁进一步指出,罗马人之前信奉的多神教并没有给他们带来好运,例如在第二次布匿战争中罗马人也遭受了汉尼拔带来的重大损失。

最后奥古斯丁认定,罗马人的荣耀不是由异教诸神所赐,而是要归功于上帝的恩典。

> 我完全同意他们的意见,即幸福是他们不知道的某位神的

---

[1] J. H. Robinson, ed., *Readings in European History*, Boston: Ginn&Company, 1904, Vol. 1, p. 29.

[2] Augustin, *The City of God and Christian Doctrine*, general editor Philip Schaff, New York: Grand Rapids, 1890, *The City of God*, Ⅰ.1.

恩赐……这位神不是他们所说的朱庇特。①

对于东地中海世界的基督教学者们来说,虽然他们所处的世界较之西部更为繁荣稳定,但是多神教徒的这种指责依然是他们不能回避的问题。他们对"异教徒"的反驳更多是从正面来证明基督教能够给罗马人的统治者带来好运。正如埃瓦格里乌斯试图说明的那样,正是由于接受了基督教,君士坦丁使罗马人,尤其是罗马统治者的命运发生了根本性的改变。因此,多神教徒所谓的基督教使帝国衰落的说法是一种诬陷。

由此可见,以上这两大段落在此章结构上稍显突兀,突然穿插在阿纳斯塔修斯一世财政改革内容之间的辩护词并非作者思绪混乱所致,而是他借由追溯"洁净税"起源,与当时在帝国中依然残存的多神教徒的观点,如君士坦丁"凶手"形象和基督教对帝国命运影响等问题所进行的辩论。这既可以反映出双方不同的宗教情感,也体现了拜占庭帝国早期基督教逐渐取代多神教曲折渐进的历史过程。

在接下来的第42节中,埃瓦格里乌斯将主题拉回到阿纳斯塔修斯的财政改革上。他一反之前在"洁净税"问题上对皇帝的赞扬,而对阿纳斯塔修斯制定的其他政策提出了批评。

> 所以阿纳斯塔修斯以一个帝王的方式修正了前述的事务;但是他还有一些事情做得并不好,那就是制定了所谓的黄金税,以及将沉重的军队开销强加给了纳税人。他还将征税的职责由地方市政议员转交到了所谓的官派税吏②手中。有人说这是当时帝国的最高官员,也就是过去人们所称的"宫廷长官"叙利亚人马里努斯建议实行的。这样做的结果就是国家税收锐减,众城之花凋零。因为在过去的年代,城市显贵都会被编入

---

① Augustin,*The City of God*,Ⅳ.25.
② 原文为 vindices。

城市花名册之中，每个城市都有这些人组成的市政议会，如同元老院。①

埃瓦格里乌斯的这种态度其实可以参考本书第三章中他对马西安皇帝的夸赞。马西安因为对贵族的减税政策得到了贵族知识分子的一致颂扬，而阿纳斯塔修斯的财税改革显然加重了城市贵族精英的负担，损害了他们的权利，因此很难得到身为其中一员的埃瓦格里乌斯的认同，还哀叹城市之花为之凋零。然而，阿纳斯塔修斯的政策却促进了帝国的发展，在现代学者的笔下，他是比马西安更为出色的财政改革家。尽管阿纳斯塔修斯在位期间面临着远比马西安更为恶劣的局势，并进行了更大规模的公共建设，需要耗费更多的金钱。但是，他凭借出色的货币与税收改革，使5世纪帝国经常面临的财政困境完全扭转。他在去世之时给国库留下了2300万诺米斯玛金币巨额的储备。正是由于这笔财富，查士丁尼才得以在其统治的早期就进行耗资巨大的远征②，从而为6世纪帝国公认的第一个"黄金时代"奠定了基础。因此，当现代学者提起拜占庭帝国早期重要的统治者时，阿纳斯塔修斯的名字显然会远远地排在马西安之前。从埃瓦格里乌斯对待阿纳斯塔修斯和马西安财政政策的态度来看，他作为帝国的精英知识分子，不可避免地无法摆脱自己所属阶层的利益倾向。

---

① Evagrius Scholasticus, *The Ecclesiastical History of Evagrius Scholasticus*, Ⅲ. 42.
② W. Treadgold, *A History of the Byzantine State and Society*, P. 281.

第三节　《联合诏令》出台的始末及其后续影响

《联合诏令》(Henotikon)是拜占庭帝国早期十分重要的一份宗教诏令,由泽诺皇帝于482年正式颁布。它旨在调和卡尔西顿正统派与基督一性论派基督徒之间的矛盾,回避了基督性质这一焦点争论,着重谴责聂斯托里和尤提克斯的神学思想,一定程度上缓解了帝国内部的紧张形势,以及君士坦丁堡教会与亚历山大里亚教会之间的矛盾,但也遭到许多反对之声。519年,查士丁一世继位后,此诏令被正式废除。在本卷所涉的泽诺与阿纳斯塔修斯一世统治时期,围绕《联合诏令》的出台,拜占庭各方政治势力展开了复杂的博弈,产生了重要的政治影响。因此,本节将着重梳理埃瓦格里乌斯作品中关于这一问题的记载。

在泽诺颁布《联合诏令》之前不久,拜占庭帝国内部已经围绕另一份宗教诏令展开了激烈的争论,这就是一度篡夺了泽诺皇位的瓦西里斯库所颁布的《瓦西里斯库通谕》。这份诏令的核心思想是支持在卡尔西顿大公会议上被定为异端的基督一性论派,这无疑是对官方正统信仰的一次180度大转变。

在亚历山大里亚的一些人派遣使者游说之后,瓦西里斯库召回了被流放18年的提摩太①,当时的阿卡基乌斯正是君士坦

---

① 即前文提到的绰号为"猫"的亚历山大里亚主教提摩太。

丁堡的主教。接下来，提摩太在来到首都之后，说服瓦西里斯库向各地的主教发布了一封通谕，并在其中谴责卡尔西顿大公会议的决定和利奥大卷。文本如下：

《瓦西里斯库通谕》

虔诚的、胜利的、成功的、最伟大的以及永远受到尊敬的皇帝、恺撒和奥古斯都瓦西里斯库，联合最荣耀的恺撒马库斯①，致最虔诚和最为上帝钟爱的亚历山大里亚大教长提摩太。

为了实现正确的、使徒传下的信仰，我们之前那些最虔诚的皇帝已经制定了许多法律，它们一直都是正确地服务于受到祝福的、永恒的和永远充满生命力的三位一体教义的。我们希望这些法律永远不会失效，因为它们总是对整个世界有益的，所以，我们宣布这些法律就如同我们自己制定的一样有效。因而，在超越所有人世间事务的基础上，我们将虔诚和热忱奉献给我们的上帝和救世主耶稣基督，是他创造了我们并给予我们荣耀，由此我们确信使我们人类联合在一起的基督是我们的救世主，并且是我们的主人，他是我们帝国坚固的基石和不可动摇的壁垒，因此，在我们的思想恰当地被神圣的虔诚所激励的情况下，同时将我们帝国的第一批果实奉献给使我们神圣教会团结的上帝和耶稣基督，我们宣告制定这个使人类保持繁荣的基础和信条，即由318名圣洁的教父和圣灵一起于很久之前在尼西亚所制定的信仰②，由此，我们和我们之前的所有信者得到了一次洗礼，这一信仰统辖着上帝治下最神圣教会中的所有信仰正统教义的人民，同时它是不谬教义的唯一有效定义，并且在一方面它足以消灭世上任何一种异端，而在另一方面它可以最大限度地团结上帝属下的神圣教会。很明显，他们的力量被传承下来，150名神圣的教父在首都宣布了同样神圣的信经，以对抗亵渎圣灵的异端③；同样，在大都市以弗所，教父们又一起对抗了不虔诚的聂斯托里和那些支持他

---

① 瓦西里斯库之子，共治皇帝。
② 指尼西亚第一次基督教大公会议。
③ 指君士坦丁堡第二次基督教大公会议。

观点的人①。

但是有人却试图颠覆上帝神圣教会的团结和秩序以及这个世界的和平，这就是所谓的利奥大卷，以及在卡尔西顿通过的对信仰的定义与对信经的解释、阐述、指示或讨论，因为这种变革是与先前提到的由 318 名圣洁的教父制定的神圣信经相背离的，因此我们命令，在所有地方的教会中，最圣洁的主教都应该对其加以谴责，而无论发现什么与之相关之物，都应该将其付之一炬，因为我们的先辈，虔诚的并已经进入天国的君士坦丁和塞奥多西二世皇帝都是这样对待异端教义的。并且我们规定那些异端是不合法的，它们应该被彻底地逐出那个独一无二的、普世的、使徒的正统教会，因为这些异端挑战了由 318 名神圣的教父制定的永恒和救世的教义，并且这一信仰被那些受到祝福的教父通过圣灵在以弗所进行了仔细的商定；总之，任何神职人员与平信徒都不许偏离最神圣的圣洁信经的规条，并且，那些和发生在卡尔西顿的与神圣信经相背离的变革一起的异端也将受到谴责，那些异端不承认为父所生的、独生的上帝之子是由圣灵和上帝之母童贞女玛利亚所道成肉身并化身为人的……并且一切异端和所有的非法变革无论在什么状况下产生，以何种方式产生，或是在世界的何处产生，也无论它是通过思想还是语言表达，因为它们都违反了神圣的信经，都将受到谴责。

由于皇帝的深思熟虑，通过预先的筹谋，并且慷慨地给予其臣民现在以及未来安全的保障，这是适宜、恰当的行动，因此我们宣布各地最圣洁的主教应该在收到信后将你们的名字签署在这份通谕之上；这样就可以清楚地显示主教们只承认由 318 名圣洁的教父所制定，之后被 150 名圣洁的教父所确立，并最终在以弗所被那些最圣洁的教父所赞同的神圣信经。也就是说，作为对信仰的解释，我们必须只遵照由 318 名教父制定的神圣信经；同时，主教们应该谴责每一次试图挑战正统教义的行为，就如在卡尔西顿发生的那些事情，并且要彻底将异端逐出教会，因为他们是世界和我们实现幸福的障碍。

我们在前面说了很多虔诚的话语，我们坚信这些话是符合上帝

---

① 指以弗所第三次基督教大公会议。

意志的,而这也能够给上帝的教会带来令所有人羡慕的团结。无论何时,那些在卡尔西顿试图提出或促使信仰变革的人,无论是教授、讨论还是著书立说,也无论是在何时、何地以何种方法,因为他们要对上帝神圣的教会和所有臣民造成的迷惑和混乱负责,所以他们是上帝和得到拯救的我们的敌人。为了和已经进入天国的塞奥多西二世皇帝对待这些恶人的态度保持一致,我们也在这份通谕的后面附上法律。我们命令,如果是主教或神职人员违反了它,那么他们将被罢免;如果是修士或平信徒这样做了,那么他们将被惩罚并且罚没所有财产,甚至会被处以最严酷的刑罚。因为只有这样,神圣的和同质的三位一体,以及一直被我们虔诚崇拜着、现在通过消灭那些祸害并且坚守神圣信经中的圣洁和使徒的教义而加以崇敬的上帝和一切事物的造物主,就可以亲切和善地对待我们的灵魂和所有的子民,同时他也会一直支持我们的政府,并给人类带来和平。①

瓦西里斯库的通谕很快得到了以提摩太为首的基督一性论派神职人员的支持,他们迅速行动起来,从舆论和组织上掀起了反攻的浪潮。但是也有神职人员看上去是被迫而并非心悦诚服地暂时臣服于皇帝的命令。

修辞学者扎卡里亚记载,刚刚被从放逐地召回的提摩太赞同这封通谕,同时安条克主教彼得也和提摩太一起来到首都。在这之后,他们要求保罗成为以弗所的主教。扎卡里亚还记载了,尤维诺在耶路撒冷主教职位上的继任者阿纳斯塔修斯和其他很多人都在通谕上签了字,因而反对利奥大卷的主教人数高达 500 人。他还记载到亚细亚地区的一些主教在以弗所集会,并且给瓦西里斯库皇帝上了请愿书,内容如下:

> 致最虔诚的和为基督所钟爱的统治者,永远胜利的奥古斯都瓦西里斯库和马库斯。

① Evagrius Scholasticus, *The Ecclesiastical History of Evagrius Scholasticus*, Ⅲ. 4.

然后他们继续写道：

> 最虔诚和为基督所钟爱的皇帝啊，您已经看到，您已经成了攻击的对象，同时信仰也遭到憎恶并被各种方式攻击。

然后他们继续写道：

> 现在出现了一项前景可怖的决定，神圣的火焰昭示着出离的愤怒。陛下您这个突然的行动使您与一些恶人牵连在了一起，这些人带着鲁莽和盲目的情绪，攻击伟大的上帝和您的被信仰所支撑的帝国，他们丝毫不宽容我们这些卑微的人，相反，他们错误地与我们作对，这样在某种程度上，我们是在强制和逼迫下在您神圣和使徒的通谕上签字的，尽管我们签字的时候满怀喜悦和热情。

他们继续写道：

> 因此，任何反对您神圣信经的行为都不应被允许，正如我们所说，否则的话，整个世界将会再次被颠覆，发生在卡尔西顿会议上的罪恶将会被认为是微小的，即使他们造成了无数的屠杀并且不公正不合法地导致信奉正统教义的世界血流成河。

他们继续写道：

> 我们郑重地在我们的救世主耶稣基督面前表达我们的抗议：因为我们的虔诚是不受限制的；我们要求对他们施以公正的、合乎教规和教会的谴责与罢黜，罢黜已经在进行了，而且尤其要求惩罚那些从许多方面看都不配做首都虔诚的主教的人①。

扎卡里亚也记载了，当皇帝的通谕被签署后，首都中的那些曾经做过修士的尤提克斯的支持者仿佛将提摩太视为天赐之人，并且他们希望通过通谕为他们谋求特殊的地位，因此他们都急匆匆地来到提摩太那里。但是，当听到提摩太强调圣子肉体上和我们本质相同，而在神性上与上帝同质后，他们就都

---

① 这里指的"不配做首都虔诚的主教的人"是君士坦丁堡大教长阿卡基乌斯。

散去了。①

　　扎卡里亚还记载，在离开首都之后，提摩太来到了以弗所，并授予保罗以弗所主教的职位。他曾经被这个教区的主教们按照更加古老的习俗选为主教，但是随后又从他的教区被放逐了。提摩太还恢复了以弗所主教拥有的大教长的权力②。我在此前曾提到，这一权力在卡尔西顿会议上被取消了。在离开那里之后，他回到了亚历山大里亚，要求凡是来觐见他的人必须谴责卡尔西顿会议。因而，如扎卡里亚所言，他自己阵营中的许多人都背离了他，其中就包括了塞奥多西任命的约帕主教塞奥多图斯，我在前面提到，他在尤维诺逃到首都之后继任了耶路撒冷主教。③

瓦西里斯库和提摩太等人的所作所为让坚持卡尔西顿信仰的宗教领袖无法接受，因此以君士坦丁堡大教长阿卡基乌斯为代表的教会中人联合起草了坚持卡尔西顿信仰的《反瓦西里斯库通谕》。在这份文件中，阿卡基乌斯暗示卡尔西顿会议的决议是应该被遵守的，并且他尤其强调了君士坦丁堡大教长至高的地位。

　　扎卡里亚还写道，君士坦丁堡大教长阿卡基乌斯为现在的局势而深感痛心，他唤起了首都的修士群体和人民，让他们认为瓦西里斯库是异端，并且拒绝了他的通谕。他们起草了一份文件，大体上宣称瓦西里斯库的通谕是行文草率、完全无效的，这就是赞扬卡尔西顿会议的"反通谕"。扎卡里亚因为立场的偏见忽略了这份被他称为"反通谕"的宣言，但是这份文件的文本如下：

---

① Evagrius Scholasticus, *The Ecclesiastical History of Evagrius Scholasticus*, Ⅲ.5.
② 在卡尔西顿会议召开之前，以弗所虽然不是宗主教区，但是有些特权，比如能够任命它所控制地区的都主教。
③ Evagrius Scholasticus, *The Ecclesiastical History of Evagrius Scholasticus*, Ⅲ.6.

《反瓦西里斯库通谕》

　　致皇帝、恺撒瓦西里斯库和马库斯。使徒和正统的信仰从远古时代开始就在普世的教会中盛行，它不仅使我们的统治变得强盛，也在我们的统治下不断加强，并且还会永远强盛下去。正是在这种信仰下，我们得到了洗礼和信任，我们宣布它还会盛行下去，正如它一如既往的那样，它是不可伤害和不可动摇的，它应该在普世的、使徒的、正统的教会中享有权威，并且不应该有任何其他对教义的探索。为此，我们命令，无论在我们的统治时期发生了什么，不论是通谕或是其他的东西，只要与信仰和教会组织相关，都是无效和空洞的。同时我们谴责聂斯托里、尤提克斯，以及其他一切异端和持有相同观点的人；并且我们不允许有任何宗教会议或其他类似的研究出现，此类信仰必然是完整且不可动摇的；而且那些被光荣的首都掌控的省份应该被交还给虔诚的和最神圣的大教长阿卡基乌斯；当然，那些现在仍是备受上帝钟爱的主教可以保住他们的位置，但在他们死后，将不允许有任何挑战光荣无污的首都任命主教的权力之事发生。这就是我们制定的神圣敕令，它不容置疑，并且拥有神圣的力量。

事情就是这样发展的。①

　　在宗教矛盾日趋尖锐且无法调和之时，如前文所言，泽诺在军事上战胜瓦西里斯库，重新夺回皇位的胜利改变了双方力量的平衡。泽诺迅速颁布了一道法令，废除了《瓦西里斯库通谕》。安条克主教彼得和以弗所主教保罗等人则被罢免。在这种背景下，帝国的教派对立形势迅速逆转，卡尔西顿派重新得势，基督一性论派的支持者或是改弦易辙服从"正统"信仰，或是遭到罢免与流放的惩罚。

　　为了安抚阿卡基乌斯，亚细亚地区的主教们恳请并哀求他的原谅，他们写信表示悔悟之意，在信中表示他们是在被迫而绝非自愿的情况下签署的瓦西里斯库通谕，并且他们发誓事实

---

① Evagrius Scholasticus, *The Ecclesiastical History of Evagrius Scholasticus*，Ⅲ.7.

确实如此,他们还说无论过去和现在他们都坚信卡尔西顿会议的决定。他们的信件如下:

> 这是一封亚细亚地区的主教们致君士坦丁堡大教长阿卡基乌斯的信,或者更准确地说是请愿书。
>
> 致最神圣的首都君士坦丁堡、新罗马教会的最神圣和圣徒般的大教长阿卡基乌斯。

然后继续写道:

> 您所派遣的代表已经合乎程序地来到我们中间,他确实能够充分代表您的地位。

稍后又写道:

> 我们通过这些证词使外界得知,我们在通谕上签字并非本愿而是被逼无奈。我们在口头和书面上同意了那些文件。但是那绝非我们本心所愿。因为通过您受到欢迎的恳求①和全能上帝的同意,我们相信我们接受了由 318 名教父制定并由 150 名圣洁的教父确定的信仰,此外我们还接受由神圣的教父在卡尔西顿会议正确和虔诚地规定的信仰。

至于扎卡里亚是否错误地指责了他们,或者是这些主教是否在他们不情愿签字的问题上说谎,我就不得而知了。②

而在彼得被免职后,斯蒂芬接任了安条克主教的职位。然而如修辞学者约翰③所记载,安条克的市民用削得像长矛一样锋利的芦苇笔杀死了他。在斯蒂芬之后,卡兰狄翁得到了主教的职位:他命令那些来觐见他的人必须要谴责提摩太和瓦西里

---

① 指前文提到的《反瓦西里斯库通谕》。
② Evagrius Scholasticus, *The Ecclesiastical History of Evagrius Scholasticus*, Ⅲ. 9.
③ 指约翰·马拉拉斯。

斯库的通谕。①

　　泽诺还打算罢免提摩太的亚历山大里亚主教职位，但是当得知此人行将就木时，他收回了这个想法。果然，提摩太在此后不久就去世了。此时亚历山大里亚城的人民依照自己的权利选举了一位被称作蒙古斯的彼得为主教。泽诺在得知这一消息后大为震怒。泽诺判处了彼得死刑②，并且召回了普罗特里乌斯的继任者提摩太③，当时他因为受到民众的骚扰而居住在卡诺普斯④。这样，提摩太在皇帝的命令下掌控了亚历山大里亚教区。⑤

在这一过程中，皇帝泽诺也出于政治目的和亚历山大里亚教会进行了一些妥协，彼得·蒙古斯最终成为皇帝认可的主教人选。埃瓦格里乌斯在作品中暗示这一人事变动是《联合诏令》出台的直接原因。

　　在某人的唆使下，一位名叫约翰的长者来到首都，他曾管理神圣的先贤施洗者约翰的圣墓，他与皇帝谈判时称，如果主教去世了，那么亚历山大里亚的人民应该自己选举他们认为合适的人来接替这一职位。如扎卡里亚所说，皇帝怀疑这个约翰是在为自己谋求主教的职位；而约翰在发誓他永远不会谋求这一职位后就回到了家乡。皇帝于是同意在提摩太主教过世后，亚历山大里亚的神职人员和信众群体可以选举新的主教。提摩太在不久之后就去世了，如扎卡里亚记载，约翰四处行贿，最后谋求到了亚历山大里亚的主教职位，他也违背了对皇帝发下的誓言。泽诺皇帝在知道这件事情后将约翰驱逐。在某人的

---

① Evagrius Scholasticus, *The Ecclesiastical History of Evagrius Scholasticus*, Ⅲ. 10.
② 彼得·蒙古斯并没有被处决，后来他成了亚历山大里亚主教。
③ 即上一章中提到的被称作萨洛法西阿路斯（白帽子或者摇摆的帽子）的提摩太。
④ 位于埃及的尼罗河三角洲地区。
⑤ Evagrius Scholasticus, *The Ecclesiastical History of Evagrius Scholasticus*, Ⅲ. 11.

建议下,他对亚历山大里亚的人民发表了一个声明,这就是他所称的《联合诏令》,他同时表示,如果彼得·蒙古斯在声明上签字,同时与普罗特里乌斯的支持者和平相处,那么他就将得到亚历山大里亚主教的职位。[①]

接下来,彼得·蒙古斯向亚历山大里亚教区的民众公开宣读了《联合诏令》,表示了对皇帝宗教政策的支持。

被任命为埃及地区地方长官的珀伽米乌斯传达了在首都主教阿卡基乌斯的建议下写成的这份声明。在他到达首都并且发现约翰已经逃跑以后,他与彼得会面并且说服了彼得接受泽诺的声明和那些分裂的派别。因而,彼得接受了先前的声明并且在上面签字,同时允诺他将接受对立的派别。所以在亚历山大里亚一个公共节日的聚会上,所有人都接受了泽诺的《联合诏令》,彼得也接纳了普罗特里乌斯的支持者。而在教堂对人民发表了一份声明后,他向人们宣读了泽诺的《联合诏令》,全文如下:[②]

泽诺的《联合诏令》

虔诚的、胜利的、成功的、最伟大的和永远被尊敬的皇帝、奥古斯都、恺撒泽诺致亚历山大里亚、埃及、利比亚和五城[③]地区最虔诚的主教、神职人员、修士以及平信徒们:

我深知我国之起源及构成、力量和牢不可破的庇护者,正是独一正确及真实之信仰。这一信仰是 318 名圣洁的教父在上帝的指引下于尼西亚所提出,同时被 150 名同样圣洁的教父在君士坦丁堡所确认的。夜以继日,我诚心祷告,尽心竭力,遵守律法,只为将上帝的神圣普世并由使徒建立之教会发扬光大。教会是我所拥有之权力永不

---

① Evagrius Scholasticus, *The Ecclesiastical History of Evagrius Scholasticus*, Ⅲ. 12.
② Evagrius Scholasticus, *The Ecclesiastical History of Evagrius Scholasticus*, Ⅲ. 13.
③ 五座城市组成的城市群统称,位于北非地区,宗教上隶属亚历山大里亚大教长管辖。可参见卡日丹主编:《牛津拜占庭词典》,"Pentapolis"词条。

被玷污和永不会灭亡之源，而虔诚并与上帝保持和谐的人民与最热爱上帝的主教们、敬畏上帝的神职人员们以及所有修道院长和修士应该一起为了国家而进行合宜的祷告。因为由神圣的童贞女和上帝之母玛利亚道成肉身并所生的我们伟大的上帝和救世主耶稣基督赞成并乐于接受我们悦耳的赞美和崇敬。由此，一方面我们的敌国会被彻底摧毁和消灭；另一方面他们会屈膝于我与上帝同在的力量之下。如此，和平与祝福、适宜的气候与丰饶的物产，以及其他一切美好事物将会毫无保留地降临人间。

这样，因为无可指摘的信仰维持着我和罗马人的生活，所以崇敬上帝的修道院长们、隐修士们，还有一些其他可敬的人向我递交了他们的请愿。他们含泪恳求最神圣的教会之间应该团结，彼此休戚与共。从远古时起，那个对美好事物的憎恶者就试图破坏这种团结，因为他知道，面对一个团结的教会，他将一败涂地。从那以后经历了无数代人，在如此长的日子里，时间夺走了人们的生命，其中的一些人被剥夺了获得新生洗礼的权利，另一些人直到生命的尽头也未能再领受圣餐，无数的谋杀在此期间发生，过多的杀戮不仅让大地淌满鲜血，而且使空气里也弥漫着血腥的气味。面对此情此景，谁会不祈祷事情向好的方向转化呢？

为此，我希望你们能理解如下事实，即我和各地的教会过去、现在和将来都不会持有不同的教义，也不会对信仰有不同的教导和解释，唯一正确的信仰是上文提及的由 318 名教父提出并由 150 名教父批准的神圣信经。如果有人胆敢持有不同的观点，我将视其为异端。如我所说，我坚信有且只有这一信经保护着我的江山社稷，而那些被裁定值得被拯救并被施洗的人，也只有接受这一信经。这一信经也被聚集在以弗所的教父们所拥护，他们放逐了渎神的聂斯托里和那些信奉他观点的人。我强烈谴责聂斯托里和反对上述信仰的尤提克斯，我也接受由神圣和普世的亚历山大里亚教会已故虔诚的大教长西里尔所提出的十二条咒诅文①。我信独一为父所生的上帝之

---

① 指西里尔谴责聂斯托里的十二条罪状（Twelve Chapter）。

子,同样是上帝,成为肉身之人的我主耶稣基督,在神性上与父同质,在人性上与我等相同,他降临人世并由圣灵和童贞女、上帝之母玛利亚所道成肉身。我们认为他肉身自愿忍受的苦难与所行的神迹是出自一体的。那些将他神人二性分割、混淆或是虚妄分离的观点,我坚决不予接受,因为由上帝之母所生的无罪肉身并没有为圣子创造一个另外的实体。即使在"三位一体"中的一位,即圣子道成肉身之后,三位一体仍然是三位一体。

这样,上帝在各地的神圣正统教会和负责这些教会并热爱上帝的神甫们以及我的国家,以前不会现在也不会容忍一种不同的教义和与上文提及的神圣信仰相反的解释。因此,在知道这些以后,让我们毫不犹豫地团结起来吧。我颁布此诏令不是为了对信仰做出新的解释,而是为了使你们安心。但是,我强烈谴责那些过去想过或现在正在考虑其他教义的人,无论现在或是其他任何时间,无论在卡尔西顿会议还是在其他宗教会议上,尤其是上文提到的聂斯托里和尤提克斯以及信奉他们观点的人。因此,回归精神之源的教会吧;一起在其中享受与我同样的圣餐吧;和上文提到的由318名教父解释的唯一正确的信仰保持一致吧!神圣的教会像慈母对待亲生孩子一样在等着拥抱你们,并渴望听到你们甜美和令她期待已久的声音。因此,加快你们的步伐吧,这样做你们既可以博得我们的主上帝和救世主耶稣基督的欣赏,也会得到我的赞扬。

在宣读完毕这篇诏令之后,亚历山大里亚城内的所有人都和神圣普世并由使徒建立的教会团结在一起了。①

埃瓦格里乌斯在作品中完整保存了《联合诏令》的原文,是现存拜占庭史料中最完整的文本之一,这对于研究该问题具有重要价值。然而,他对于诏令出台原因的分析却过于简单。这样一份重要文件的产生,在政治上显然不会仅仅是因为皇帝与亚历山大里亚主教的利益交换,背后则有更复杂的因素。

① Evagrius Scholasticus, *The Ecclesiastical History of Evagrius Scholasticus*, III. 14.

首先，反对卡尔西顿会议的民众自发反抗官方的宗教政策，进而推动了新政策的产生，可被视为《联合诏令》出台的导火索。拜占庭人民对宗教问题的热情由来已久。尤其在帝国东部，普通民众以极大的热情参与到教义争论之中。由于基督教会影响力与日俱增，并扎根于社会的各个层面，这样，教会内部的分歧便很有可能导致社会的分裂。

卡尔西顿会议之后，官方的高压政策更让许多普通民众选择用暴力手段对抗所谓的官方信仰。因此，皇帝泽诺在《联合诏令》中不得不承认"一些人被剥夺了获得新生洗礼的权利，另一些人直到生命的尽头也没能够再领受圣餐，无数的谋杀在此期间发生，过多的杀戮不仅让大地淌满鲜血，而且使空气里也弥漫着血腥的气味。"冲突的激烈与残酷由此可见一斑。

比上面谈到的地方暴动更为严重的是，民众还通过支持叛乱的形式来反对中央政权，前文提及的瓦西里斯库政变就是鲜明的例证。这一叛乱显示了东部地区反卡尔西顿派别的力量，给皇帝泽诺敲响了警钟，从而促使其通过这一诏令以缓解矛盾[1]。可以说，卡尔西顿会议后，以民众为基础的、从地方直至中央的动乱使拜占庭的统治者认识到之前的宗教政策已难以为继，如果要维护国家的稳定和保障皇位的稳固就不得不推出新宗教政策取而代之。

其次，《联合诏令》的颁布也是拜占庭帝国各大宗主教区权力博弈的结果。381 年，君士坦丁堡教区获得仅次于罗马的第二大教区地位后，罗马、君士坦丁堡和亚历山大里亚三大教区之间的相互关系对基督教会的发展产生了重要影响。

从 381 年至 444 年亚历山大里亚主教西里尔去世，可以被视为第一阶段。罗马和亚历山大里亚联手遏制君士坦丁堡，是这一时期教会发展的主要内容。前两者都以使徒教区著称，有深厚的传统关

---

[1] W. H. C. Frend, *The Rise of the Monophysite Movement*, p. 176.

系,这两大教区的主教早在基督教获得合法地位之前就是教会的领袖。而君士坦丁堡则凭借皇权的支持,从一个地方性的小教区一跃成为五大宗主教区之一,从而引起了罗马和亚历山大里亚的不满。

然而,罗马教区和亚历山大里亚教区的密切关系最终随着双方利益的变化而改变。西里尔去世后,继任者狄奥斯库鲁盲目追求基督教会的领导权,使罗马开始调整对亚历山大里亚的态度。尤提克斯提出基督一性论的观点后,狄奥斯库鲁立即表示支持,罗马主教利奥却严辞驳斥,长久以来的罗马—亚历山大里亚联盟破裂。卡尔西顿大公会议上狄奥斯库鲁和尤提克斯均被放逐,标志着亚历山大里亚教区决定性的失败,亚历山大里亚再也无法成为东地中海世界基督教的领袖。与此相对的是,卡尔西顿会议进一步提升了君士坦丁堡教区的地位,前文叙述的卡尔西顿会议记录中提及,君士坦丁堡作为"新罗马",在教会中的地位仅次于罗马教区,位于第二位。这一决定使基督教会内部的政治关系开始向两强对峙的局面转化。

在卡尔西顿会议后二者的博弈中,君士坦丁堡教会一度处于被动地位。从基督教传统来看,罗马教会相传由圣彼得和圣保罗建立,是高贵的使徒教区,而君士坦丁堡教会则没有这种背景,这在一定程度上影响了其号召力。例如,卡尔西顿会议给予君士坦丁堡教区与罗马平等的地位让罗马主教利奥极为不满。他严辞表明这一决定是"与教父们确定的教规相矛盾的,是对抗圣灵的地位和古典时代传统的表现"[1]。452 年,他更是在给君士坦丁堡主教阿纳托里乌斯的信中表示:"君士坦丁堡甚至不具备都主教的资格,因为即使它是皇帝所在的城市,也不能使其成为使徒教区。"[2]在这种局面下,改善同东部其他教区尤其是亚历山大里亚的关系就成了君士坦丁堡为数不多的选择之一。

---

[1] W. H. C. Frend, *The Rise of the Monophysite Movement*, p. 146.
[2] W. H. C. Frend, *The Rise of the Monophysite Movement*, p. 146.

反观亚历山大里亚教区在卡尔西顿会议之后地位迅速下降,至少一段时期内不可能对君士坦丁堡的地位有实质威胁。如此,二者因为争夺东部基督教世界领导权所造成的尖锐矛盾暂时得以缓解。同时,在基督教会内部逐渐被边缘化的亚历山大里亚也需要改变处境,而合作是双方都可以接受的选择。

正是因为《联合诏令》背后有各种势力复杂的政治纠葛,所以这份旨在调和宗教冲突的文件想要付诸实施十分困难。仅从诏令发布后各宗主教区的情况来看,尽管多位宗主教均签名支持皇帝的决定,但是各派之间依然矛盾重重,甚至后来一些诏令的支持者出现了立场的反复。例如,埃瓦格里乌斯在书中就记录了罗马教会对亚历山大里亚主教人选的不满,以及安条克主教在信仰问题上的摇摆。

> 而我们先前提到的约翰①则逃离了亚历山大里亚并来到了罗马,他散布谣言称,他因为坚持利奥主教的教义和卡尔西顿信经而被放逐,而接替他的人是反对这些信仰的。罗马主教辛普利西乌斯被这些谎言迷惑并且写信给泽诺皇帝,而泽诺则回信表示约翰只是因为发伪誓才被剥夺了主教的职位②。

> 安条克主教卡兰狄翁写信给泽诺皇帝和君士坦丁堡大教长阿卡基乌斯,在信中他称彼得③是一个通奸者,并且说当他来到亚历山大里亚城的时候咒骂了卡尔西顿会议。随后,卡兰狄翁却因涉嫌支持伊鲁斯、莱昂提乌斯和潘普里皮乌斯反对泽诺皇帝的叛乱而被流放到奥西斯④。

---

① 指埃瓦格里乌斯作品第 3 卷第 12 节中提到的骗取皇帝信任一度成为亚历山大里亚主教的约翰长老。
② Evagrius Scholasticus, *The Ecclesiastical History of Evagrius Scholasticus*, Ⅲ.15.
③ 指亚历山大里亚主教彼得·蒙古斯。
④ 即本章第一节中提到的伊鲁斯叛乱,该叛乱发生在 484 年。

　　斯蒂芬和卡兰狄翁的前任彼得①重新获得了安条克主教的职位。他也在泽诺写给亚历山大里亚主教彼得的《联合诏令》上签了名,而君士坦丁堡大教长阿卡基乌斯是他的盟友。耶路撒冷主教马尔提利乌斯也在给彼得的宗教诏令上签了名。然后,这些人在得知彼得②公开痛斥卡尔西顿会议后和他断绝了联合的关系。君士坦丁堡大教长阿卡基乌斯得知此事后非常焦虑,并且派人去查明情况。彼得为了向他们保证他没有做过这样的事情,就写了一封便函,列举了一些人的证词,证明自己从没做过类似的事情。③

　　彼得④这个人是一个反复无常的投机分子,他经常随着局势的变化而改变自己的立场,而且从来不会坚持一种观点,他时而咒骂卡尔西顿会议,时而又放弃自己的主张而全心接受它。因此,这个彼得写了一封信给君士坦丁堡大教长阿卡基乌斯,全信内容逐字记录如下:

　　　　至高无上的上帝将会补偿阁下您所付出极大的辛劳和所受的烦扰,因为您一直不间断地发表宣言以确认并保护神圣的教父们的信仰。因而在其中我们发现了由318名神圣教父颁布的信仰,这是我们在洗礼之初就已经坚信的,并且现在我们也相信它;这也正是聚集在君士坦丁堡的150名神圣的教父所确认的。所以,通过无休止地教导每个人,您团结了上帝神圣的教会,并且用最强有力的证据说服了我们相信在最神圣的卡尔西顿大公会议上没有出现任何与信仰相矛盾的内容,并且它与尼西亚的教父们认可的教义相一致。因为没有发现任何新的改变,我们便心甘情愿地同意并且相信它。

　　　　我们已经知晓某些修士出于妒忌我们兄弟般的情谊,向圣徒一

---

① 即本节前文提到因支持《瓦西里斯库通谕》而被泽诺罢免的安条克主教彼得。
② 指亚历山大里亚主教彼得·蒙古斯。
③ Evagrius Scholasticus, *The Ecclesiastical History of Evagrius Scholasticus*, Ⅲ. 16.
④ 指亚历山大里亚主教彼得·蒙古斯。

般的您进了一些谗言,并最终艰难地让您因此事变得愤怒:这些谣言是首先他们说我们把与圣徒同行的教父、受到祝福的提摩太大教长的遗体转移到了另一个地方,这件事既不符合上帝的意志又不符合法律。此外,他们还散播了比之前那件事更矛盾且恶劣的谣言。然而我们怎么能谴责神圣的卡尔西顿会议呢? 正是在这次会议上我们确立了我们的信仰啊! 和我们在一起的那些群氓的妒忌和反复无常,以及那些修士渴望改变教义的性情,都是您所熟知的:他们和某些从教会中分裂出来的恶人一起图谋不轨,并且试图将人民引入歧途。而在您的指引下,我们发表了一个旨在弥合分裂的讲话,这对卡尔西顿会议没有丝毫损害,因为我们知道在这次会议上没有通过任何新的教义;并且为了确保清白以及作为一个防护措施,我们要求那些现在已经与我们团结在一起的人要说这句话①,并且通过很多努力,我已经迅速地阻止了这件事情。

但是我要通知阁下您,即使是在如今,那些不断地播下邪恶种子的修士依然没有停歇;他们将自己组织起来作为那些从不生活在修道院的人的代理人。并且他们散播各种愚蠢的流言蜚语,既为了反对我们,又为了扰乱基督教会的和平;他们不允许我们为了神圣普世的上帝的教会而按照教规恰当地履行我们的职责;他们让这里的人民统治我们而不是服从我们的统治,并且希望做所有与上帝不相称的事情。但是我们坚信阁下您会将这一情况通知最神圣的世界万物的主宰者,并且由陛下为他们提供一份诏令②,它是与上帝和皇帝都相称的,同时是教会和平的需求,因此这样所有人都会安静下来。③

在罗马主教换为菲利克斯之后,罗马教会与君士坦丁堡教会以及泽诺皇帝之间围绕《联合诏令》产生的裂痕越来越深。菲利克斯将这份文件视为对罗马主导的《卡尔西顿信经》的背离,因此派遣特使要求皇帝和君士坦丁堡大教长阿卡基乌斯就对卡尔西顿会议的

---

① 此处的“这句话”应指针对卡尔西顿大公会议信仰问题的一种表态。
② 此处彼得应该是在隐晦地建议泽诺皇帝和君士坦丁堡大教长阿卡基乌斯修改《联合诏令》。
③ Evagrius Scholasticus, *The Ecclesiastical History of Evagrius Scholasticus*, Ⅲ.17.

态度和一些教会人事安排，如安条克主教彼得的任命问题做出解释，并且要求阿卡基乌斯亲自到罗马去澄清事实。尽管泽诺和阿卡基乌斯先后给菲利克斯回信，但是他们的说明并没有得到罗马教会的认同。为此，菲利克斯再次致信要求处罚阿卡基乌斯，甚至将矛头指向了皇帝，他指责君士坦丁堡大教长"因为迎合皇帝而背弃了信仰"，显然是认为泽诺的《联合诏令》违背了正统信仰。之后双方更是相互开除教籍，酿成了 5 世纪基督教会内部著名的"阿卡基乌斯分裂"。

逃到罗马的那个约翰正在烦扰着罗马主教辛普利西乌斯的继任者菲利克斯。而如扎卡里亚所记载，关于彼得的所作所为，约翰说服菲利克斯给阿卡基乌斯写了一封信，并且在信中宣布因为与彼得联合的问题而罢黜阿卡基乌斯。阿卡基乌斯对此并不接受，因为他认为这种行为不符合教规，又如扎卡里亚记载，一群被叫作不眠者①的修士传递了这封信。但是在我看来他对实情一无所知，仅是依靠零碎的流言如此记载。我接下来要准确地讲述事情的原委。约翰递交了反对阿卡基乌斯的请愿书，其中他指责阿卡基乌斯不合法地与彼得联合，并且做了其他诸多不合教规的事情。此后，菲利克斯派遣维塔利斯和米赛努斯主教到泽诺皇帝那里，确保卡尔西顿会议的决定依然是官方信仰，并且要求以异端的名义将彼得放逐，同时阿卡基乌斯还应该被送至菲利克斯那里，为约翰对他的指控进行澄清。②

但是在这些人到达首都之前，所谓不眠者的领袖西里尔指责菲利克斯面对如此对抗正确信仰的行为反应却这般迟缓；菲

---

① 原文为 Sleepless，这些修士聚集的修道院位于君士坦丁堡金角湾。他们是卡尔西顿大公会议的坚定支持者，因不分昼夜持续不断的礼拜仪式而得名。

② Evagrius Scholasticus, *The Ecclesiastical History of Evagrius Scholasticus*, Ⅲ. 18.

利克斯写信给与米赛努斯一起来的人,告诉他们应该避免一切行动,直到会见西里尔并且得知他将如何处理这件事。①

菲利克斯还给他们写了其他一些便函,同时他还写信给泽诺皇帝,信件内容是关于卡尔西顿会议和胡内里克在非洲地区的暴行②。他还给阿卡基乌斯写了一些信。泽诺回复他不必为约翰所困扰,因为约翰曾经发誓不会谋求亚历山大里亚主教的职位,但是他违背了自己的誓言,因此犯下了渎神的罪行。此外,彼得也是在被详细考察以后才得到主教职位的,他亲笔签字接受由 318 名圣洁的教父在尼西亚制定并在神圣的卡尔西顿会议上被继承的信仰。回信如下:

> 现在应该回避争吵了,我们虔诚的、最圣洁的彼得以及所有最神圣的教会都接受并尊敬最神圣的卡尔西顿会议,而且这一会议是符合尼西亚会议制定的信仰的。

此外,上文提到的西里尔和首都的一些修道院院长以及埃及的一些神职人员都写信给菲利克斯,内容都是反对彼得的异端以及和他联合的那些人。那些到菲利克斯之处的来自修道院的不眠者还指控与米赛努斯一起的人,因为在他们到首都之前,彼得的名字只在神圣的双折册上被隐秘地读出来③,然而自从他们到来之后,这种行为甚至可以公开进行了;这样那些与米赛努斯一起的人与彼得联合了。而埃及的来信则说约翰是正统且合法的主教人选,而彼得只得到了两个和他一样持错误教义的主教的支持;从约翰逃跑时起,正统教义就受到了强行侮辱;许多人前往首都将此事告诉了阿卡基乌斯,但是他们发

---

① Evagrius Scholasticus, The Ecclesiastical History of Evagrius Scholasticus, Ⅲ. 19.
② 胡内里克(477—484 年在位),汪达尔王国国王,支持阿里乌主义。
③ 双折册是一个包括死人和活人的名册,在礼拜上要被专门读出。

现阿卡基乌斯与彼得共同谋划了所有这些事情。①

　　不眠者中的一名修士西蒙曾被西里尔派到菲利克斯那里，他夸大了这些事情，指控那些与米赛努斯和维塔利斯在一起的人联合了异端信仰者，因为彼得的名字的确在神圣的双折册上被宣读，这样许多头脑简单的百姓就被异端所误导，从而认为罗马教区已经接受了彼得。并且，作为对各种询问的回应，西蒙说那些和米赛努斯一起的人拒绝会见任何正统派的信徒，也不愿意安排转交他们的信件，此外，在出现对抗正确信仰的暴行时也没有准确地捍卫信仰。而与米赛努斯和维塔利斯一起来到君士坦丁堡的一位司铎希尔万努斯也参与进来并确认了这些修士的宣言。一封阿卡基乌斯写给辛普利西乌斯的信也被宣读，信里说彼得很久之前就已经被罢免了，并且说他是黑暗之子。由此，米赛努斯和维塔利斯被剥夺了神职人员的资格和参与圣餐的权利，整个会议通过了如下宣言：

> 罗马教会不接受异端信仰者彼得，他在很久之前就已经被神圣的教区谴责、革除教籍并诅咒了。即使不再有关于他的异议，已有的也足够了。因为他是由异端信仰者拥立为主教的，所以他不能作为正统教会的领袖。

宣言还说道：

> 这件事情表明君士坦丁堡的阿卡基乌斯应该受到严厉的惩罚，因为尽管他曾经写信给辛普利西乌斯并且称彼得为异端，但是他现在却没有对皇帝坦白实情，而如果他真的对皇帝泽诺忠诚，这绝对是他应该做的。然而，由于贪婪，他将自己奉献给了皇帝而非信仰。

但是让我们回到随之而来的事上来吧。阿卡基乌斯给埃

---

① Evagrius Scholasticus, *The Ecclesiastical History of Evagrius Scholasticus*, Ⅲ. 20.

及主教、神甫、修士以及平民送去一封信,在信中他尽力修补教会已经发生的分裂。关于这些问题,他也给亚历山大里亚主教彼得写了信。①

泽诺的《联合诏令》不仅没有得到像罗马主教这样的卡尔西顿大公会议支持者的赞同,在基督一性论派信徒那里也同样遭遇了困阻。在基督一性论的大本营亚历山大里亚,诏令没有成功让他们化解仇恨,反而引发了新的骚乱。他们驱逐反对者,迫使皇帝派遣代表与他们进行谈判。但是,因为泽诺坚持调和立场,拒绝公开反对卡尔西顿大公会议,双方的联合无果而终。

现在,亚历山大里亚城内的分裂已经达到了高峰。在又一次诅咒了利奥大卷、卡尔西顿会议和拒绝接受狄奥斯库鲁及提摩太的人之后,彼得得到了与一些主教和修道院长交流的机会。并且,他没有打算说服其余的反对者,而是把大多数反对者从修道院驱赶出去。由于内法利乌斯②来到首都把这些事情报告给了皇帝泽诺,皇帝大为困扰。为了确保联合存续,泽诺派出一名侍卫哥斯马斯去威胁彼得,但哥斯马斯严苛的作风使当地产生了很大的分裂。由于没能让反对者中的任何一人改变态度支持自己,哥斯马斯将被赶走的修士的住所归还给他们,然后回到了首都。接下来,皇帝提拔阿尔塞尼乌斯为埃及的管理者和军事长官。他与内法利乌斯一起到达亚历山大里亚之后,发起了关于联合的讨论,但是在没有成功说服他们之后,他将部分反对者送到首都。其后,他们在泽诺皇帝面前展开了一次大规模的讨论,但是没有达到目的,因为泽诺完全拒绝谴责卡尔西顿会议。③

---

① Evagrius Scholasticus, *The Ecclesiastical History of Evagrius Scholasticus*, Ⅲ. 21.
② 这是来自努比亚地区的一位修士。参见怀特比英译本第 157 页注释 73。
③ Evagrius Scholasticus, *The Ecclesiastical History of Evagrius Scholasticus*, Ⅲ. 22.

在这一系列新的纠纷之后,君士坦丁堡大教长阿卡基乌斯、亚历山大里亚主教彼得·蒙古斯、安条克主教彼得相继去世,他们所属各自教区的继任者虽然也试图继续弥合彼此之间的裂痕,但是由于种种矛盾,最终这些尝试都再次失败了。

> 在君士坦丁堡大教长阿卡基乌斯去世后,弗拉维塔继任了主教的职位。他和亚历山大里亚的彼得之间曾就卡尔西顿会议的问题通信。但弗拉维塔在成为主教的四个月后就不幸去世,尤菲米乌斯被任命接替他的位置。尤菲米乌斯接到彼得写给弗拉维塔的宗教信件,当看到其中有诅咒卡尔西顿会议的内容后,他十分困扰并且断绝了与彼得的交往。弗拉维塔和彼得各自致对方的信件还保存至今,但是因为文本长度问题,我将省略它们。就在双方即将展开论战并各自召集宗教会议时,彼得去世了,阿塔纳修斯接替了他。他试图弥合双方已经产生的分裂,但是因为分歧众多而未能成功。接下来,阿塔纳修斯给彼得在安条克主教职位上的继任者帕拉狄乌斯写了几封信,内容都是关于卡尔西顿会议的。其后阿塔纳修斯的继任者约翰也做了相同的事情。帕拉狄乌斯去世后,弗拉维安接替了他,上任后派出了安条克的一个名叫所罗门的司铎携带其宗教信件至亚历山大里亚并寻求约翰的回信。亚历山大里亚主教约翰去世后,另一个名叫约翰的人接替了他。这些事情都是这样进行的,直到阿纳斯塔修斯统治时期发生了皇帝放逐尤菲米乌斯事件。为了清晰和便于理解此事件的原因,我将在接下来继续讨论这个问题。①

皇帝泽诺去世后,阿纳斯塔修斯继任皇位。比起对伊苏里亚人泽诺的鄙视,埃瓦格里乌斯对阿纳斯塔修斯较为尊重。在谈到他继

---

① Evagrius Scholasticus, *The Ecclesiastical History of Evagrius Scholasticus*, Ⅲ. 23.

位后的宗教形势时,埃瓦格里乌斯称赞他让所有臣民都享受了平静的生活,消除了宗教事务中的所有冲突和斗争。然而,这显然不是事实,阿纳斯塔修斯面临的宗教矛盾丝毫不亚于泽诺时期。帝国内不但有卡尔西顿派和基督一性论派的支持者,而且还新增了支持《联合诏令》的调和派。埃瓦格里乌斯在之后的行文中也不得不笔锋一转,承认了各地区神职人员产生的激烈论战。为此,阿纳斯塔修斯不得不采用强力手段,罢免并放逐了一些立场强硬的宗教领袖。

因为阿纳斯塔修斯是个十分平和的人,所以他绝不希望带来任何变革,尤其是涉及教会地位的问题。他尽其所能使最神圣的教会免受干扰,而他的所有臣民都十分享受这种平静的生活。所有冲突和斗争都被排除在宗教和政治事务之外。

如此,在这个时代,鉴于卡尔西顿会议在最神圣的教会中既不被公开赞美,也不被否定,因此每个神职人员都按照自己的信仰行事。有些人十分坚定地信仰和遵守会议规定的每一词每一句,他们甚至不承认哪怕一个字母的改变;他们非常直接地表现出抵触,甚至拒绝与那些不接受卡尔西顿会议决议的人共领圣餐。另一方面,另一些人则拒绝接受卡尔西顿会议及其决议,甚至咒骂该会议和利奥大卷。此外还有一些人支持泽诺的《联合诏令》,不过他们针对基督一性还是两性的问题也在互相争论不休,因为有些人被文件的措辞欺骗,同时另一些人则倾向于尽量保持平和态势。其结果是,整个教会分裂成了不同派别,而且它们的神职人员彼此之间也不进行任何交流。在东部、西部以及利比亚地区都产生了诸多不同的宗教派别,由于东部主教们反对西部或者利比亚地区主教们的观点,而后两者也对前者反唇相讥。形势变得难以理喻了,东部地区的神职人员之间也拒绝交流,而西部和利比亚地区也是如此,所以更不用说和外人交流了。当阿纳斯塔修斯皇帝看到这种情况后,他放逐了那些变革教义的主教们,如果他发现有人违背了当地宗教习俗,不论其立场是赞美或诅咒卡尔西顿会议,他都会放逐那些人。这样他从首都先是流放了尤菲米乌斯,然后驱逐了马其顿尼①,并将提摩太擢升为接替马其顿尼的主教,另外在安条克放逐了弗拉维安。②

埃瓦格里乌斯在作品接下来的内容中完整地保存了一封来自巴勒斯坦修士的长信,从这封信中,我们也能看到 6 世纪初东方地区埃及、叙利亚和巴勒斯坦等地教会中的复杂形势。同时,我们也不难看出,在坚定的卡尔西顿派支持者和基督一性论派信徒眼中,支持《联合诏令》的调和派是一样的异端敌人。

现在,巴勒斯坦地区的修道团体给阿尔奇森③写了一封关于马其顿尼和弗拉维安的信,全文如下:

> 在彼得④被埋葬之后,亚历山大里亚和埃及再一次将自己分裂出去,因为彼得的继任者阿塔纳修斯写了一封谴责卡尔西顿会议的宗教信件,并将之发送给君士坦丁堡、安条克和耶路撒冷的主教们。因为这封信没有被这些主教所接受,所以从那时起亚历山大里亚、埃及和利比亚就与东方其他地区分道扬镳了;同时,在诅咒聂斯托里、尤提克斯和狄奥斯库鲁等人时,只要不把彼得·蒙古斯和阿卡基乌斯的名字加入诅咒名单,西部地区就拒绝与它们联合。如此,当普世教会处于这样一种状态时,狄奥斯库鲁和尤提克斯的绝对拥趸却已经减少到了一个很小的数目。而当他们已经几乎从这个世界消失的时候,他们也就不存在了。克塞纳伊阿斯对于上帝来说确实是个陌

---

① 尽管埃瓦格里乌斯赞美阿纳斯塔修斯保护了宗教的和平,但是其实这位皇帝的宗教立场是倾向基督一性论的,他放逐的君士坦丁堡大教长尤菲米乌斯和马其顿尼都是坚定的卡尔西顿派信徒。

② Evagrius Scholasticus, *The Ecclesiastical History of Evagrius Scholasticus*, Ⅲ. 30.

③ 即埃瓦格里乌斯作品第 2 卷第 5 节中提到的 6 世纪初卡尔西顿派神学家的领袖,尼科波利斯的阿尔奇森。

④ 指亚历山大里亚前主教彼得·蒙古斯。

生人①,我们不知道此人是出于什么目的与敌意要如此对待弗拉维安,但是很多人说他是假借信仰的名义这么做的。他最初诽谤弗拉维安是聂斯托里的支持者。当弗拉维安咒骂了聂斯托里及其思想之后,克塞纳伊阿斯又转向去指责狄奥斯库鲁②、塞奥多利、塞奥多利特、伊巴斯③、居鲁士、尤塞里乌斯和约翰的支持者,但我们无从得知克塞纳伊阿斯是从何人或何处收集到这些名字的④。这些人中的一部分确实传播了聂斯托里的思想,而另一些人尽管心存疑虑,但还是强烈谴责了聂斯托里并在死前都支持着教会。菲罗克塞努斯说:'如果你不诅咒所有这些持聂斯托里观点的人,你就也是聂斯托里思想的支持者,即使你诅咒他和他的观点一万次也没有用。'他还写信煽动狄奥斯库鲁和尤提克斯的支持者,劝说他们一起反对弗拉维安,并宣称他们不是要抨击卡尔西顿会议,而是仅仅针对上面提到的那些人。

在弗拉维安主教抵抗了一段时间之后,另一些人也被克塞纳伊阿斯拉入参与对他的斗争,来自卡帕多西亚的塞昆达的主教埃莱夫西努斯、叙利亚劳提西亚的尼西阿什和其他一些人都参与其中——应该由这些人而不是我们来解释他们卑劣地对待弗拉维安的原因。最终,为了安抚这些人,弗拉维安屈服于他们扰乱秩序的行为。他写信强烈谴责了那些人并将信送到皇帝那里;事实上,这些人已经抢先向皇帝状告弗拉维安代表聂斯托里的思想。而克塞纳伊阿斯对此并不满意,他要求弗拉维安进一步地表态抨击卡尔西顿会议和那些认为主有神人两性的人;当弗拉维安拒绝让步后,克塞纳伊阿斯再一次

---

① 原文作Xenaïas,这是一个双关词,指马布格的菲罗克塞努斯(Philoxenus of Mabbug),他名字词尾的xenos在希腊语中有"陌生人"的意思。此人是叙利亚马布格的主教,基督一性论派重要的宗教领袖之一。该注解请参见怀特比译本第168页注释99。
② 怀特比在自己的英译本中提出,此处可能是埃瓦格里乌斯的笔误,狄奥斯库鲁应为狄奥多罗斯(Diodorus),此人是聂斯托里的老师,参见怀特比译本第169页注释102。
③ 塞奥多利、塞奥多利特和伊巴斯这三位主教都是5世纪上半叶叙利亚的神学家,他们的宗教理论接近于聂斯托里,最终在查士丁尼召开的第五次基督教大公会议上被定为异端。菲罗克塞努斯指责安条克前主教弗拉维安既支持一性论信仰的始作俑者之一狄奥斯库鲁,又支持这三位信仰上与基督一性论大相径庭的神学家,这显然不合常理。因此,上一注释中怀特比的推测是很有道理的。
④ 居鲁士、尤塞里乌斯和约翰具体情况不详。

称弗拉维安为聂斯托里派。在发生很多骚乱后,弗拉维安对教义进行了阐述,他承认在放逐聂斯托里和尤提克斯的问题上支持卡尔西顿会议,但在教义方面则不然。但这些人再一次攻击弗拉维安私下赞成聂斯托里的教义,因为他拒绝诅咒卡尔西顿会议和那些认为主有神人两性的人。他们还诱骗伊苏里亚人加入他们的阵营。他们制定了一份关于信仰的文件,在其中诅咒卡尔西顿会议及那些认为主有两性的人。他们至此与弗拉维安和马其顿尼分道扬镳,转而与那些在文件上签名的人结盟。

　　同时,他们还要求耶路撒冷主教埃利阿斯写一份表述自己信仰的声明文件;后者写了这份文件并由狄奥斯库鲁的追随者交给了皇帝。他们呈送的文件包含了对支持基督拥有两性的人的诅咒内容。但是,耶路撒冷主教坚称这是狄奥斯库鲁的追随者们伪造的,并且又给了皇帝一封不包含上述诅咒内容的信。这并不让人惊讶,事实上他们已经伪造了许多教父的著作,此外他们仅凭着阿波利拿里的众多著作的标题,就将其贴在阿塔纳修斯、格里高利和尤利乌斯的作品之上①。通过以上这些手段,他们把许多人和他们自己的不虔诚行为联系在一起。他们还要求马其顿尼拿出一份表明自己信仰的书面声明。马其顿尼写道,他只承认尼西亚和君士坦丁堡大公会议制定的信仰,同时还诅咒了聂斯托里、尤提克斯,以及那些坚持两个圣子、两个基督或基督两性分割观点的人,但是他没有提及放逐聂斯托里的以弗所会议和放逐尤提克斯的卡尔西顿会议。君士坦丁堡附近的修道院对此十分愤怒,因此他们和马其顿尼决裂了。同时克塞纳伊阿斯和狄奥斯库鲁在赢得了许多主教的支持后,进一步坚定地与那些不诅咒卡尔西顿会议的神甫斗争。而那些直到最后也不屈服的人则往往被阴谋陷害并被放逐。他们就是这样对待马其顿尼、帕尔托斯的主教约翰以及弗拉维安的。

---

① 阿波利拿里是公元 4 世纪的神学家,他的思想后被定为异端。阿塔纳修斯是 4 世纪亚历山大里亚的著名神学家,阿里乌教义最坚定的反对者之一,尤利乌斯和格里高利都是阿塔纳修斯的支持者。

这就是那封信的内容。[1]

此外，阿纳斯塔修斯一世的宗教背景也十分复杂。他本人的立场倾向于基督一性论，又出生于与摩尼教有关的家庭。因此，以君士坦丁堡大教长尤菲米乌斯为代表的教会领袖在阿纳斯塔修斯登基的过程中给他制造了很大的麻烦，这也体现了 5 世纪末期日益强大的教权对于皇权的限制。为了保证自己的权力不被侵犯，阿纳斯塔修斯用不太光彩的手段更换了君士坦丁堡大教长。同时，对于其他教区的宗教领袖，他也保持了这种强硬的态度。

但是还有一些事让阿纳斯塔修斯皇帝怒火中烧。因为当阿里阿德涅希望阿纳斯塔修斯紫袍加身之时，当时的君士坦丁堡大教长尤菲米乌斯却表示，只有阿纳斯塔修斯通过书面文件，以及用发重誓的方法向他亲笔承诺，在登上皇位后会保持信仰不被歪曲，并且不给上帝的神圣教会带来任何教义的改变，那么他才会同意阿纳斯塔修斯继位；而他也将这份文件转变给了马其顿尼，让后者也成了这份珍贵文件的守护人。他这样做的原因是阿纳斯塔修斯被许多人认为是摩尼教徒[2]。因此，当马其顿尼成为主教之后，阿纳斯塔修斯希望要回自己亲笔书写的那份文件，他说这种情况是对皇帝统治的侮辱。由于马其顿尼坚决反对并且宣称他不会背叛信仰，皇帝就竭尽所能地策划阴谋来对付他，并且希望将他赶下主教的位置。例如，一些男童被拉来做指控者，诬告马其顿尼犯有猥亵罪。但是当马其顿尼被发现已经失去了阴部后，他们又策划了其他阴谋，直到在当时的执事长官塞勒的建议下，马其顿尼才最终秘密地离开自己的教区。

---

[1] Evagrius Scholasticus, *The Ecclesiastical History of Evagrius Scholasticus*, Ⅲ. 31.
[2] 阿纳斯塔修斯的母亲是摩尼教徒，他的叔叔是阿里乌派信仰者。参见怀特比译本第172 页注释 112。

　　还有一些其他问题与弗拉维安被放逐有关,因为我们能够遇到一些亲身见证弗拉维安遭遇的老人。他们说那个叫作克塞纳伊阿斯的人,也就是希腊语中的菲罗克塞努斯,当时是希拉波利斯的主教,他说服那些被称作塞内吉克^①的修士和那些居住在第一叙利亚地区的人一起冲进安条克城,这些人制造了混乱和极大的骚动,他们强迫弗拉维安诅咒卡尔西顿会议和利奥大卷。当弗拉维安表示抗议的时候,这些修士就激愤地施压于他,安条克的人民愤然而起,对这些修士展开了一场大屠杀;结果,许多修士被杀死然后抛尸在奥隆特斯河,尸体被河水吞没。同时,那里还发生了一件同样重要的事情,来自科罗叙利亚地区(也就是现在的塞昆达)的修士们拥戴弗拉维安,因为他曾经在当地乡下(名字叫提尔莫农)的某个修道院修行,于是他们来到了安条克,希望能保卫弗拉维安;因此接下来就发生了一件不小的事情。结果,可能是因为之前的事情,或者因为这件事情,抑或是因为这两件事,弗拉维安受到谴责并被放逐到巴勒斯坦边境的佩特拉。^②

　　阿纳斯塔修斯成功地撤换了支持卡尔西顿会议的君士坦丁堡大教长马其顿尼和安条克主教弗拉维安。在这两项人事变动中,似乎首都主教更为引人注目。但是,安条克主教的新人选塞维鲁却给帝国的教会带来了更大的冲击。此人是坚定的基督一性论支持者,且行事极为强势。他上任之后对卡尔西顿会议及其支持者采取了咄咄逼人的态度,从而引发了激烈的反抗。出于自己的宗教信仰,阿纳斯塔修斯在双方的斗争中偏袒了塞维鲁,从而彻底背离了泽诺和阿卡基乌斯等人在《联合诏令》中谋求的搁置教义争议、寻求双方和解的道路。而皇帝本人也和塞维鲁一样,成了坚定的卡尔西顿派

---

① 原文作 Cynegike。
② Evagrius Scholasticus, *The Ecclesiastical History of Evagrius Scholasticus*, Ⅲ. 32.

信徒眼中危害正统信仰的异端。

于是,当弗拉维安被放逐之后,塞维鲁接任了安条克主教,此时是安条克建城的第 561 年狄奥斯月①,这一年处于现行周期的第 6 个十五年期财政年度之中②,而这段文字则写于安条克建城的第 641 年。塞维鲁是皮西狄安省③的索佐波利斯人,他早先曾在贝鲁特学习法律。但是他在学习法律后不久就在利奥提乌斯教堂接受了神圣的洗礼,利奥提乌斯是腓尼基海滨城市特里波利斯④的一位荣耀无比、受人尊敬的殉教士,其后塞维鲁在加沙城和玛依乌玛镇之间的某座修道院开始了修道生活。那里也是加沙主教伊比利亚的彼得修行之处,此人曾经和提摩太一起逃亡并且经历了同样的考验,这给他留下了巨大的声誉。而塞维鲁在那里的一次辩论中和内法利乌斯大打出手,内法利乌斯曾经和塞维鲁一样支持一性论派,但是之后他变成了卡尔西顿会议和耶稣基督拥有两性观点的支持者。塞维鲁与其他许多和其观点相仿的人一起被内法利乌斯及其支持者驱逐出修道院,然后就来到了首都,并为自己和那些被赶走的人向皇帝陈情辩护。这样他就与阿纳斯塔修斯皇帝相识了,这些事情都是由《塞维鲁生平》的作者记载的。塞维鲁在一些宗教信件中诅咒卡尔西顿会议,关于这些问题巴勒斯坦地区的修士们给阿尔西森的信件如下⑤:

现任君士坦丁堡大教长提摩太的宗教会议在巴勒斯坦地区已经被接受了,但是我们不接受放逐马其顿尼和弗拉维安的决定,也不接受塞维鲁的宗教会议。恰恰相反,事实上那些负责传递这些指示的

---

① 原文为 Dios。
② 公元 512 年 11 月。
③ 位于小亚细亚西南部。
④ 或译为的黎波里,黎巴嫩港口城市。
⑤ 上文引用的本卷第 31 节也是这封信的一部分,可与之结合阅读。

人被赶出了城市,他们被证明是耻辱之徒,因为这里的人民和修士一起反对他们。这就是巴勒斯坦地区的形势。但是,在安条克教区的统治下,一些人被争论冲昏头脑,因而受到了控制,贝鲁特主教马里努斯就是其中之一;而其他一些人则迫于压力不情愿地附和了塞维鲁的宗教会议,这些会议内容包括了对卡尔西顿会议和支持我主拥有神人两性的人的诅咒;另有一些人,则在不情愿地附和了塞维鲁之后又心生悔悟,其中就包括了隶属于阿帕米亚的那些人;还有一些人完全拒绝这些会议,这些人包括了博斯特拉的朱利安、推罗的埃皮法尼乌斯和其他一些地方的主教。伊苏里亚人在醒悟过来之后,谴责了自己因为被欺骗而作出的决定,并且诅咒了塞维鲁和他的支持者。然而,还有一些塞维鲁治下的主教和神职人员离开了自己的教会且逃跑了,其中就包括了博斯特拉的朱利安和大马士革的彼得。还有马玛斯,他先前是狄奥斯库鲁派的两位领袖之一,塞维鲁就是通过狄奥斯库鲁派才复位的。他谴责了他们的傲慢。

此外他们还写道:"当地的修道院和耶路撒冷城,在上帝的指引下,与其他许多城市及其主教一起,奉行正确的信仰。为了上述这些和我们自己、我们祈祷最神圣的主和我们尊敬的父保佑我们不要被诱惑。"①

现在,因为这些信件中提到了隶属阿帕米亚的神甫们与塞维鲁划清了界限,所以让我们来讲一些我们家族流传下来的故事,虽然在此之前,它确实并不被人看作为历史。我的家乡在埃皮法尼亚,该地毗邻奥隆特斯河。埃皮法尼亚主教科斯马斯和埃皮法尼亚附近的阿瑞图萨城的主教塞维利阿努斯对塞维鲁的宗教信件感到苦恼,因而断绝了和塞维鲁的联合,并且在塞维鲁仍是安条克主教的时候共同发表了一份文件宣布罢免他。向塞维鲁递交这份文件的任务,他们交给埃皮法尼亚的第

---

① Evagrius Scholasticus, *The Ecclesiastical History of Evagrius Scholasticus*, Ⅲ. 33.

一副助祭奥勒良。因为奥勒良畏惧塞维鲁和他大教长的高贵身份，因此在到达安条克城之后，奥勒良穿上了女人的衣服，靠伪装来拜见塞维鲁。奥勒良把所戴面纱垂到胸前，假作深情哀号与啜泣，在此掩护下苦苦哀求塞维鲁并将这份罢免他的文件悄悄递给了他。之后他乘人不备离开了人群，并在塞维鲁看到文件内容之前安全地逃跑了。而塞维鲁尽管收到了这份文件并读过了文件内容，但直到阿纳斯塔修斯去世，他的主教职位依然十分稳固。

因此，当阿纳斯塔修斯发现了关于塞维鲁的这件事之后（必定有人记录了阿纳斯塔修斯仁慈地处理这件事情的经过），他指示腓尼基-黎巴嫩地区军队的司令官阿西阿提库斯将科斯马斯和塞维利阿努斯驱逐出他们的教区，因为他们发表了罢免塞维鲁的文件①。阿西阿提库斯来到了东部地区后，发现很多人在教义上都支持科斯马斯和塞维利阿努斯，并且他们的城市都坚定地支持他们，因此他向阿纳斯塔修斯报告称，除非展开杀戮，否则他无法将这两人驱逐出他们的教区。阿纳斯塔修斯宅心仁厚，以至于他写信给阿西阿提库斯表示他不希望实施进一步的行动了，即使这是一个极为重大的事件，但他也不希望有一滴鲜血流下。这就是阿纳斯塔修斯统治期间普世教会事务的情况。因为阿纳斯塔修斯反对卡尔西顿会议，所以有些人将他从神圣的双折册中除名；而在耶路撒冷，甚至他在世的时候就遭到了诅咒。②

阿纳斯塔修斯一世的宗教倾向在他的晚年引发了统治危机。

---

① 阿纳斯塔修斯一世的决定显然是偏向塞维鲁的，他对基督一性论派的一边倒的支持与之前的泽诺皇帝形成了鲜明的对比。值得注意的是，尽管在宗教立场上，埃瓦格里乌斯与泽诺相近，但是他却给予了阿纳斯塔修斯更多的偏爱。这说明他评判皇帝的标准是多方面的。

② Evagrius Scholasticus, *The Ecclesiastical History of Evagrius Scholasticus*, Ⅲ. 34.

首都君士坦丁堡传统上是支持卡尔西顿会议的地区。即使像具有调和色彩的《联合诏令》在这里都会遭到广泛的非议,更不用说明显支持基督一性论的做法了。一场大规模的抗议活动很快演变为暴动。尽管阿纳斯塔修斯最终保住了皇位,但是随着他的去世,基督一性论派失去了皇帝的支持。到了 6 世纪的查士丁尼时代,《联合诏令》被正式废弃,基督一性论派将迎来更为沉重的打击,从而为东方省区最终从帝国的脱离埋下了伏笔。

在君士坦丁堡,当皇帝试图将"他因我们而被钉在十字架上"加入"三呼神圣"之中时,首都就爆发了一场大规模的骚乱①,因为基督教的信仰被完全地废弃了。在一封写给索特里楚斯②的信中,塞维鲁写到骚乱的发起者和领导者就是马其顿尼和他手下的那些神职人员(塞维鲁当时还不是安条克主教,而是居住在君士坦丁堡,如我所说,之前他与其他一些人被驱逐出了他的修道院)。我想就是因为这些诽谤加上之前发生的事情,才导致马其顿尼被驱逐了。

接下来,因为群众失去了控制,所以那些当权的人面临着死亡的危险,很多辉煌的建筑也被焚烧了。当群众发现叙利亚人马里努斯的家中有一个他同乡的修士,他们就砍下了此人的脑袋,并且说是这个修士建议添加"他因我们而被钉在十字架上"这句话的;在将他的首级挂在一根竿子上之后,他们轻蔑地喊道:"这就是那个阴谋对抗三位一体的人!"接下来骚乱发展到了很严重的程度,乱民抢劫所有东西并且失去了控制,而皇帝被迫在不戴皇冠的窘境下来到赛马场;皇帝派他的传令官对人群宣布,在关于皇帝权力的问题上,他很乐意退位,但是皇位不可能由所有人占有,因为它不能容纳那么多人,即使他退位

---

① 这场暴乱发生在 512 年。
② 此人为凯撒里亚的主教。

了,那么接下来肯定是由某一个人来继承皇权。看到如此情形后,群众改变了主意,仿佛有神圣的启示,他们祈求阿纳斯塔修斯重新戴上皇冠,并且保证他们会保持平静。

在这之后不久,阿纳斯塔修斯去世了①,他统治了罗马帝国27 年 3 个月零 3 天。②

---

① 阿纳斯塔修斯一世去世于 518 年,距离这场暴乱有 6 年之久。此处埃瓦格里乌斯的时间定位不够准确。
② Evagrius Scholasticus, *The Ecclesiastical History of Evagrius Scholasticus*, Ⅲ. 44.

第四章

查士丁一世与
查士丁尼的统治

概　述

查士丁一世(Justin Ⅰ,518—527 年在位)是查士丁尼王朝的开创者。他出生于马其顿地区的一个农牧民家庭,在 20 岁左右来到首都君士坦丁堡谋生。当时正值利奥一世招募官廷卫队,他得以入选。此后,查士丁一直在军队服役,到了阿纳斯塔修斯统治的末期,他已经晋升为官廷卫队的卫队长。

518 年,年近九旬的阿纳斯塔修斯皇帝骤然去世,没有留下遗嘱。因为老皇帝没有子嗣,加之此前阿里阿德涅皇后已经先于他离世,因此皇位处于空缺状态。查士丁在皇位竞争者各怀鬼胎的关键时刻,利用从宦官处意外得到的金钱收买人心,为自己赢得了元老院和军队的支持,最终在年近古稀之龄被加冕为皇帝。

查士丁因为没有子嗣,且目不识丁,因此,在执政时期多依赖其外甥,即政治上的接班人查士丁尼进行统治。在其治下,最为突出的表现是在宗教方面强调卡尔西顿正统派信仰,一定程度上缓和了之前阿纳斯塔修斯一世倾向基督一性论在首都带来的政治混乱。在军事外交方面,他的统治下,抵御了波斯帝国的入侵,保境安民也值得一书。另外,查士丁统治时期如大地震这样的自然灾害频发,他积极安排救灾和灾后重建工作也得到了史家们的肯定。总体看来,查士丁在史书中虽然不如他的外甥声名赫赫,但是对于王朝的开创之功以及对外甥查士丁尼的重用和培养为之后帝国的"黄金时代"奠定了重要的政治基础。公正地说,辉煌的"查士丁尼时代"应该包括查士丁一世与查士丁尼一世两人的统治时期。

查士丁尼一世(Justinian Ⅰ,527—565 年在位)是查士丁尼王朝的第二位皇帝,也是拜占庭帝国历史上第一个"黄金时代"的主要缔造者。他少年时便随舅舅查士丁来到君士坦丁堡,并在首都接受了良好的教育。查士丁登基之后,他作为皇储参与治国理政,并在查士丁去世后成了帝国新的统治者。

在他 38 年的统治中，帝国的各项政策均取得了重要的成就。在立法方面，他先后颁布了以《查士丁尼法典》为代表的多部法律，合称为《罗马民法大全》，影响后世深远。在内政改革方面，他加强皇权，镇压异己势力，打击大地产主和腐败现象，开拓商路，大力发展君士坦丁堡等城市的建设。在对外战争方面，他东和波斯，西征西地中海世界，先后消灭汪达尔王国和东哥特王国，近乎重新把地中海变为了罗马人的内湖，实现了自己的政治理想。

但是，查士丁尼的治下的帝国也面临着一些严重问题。在宗教上，基督一性论成了困扰帝国政治和社会的重要分裂因素，尽管皇帝本人认真学习神学理论，积极干预教义争端，但是终其一生未能解决这一难题。此外，在 541 年之后，一场严重的流行性腺鼠疫疫情给帝国造成了毁灭性的打击。他加强皇权专制的举措也遭到了像普罗柯比和埃瓦格里乌斯这样的贵族知识分子的不满，从他们的作品中，我们可以明显看到这样的倾向，读者们可以对这些记载自行鉴别。

第一节　查士丁尼时代的
对外战争与内政

　　查士丁尼时代被称作拜占庭历史上的第一个"黄金时代"，从527年到565年，在他长期统治下，拜占庭帝国迎来了历史发展的高峰。不过，这个时代却是以一次出人意料的皇位继承揭开了序幕。查士丁尼的舅父、宫廷卫队长官查士丁在518年意外获得了命运女神的垂青，成为罗马人新的统治者。尽管此时阿纳斯塔修斯的亲属中还有很多位高权重之士，比如上一章第二节中提到的领兵征讨维塔里安的希帕提乌斯，作为老皇帝的亲侄子，他并没能获得继承皇位的资格。一方面，可能是因为阿纳斯塔修斯晚年时期宗教信仰问题危及帝国的稳定，他的亲眷们也大多支持基督一性论，所以各派势力希望选择一位支持卡尔西顿正统派的新统治者。另一方面，也是因为查士丁目不识丁，被当时帝国的权贵们认为是一位容易控制的皇帝。

　　阿纳斯塔修斯在如我所说的那样进入天国之后，一个叫作查士丁的色雷斯人在帕内姆斯①月，也就是罗马人所说的7月9日成了新的皇帝，这是安条克建城后的第566年的事情②。他被皇家卫兵推上了皇位，而他当时的职责正是指挥这些士兵，

---

① 原文为 Panemus。
② 公元518年。

因为他已经被宣布为宫廷卫队的长官。他的加冕出乎所有人意料,由于阿纳斯塔修斯家族里有许多显贵人士,他们既有丰厚的家产,又都身居高位。①

查士丁是一个文盲,并没有赢得拜占庭知识分子们足够的尊重,如普罗柯比在《秘史》中就对他大肆嘲讽。

> 当皇帝过世后,查士丁就借此攫取了皇位……他是个文盲,目不识丁……这种事情在罗马人中间从来没有先例……查士丁也不善于言辞,就是一个十足的乡巴佬……②

然而,从查士丁获得皇位及此后的种种举措来看,他具有最高统治者必备的政治手腕与果断意志。尽管历史学家们大多认为,查士丁在其短暂的统治期间全心依靠外甥查士丁尼,但是他本人也绝非普罗柯比笔下的无能之辈。他在争夺皇位的关键时期利用宫廷宦官的金钱和信任夺取政权,并迅速消灭政敌维塔里安的举动便可以证明这一点。

> 负责皇帝寝宫的阿曼提乌斯是一个非常有权力的人。因为法律不允许宦官成为罗马人的皇帝,所以他希望拥立忠于他的塞奥克里托斯。他给了查士丁许多金钱,命令他去散发给那些能够帮助塞奥克里托斯成为皇帝的人。查士丁却用这些钱买通了那些人来支持自己,同时还得到了皇帝卫队的支持。然后他就除掉了阿曼提乌斯和塞奥克里托斯以及其他一些人。③

> 至于维塔里安,当时他还驻扎在色雷斯(就是此人想推翻阿纳斯塔修斯的统治),查士丁忌惮他的实力、能征善战、较高声望,以及对帝国统治权的渴望,因而将他召回首都。查士丁

---

① Evagrius Scholasticus, *The Ecclesiastical History of Evagrius Scholasticus*, Ⅳ. 1.
② Procopius of Caesarea, *The Secret History*, Ⅵ. 11, 18.
③ Evagrius Scholasticus, *The Ecclesiastical History of Evagrius Scholasticus*, Ⅳ. 2.

准确地意识到，要战胜维塔里安，最好的办法就是假装成为他的朋友，因此查士丁为其诡计戴上了一副捉摸不透的面具，任命维塔里安为一支中央野战军的司令。为了进一步迷惑他，查士丁还授予维塔里安执政官的地位。担任执政官之后，维塔里安去皇宫觐见皇帝，此时他在宫殿里的一扇门内被刺杀而亡，为他无耻地对抗罗马王国的行径付出了代价。但是上述这些事情还要迟一点才发生①。②

更为幸运的是，查士丁皇帝还得到了自己外甥查士丁尼的全力支持。作为回报，查士丁也早早对其委以重任，并在自己的统治末期加冕查士丁尼为共治皇帝，确立了他继承人的身份。在查士丁去世之后，查士丁尼顺利继承了皇位，由此开启了自己辉煌的统治。

当查士丁在皇位上坐了8年9个月零几天的时候，他的外甥查士丁尼在克桑提库斯月③的第一天，也就是4月1日被宣布成为共治皇帝，这是安条克建城575年的事情④。之后，查士丁于路斯月⑤的第一天，即8月1日离开了人世，此为查士丁尼成为共治皇帝后4个月的事情，查士丁统治了帝国共计9年零几天。

当查士丁尼成为罗马人唯一的统治者时，尽管在查士丁的命令下最神圣的教会公开赞扬了卡尔西顿会议，但是仍然有一些地区的主教职位处于混乱之中，尤其是首都和亚历山大里亚：安提姆斯和塞奥多西分别担任首都和亚历山大里亚的主教，他们两个人都是基督一性论派的。⑥

---

① 维塔里安被刺杀于520年。
② Evagrius Scholasticus, *The Ecclesiastical History of Evagrius Scholasticus*, Ⅳ.3.
③ 原文为Xanthicus。
④ 公元527年。
⑤ 原文为Lous。
⑥ Evagrius Scholasticus, *The Ecclesiastical History of Evagrius Scholasticus*, Ⅳ.9.

在记录查士丁尼的统治时,普罗柯比的《战史》构成了埃瓦格里乌斯本卷内容的主要资料来源。尤其是涉及皇帝在东方防御波斯入侵,在西部恢复罗马故土的对外战争时,他几乎全部依靠普罗柯比的记载,以至于本卷中的很多小节看上去更像《战史》的摘录。因为普罗柯比的这部巨著完整地保存至今,所以埃瓦格里乌斯本卷缩写的史料意义不免略逊一筹。但是,他的记录既可以作为普罗柯比的旁证,同时在书写过程中,他还会结合自己的亲身经历进行丰富补充,因此依然具有独特的价值。

埃瓦格里乌斯大致遵循了普罗柯比《战史》的时间顺序,即波斯战争—汪达尔战争—哥特战争。首先在他作品中出现的是查士丁尼继位之初拜占庭与萨珊波斯帝国在东部边境的拉锯战、“永久和平条约”以及紧随其后爆发的尼卡起义。

> 修辞学家普罗柯比在其关于贝利撒留的作品①中谈到波斯国王卡巴德斯希望能让他最小的儿子科斯洛埃斯继承他的王位;在科斯洛埃斯表示同意后,他计划让其成为罗马人皇帝的养子,这样之后他的王国就会安全无虞。但是因查士丁尼皇帝的司法长官②普罗科卢斯的挑拨,他们没能如愿以偿,从而进一步加深了他们对罗马人的仇恨。
>
> 普罗柯比用最恳切、雅致和雄辩的方式记载了贝利撒留的功绩,他在罗马人与波斯人的战争中担任东方部队的司令官。普罗柯比记录了罗马人在达拉和尼西比斯的第一场胜利,当时是贝利撒留和赫莫吉尼斯在指挥罗马人的军队。他还记录了亚美尼亚发生的事情以及塞尼特③蛮族领袖阿拉门达鲁斯率兵

① 指普罗柯比的《战史》。
② 原文作 quaestor。
③ 阿拉伯半岛的部落。

入侵，那个人俘虏了鲁菲努斯的兄弟提摩斯特拉图斯及其部队①，此后他们被用大笔的赎金赎了回来。②

普罗柯比还充满激情地描述了阿拉门达鲁斯和阿扎雷斯③对罗马人领土的入侵④，前者我在前文中已经提到了，此外普罗柯比还记载了当波斯军队要撤退回到自己的国土时，贝利撒留迫于军队的压力，在复活节前夜于幼发拉底河岸攻击他们，但是由于罗马人的军队没有听从贝利撒留的指令，以至于全军覆没。此后鲁菲努斯和赫莫吉尼斯与波斯人缔结了所谓的"永久和平条约"。

他还记载了发生在君士坦丁堡的一次著名暴动⑤，这场暴动是由其中参与的组织"德莫"之间转递的口令来命名的，人们称其为"尼卡"，因为当不同的党派彼此团结在一起的时候，他们就用"尼卡"这个口号作为相互确认的口令。在这次起义中希帕提乌斯⑥和庞培乌斯⑦都被暴动的党徒裹挟参加，但是随后这些党派就受到了镇压，查士丁尼命令士兵杀死暴动者，然后将他们的尸体扔进大海。普罗柯比说有 3 万人在这次事件中丧生。⑧

接下来，埃瓦格里乌斯摘编了《战史》中的汪达尔战争部分。在这 5 节中，他没有像普罗柯比一样详细地描述战争的原因、准备和战斗的过程，而是聚焦于他所理解的这场战争的主要线索。在埃瓦格里乌斯看来，这场战争是上帝的意志，其目的在于惩罚不遵守正

---

① 埃瓦格里乌斯此处的时间线索有些混乱，贝利撒留在达拉等地的胜利发生在 530 年，塞尼特阿拉伯人的入侵发生在 531 年，而提摩斯特拉图斯将军的失败发生在查士丁统治时期的 523 年。

② Evagrius Scholasticus, *The Ecclesiastical History of Evagrius Scholasticus*, Ⅳ. 12.

③ 卡巴德斯时期的萨珊波斯名将。

④ 还是指上文提到的 531 年入侵。

⑤ 532 年爆发的尼卡起义。

⑥ 即前文提到的阿纳斯塔修斯一世的侄子。

⑦ 希帕提乌斯的兄弟。

⑧ Evagrius Scholasticus, *The Ecclesiastical History of Evagrius Scholasticus*, Ⅳ. 13.

统教义、迫害基督徒的汪达尔人。例如,在第 16 节记载远征即将开始的时候,他通过西普里安的托梦强调了战争的必要性与胜利的前景。这种叙述方式固然没有完整地带给我们汪达尔战争的全貌,但也体现了鲜明的教会史家特色,即世俗历史也是教会历史的一部分,其发展的过程是神意的结果。

这个人还写了汪达尔人的历史,而我将接着谈论其中非常伟大而值得永远记住的事情。胡内里克继承了盖泽里克的王位,他是阿里乌派的信仰者,他用最野蛮的方式虐待利比亚地区信仰正统教义的基督徒,并且强迫他们信仰阿里乌主义。那些决不屈服的人被他用火刑和其他各种方法折磨至死,其中有些人甚至被割掉了舌头。普罗柯比说他在一些场合遇到过这些人,他们逃离那个地方后来到了帝国首都,普罗柯比与他们进行了谈话。他们能够像常人一样说话,尽管他们的舌头被从根部割掉,但他们说话的声音却十分清晰且表达得清楚易懂,这是一个令人惊讶的奇迹①。在查士丁的法律中他们也被提及。普罗柯比还记载他们中的两人已经失去了这种能力,因为当他们试图与妇女②交谈时,他们就不能发声了,圣洁的奇迹已经不再伴随着他们了。③

他还记载了"救世主上帝"的其他神迹,他在不信仰上帝的人群中制造了奇迹,但是那些人在这件事中表现得十分虔诚。他说卡巴翁是特里波利斯附近摩尔人的首领。

"这个卡巴翁,"他说道(这里我将使用他的原话,因为他描述事情的方法是值得注意的):

---

① 这段内容与现存的《战史》略有不符,普罗柯比提到了这一"奇迹",但并没有他自己和这些被割掉舌头的人谈话的记载。Procopius of Caesarea, *History of the Wars*, 3. VIII. 4.

② 普罗柯比的记载是"妓女"。Procopius of Caesarea, *History of the Wars*, 3. VIII. 4.

③ Evagrius Scholasticus, *The Ecclesiastical History of Evagrius Scholasticus*, IV. 14.

　　当他得知汪达尔人准备进攻他的（族人）时，他是这样做的：首先，他命令手下戒除一切不义的行为和奢侈的食物，尤其是禁止和女人发生关系。他安排修建了两处围栏，他自己和所有男人在一处围栏中扎营，所有女人在另一处围栏里居住。他威胁道，如果有人胆敢进入女人的围栏，就会被处以死刑。然后，他向迦太基派出了间谍并且命令他们，当汪达尔人准备发动战争之时，如果玷污了基督徒尊崇的圣所，他们应该观察汪达尔人的所作所为，但是当汪达尔人转移到其他地方之后，他们应该对那些圣所做和汪达尔人相反的事情。据说，他还宣称，尽管他对基督徒尊崇的上帝一无所知，但是如果上帝如所说的那般强大，上帝就会惩罚那些侮辱他的人，并且保护那些尊崇他的人。

　　如此，这些间谍在来到迦太基之后一直保持平静，同时他们在观察汪达尔人的准备活动，但是当汪达尔人的军队向特里波利斯进军的时候，他们就换上不起眼的平民服装并尾随汪达尔军队。汪达尔人在第一日扎营的时候，就将马匹和其他牲畜牵到基督徒的圣所，并肆意凌辱，汪达尔人自己就是以放纵不羁而著称。汪达尔人还鞭打所遇到的每一个被俘虏的神甫。在狠狠地抽打他们的后背之后，还命令他们服侍自己。当汪达尔人离开之后，卡巴翁的间谍们按照首领的指示来做：他们立即清理了圣所，十分精心地将那些粪便和其他不洁的东西移走。他们点燃了所有的灯，并且用最尊敬的态度安慰了那些神甫，同时还仁慈地祝福了他们；在给圣所周围的乞丐布施了白银之后，他们继续跟随汪达尔人的军队。这样一路上汪达尔人都犯下了同样的罪行，而那些间谍也一直做着相反的事情。

　　当双方即将对阵之时，那些间谍向卡巴翁报告了汪达尔人对基督徒的圣所所做的一切，此时敌军离得更近了。听完报告之后，卡巴翁准备迎敌。如他所言，汪达尔人的主力被歼灭，其中也有少数人被俘，但几乎没有人能逃回故国。汪达尔人当时的统治者是斯拉萨门德①；此人随后就死去了，一共统治了汪达尔人27年。②

---

① 斯拉萨门德作为汪达尔国王是在阿纳斯塔修斯一世和查士丁一世统治时期。埃瓦格里乌斯在查士丁尼的北非远征中强调卡巴翁的这段内容依然是服务于他的主题，也就是上帝的意志和保卫基督徒的决心决定了汪达尔人最终的命运。
② Evagrius Scholasticus，*The Ecclesiastical History of Evagrius Scholasticus*，Ⅳ.15.

普罗柯比还记载了查士丁尼在考虑到那些被迫害的基督徒而宣布了远征计划后,他是如何被帝国的一位重臣约翰①所警告的,而查士丁尼做了一个梦,梦中他被命令不要退缩:为了保护基督徒他一定要消灭汪达尔人②。因此,查士丁尼鼓起了勇气,在他统治的第 7 年,于夏至时派遣贝利撒留指挥进攻迦太基的战争;当旗舰停泊在宫殿前面的海岬时,君士坦丁堡大教长埃皮法尼乌斯主持了日常祷告,并且把那些刚接受洗礼的士兵送上了船。

他还讲述了殉教士西普里安的事迹,原文如下:

迦太基人尤其崇敬西普里安,他是一位圣人。在城外的海岸边有一座为他而建的圣所,享有广泛的声誉;除了其他的纪念活动,迦太基人还一年一度庆祝一个称为"西普里安节"的节日,水手们也把这个节日的名称用来称呼一种风暴,因为那个风暴来临的时节正是利比亚人经常庆祝这个节日的时候。当胡内里克做国王时,汪达尔人把这座圣所从基督徒手中夺走,他们用极其可耻的手段将神甫们赶走,并将其归于阿里乌教派名下。利比亚人对此十分悲痛,但是他们说西普里安经常在他们的梦中出现,并且告诉他们不要对他有丝毫的担心,因为他会为自己复仇的。

这个预言一直流传到了贝利撒留的时代,他使迦太基在被汪达尔人占领 95 年之后重新回到罗马人的怀抱,当汪达尔人被彻底击败并且阿里乌派从利比亚的土地上被彻底赶走之后,基督徒收回了他们的圣所,而这和殉教士西普里安说的一样。③

普罗柯比还记载,当贝利撒留击败汪达尔人之后,他将战利品和战俘运送回国,其中就有汪达尔人的首领盖里梅尔。一

---

① 指查士丁尼的近臣,东方大区长官卡帕多西亚的约翰。他反对查士丁尼出兵北非。
② 埃瓦格里乌斯关于梦的这个记载与普罗柯比的原文不符。按照后者所言,卡帕多西亚的约翰劝诫之后,查士丁尼一度打消了出兵的念头。但是一位没有留下姓名的主教面见查士丁尼,说上帝托梦给他,让皇帝保卫北非的基督徒。查士丁尼于是再次坚定了出兵的意愿。参见 Procopius of Caesarea, *History of the Wars*, 3. XX. 18 - 21.
③ Evagrius Scholasticus, *The Ecclesiastical History of Evagrius Scholasticus*, Ⅳ. 16.

场为庆祝贝利撒留胜利的凯旋式举行,他带回来的物品和战俘被安排在赛车场进行公开展览。这些物品中包括了大量的财宝,因为盖泽里克曾经劫掠罗马的宫殿,我在前面已经记载过这件事了①,当时统治西罗马的是皇帝瓦伦提尼安的妻子尤多克西雅,她的丈夫和她的荣誉都被马克西姆斯夺走了,因此她派人联系盖泽里克并且向他许诺会背叛罗马;在这种情况下,盖泽里克烧毁了罗马城并且带走了尤多克西雅和她的女儿。除了这些财物,他还抢掠了韦斯帕芗之子提图斯在攻陷耶路撒冷之后带回罗马的宝物,那些都是所罗门王敬献给上帝的。为了荣耀我们的神耶稣基督,查士丁尼将这些宝物送回耶路撒冷并且对上帝表现了恰当的尊重,这些宝物也像之前一样敬献给上帝了。接下来普罗柯比记载,盖里梅尔跪拜在赛车场内皇帝的宝座前,查士丁尼正坐在那里观看凯旋式,并且亲口说出那句神圣的话语:"虚空的虚空,凡事都是虚空。"②

他还记载了另外一些事情,这些事情之前没有人提到过,但是它们却是让人十分震惊的,并且胜过所有奇妙的事情。他说现在的利比亚地区的定居者,也就是摩尔人,原先居住在巴勒斯坦地区,在《圣经》中他们被称作基尔加士人或耶步斯人③,与其他一些民族一样,是被嫩的儿子约书亚征服的。他通过一段铭文证明这个故事在各方面都是真实的。他说自己曾亲眼见到,这段铭文是用腓尼基字母写成的,所在的地方靠近一处泉水,那里有两根白色岩石雕刻成的石柱,上面刻着:"我们是那些逃离嫩之子、强盗约书亚的领地的人。"

然后他就结束了这些事情的讲述,而利比亚也再次成为罗

---

① 埃瓦格里乌斯在《教会史》的第 2 卷第 7 节中记载了这一内容。
② Evagrius Scholasticus, *The Ecclesiastical History of Evagrius Scholasticus*, Ⅳ. 17.
③ 原文作 Gergesites 和 Jubusites。

马人的领土,并且像从前一样每年缴纳赋税。

据说查士丁尼在利比亚重建了 150 座城市,其中一些是之前被彻底毁灭的,还有一些也差不多。他为这些城市重建了更宏伟的建筑,无论是私宅还是公共设施,都得到超绝的美化且装饰奢华,他还安排重建了围绕城市的城墙和其他伟大的建筑,这样的重建行为会使上帝得到宽慰。他还下令建造了既美观又实用的排水系统,对于有些城市来说,这种设施是第一次出现,因为之前这些城市并没有这种设施,而另一些城市则恢复了古代的良好秩序。①

在普罗柯比的《战史》中,关于哥特战争的内容占了一半以上的篇幅。然而,也许是因为哥特战争不像汪达尔战争那样有明确的保卫基督徒的出兵动机,所以埃瓦格里乌斯对这些内容的关注较少。比起汪达尔战争,他对哥特战争过程的记载更为简略,不过还是基本摘录了普罗柯比的著作,同时也参考了更晚时期的历史学家阿加塞阿斯的作品。

我将谈一下在意大利发生的事情,这也是由修辞学家普罗柯比非常清楚地讲述的他那个时代的事情。如我前文所述,塞奥多里克占领了罗马,并彻底击败了暴君奥多亚克,从而成为罗马人王国的领袖②。当他去世后,他的妻子阿玛拉孙塔成为他的儿子阿塔拉里克的监护人,并且统治了王国;她是一个有男子气概的女人,之后她就采取了一些预防措施。是这个女人首先激发了查士丁尼进行哥特战争的欲望,她在一次针对自己的阴谋之后派遣使者去求见查士丁尼。而当阿塔拉里克在很年轻的时候就死去后,塞奥多里克的亲戚塞奥达图斯成了西部

---

① Evagrius Scholasticus, *The Ecclesiastical History of Evagrius Scholasticus*, Ⅳ. 18.
② 埃瓦格里乌斯在作品的第 3 卷第 27 节中记载了这一内容。

的主宰①。但是当查士丁尼派遣贝利撒留来到西部地区后,塞奥达图斯退位了,因为他文学修养不错,但是没有任何战争经验,于是,一个叫作维提吉斯的最尚武的军人又成了西部的统治者。

普罗柯比在文中还记载当贝利撒留来到意大利并且进兵罗马时,维提吉斯放弃了这座城市。罗马人民兴高采烈地打开了城门欢迎贝利撒留,主教希尔维里乌斯尤其对此有功,因为他派遣了阿塔拉里克的朋友菲德利乌斯来到贝利撒留那里。没有经过一战,哥特人就把城市交给了贝利撒留。罗马城时隔60年之后再一次回到罗马人的手中,这是阿佩拉乌斯月②第九日,也就是12月9日的事情,此年是查士丁尼当政的第11年③。

普罗柯比还记载,当哥特人包围罗马的时候,贝利撒留怀疑希尔维里乌斯主教有背叛的可能性,因此将他送到了希腊,并且任命维吉利乌斯为主教。④

他还记载了贝利撒留返回君士坦丁堡,以及如何将维提吉斯和取自罗马的战利品一并带了回来。此外,还有托提拉的即位以及罗马城是怎么再次被哥特人占领的,而贝利撒留两次登陆意大利之后又最终收复了罗马,再还有波斯战争是如何爆发的以及贝利撒留是怎么被皇帝召回首都的⑤。⑥

---

① 埃瓦格里乌斯此处摘录的《战史》再次出现了错误。按照普罗柯比所言,阿玛拉孙塔并非塞奥多里克的妻子,而是他的女儿。阿塔拉里克是阿玛拉孙塔之子,是塞奥多里克的外孙。阿塔拉里克后来因为酗酒等原因英年早逝,阿玛拉孙塔将皇位授予了塞奥达图斯,但被后者所杀。她的死亡成了查士丁尼对东哥特王国宣战的借口。参见 Procopius of Caesarea, *History of the Wars*, 5. II. 1, 5. IV. 4-27, 5. V. 1.
② 原文作 Apellaeus。
③ 查士丁尼527年登基,贝利撒留536年收复罗马城。
④ Evagrius Scholasticus, *The Ecclesiastical History of Evagrius Scholasticus*, IV. 19.
⑤ 此处是540—548年一系列历史事件的简要概述。
⑥ Evagrius Scholasticus, *The Ecclesiastical History of Evagrius Scholasticus*, IV. 21.

　　普罗柯比还记载了纳尔西斯指挥的战役，他是查士丁尼派遣到意大利去的，战胜了托提拉和其继任者特伊阿斯，并且第五次占领了罗马。那些和纳尔西斯在一起的人说，纳尔西斯十分崇敬上帝，经常祷告和做其他一些虔诚的事情，同时他也崇敬圣母，圣母公开地命令他应该何时开战，当他没有得到她的信号时是不会开始作战的。还有一些有关纳尔西斯的著名事迹，他战胜了布塞利努斯和辛多奥德①，并且占领了直抵大海的大片土地。这些事迹都被修辞学家阿加塞阿斯记载下来，尽管这些还不是我现在记载的这个时期发生的事情。②

简要摘录了哥特战争的全过程之后，埃瓦格里乌斯又回到了普罗柯比《战史》的前两卷，即与波斯人的战争。在查士丁尼收复西部故土的时候，波斯国王科斯洛埃斯撕毁盟约，趁机再次发动了战争。普罗柯比将波斯战争的全部内容都放到了其作品前两卷，而埃瓦格里乌斯则大致按照战争开始的时间安排了波斯战争、汪达尔战争、哥特战争再至波斯战争的写作顺序。此外，在这部分波斯战争的记载中，他根据自己的亲身经历对普罗柯比的记述进行了一些补充。尽管在撰述中，埃瓦格里乌斯借助一些所谓的"神迹"赞颂了拜占庭人的胜利，但是依然无法掩盖帝国在这场战争中不利的境地。

　　普罗柯比还记载了以下的事情：当科斯洛埃斯听说了利比亚和意大利发生的事情之后，他没有为罗马人的成就而高兴，相反却十分嫉妒；他对罗马人的王国进行了某种指控，他说罗马人违反了停战协定并且破坏了条约。最初查士丁尼派遣了使者并说服他不要破坏永久和平条约，也不要违背协定，争端应该经过调查之后以友好的方式解决。但是科斯洛埃斯因为内心充满嫉妒没有接受这些好意，而是在查士丁尼统治的第 13

① 此二人分别为法兰克人和赫鲁利人的将领。
② Evagrius Scholasticus，*The Ecclesiastical History of Evagrius Scholasticus*，Ⅳ. 24.

年率领大军入侵了罗马人的领土①。普罗柯比记载科斯洛埃斯围困并且最终占领了幼发拉底河畔的苏拉,此前他做出了很多承诺,但是却用最卑劣的手段违背了自己的承诺,最终通过欺骗成为这座城市的主人。科斯洛埃斯还烧毁了贝罗,接着进攻安条克。当时厄弗雷姆是安条克城的主教,但是因为他的目标没有实现,厄弗雷姆最终放弃了这座城市。据说,厄弗雷姆通过将那些神圣的教会财产作为赎金交出的方式拯救了教堂及其周边建筑。

普罗柯比还生动地记载了波斯人占领安条克城的情景,以及科斯洛埃斯是如何毁灭一切并且烧杀抢掠的;随后科斯洛埃斯来到了临近的塞琉西亚和达佛涅的郊区,然后是阿帕米亚,当时该城的主教是能言善行的托马斯。托马斯聪明地采取了有悖传统的方法,请科斯洛埃斯来观看赛车场的赛车比赛,并且尽力讨好他。当科斯洛埃斯问他是否希望在自己的城市看见他时,他诚实地说一点也不希望这样。据说科斯洛埃斯感到十分惊讶,并且佩服这个人的真诚。②

既然我们已经写到了这件事情,那么我就要谈谈发生在那里的奇迹,这是很值得说道的。当阿帕米亚的子民听说安条克被焚毁之后,他们恳求托马斯主教不要顾及传统,去把赋予和拯救生命的神圣木制十字架拿出来,这样他们在最后时刻能够看见并且亲吻这件救世的圣物,从而获得通往另一个世界的道路,这神圣的十字架能将他们带到一个更加美好的世界。托马斯这样做了,并且宣布了展示的日期,这样那些郊区的人也能够来到这里并且享受它所带来的救赎了。

---

① 公元 540 年,波斯人发动了对拜占庭帝国的入侵。
② Evagrius Scholasticus, *The Ecclesiastical History of Evagrius Scholasticus*, Ⅳ. 25.

然后，那些人将我与其他人一起带到了这里（陪伴我的是一个小学教师）。当我们有幸崇拜着且亲吻了那个珍贵的十字架后，托马斯举起双手，展示着这个能扫除所有古代诅咒的神圣十字架，接着按照朝拜之日的惯例，围绕着整个教堂列队行进。他身后有一大团火随之移动，那火焰散发光芒却不熄灭，因此他站立的地方周围都充满了光亮。这种情形不只发生了一两次，而是发生了许多次，聚集在那里的神职人员和群众祈求托马斯这样做。这预言了阿帕米亚的人民将得到拯救。再之后，教堂的屋顶上出现了一个影像，它将这里的事情展示给了那些不知道此事的人；这个影像一直保留到阿达尔马尼斯和波斯人进攻的时候，但后来连同神圣的教堂以及整座城市一起被焚毁了。这件事情就是这样。①

但是，在科斯洛埃斯离开的时候，他违反了自己的诺言，因为其古怪善变的性格，他做了一些有理性的人做不出来的事情，而且与一个国王应该遵守诺言的行为也不相称。②

普罗柯比还记载了关于艾德萨和阿布加的故事，这都是由老人讲述的。从前基督曾写信给阿布加，后来科斯洛埃斯就发动了对艾德萨的另一次围攻，以确保消灭由信仰引发的流言，即艾德萨永不会再落入敌人之手：这件事没有包含在我主基督写给阿布加的信中，对此感兴趣的人可以阅读潘菲鲁斯之子尤西比乌斯的作品，他按照原文逐字逐句地记录了那封信的内容。但是这样信徒们就会欢庆并且相信它，从而得到结果，因

---

① 普罗柯比也在《战史》中第二卷第 11 章的第 16—20 节提到了这个十字架，而当时还是一名小学生的埃瓦格里乌斯是现场的目击者。尽管他在此处提到十字架的"奇迹"预示了阿帕米亚会得到拯救，但波斯人最终还是攻陷并焚毁了这座城市。
② Evagrius Scholasticus, *The Ecclesiastical History of Evagrius Scholasticus*, Ⅳ.26.

为信仰导致了预言的实现①。在科斯洛埃斯对这座城市发动了无数次进攻之后，他堆起了一座高于城墙的大土堆，并且还设计了许多其他的攻城设施，不过最后还是一无所获撤退了，我将告诉你们具体发生了什么。

科斯洛埃斯命令他的军队尽量收集大量木材，然后聚集起来用于围攻。当这些东西比他的命令更为迅速地收集好之后，他将这些木材围成圆圈，然后把泥土放在中间，之后再面向那座城市推进。接下来他逐渐用木材和泥土增大它的面积并且不断接近城市。他使它的高度超过了城墙，从而波斯士兵就能够从较高的位置向城墙上的守卫投掷投射物。当守城的人发现那个像一座大山一样的大土堆和波斯士兵一起逐渐逼近城市的时候，在黎明时分他们从那个土堆（罗马人叫它阿杰斯塔②）之下挖掘了一条地道，并且从那里往外点火，这样当那些木材被火烧光的时候，那个大土堆就会被夷为平地了。地道工程完工了，不过点火行动却失败了，因为缺乏能让火焰燃烧的通风空间和可燃木材的媒介。这样，就在他们绝望的时候，他们将圣像带了出来，这座圣像不是由人制造的，而是我主基督给阿布加的，以满足他希望面见基督的愿望。然后，他们把圣像放进地道，并在其上淋水，再堆起一些柴火并且还拿来很多木材。于是，神圣的力量使那些信徒看见了奇迹，完成了他们先前没有完成的事情：木材即刻被点燃了，迅速化成灰烬，他们说大火在各处燃烧起来。③

当那些被围困的人看到烟雾滚滚之时，他们制定了以下策

---

① 艾德萨在希腊化时代被称为奥斯若恩（Osroene），它的国王阿布加五世传说中曾经和耶稣基督通信，请求基督为他治疗痛风。基督在回信中保证他的健康以及艾德萨城永远不会被蛮族占领。可参见 Procopius of Caesarea, *History of the Wars*, 2.XⅡ. 7-26.

② 原文作 agesta。

③ 普罗柯比并没有在《战史》中提到这一圣像的"奇迹"，埃瓦格里乌斯的资料来源不明。

略：在许多小瓶子中装满了硫磺、大麻以及其他可燃物，然后向所谓的阿杰斯塔投掷这些瓶子；这些瓶子因为里面的材料而冒出烟来，这样就使得那个土堆里面产生的烟雾被波斯人忽略了。因此，波斯人都认为这些烟雾来自那些瓶子而不是来自其他地方。在之后的第三天，大土堆里就出现了小火苗，而之后土堆上的波斯人才意识到了他们遭遇的麻烦。但是，科斯洛埃斯似乎依然要对抗神圣的力量，试图用城市外河里的水来灭火。不过这些水和油一样，或和硫磺以及其他易燃物一样，使得火势越来越大，最后使整个阿杰斯塔彻底被烧为灰烬[1]。最后，科斯洛埃斯万念俱灰，意识到他自以为能战胜我们所崇敬的上帝，然而却带来了巨大的耻辱，于是他只能不光彩地班师回国了。[2]

科斯洛埃斯还进攻了塞尔吉奥波利斯[3]，这段历史是极其重要且值得永远纪念的。当时，科斯洛埃斯逼近了此城，且渴望围困它。在其兵临城下的时候，城内的人就如何拯救这座城市分成了两派，最后他们达成了一致，同意将神圣的财富当作赎金以挽救城市；其中还包括查士丁尼和塞奥多拉给他们的一个十字架。当这些物品被交给科斯洛埃斯时，科斯洛埃斯向神甫和随行的波斯人发问，该城是否还有其他财物。有一个爱说谎的人告诉他城里还有，它们被为数不多的百姓藏了起来。尽管城里其实已经没有其他财物了，既没有黄金也没有白银，但是那里还有一个更加灵验并且永远献给上帝的东西，那就是胜利的殉教士塞尔吉乌斯最神圣的遗体，他的遗体被放置在覆盖着白银的长方形棺材中。但是当科斯洛埃斯相信了这件事之

---

[1] 普罗柯比同样没有在《战史》中记载水和油一样的"奇迹"。
[2] Evagrius Scholasticus, *The Ecclesiastical History of Evagrius Scholasticus*, Ⅳ.27.
[3] 拜占庭帝国的边境城市，位于今叙利亚境内。

后,他就派出了军队包围了这座城市。此时,城墙的四周突然出现了大量盾牌来保卫城市;看到这一情形后,波斯军队撤退了,他们对盾牌的数量十分惊讶,把出现这些武器的事情也告诉了科斯洛埃斯。当科斯洛埃斯得知这个消息后,进一步询问了详情,原来城里只有很少的人,而且都是老人和孩子,因为青壮年都已经离开了,因此他明白了这个奇迹是来自那个殉教士的;他对基督徒的信仰感到恐惧和惊奇,于是就撤退回国了。[1]有人说他在临死的时候进行了洗礼,从而得到了神圣的新生。[2]

与对外战争相比,埃瓦格里乌斯在本卷中很少谈及除宗教与救灾之外的内政问题。众所周知,普罗柯比留下了三部著作,除记录查士丁尼对外战争的《战史》,还有为皇帝歌功颂德、称赞其建设成就的《建筑》,以及生前没有公开发表、对查士丁尼家族大肆批评辱骂的《秘史》。埃瓦格里乌斯应该没有接触过普罗柯比的后两部作品。在谈及查士丁尼的内政问题时,他更多是根据亲身经历和个人倾向进行书写。本书第二章着重探讨了埃瓦格里乌斯对马西安皇帝的偏爱,提出其贵族知识分子的身份对他进行价值判断的影响。这种好恶倾向也体现在他对查士丁尼的态度上。皇帝查士丁尼出身外省寒门,继位后大力加强皇权专制,打击贵族势力,可以说无论是出身还是统治政策,他与埃瓦格里乌斯的立场都泾渭分明,因此很难在其作品中得到应有的赞誉。例如,查士丁尼在帝国各地,尤其是首都君士坦丁堡,下令修建了诸多教堂等公共建筑,埃瓦格里乌斯虽然对此表示认同,但是却没有过多称赞皇帝的行为,反而先抨击他资金来源是贪得无厌的税收和罚款,从而让他大兴土木的行

---

[1] 普罗柯比记载这次进攻发生在 542 年,当时塞尔吉奥波利斯的主教坎迪杜斯(Candidus)打算用交纳赎金的方式让波斯人退军,但是科斯洛埃斯嫌弃财宝不够,因此下令攻城。城中的 200 名士兵抵御了波斯 6000 人大军的进攻,后来波斯军队因为水源断绝而退军。参见 Procopius of Caesarea, *History of the Wars*, 2. XX. 1 – 15。普罗柯比没有提到埃瓦格里乌斯书中的"盾牌"奇迹。
[2] Evagrius Scholasticus, *The Ecclesiastical History of Evagrius Scholasticus*, Ⅳ. 28.

为披上了不道德的外衣。这种写作态度与同为贵族知识分子的普罗柯比不谋而合。

查士丁尼对金钱是贪得无厌的,而且他对别人的钱财也有异乎寻常的贪欲,他甚至将所有的臣民都出卖给了那些政府的官员、收税人,以及不论何种原因聚集在一起进行阴谋活动的人。很多人,准确地说是无数人的财产都被他毫无理由、想尽办法地剥夺了。即使是一个惹人注目的妓女,当她和某些人发生了关系后,所有的法律就会立刻被搁在一边,然后在查士丁尼的支持下,那个妓女就能将那些以莫须有罪名被指控的人的财产划归自己名下。但是,查士丁尼对花钱也是很慷慨的:他在各地修建宏伟的教堂,还建造了其他虔诚的房屋,以使那些老弱妇孺和病人得到照顾;他还拨出大量资金,使他们因此能养活自己。他还修建了许多虔敬上帝使之愉悦的建筑,这些建筑是他命令一些人用他们自己的财产完成的,并且以一种纯净的方式完成他们的行动。①

在这些查士丁尼下令修建的建筑中,埃瓦格里乌斯唯一详细描写的就是著名的圣索菲亚大教堂。从书中的记载来看,他应该亲眼看见了这一雄伟壮丽的建筑奇迹。很有可能是在 588 年他陪同安条克主教格里高利来到首都时②参观了这座教堂。他在本节中详细叙述了教堂各个构件部分的尺寸,可是除高度外都与现存建筑的实际数据有所出入。

在君士坦丁堡,查士丁尼也为上帝和圣徒修建了许多精美的圣所,其中有一座伟大且无与伦比的建筑,这座建筑是史无前例的大教堂,它令人印象深刻、声名远播、难以言表。我将尽己所能来描述它。这座教堂的圆顶由四个拱门支撑,拱门如此

----

① Evagrius Scholasticus, *The Ecclesiastical History of Evagrius Scholasticus*, IV. 30.
② 《教会史》的第 6 卷提到了这一事件。

之高,以至于站在地面上的人无法看见圆顶的边界,而站在圆顶上面的人即使鼓起很大的勇气尽力向下看,也无法看清地面。可以清楚地看到,四个拱门都是从地面直达屋顶。左右两边的圆柱都是由色萨利①大理石装饰的,这两根圆柱支撑着那些有相似圆柱的长廊,而长廊是为了那些要俯视整个宗教仪式的人所准备的。如皇后塞奥多拉在节日来到教堂的时候可以观看神圣的庆典。对着日出日落的那个拱门总是被打开的,这样就能不妨碍无数的民众来到这里。在上述长廊的下面是一些柱廊,它们和一些小拱门一起环绕着这座伟大的建筑。

但是,为了将这座伟大的建筑描绘得更加清楚,我还是决定来谈一下这座建筑的长度、宽度和高度,以及那些拱门的尺寸。从门口到放置"无血牺牲"的神圣的半圆形圣堂的距离是190尺,从南到北的宽度是115尺,从圆顶中央到地面的高度是180尺;拱门的宽度是(原文此处缺失)尺,从东到西的长度是260尺;中间空地的宽度是75尺。② 对着升起的太阳的方向还有两个华丽的柱廊,露天的庭院从各个方向看去都很精美。而圣使徒大教堂却不愿力压其他建筑一头③,它也是由查士丁尼下令所建:皇帝和神职人员在这里举行葬礼。关于这些问题我就说这么多好了。④

在对待专制皇权的态度上,普罗柯比曾经在《秘史》中大肆辱骂查士丁尼夫妇用严酷的手段对待帝国的贵族阶层,认为皇帝对手下的官员缺乏必要的尊重,甚至可以任意决定其生死。他对专制皇权的发展和贵族地位的下降深恶痛绝。

一个名为塞奥多西的元老不仅被塞奥多拉皇后剥夺了财

---

① 希腊中部偏北的平原。
② 1罗马尺约等于0.296米。
③ 圣使徒教堂是拜占庭帝国首都君士坦丁堡的第二大教堂,仅次于圣索菲亚大教堂。
④ Evagrius Scholasticus, *The Ecclesiastical History of Evagrius Scholasticus*, IV. 31.

产,而且被投进了地牢,他的颈部被绳子绑在槽头上,因为绳子很短,他不得不把鼻子贴在马槽上而动弹不得。这个可怜的人无论是吃饭、睡觉还是活动一下身体,都不得不一直站在槽头旁,除了不会像驴子那样叫之外,他和驴子过着同样的生活。过了四个月,这个人就精神失常了。最后他才被释放,随后他就死掉了。①

埃瓦格里乌斯对待皇权的态度要比普罗柯比温和,但他对查士丁尼对待贵族重臣的态度也十分不满。在他的笔下,查士丁尼的统治变成了暴民政治,得到皇帝宠幸的小人可以肆意凌辱帝国的权贵。他在本卷用了一节的内容专门抨击查士丁尼的这种行为,同时指责他时而偏袒蓝党,时而倾向绿党的政治态度。

> 查士丁尼还有一种糟糕的特质,这超过了任何的野兽——这是否源于他人性的缺陷,还是恐惧和懦弱的产物,我不得而知,这种特质起源于尼卡起义。他看来是彻底地偏袒某一党派,即蓝党。这些人甚至敢在光天化日之下的市中心杀人;他们不仅不怕受到惩罚,而且还有可能得到奖赏,这样,许多人就都变成了杀人犯。这些人还强闯房屋,洗劫店铺,危及民众的人身安全,如果哪个官员胆敢阻拦他们的话,就会发现自己性命难保。例如,一位东部大区的大区长用鞭子惩罚了一些暴徒,然而后来自己却被他们用鞭子狠狠抽打,并且被带到市中心游街示众。另一位西里西亚的长官卡利尼库斯被钉死在木桩上,只是因为他惩罚了两个西里西亚的刺客保罗和福斯提努斯,这两个人试图攻击并刺杀他,他为自己正确地行使法律而付出了代价。与蓝党相对的那个党派②就失去了他们的家园,不被任何人欢迎,甚至像垃圾一样从各地被清除;他们埋伏在

---

① Procopius of Caesarea, *The Secret History*, 3. 9 – 11.
② 指绿党。

路边等候旅行者,然后像强盗和杀人犯那样行事,这样各地都遍布杀人和抢劫及其他各种罪行。不过,皇帝也有改变的时候,他有时会偏向绿党,将城市里那些他从前允许像野蛮人一样犯下罪行的人交给法律惩治。要说明所有细节太费时间和笔墨了,但是我已经讲述的这些事情作为证据对剩下的事情来说也已经足够了。①

总体看来,对待查士丁尼的施政,埃瓦格里乌斯和普罗柯比的态度是相近的,即对于他收复罗马帝国故地的军事行动表示支持,但是对其内政给予了非常负面的评价。从他的作品中,我们没有看到查士丁尼打击腐败、发展贸易和工商业、整顿税收体系等对帝国发展极为重要的改革措施。甚至作为一名优秀的法学家,埃瓦格里乌斯对于查士丁尼主持编纂拜占庭时代最重要的法律文献——《罗马民法大全》也只字不提,这不得不说是历史学家个人局限性带来的遗憾。

---

① Evagrius Scholasticus, *The Ecclesiastical History of Evagrius Scholasticus*, Ⅳ. 32.

第二节　查士丁尼时代的信仰问题

与对外战争开疆拓土和对内政大刀阔斧的改革相比,查士丁尼在宗教领域同样投入了大量精力。秉承"一部法律、一个帝国和一位皇帝"的施政理念,他急需一个团结统一又听命于自己的教会,作为有效的精神统治工具。解决基督一性论等异端问题、强调皇帝对教会的"至尊权"(Caesaropapism)以及向帝国内外的非基督徒传播基督教信仰是查士丁尼重点关注的问题。

在对待基督一性论异端的问题上,在查士丁尼时代的不同时期,皇帝会根据形势的变化采取不同的态度,总体上表现为从查士丁时代的严厉打击到查士丁尼时代的怀柔与打击并行的过程。在查士丁一世登基之初,因为他并非皇族出身,获得皇位的过程又有一定的偶然性,因此,他急需得到像君士坦丁堡大教长和罗马主教这样的教会领袖的支持。再加上前任皇帝阿纳斯塔修斯因为偏向基督一性论异端在首都险些招致民变,所以查士丁一世采取了尊奉卡尔西顿正统信仰、严厉打击基督一性论的措施。他首先针对的就是上一章中提到的基督一性论派的重要领袖之一——安条克主教塞维鲁。查士丁一世不但罢免了他的职务,甚至有可能对他施以酷刑。埃瓦格里乌斯在书中详细记录了这一事件。

我们先前提到的安条克主教塞维鲁从没有一刻停止对卡尔西顿会议的诅咒,尤其是在他所谓的主教就职信件和他递送给其他各大教区主教的信件中更是如此;但是只有亚历山大里亚主教约翰接受了他的观点,后者是约翰一世的接任者,而接替他的则是狄奥斯库鲁二世和提摩太五世。这些信件在我们这个时代还保存着。在教会的争论中,连最忠诚的信徒也分裂了。在查士丁统治的第一年,塞维鲁就被逮捕了,据一些人传说他被割掉了舌头。而当时负责管理东部地区并且驻扎在安条克的长官艾雷尼厄斯执行了这项惩罚。在塞维鲁写给一些安条克人描述自己如何逃跑的信中,他确认艾雷尼厄斯就是监禁他的负责人;在信中塞维鲁还用最激烈的言语责骂艾雷尼厄斯,因为艾雷尼厄斯对他实施了严密的监管,防止他逃出安条克城。

有些人说是维塔里安对查士丁施加影响要求割掉塞维鲁的舌头,因为塞维鲁在自己的作品中侮辱过他。塞维鲁在高尔皮埃月,也就是罗马人的 9 月逃离了他的教区,这是安条克建城 567 年的事情。[①] 在他之后,保罗成了安条克的主教,他被命令当众赞颂卡尔西顿会议。接下来保罗自愿地放弃安条克主教的职务,并且像其他人一样度过余生;来自耶路撒冷的尤夫拉修斯接替了他的职位。[②]

查士丁尼在宗教立场上和舅父查士丁一世是一致的,他也是一个坚定的卡尔西顿派信徒。然而,此时基督一性论在帝国内依然有一定的影响力。如埃瓦格里乌斯所言,当时甚至在每个家庭中,家人们都很难在信仰问题上达成一致。这种分裂显然对帝国的统一和稳定是不利的。加之查士丁尼非常信任的皇后塞奥多拉也是基督一性论的支持者,因此在皇权稳固之后,他对于基督一性论派的态度也有所调整,做出了一些比较宽容的决定,比如召回了先前逃亡的安条克主教塞维鲁。但是,这种宽容是有限度的。他坚定地将

---

① 即公元 518 年。
② Evagrius Scholasticus, *The Ecclesiastical History of Evagrius Scholasticus*, Ⅳ. 4.

《卡尔西顿信经》作为唯一的官方信仰,反对者最终还是会受到他的惩处。通过强大的世俗权力,查士丁尼暂时压制了一性论派分裂的势头。埃瓦格里乌斯在书中此处难得地对查士丁尼表示了肯定,认为他的政策使教会从此再无裂痕。然而,从之后的历史进程不难看出,这一论断显然不是事实。基督一性论使得东地中海地区各民族对拜占庭中央政权的分离情绪愈发强烈。7 世纪阿拉伯人的铁骑征服埃及、叙利亚和巴勒斯坦等地区后,他们发现当地原先的拜占庭臣民不但没有激烈反抗,反而热情地欢迎新的统治者。埃及和叙利亚地区保存下来的史料都证实了这一点。亚历山大里亚的学者塞奥菲卢斯就热情地称颂阿拉伯人是“一个强有力的民族,他们能够保护我们基督教会”。而在谈及旧主拜占庭帝国时,他们完全是另外一种语气。艾德萨的历史学家马太厌恶地称拜占庭人“只会监视臣民是否信仰异端,在大敌当前的时候,他们只会带来麻烦和争端”①。这种强烈的分离情绪对拜占庭帝国 7 世纪以后永久丧失东地中海地区的大片领土有直接影响。

现在,查士丁尼皇帝是绝对支持卡尔西顿派和他们的观点的。但是他的皇后塞奥多拉却支持一性论派,他们是否真的支持这些观点——因为当讨论信仰的时候,家中父亲经常和孩子观点相反,而孩子也反过来和父亲相反,妻子与其丈夫或丈夫与其妻子的观点也经常不同——或者还是因为他们之间达成了某种默契,所以他支持那些说我们的上帝基督有两性的人,而她支持那些拥护一性论的人。至少,查士丁尼与塞奥多拉彼此之间都没有任何让步:查士丁尼最热诚地支持卡尔西顿派的观点,同时塞奥多拉却与那些反对派站在一起,并且支持那些持一性论观点的人;她照顾当地人民,并且因提供了可观的金

---

① W. H. C. Frend, *The Rise of the Monophysite Movement*, pp. 354 - 355.

钱而颇受他们欢迎。她还劝说查士丁尼召回了塞维鲁。[①]

　　塞维鲁给查士丁尼和塞奥多拉的信件现在还都被保存着，从中我们可以看出，他离开安条克教区之时最开始打算迟一些去首都；然而此后他还是去了。他写到来到首都以后，他会见了安提姆斯[②]，发现安提姆斯在教义和对待上帝的认识方面与自己非常相近，于是劝说安提姆斯放弃了主教的职位。他将这些事情写进给亚历山大里亚主教塞奥多西的信中，吹嘘自己是如何说服安提姆斯将所谓正确的教义置于荣耀和自己的职位之上的。安提姆斯给塞奥多西的信也得以保留，而塞奥多西给塞维鲁和安提姆斯的信我就省略掉了，把它们留给对其感兴趣的人来阅读，这样可以避免我的作品涉及的范围太广。

　　因为这些人都反对皇帝的命令并且不接受卡尔西顿会议，所以他们都被驱逐出自己的教区。佐伊鲁斯接任了亚历山大里亚主教，同时埃皮法尼乌斯成了首都的主教[③]；此后，卡尔西顿会议在所有教会中被公开赞扬，这样没有人再敢诅咒它了，而且那些持有不同观点的人也被强制通过不同方式来赞同卡尔西顿会议。

　　因此，查士丁尼皇帝制定了法律，其中他谴责塞维鲁、安提姆斯和其他人，并规定支持他们教义的人都要遭受严厉惩罚。继而，从那时起各地教会之间就没有裂痕了，各教区的大教长彼此意见都保持一致，而各城市的主教也都遵循他们的领袖；

---

① Evagrius Scholasticus, The Ecclesiastical History of Evagrius Scholasticus, Ⅳ. 10.

② 即前文提到的君士坦丁堡大教长。

③ 怀特比在英译本译注中指出，在第 4 卷中，埃瓦格里乌斯已没有可靠的教会史料，如扎卡里亚的作品，因此他很可能只能依据自己早年不准确的记忆来进行写作，从而在主教顺序这类问题上会出现时间错误。如埃瓦格里乌斯说埃皮法尼乌斯是安提姆斯的前任而非继任者，他的继任者应为米纳斯（Menas）大教长。亚历山大里亚的塞奥多西被免职并放逐后的继任者是保罗，再之后的主教职位才由佐伊鲁斯接任。参见怀特比译本第 211 页，注释 31。

在整个教会历史上有四次会议受到公开赞扬，那就是尼西亚第一次大公会议、君士坦丁堡第二次大公会议、以弗所第三次大公会议和卡尔西顿第四次大公会议。而第五次大公会议在查士丁尼的命令下召开，但是我将在适当的时候再记述它，接下来我将继续讨论他在位期间值得记叙的事情。①

在初步压制了基督一性论争端之后，查士丁尼还着力恢复皇帝对拜占庭教会的"至尊权"。按照权威的《牛津基督教词典》中的定义，至尊权是指"皇帝对教会各个方面，甚至包括教义等通常属于教会管辖范围内的事务享有的绝对控制权"。② 近年来，西方学界普遍认为这一概念值得商榷，1991 年出版的《牛津拜占庭词典》在"至尊权"词条中已经明确指出"这一概念已经被大多数学者否定……"③

虽然"至尊权"并不能全面概括拜占庭教俗关系状况，但是对其全盘否定的观点也同样值得商榷。由于皇权和教权在拜占庭帝国不同历史时期始终在发展变化，因此，对二者关系也需要用动态的眼光进行评析，以得出更为全面的结论。例如，基督教是在君士坦丁大帝时期获得合法地位。由于其合法性来自皇权，同时基督教只是当时帝国中众多宗教之一，皇帝也就自然获得了对基督教会绝对控制的权力。这种权力主要表现在召开基督教会议、控制教会高级教职人员任免权，以及调解、仲裁教义争端等诸多方面。在得到皇帝庇护的同时，基督教会也要心甘情愿地从精神层面为皇权服务。可以说，在君士坦丁大帝统治时期，拜占庭皇权确实掌握着对基督教会的"至尊权"。

随着基督教在 4 世纪末成为帝国国教，教会势力不断壮大，到 5 世纪时，"至尊权"开始逐渐受到挑战。教权与皇权的矛盾在争夺教

① Evagrius Scholasticus, *The Ecclesiastical History of Evagrius Scholasticus*, Ⅳ. 11.
② F. Cross, ed., *The Oxford Dictonary of the Chrisitian Church*, London, 1957, "Caesaropapism".
③ A. P. Kazhdan, editor in chief, *The Oxford Dictionary of Byzantium*, Oxford, 1991, " Caesaropapism".

义主导权、争夺教会人事任免权、争夺世俗事务领导权等方面日益显现。从前文引用的埃瓦格里乌斯的很多记载中我们也能看到，皇帝和教会领袖在制定宗教政策等多种问题上出现过激烈的斗争。

查士丁尼对于皇权与教权的关系极为看重。他不但积极干预教会的人事任免，而且从皇储时期就认真学习宗教知识，这也为他后来亲身参与教义争论奠定了坚实的基础。他对教会的权力主张从他召开的第五次基督教大公会议就能鲜明地表现出来。他亲自主导了对其所认定的异端派别的批判，并在这一过程中罢免和惩戒了诸多教会领袖。尤其是对于西部帝国灭亡后事实上取得了独立地位的罗马教会更是严格控制。在其统治时期，两位罗马主教先后被下令罢免。其中，希尔维里乌斯主教被以"背叛通敌"的罪名流放到希腊地区，他随之任命皇后塞奥多拉信任的维吉利乌斯为新的罗马主教。然而，维吉利乌斯最后也遭到了相同的命运。他因为在553年第五次基督教大公会议召开前两次拒绝皇帝的召唤，不愿去君士坦丁堡参加会议，而在次年被皇帝流放，最终客死他乡。通过强硬措施，查士丁尼确保了自己对教会的控制权。埃瓦格里乌斯在简要介绍了一些教区主教的更迭之后，用了较大的篇幅叙述了第五次基督教大公会议的始末。

在米纳斯之后，尤提齐乌斯成了君士坦丁堡的主教，而当时在耶路撒冷，萨卢斯提乌斯接任了马尔提利乌斯的职位，后来埃利阿斯又接替了他，之后是彼得，再之后是马卡利乌斯，尽管皇帝没有同意这一结果；马卡利乌斯最终被免职了，因为据说他赞成奥利金的教义。此后，尤斯托齐乌斯成了耶路撒冷的主教。在亚历山大里亚，塞奥多西如我前面所说的那样被放逐后，佐伊鲁斯接任了主教职位，在他之后是阿波里拿里乌斯。在安条克，多姆尼努斯接替了厄弗雷姆主教的职位。①

① Evagrius Scholasticus, *The Ecclesiastical History of Evagrius Scholasticus*, Ⅳ. 37.

当维吉利乌斯担任罗马主教的时候,君士坦丁堡的主教是米纳斯,之后是尤提齐乌斯,亚历山大里亚主教是阿波里拿里乌斯,安条克主教是多姆尼努斯,耶路撒冷主教是尤斯托齐乌斯,查士丁尼在这时召开了第五次基督教大公会议。会议召开的原因是那些尊崇奥利金①的人,他们的势力正在增长,尤其是所谓的"新拉乌拉"②。尤斯托齐乌斯竭尽全力驱赶他们,他将他们所有的人都免职并且赶到很远的地方,仿佛他们就是污染源,但是他们在被驱散后还是赢得了很多支持。

塞奥多利是卡帕多西亚地区首府凯撒里亚的主教,他维护了奥利金主义,自查士丁尼认为他很忠诚且与他建立了友好关系以来,他常伴随在查士丁尼的左右。当塞奥多利用亵渎和非法的手段祸乱宫廷的时候,尤斯托齐乌斯派遣了塞奥多西修道院的鲁弗斯和萨巴斯修道院的科农前往首都,他们都是在沙漠地区享有最高声誉之士,因为他们品德高洁,而且所领导的修道院也是声名远扬③。还有一些其他很有名望的人也来到了这里。最初,人们主要讨论奥利金、埃瓦格里乌斯和狄底姆斯④的问题,但是卡帕多西亚的塞奥多利意图将讨论引向歧途,他加

---

① 奥利金是 3 世纪著名的希腊教父,在基督教神学发展中做出了很多贡献。但是他关于圣父圣子关系等理论从 4 世纪开始就在教会内引发了争论。他的学说在本次基督教大公会议上被定为异端。
② 原文作 New Lavra。
③ 英译本译者怀特比指出,埃瓦格里乌斯弄错了尤斯托齐乌斯即位的时间,这造成了他很大的混乱。塞奥多利的行为发生在 30 年代,而尤斯托齐乌斯派遣代表去首都是552/553 年的事情。并且塞奥多西修道院院长也不是鲁弗斯而是尤罗吉乌斯。参见怀特比译本第 244 页注释 121。
④ 后两位都是 4 世纪的神学家,奥利金主义的重要支持者。这里提到的埃瓦格里乌斯全称为"本都的埃瓦格里乌斯"(Evagrius of Pontus)。

入了摩普苏埃斯提亚的塞奥多利、塞奥多利特以及伊巴斯的问题①，然而上帝通过他的仁慈安排了一切，这样双方的渎神行为都会被驱除。

当开始讨论逝者是否应该被诅咒之时，尤提齐乌斯也出席了。他在圣经研究方面有最高水准。尽管米纳斯主教还活着的时候，尤提齐乌斯在这些神甫之中并不是最显赫的，因为当时他只是阿马西亚主教在首都的代表。尤提齐乌斯带着自信和轻蔑的态度环顾了四周，然后明确地表示，这种问题根本不用讨论，他说国王约西亚很久以前不仅杀死了活着的恶魔教士，而且也挖了那些死者的坟墓②。每一个人似乎都认为他说得很对。查士丁尼听到这些话之后，在米纳斯死后，尤提齐乌斯很快就被任命为首都的主教。

维吉利乌斯以书信形式表示同意，但却不愿亲自出席会议。查士丁尼询问了参加会议的人对塞奥多利和塞奥多利特反对西里尔的十二条诅咒文以及伊巴斯致波斯人马瑞斯的信的看法。之后塞奥多利和塞奥多利特的很多作品被宣读，说明很久之前塞奥多利就被从神圣的双折册上移除了，而异端者即使在死亡之后也要被谴责。参加会议的人全体一致地诅咒了塞奥多利，就如我前文所述③，还诅咒了塞奥多利特反对西里尔十二条诅咒文的行为以及伊巴斯写给波斯人马瑞斯的信。决议是以这样的文字开始的：

---

① 除了奥利金主义之外，第五次基督教大公会议还有一个重要的内容就是对"三章"（Three chapters）的批判。所谓"三章"的作者是 5 世纪的三位神学家伊巴斯、（摩普苏埃斯提亚的）塞奥多利和塞奥多利特，他们与聂斯托里关系密切，在神学观点上也与聂斯托里有接近之处。查士丁尼出于安抚基督一性论派等原因，在本次基督教大公会议召开之前就已发布敕令谴责上述三人，由此得到了亚历山大里亚很多信徒的支持，但是也引发了诸多反对之声，在西部教会更是如此。这也是本次基督教大公会议召开的重要原因之一。

② 公元前 7 世纪的犹大国国王，《圣经·列王纪》中记载了他的事迹。

③ 埃瓦格里乌斯在作品第 1 卷第 12 节中谈到了这些内容。

> 我们伟大的上帝和救世主耶稣基督,按照福音书里的比喻……

然后继续写道:

> 除了前四次大公会议由普世、使徒的教会谴责的异端之外,我们还要谴责并诅咒被称作摩普苏埃斯提亚主教的塞奥多利和他不虔诚的作品,以及塞奥多利特反对与圣徒同在的西里尔的十二条诅咒文、违背以弗所大公会议正确信仰的不虔诚作品、支持塞奥多利和聂斯托里的著述。我们还要诅咒伊巴斯写给波斯人马瑞斯的那封不虔诚的信。

在处理了其他一些事务后,他们详细阐述了关于正确和无可责难的信仰的 14 篇文件。这些事情便得以解决了。然而,修士尤罗吉乌斯、科农、西里亚库斯和潘克拉提乌斯又提出了反对奥利金的教义①及那些支持他的不虔诚和错误的追随者的意见。在他们提交了一份证词的副本,并向维吉利乌斯寄送有关这些问题的公函之后,查士丁尼让大公会议来审议这些问题。从所有这些内容中,人们可以看出奥利金是怎样试图用希腊和摩尼教的祸害来危害使徒教义的纯洁。因此,在一致同意反对奥利金及其同伴的错误后,大会给查士丁尼一个答复,内容部分如下:

> 我们最信仰基督教的皇帝,他的精神中有超凡的美德啊……

然后继续写道:

> 我们已经远离了,我们已经远离了这个异端。由于起初我们没有识别出陌生人的声音,我们在安全地将这个贼和强盗用诅咒的绳索捆绑后,我们将他从神圣的教会驱离。

这之后写道:

> 我们所做的事情您将会从我们的文件中得知。

---

① 也叫作 Adamantine。

在这份文件中他们还附上了那些奥利金教义支持者所写的作品，这些作品表现出他们有相同的意见，但也有分歧，以及许多错误。其中第五号作品是关于那个被称为新拉乌拉组织成员的渎神言论的，它是这样写的："卡帕多西亚的塞奥多利说道，如果现在使徒和殉教士们完成了相同荣耀的奇迹，如果在归正的时候他们与基督不平等，那么，什么样的归正在那里是适合他们的呢？"此外这里还有埃瓦格里乌斯、狄底姆斯和塞奥多利的其他渎神言论，这表明参加大公会议的神甫们很努力地搜集了这些材料。

会议结束一段时间之后，尤提齐乌斯被免职了，而约翰成了君士坦丁堡的主教，他来自隶属于安条克地区的基涅吉格的一个名为色里米斯的村庄。①

在查士丁尼统治的末年，他积极学习神学理论，试图干预教义之争，控制教会人事权的行为也愈加明显。尤其是他再次试图调和卡尔西顿派与基督一性论派分歧的举措引起了基督教会中部分强势主教的不满。埃瓦格里乌斯的恩主、安条克主教阿纳斯塔修斯就是其中之一。面对反对的声音，查士丁尼延续了自己的强硬态度，试图罢免阿纳斯塔修斯，这自然招致了埃瓦格里乌斯在作品中更加严厉的抨击。就在双方矛盾即将激化之时，查士丁尼寿终正寝。埃瓦格里乌斯不无得意地认为，这是上帝给予皇帝的惩罚。

在那个时候，查士丁尼放弃了拥护正确教义的道路，走上了一条使徒和教父们未曾走过的路，陷入了一片荆棘之中②。尽管他希望教会依循这些做法，但是没有实现他的目标……这时的罗马主教是接替了维吉利乌斯的约翰，他也被称作卡特利

---

① Evagrius Scholasticus, *The Ecclesiastical History of Evagrius Scholasticus*, Ⅳ. 38.
② 埃瓦格里乌斯是在影射查士丁尼晚年对各异端教派的一系列怀柔政策。

努斯,君士坦丁堡的主教是来自色里米斯的约翰,亚历山大里亚的主教是阿波里拿里乌斯,安条克的主教是接替了多姆尼乌斯的阿纳斯塔修斯,耶路撒冷的主教是马卡利乌斯,他在诅咒了奥利金、狄底姆斯和埃瓦格里乌斯的尤斯托齐乌斯被免职后,再次出任该教区的主教。查士丁尼这时颁布了罗马人所说的敕令,其中他认为基督的肉体不会因其合乎人性和无可责备的感情而受到腐蚀和影响,从而表明我主在受难前的饮食和复活后的饮食完全相同,并且从主神圣的肉体在子宫中形成开始就没有因为自主的和合乎人性的感情而改变,甚至在主复活后也是如此①。查士丁尼强迫各地所有神甫都在文件上签字。但是所有人都说要等待安条克主教阿纳斯塔修斯的决定,并且扭转了最初的努力。②

阿纳斯塔修斯处理神圣的事务是很有技巧的,同时他在生活习惯上严于律己,所以即使对很微小的事情也十分关注,并且决不背离正直和得到确认的事情,尤其是那些重要和涉及上帝的事务。他的性格是如此平衡,以至于他既不会因为过于可敬可亲而受到不适当的影响,也不会因为过于冷酷严峻而让那些需要他的人难以接近。在重大问题上他能够认真倾听并且谈吐流利,直接切中问题的关键,但是在琐碎的事务上他可以充耳不闻、一言不发,这样他用思想控制自己的言语,他的沉默比语言更有力量。

查士丁尼想尽一切办法对付这个像高塔一样坚不可摧的男人,因为他认为一旦撼动了此人,那么他就能够占领这座城

---

① 这一敕令被称作神性不朽论(Aphthartodocete),是继《联合诏令》后皇帝又一次试图调和卡尔西顿派和基督一性论派的行动,它反对过分强调基督人性和神性之间的区别,虽然这从神学观点上没有背离《卡尔西顿信经》,然而最终依然没有收到效果。
② Evagrius Scholasticus, *The Ecclesiastical History of Evagrius Scholasticus*, IV. 39.

市、奴役正确的教义、俘虏基督的子民。但是，阿纳斯塔修斯是
凭借神圣的勇气而高高在上——因为他站在坚如磐石的信仰
之上——所以他敢于公开地发表个人声明反对查士丁尼，其中
最清楚地表明，基督的肉体在本质上是非永恒的，并且经历了
无可指责的受难。令人尊敬的使徒和被神圣力量启示的教父
们都坚信这一点，并且将其传承下来。他同时回应了来自第一
和第二叙利亚地区修道团体的一个问题，支持增强了他们的信念
并且让他们为斗争做好准备，他每天都在教会宣读"主所拣选的
器皿"这句话语，"若传给你们的福音，与我们所传给你们的不同，
即使这个传福音者是天使，那也应该被咒诅"。除了少数人，每
个人都赞成这个宣言，并且渴望以相同的方式参与进来。

　　此外，他还给安条克人民做了告别演说，因为他得知查士
丁尼想要惩罚他。这篇演说的语言之优美、思维之流畅、用典
之丰富以及叙述之适宜都令人羡慕。①

　　但是因为"神给我们预备了更美好的事"，所以这篇演讲稿
并没有发表。当查士丁尼想惩罚阿纳斯塔修斯及其属下时，受
到了看不见的创伤，并且就此去世了。查士丁尼统治了 38 年 8
个月。②

除了加强对教会的控制，查士丁尼还很重视在帝国内外的传教
工作。在帝国内，他积极派遣神职人员深入边远地区传播信仰。例
如，据以弗所主教约翰记载，542 年，他奉查士丁尼皇帝的命令与一
些神职人员一起来到吕底亚和弗里吉亚等亚洲行省。在那里他们
工作了数年。其间，他为共计 8 万名异教徒施洗，并为他们建造了

---

① Evagrius Scholasticus, *The Ecclesiastical History of Evagrius Scholasticus*, Ⅳ. 40.
② Evagrius Scholasticus, *The Ecclesiastical History of Evagrius Scholasticus*, Ⅳ. 41.

98 座教堂和 12 座修道院①。此外,他还通过教育等手段,在大城市中争取异教徒皈依。埃瓦格里乌斯在作品中记载的一个所谓的"神迹"可作为鲜活的例证。

  在安提姆斯被赶出首都之后,如我所说,埃皮法尼乌斯接任了主教职位②。他之后是米纳斯,在米纳斯担任主教的时候发生了一件值得记载的奇迹。按照古代的习俗,首都在举行分享我主基督圣体仪式的时候,那些被挑选的纯洁男孩会在小学教师的带领下参加这项活动,并且分享圣餐。在一次活动中,一个信仰犹太教的玻璃工人的儿子与其他男孩一起参加了这次活动。当这个男孩的家长询问孩子回家晚的原因时,男孩说了所做的事情以及与其他男孩一起吃的东西。他的父亲勃然大怒,把自己的儿子放在了定型玻璃用的煤炉里面,并且点了火。男孩的母亲找不到自己的孩子,于是跑遍了整座城市,哭喊着,发出刺耳的尖叫声。终于在第三天,这位母亲站在丈夫的作坊门口时,尽管因为悲伤而颤抖,但还是呼喊出男孩的名字。在听见了母亲的声音后,男孩就在炉子里回答了她。母亲立刻破门而入,看见那个男孩站在煤堆中间,但是大火却烧不到他。她于是询问儿子,为什么他能够不受伤害,男孩回答说一个身穿紫袍的女人经常带着水来到他这里,然后他就能用这些水浇灭周围的火;并且她还在他饿的时候带来食物。当查士丁尼得知这些后,他让那对母子参加了洗礼,然后让他们成为教会中的一员;至于男孩的父亲,因为他不容忍周围的基督徒,所以以谋杀孩子的罪名被钉死在西凯。这些事情就是这样发生的。③

① 以弗所的约翰关于此事的记载存于其作品的第二部分的残篇中(无英文版),转引自 A. H. M. Jones, *The Later Roman Empire 284 - 602*, p. 939. 另外关于他对建立教堂和修道院的一些具体回忆可参见 John of Ephesus, *The Third Part of the Ecclesiastical History of John, Bishop of Ephesus*, Ⅲ. 36 - 37.
② 埃瓦格里乌斯重复了上文的错误,即埃皮法尼乌斯是安提姆斯的前任而不是继任者。
③ Evagrius Scholasticus, *The Ecclesiastical History of Evagrius Scholasticus*, Ⅳ. 36.

埃瓦格里乌斯讲述这个故事的本意应该只是在宣扬基督教对男孩的神圣庇护，但是从这个所谓的"神迹"中却有值得我们分析的拜占庭皇帝的政治意图。首先，教会向孩童开放的宗教活动并没有排斥异教徒的子女参与，相反，通过安排他们参加这些活动，让异教徒的孩子得以接触到基督教中如圣餐这样的基本仪式。之后，在幼童的家长对此加以阻挠的时候，世俗权力则毫不犹豫地站在有利于基督教的立场上，不惜对阻挠者采用极刑，从而实现了让异教徒皈依的目的。由此可以看出，基督教战胜多神教和其他宗教的过程并不仅仅是信仰之争，而是伴随着国家暴力的支持。

除此之外，查士丁尼还积极地对帝国外的其他民族传播基督教信仰。与帝国建立之初的传教活动相比，查士丁尼时代的国家世俗权力开始扮演更重要的角色。一方面，由于基督教会被纳入国家控制之下，拜占庭统治者可以利用基督教会的影响力去实现国家的战略目标；另一方面，因为基督教已成为帝国的官方宗教和最重要的精神统治工具，国家也有义务和必要协助基督教会向更远的地区扩充影响，并借此实现其政治目的。"利用基督教会的势力对周围少数民族和落后地区进行文化上的渗透，是查士丁尼皇帝不同于他以前的历代拜占庭皇帝之重要方面。在早期拜占庭，历代皇帝……对帝国境外的各部族人民是否信奉基督教……并不关心。"[1]埃瓦格里乌斯在作品中记载了对赫鲁利人（Heruls）、阿巴斯吉人（Abasgi）和塔内斯人（Tanais）的传教活动。

大约在同时，普罗柯比记载，赫鲁利人[2]已经在阿纳斯塔修斯统治时期越过了多瑙河，查士丁尼慷慨地对待他们，给了他们大笔的金钱，他们因此全部选择成为基督徒，并从此过上了

---

[1] 徐家玲：《早期拜占庭和查士丁尼时代研究》，长春：东北师范大学出版社，1998 年，第200 页。

[2] 赫鲁利人据推测是起源于斯堪的纳维亚的日耳曼人的一支，5 世纪开始活跃于多瑙河流域。

更加文明的生活。①

他还记载了阿巴斯吉人②在当时是如何进入文明社会的，他们改信了基督教。此前皇帝查士丁尼派了一位名叫尤夫拉塔斯的宦官到他们那里，此人也是阿巴斯吉人，阻止他们这个民族的人被割去生殖器，用刀子割掉生殖器是违反人的天性的。这些被割掉生殖器的人一般都在皇帝寝宫服务，被称作宦官。查士丁尼还下令给阿巴斯吉人建造了一座圣母圣所，并且给他们派遣了神甫，这样他们就可以准确地学习基督教教义了。③

普罗柯比还写道，那些居住在塔内斯的人们——塔内斯是从迈奥提克直到尤克森海之间的地区④——要求查士丁尼派给他们一位主教，查士丁尼接受了这个请求且十分高兴地给他们派去了一位神甫⑤……⑥

最后，埃瓦格里乌斯还在本卷作品中记载了大量的圣徒传记。这些圣徒传记从唯物主义的角度来看其内容是不符合自然规律的，笔者将这些原文附在本节最后，主要是为了从历史研究的视角给读者提供资料，相信读者对其中的一些内容自有辨别能力。

这些崇拜行为对基督教在拜占庭帝国内的发展有着显著的促进作用。从埃瓦格里乌斯的记载中我们可以看出，促进作用表现在以下两个方面。

---

① Evagrius Scholasticus, *The Ecclesiastical History of Evagrius Scholasticus*, Ⅳ. 21.
② 阿巴斯吉人居住在黑海东北岸，在高加索地区和亚速海之间。
③ Evagrius Scholasticus, *The Ecclesiastical History of Evagrius Scholasticus*, Ⅳ. 22.
④ 即从亚速海到黑海之间。
⑤ 埃瓦格里乌斯本节的内容有些庞杂，他在后面记载了一些地震灾害，将放到本书下一节引用。
⑥ Evagrius Scholasticus, *The Ecclesiastical History of Evagrius Scholasticus*, Ⅳ. 23.

首先,对圣徒的崇拜加速了基督教教义的传播和普及。基督教在拜占庭帝国传播的过程中,普通民众对信仰表现出了高度的热情,但是帝国中大多数的基督徒并没有接受过良好的教育,因此很难参与复杂神学问题的论辩。如何让这些文化水平较低的民众增强对基督教的信仰,就成了基督教传播过程中面临的一个重要问题。圣徒崇拜恰恰在这一方面发挥了重要作用。

除了便于教义的普及,圣徒崇拜还丰富了基督教信仰的内容。圣徒本身并非神,而是所谓具有特殊能力的人。在基督徒心目中,圣徒具有与神"交流"的资格,这是一般基督徒不具备的能力。圣徒施展的"奇迹"很多是程式化的雷同内容,如保卫基督徒、"神迹"治疗、驯服野兽等,实际上这些都在拜占庭民众的心中起到了"传达神意"的效果。

埃瓦格里乌斯在书中提到的圣徒大多与本教区的主教保持着密切的关系,他们在许多重大问题上持有相同的立场,甚至在一些场合,圣徒往往凭借其广受景仰的地位成为主教们的代言人。这为后者在民间发展势力提供了很大的帮助。

因为我们已经提到了那些不幸之事,所以现在让我们在这本历史作品中再添加一些值得纪念的事情,这些事情是其他一些人记载后流传到我们这个时代的。有一个人叫作左西莫斯,来自腓尼基沿海地区,他的故乡在一个名为辛德的村庄,那里距离推罗不到 20 斯塔德。他一生都过着孤独修行的生活,为了表现对上帝的崇敬他还严格地限制自己的饮食,此外,他有着许多其他的美德,他不仅能够预知未来,而且性格沉静。他有一个来自巴勒斯坦的重要城市凯撒里亚的同伴,此人名为阿尔凯西劳斯,是一个出身高贵的著名人士,他的一生中也有很多荣耀和闻名的事迹。左西莫斯在安条克遭遇地震之时突然显露出阴郁的神情,而且发自内心地悲痛和哀号,他流下了太多的眼泪,几乎浸透了大地;他要来了一个香炉,在将他们站立的地方用香熏过之后，他扑倒在地用祈祷和恳求来抚慰上帝。接下来，当阿尔凯西劳斯问他究竟是什么使他如此悲痛，他明确地回答，安条克人的哭声刚才一直回响在他的耳边。阿尔凯西劳斯和旁观者大感惊讶并记录下这一时刻，随后他们就发现地震正好发生在左西莫斯所说的那个时候。左西莫斯还有许多其他奇迹，因为数量太多，无法一一列举，因此我只列举几个。

与左西莫斯同时代的还有一个叫作约翰的人也很出名，他身上有着与左西莫斯相似的美德。他在科兹巴修道院过着孤独清苦的生活，这座修道院坐落在从耶路撒冷到耶利哥大路北部的山谷里。后来约翰成为凯撒里亚的主教。当约翰得知我提到过的阿尔凯西劳斯的妻子被织布的飞梭弄伤了一只眼睛的时候，他来到这个女人身边为她检查伤势。当他看见瞳孔已经脱落并且整个眼球都脱离原位的时候，他命令一位随行医生拿来一块海绵，让他尽力将女人的眼睛复位，然后用海绵和绷带将它包好。他做这些事情的时候，阿尔凯西劳斯并不在家，后者在左西莫斯的修道院中，那座修道院离辛德不远，距离凯撒里亚约 500 斯塔德。很多人争相跑去通知阿尔凯西劳斯他妻子眼睛受伤的消息。阿尔凯西劳斯当时正和左西莫斯坐在一起讨论问题，听到这个消息，他放声大哭，撕扯自己的头发，并将它们抛向空中。当左西莫斯问起原因时，他抽泣着讲述了发生的事情。于是，左西莫斯就离开阿尔凯西劳斯，匆匆步入一个他常用来与上帝交流的房间，这类人通常都有这个习惯。过了一会儿，左西莫斯又来到阿尔凯西劳斯身边，用一个庄严的微笑祝贺他，然后拉着他的手对他说："享受幸福地离开吧，恩典已经被授予约翰。你的妻子痊愈了，她的两只眼睛都好了，不幸已经不能再剥夺她的一切，因为这是约翰的愿望。"事实就是这样，这两个正直的人都在为同样的目标而创造奇迹。

　　有一次,左西莫斯在去凯撒里亚城的路上,他牵了一头驴驮着生活必需品,这时一头狮子过来把驴叼走了。左西莫斯跟着狮子来到森林,直到狮子享用过美餐之后他才笑着对它说:"你看,我的朋友,我的旅行已经被你打断了,虽然我看起来很壮,但我已经太老了,背不动这些行李了。所以请你暂时违背一下你的天性,来驮上担子吧。在你帮助了左西莫斯以后,你将重新变成一头野兽。"这头狮子听完这番话忘记了凶猛的本性,摇尾乞怜,马上温顺地跟着左西莫斯,表现了归顺之意。左西莫斯将驴驮的担子放在狮子的身上,让它一直驮到凯撒里亚城门口。他展示了上帝的力量,表明只要我们为主而生并且不贬低主的恩惠,所有万物都是人的奴仆。不过,为避免更多的事例会让我的叙述太啰嗦,所以我们还是回到主题吧。①

　　这个时期有很多圣洁和伟大的人,他们遍布世界,他们的名望已经光耀各地。巴尔萨努菲乌斯是埃及人,他在加沙附近的某个修道院追求一种脱离肉体的生活,他创造了史无前例的奇迹。很多人相信他现在还活着,他把自己关在一个小屋里,尽管已经有50多年没有人见过他了,世间发生的事也看不到他的身影。耶路撒冷主教尤斯托齐乌斯不相信此事,但是当他安排人挖洞进入那个小屋之时,大火突然出现,险些将周围的人烧死。②

　　埃米萨那里住着一个名为西蒙的人,他抛弃了一切虚华的外衣,以至于那些不了解他的人都认为他发了狂,而实际上他充满了神圣的智慧和魅力。③ 西蒙的一生大部分时间都是独居

---

① Evagrius Scholasticus, *The Ecclesiastical History of Evagrius Scholasticus*, IV. 7.
② Evagrius Scholasticus, *The Ecclesiastical History of Evagrius Scholasticus*, IV. 33.
③ 西蒙是圣愚者(Holy Fools)的典型代表,埃瓦格里乌斯在第 1 卷第 21 节里谈到过这类圣徒。

的,他不允许其他人了解他是如何敬拜上帝的,也不许人们知道他是何时斋戒的。不过,有些时候他也要到闹市去,那时他看上去不正常,像是完全没有理智;甚至有些时候,当他进入一家小饭馆时,他会在饥饿的时候吃掉所有的面包和其他食物。但当有人向他低头致意时,他会在暴怒和仓促中离开那里,害怕他的特殊美德会被大众发现。

这就是西蒙在公众面前的行为。但是,他也有一些相熟之人,和这些人交往的时候他就会毫不掩饰。他的一个熟人的女仆被诱奸且怀孕了。当女仆的主人强迫她说出是谁做了这件事情后,她说是西蒙与她发生了关系使她怀上了孩子,而且赌咒发誓这是真的,从而让所有人都认为确实是西蒙做的。当西蒙知道此事后,他承认了并且说那就是他的孩子。此事为众人所知,西蒙表现得似乎非常羞愧,假装十分窘迫。这样,当那个女仆临盆之时,她感觉剧烈而不可忍受的疼痛,处于极其危险之中,孩子生不下来。此时,那些人都恳求西蒙为她祈祷——他已经不慌不忙地来了——他在大家面前问这个女人,如果她不说出怀孕的真相,那么她就没法生下这个孩子。当女仆这样做了,说出孩子的真实父亲后,她很快就生下了这个孩子,这句真话就像接生婆一样灵验。

西蒙有一次被人看见进了一个妓女的屋子,关上门后,西蒙与妓女单独待了很长时间。当他打开门离开的时候,还环视四周以免被人发现。这样怀疑很快就蔓延开来,那些旁观者把这个妓女带来,质问她西蒙为什么会去她那里,而且待了那么长时间。然而,这个女人却起誓说,当时她第三天没吃东西了,只能喝些水,西蒙为她带来了美味佳肴,还有面包和一大罐红酒,关上房门,端来一张桌子,请她进餐;西蒙嘱咐她要尽情享用美食,直到她吃饱,能够在禁食之后长胖为止。她还为那些人展示了那天剩余的食物。

还有另外一个故事,说的是当大地震即将把腓尼基海岸夷为平地之时,特别是贝鲁特、比布鲁斯①和特里波利斯都将遭受巨大的损失。西蒙挥起手中的鞭子抽打广场上的大部分圆柱,大声喊道:"站起来吧,你们可以跳舞的。"他这么做是有目的的,那些旁观者记下了他没有抽打的石柱。不久,地震发生,那些没有被抽打的石柱果然都倒塌了。他还做了许多其他的事情,需要另外记载了。②

那时还有一个叫托马斯的人,他生活在叙利亚的科勒。托马斯来到安条克是来领取修道院的年金,这份钱已经由教会划拨下来了。但是安条克教会的管事阿纳斯塔修斯用手敲打了他的脑袋,因为他纠缠不休;当时在场的人看了都很愤怒,而托马斯说以后这份钱他收不到了,阿纳斯塔修斯也没机会再给了。这个预言果然"灵验",因为一天后阿纳斯塔修斯就死了,而托马斯在回程中也因为得病死在了达佛涅郊区的济贫院里。人们把他的尸体埋葬在外邦人的公墓。当时他的尸体一而再,再而三地跑到了最上面,这是上帝的伟大奇迹,在他死后还是赞扬他(因为他们被抛弃并且被放在远方)。人们对这位圣人感到惊奇,然后就报告给了厄弗雷姆③。于是他的神圣的遗体就被运到了安条克,并且公开得到了赞颂。而圣体在结束了一场流行的瘟疫之后,又在墓地上得到了荣耀。直到我们生活的这个时代,安条克的子民还在每年举行节日颂扬他。不过还是让我们谈谈其他话题吧。④

---

① 位于贝鲁特以北约 40 公里处的黎巴嫩古城。
② Evagrius Scholasticus, *The Ecclesiastical History of Evagrius Scholasticus*, Ⅳ. 34.
③ 当时安条克的主教。
④ Evagrius Scholasticus, *The Ecclesiastical History of Evagrius Scholasticus*, Ⅳ. 35.

第三节　查士丁尼时代的瘟疫
与地震灾害

　　从埃瓦格里乌斯的作品中我们还能够看到,拜占庭帝国在查士丁尼时代发生了严重的流行性疾病和自然灾害,并由此带来了重大的人力物力损失,一定程度上加剧了查士丁尼去世后帝国的危机。

　　首先,以"查士丁尼瘟疫"为代表的传染病疫情在古代社会具有极大的破坏性。"查士丁尼瘟疫"是一场暴发于 541 年秋季的大规模流行的急性传染病。现代学者和医学家根据当时的作家普罗柯比、以弗所主教约翰和埃瓦格里乌斯等人描述的疾病症状(如高烧、幻觉和腹股沟淋巴结肿胀等)分析,确定这场瘟疫应该是一次严重的鼠疫。[①] 东地中海世界作为拜占庭帝国的核心区域,交通便利,与外界交往密切,从客观条件上来说容易受到境外传染病的波及。加之该地区城市发达,人口密集,因此,瘟疫产生的破坏性更为明显。近年来,随着研究观念的更新、考古发现和史料的进一步解读,学者们开始着重研究这一因素对帝国的负面影响。如一些考古学家通过考古发掘成果证明,查士丁尼时期流行的瘟疫对安条克城产生了一定的破坏作用。[②] 我国学者陈志强教授、崔艳红教授和刘榕榕教授都曾以"查士丁尼大瘟疫"为研究对象,探讨了其对拜占庭帝国的

[①] 陈志强:《"查士丁尼瘟疫"考辩》,《世界历史》2006 年第 1 期,第 122 页。
[②] L. K. Little, *Plague and the End of Antiquity*, Cambridge 2007, pp. 87 – 88.

影响。①

　　在关于"查士丁尼大瘟疫"的记载中,普罗柯比的作品是最为详细的。埃瓦格里乌斯的作品与普罗柯比的作品在叙述视角上有所区别。与普罗柯比以君士坦丁堡为中心的记录不同,埃瓦格里乌斯更关注瘟疫在叙利亚地区,尤其是在安条克的传播情况。他本人就曾经在幼年感染瘟疫,但是侥幸存活下来。同时,他常年生活在这座城市,因此,他的记录是亲身经历的第一手材料,也是研究瘟疫在叙利亚地区蔓延最重要的史料。从他的作品中我们可以看到 6 世纪的这场"查士丁尼瘟疫"表现出以下鲜明特点。首先,这场瘟疫具有持久性。根据埃瓦格里乌斯所述,瘟疫在 542 年传入安条克,一直到其作品结束的 593/594 年仍在肆虐。事实上,"查士丁尼瘟疫"最终消失将是 8 世纪中叶的事情,因此在 542 年后的整个 6 世纪,拜占庭帝国一直被瘟疫所困扰。其次,这场瘟疫的致死性很强。最后,瘟疫是以循环周期暴发的方式肆虐,埃瓦格里乌斯认为一个周期是 15 年,这与现代学者估算的 14 年十分接近。每个周期的前一到两年是瘟疫传染性最强的时候。

　　　　我还要描述这种疾病导致的灾难,这场灾难至今仍然在大
　　　地上肆虐,已经是第 52 年了,这是前所未闻的。在安条克城被
　　　波斯人占领两年之后,一种瘟疫在当地降临,这场灾难在某种
　　　程度上与修昔底德描述的相似,但是在很多方面又有所不同。
　　　据说,这场瘟疫来自埃塞俄比亚②。此后它就席卷了整个世界,

①　陈志强:《"查士丁尼瘟疫"考辩》,《世界历史》2006 年第 1 期;陈志强:《"查士丁尼瘟疫"影响初探》,《世界历史》2008 年第 2 期;陈志强:《地中海世界首次鼠疫研究》,《历史研究》2008 年第 1 期;陈志强、武鹏:《现代拜占庭史学家的"失忆"现象——以"查士丁尼瘟疫"研究为例》,《历史研究》2010 年第 3 期;崔艳红:《查士丁尼大瘟疫述论》,《史学集刊》2003 年第 3 期;刘榕榕、董晓佳:《试论"查士丁尼瘟疫"对拜占庭帝国人口的影响》,《广西师范大学学报(哲学社会科学版)》2013 年第 2 期。关于这一问题的国内具体研究,读者可参考上述成果。
②　普罗柯比记载的瘟疫发源于埃及的贝鲁西亚。埃瓦格里乌斯作品中的瘟疫"埃塞俄比亚起源说"是古典作家的一种典型偏见。

无人能够幸免。有些城市受灾严重，几乎成为空城，大量居民死亡；而有些城市则受灾较轻，能够继续生存发展。这场瘟疫既没有按一个固定的时间发作，也未以同样的方式退去：它在某些地方的初冬时节发生，在某些地方的春天发展到高潮，在其他一些地方则是到了夏天，甚至有些地方是在秋季肆虐。在有些地方，瘟疫只在城里的某个区域流行，而不波及其他区域；人们还经常会看到，在一个并没有出现大面积感染的城市里，有些家庭却全部死于瘟疫的情况。在其他一些地区，有时一座城市里的一两户居民被瘟疫感染，但是城市中其他的人家却安然无事；不过，我们认真调查后会发现，那些未被感染的人会成为来年瘟疫的主要受害者。然而，更不寻常的是，如果一座城市被瘟疫波及而那里的居民在没有被感染的情况下逃往其他城市，那么他们在那座城市还是会遭遇不幸——也就是说，那些从被瘟疫侵袭的城市逃出来的居民会在没有被感染的城市中得病。

通常情况下，瘟疫以 15 个财政年度的循环周期波及各地，尤其是在每个循环周期的第一、第二年受灾最为严重。我也曾经被瘟疫感染——我决定将自己的经历融入所记载的历史中，在适当的地方增添适当的内容。在这场大瘟疫暴发之初，我还是个小学生，就被感染了，出现了"腹股沟淋巴结肿胀"的症状。在随后的几轮瘟疫中，我失去了自己的孩子、妻子和家里的其他亲人，以及许多仆人与庄园农夫，然而，仿佛这一轮又一轮的瘟疫特意将我排除在外一样，我活了下来。现在写下这些内容的时候，我已经 58 岁了，大约两年前，瘟疫第四次侵袭了安条克，在这轮周期中，除了之前失去的亲人，又有一个女儿以及她的孩子离开了我。

瘟疫的症状各不相同。有些人的症状是从头部开始的，他们的眼睛充血、面部肿胀，然后会蔓延到喉咙，最后离开人世。

有些人会发生腹泻。有些感染者会出现腹股沟淋巴结肿胀，随后发高烧，次日或第三日便死亡了，他们的智力、身体结构与未感染疾病的人没有什么不同。还有一些人会精神错乱，放弃生命；另一些人会全身脓疮，最终丧命。一些病例表明，有些人感染一两次后虽幸存，但却死于再次感染①。

瘟疫的传染方式多种多样甚至无法解释。有些人是因为与病人住在一起而被传染，有些人则是因为仅仅触摸了病人而得病。有些人是在自己的卧室被传染，有些人则是在公共广场被感染。有些人曾经去过被瘟疫波及的城市，自己没有染病，反而把疾病传染给了其他健康的人；还有些人即使与许多病人发生联系，甚至触碰病人乃至他们的尸体也丝毫不会被感染。有些人因为自己的孩子或家人病逝，想随亲人而去，渴望被瘟疫传染而死，于是他们故意与病人待在一起，但是却不会因此得病，仿佛疾病有意违背他们的心愿一样。因此，如我所说，这场瘟疫已经肆虐了 52 年，远远超过了以往的任何疫情。斐洛斯特拉图斯曾经感叹他那个时代的瘟疫肆虐了 15 年②。接下来还要发生什么事情我也不清楚，因为这是上帝所掌控的，只有他知道瘟疫的原因和走向。不过，我将回到之前的问题，继续谈谈查士丁尼统治时期的事情。③

除了瘟疫，地震是困扰早期拜占庭帝国的另一个严重灾害。东地中海地区位于世界第二大地震带——地中海与喜马拉雅地震带（又名欧亚地震带）之上。该地震带横贯欧亚大陆南部和非洲西北部，发生在这里的地震占全球地震总数的 15% 左右。处于该地震带

---

① 埃瓦格里乌斯的记载表明瘟疫除了淋巴感染之外，还会引起败血症、呼吸系统感染等其他并发症，这会加速病人的死亡。

② 指古罗马作家斐洛斯特拉图斯记载的发生在 2 世纪罗马皇帝马可·奥勒留时期的瘟疫。

③ Evagrius Scholasticus, *The Ecclesiastical History of Evagrius Scholasticus*, IV. 29.

之上的古代"世界七大奇迹"中的摩索拉斯陵墓、亚历山大里亚港灯塔和罗德岛太阳神铜像均是在地震中被毁。

　　拜占庭帝国早期,东地中海地区的地震灾害时有发生,例如在《教会史》第一卷中,埃瓦格里乌斯就提到了塞奥多西二世统治期间的强烈地震①。到了查士丁尼时代,可能是地震带进入了一个新的活跃期,东地中海世界遭遇了前所未有的频繁的地震破坏。一次次强烈地震的灾害造成的生命和财产损失并不亚于一场大规模的传染性疾病,因此,这具有较高的研究价值,有助于丰富我们对诸如 6 世纪后东地中海地区城市衰落原因等问题的认识②。埃瓦格里乌斯在作品中详细记录了其生活的安条克地区遭受的地震破坏。526 年发生的大地震及其后续余震几乎摧毁了这座繁荣的大都市。

　　　在查士丁统治时期,安条克频频发生严重的火灾,这好像就是最猛烈地震前的序幕。不久,在他统治的第 7 年第 10 个月,即阿尔忒弥修斯③月(5 月)29 日,在一周第 6 天的中午发生了强烈地震,地震倾覆了整个城市,几乎将所有建筑夷为平地。火灾接踵而至,如同被安排好了一样,地震没有摧毁的建筑在大火中也被烧为灰烬。城市中有多少地方遭受了损失、有多少人(大概估算)因灾害而死亡,以及发生了多少件奇怪和难以描述的事情,都被修辞学家约翰以最生动的笔触记载了,他的作品也就在此处结束了④。主教尤夫拉修斯也死于地震,这是城

---

① Evagrius Scholasticus, *The Ecclesiastical History of Evagrius Scholasticus*, I. 17.
② 国内相关研究成果可参见武鹏:《拜占庭史料中公元 6 世纪安条克的地震灾害述论》,《世界历史》2009 年第 6 期;刘榕榕:《6 世纪东地中海地区的地震与政府救助刍议》,《史林》2014 年第 3 期;武鹏:《6 世纪东地中海地区的地震灾害与城市的衰落》,《社会科学家》2014 年第 10 期;武鹏、刘榕榕:《六世纪东地中海的地震灾害造成的精神影响》,《西南大学学报(社会科学版)》2014 年第 6 期。
③ 原文作 Artemisius。
④ 现存约翰·马拉拉斯的《编年史》叙述至公元 565 年,现代学者认为其作品佚失的结尾部分应该记载了 565 年查士丁尼去世之后的内容。埃瓦格里乌斯说他的作品结束于 526 年显然与现存版本不符。也许是《编年史》后面部分的内容是由他人续写的缘故。

市的另一场灾难,因为主教的职位出现了空缺。①

　　但是上帝会拯救人类。他在灾祸之前就会设计好救难的方法,他打造怒火之剑却也心怀仁慈,并在人民陷入绝望的时刻展示他的同情心。厄弗雷姆当时是东部地区的行政长官,他想尽一切办法保障城市生活的必需品。而安条克的子民因为钦佩而选举他为神甫。随后他就成为安条克的主教,作为其杰出工作的回报。② 30 个月后,这里再次发生了地震。在此之后这座城市就被称为塞奥波利斯③,并且从皇帝处得到了其他帮助。④

　　据现代学者估算,526 年大地震发生之前,安条克约有 30 万人口⑤。因为人口稠密,城市中建筑物的倒塌所造成的伤亡极为严重。尼基乌主教约翰在其《编年史》中描绘了这次大地震发生后悲惨的景象,"那些来不及逃出屋子的人都变成了一具具的尸体"⑥。另一部重要的早期拜占庭史料,作者匿名的《复活节编年史》中也有略为夸张地记载,在这次大地震发生时"大地在不停地震动和翻搅,几乎所有居民都被卷入了墓穴之中"⑦。约翰·马拉拉斯记载了安条克有 25 万人在这场地震中丧生⑧,普罗柯比给出的数字更是高达惊人的 30 万之多⑨。当然,在地震发生之时"正值耶稣升天节,很多来自

---

① Evagrius Scholasticus, *The Ecclesiastical History of Evagrius Scholasticus*, IV. 5.
② 厄弗雷姆是当时东方地区的行政长官(comes orientis),他负责领导救灾重建工作有功,于是在 527 年成为安条克主教。
③ 即上帝之城(Theopolis)的意思。
④ Evagrius Scholasticus, *The Ecclesiastical History of Evagrius Scholasticus*, IV. 6.
⑤ G. Downey, "The Size of the Population of Antioch", *Transactions and Proceedings of the American Philological Association*, Vol. 89(1958), p. 90.
⑥ John of Nikiu, *The Chronicle of John*, *Bishop of Nikiu*, rans. by R. H. Charles, London, 1916, XC. 26.
⑦ Anon, *Chronicle Paschale*, 284 - 628 AD, translated with notes and introduction by Michael Whitby and Mary Whitby, Liverpool, 1989, Appendix 2. 4.
⑧ John Malalas, *The Chronicle of John Malalas*, 17. 16.
⑨ Procopius of Caesarea, *History of the Wars*, 2. XIV.

各地的参观者涌入了省城安条克以庆祝这个节日"①，所以遇难者中理应包括很多外乡人。不过，从伤亡比例上估计，这次大地震依然给安条克的居民带来了灭顶之灾。更为不幸的是，在埃瓦格里乌斯作品的后两卷中，我们还会看到安条克城又经历了另外四次大地震的侵袭。

除了安条克城，《教会史》中还记载了拜占庭帝国其他地区遭受的地震灾害。

> 当皇帝查士丁还在统治之时，现在被称为第拉修姆的那个地方，也就是当时的埃比达姆诺斯遭受了一次大地震；同样的还有希腊地区的科林斯，以及西里西亚第二行省的首府阿纳扎布斯——这是该地第四次遭遇地震。查士丁花费了大量金钱重建了这些城市。约在同一时期，奥斯若恩地区富有的大城市艾德萨则遭受现在的斯基尔托河的洪水侵袭，城内大部分建筑都被冲毁，无数的人被洪水卷走丧身。艾德萨和阿纳扎布斯因而被查士丁皇帝重新命名，这两座城市也都有了新的名字。②

> 他还记载了发生在希腊地区的多次强烈地震，彼奥提亚、阿凯亚以及克里塞亚海湾周边地区都被波及，许多地方和城市都被夷为平地，地面上出现了很多巨大的裂痕，其中的一些后来又自行合拢，其他的一些则一直保留至今。③

查士丁和查士丁尼统治时期发生的多次地震灾害给东地中海地区造成了巨大的人力物力损失，这一地区在地震与瘟疫的双重打击下损失惨重。然而不幸的是，这些灾祸没有随着查士丁尼的去世而结束，相反在埃瓦格里乌斯之后的叙述中又不断出现。

① John Malalas, *The Chronicle of John Malalas*, 17.16.
② Evagrius Scholasticus, *The Ecclesiastical History of Evagrius Scholasticus*, IV.8.
③ Evagrius Scholasticus, *The Ecclesiastical History of Evagrius Scholasticus*, IV.23.

第五章
查士丁二世与
提比略的统治

概　述

查士丁二世（Justin Ⅱ,565—578 年在位）,是查士丁尼王朝的第三任皇帝,也是查士丁尼大帝的外甥和继任者。查士丁尼和皇后塞奥多拉没有子嗣,当时的几位近亲中,查士丁二世的母亲是查士丁尼的妹妹,妻子是塞奥多拉的外甥女,凭借这一身份,他在查士丁尼去世后得以继位。在继承皇位后,查士丁二世以残忍的手段杀害了与自己同名的皇位竞争者查士丁将军,后者是查士丁尼大帝的表侄,此后他又诛杀了多位元老重臣,这些举措导致了他在埃瓦格里乌斯的作品中以残酷无情的形象示人。

查士丁登基之后在国内政策方面修正了查士丁尼的一些政策,如更加亲近贵族群体。在宗教政策方面,他基本上奉行支持卡尔西顿大公会议决议的立场,但是也希望调和卡尔西顿派与基督一性论派的矛盾,不过收效甚微。在经济政策方面,他无力改变查士丁尼统治末年国库空虚的状况。最为严重的是,在军事外交方面,他轻易地与萨珊波斯重开战端,最终却遭受惨败,导致帝国东部很多重镇沦丧敌手。查士丁二世本人最终也不堪打击,精神失常,丧失了统治能力。

总体看来,查士丁二世的统治一直笼罩于其舅父的阴影之中,无力改变帝国下行的局面。在其晚年,因为没有子嗣,他最后选定了好友提比略为继承者,就此结束了自己平庸的帝王生涯。

提比略（Tiberus,578—582 年在位）,是查士丁尼王朝的第四任皇帝。他与查士丁二世同龄,都生于公元 520 年左右。提比略出生于巴尔干半岛色雷斯地区的一个军人家庭,后与查士丁结为密友,并因此得到了宫廷卫队统领的职位。在查士丁二世登基之后,提比略成为帝国重要的军事将领,深受皇帝信任,曾经作为主将指挥了与阿瓦尔人的战争,不过遭遇了失败。查士丁二世晚年深受精神疾病困扰,因此在其妻子索菲亚皇后的怂恿下任命了提比略担任恺撒和共治皇帝,使其成为自己实际上的政治接班人。

查士丁去世后,提比略成为帝国新的统治者。他的性格和行事作风与查士丁二世差异明显。埃瓦格里乌斯在作品中对其盛赞,认为他相貌英俊、性格温和、秉性仁慈。尤其是提比略因"慷慨"的风度深得贵族知识分子史家的赞誉。但是,这种"慷慨"虽然为他博得了美名,只是过度的减税和任意花费金钱的行为并不符合当时帝国实际的经济状况。提比略执政期间最大的贡献是稳定了帝国的安全局势,他组织大军击败了萨珊波斯,缓解了帝国东部战线的巨大压力。

没有儿子的提比略在晚年之时将女儿嫁给了名将莫里斯,并在其临终前为莫里斯加冕。纵观提比略短暂的统治,他在内政、宗教等领域乏善可陈,但是在军事上大体改善了查士丁二世时期的窘境,维护了帝国的稳定。

第一节 查士丁二世的内政
与军事外交

565 年，查士丁尼大帝去世。因为没有子嗣，他的外甥查士丁继承了皇位，是为查士丁二世。这位年轻的皇帝虽然在宗教立场上与埃瓦格里乌斯相近，却因其个人品行和能力等原因没有得到后者的青睐。同时，查士丁二世在与波斯人的战争中遭遇了重大失败，给帝国造成了重大损失。因此，在埃瓦格里乌斯的作品中，他呈现出糟糕的人物形象。埃瓦格里乌斯在书中第五卷的开篇记叙了他的继位过程，轻描淡写地肯定他遵循传统的宗教政策，不过，随后便严厉批评了这位新皇帝的个人品德。

> 在造成全国各地的动乱之后，查士丁尼终于在其临终之时受到了惩罚，他去了阴间的最底层。当时他的外甥查士丁[①]，承担宫廷侍卫（罗马人称为 curopalatus）之责，在他死去之后穿上了紫袍；但是直到查士丁出现在大赛车竞技场并循例完成皇帝的任务之后，除其亲随之外，人们才知道了查士丁尼去世的消息以及新皇帝的登基公告。接下来，在此事并未引起后续的骚乱之后，查士丁回到了皇宫。他的第一道命令就是让从各地聚集到首都的神甫们回到原来的地方，允许他们遵循旧制并且保证不会革新信仰。这件事情有利于提高他的声誉。

---

① 查士丁二世是查士丁尼的妹妹维基兰提亚（Vigilantia）之子。

查士丁的生活方式放荡不羁,他沉溺于奢侈的生活和新奇刺激的享乐之中,他是如此渴望得到他人的财富,以至于要为了不义之财而交易一切,他甚至不惧怕上帝,把神甫职位拿出来公开售卖,先到先得。查士丁的统治是鲁莽而懦弱的,他首先将自己的一个亲戚、另一位查士丁召来,后者因军事经验丰富和其他的才能而声誉卓著;此人当时正驻防在多瑙河一线以防备阿瓦尔人的入侵[①]。阿瓦尔人是西徐亚人的一支,他们是从高加索来到平原的、居住在马车里的民族;由于他们遭受邻居突厥人的压迫,继而全体迁徙到博斯普鲁斯海峡。在离开了所谓的尤克森海(黑海)之后,他们继续行程,沿途与其他蛮族作战,直到他们来到了多瑙河沿岸并且向查士丁尼派遣了使节。尤克森海附近有许多蛮族,当然也有一些罗马人建立的城市、营地或是"泊锚地",这些人是退伍的老兵或是皇帝派出的殖民者。这样,查士丁被召进了宫里,好像他确实应从自己和皇帝查士丁二世之间达成的约定中获益一样。因为当时他们各自都有显赫的地位,而皇位的继承权就在二人之间摇摆,所以他们经过反复争论后约定,无论以后谁成为皇帝,都要给另一个人以一人之下、万万人之上的地位。[②]

在埃瓦格里乌斯的笔下,查士丁二世的统治始于一场血腥的政治谋杀。年轻的皇帝忌惮与他同名的表兄弟在军队中的崇高威望,因此不惜背弃诺言,将其杀害,随后残忍地侮辱了他的首级。这一残暴的形象显然与作者在书中塑造的那些仁慈的皇帝,如马西安等人大相径庭。

---

① 这位与皇帝同名的查士丁是查士丁尼皇帝的表侄,即查士丁尼的表弟日耳曼努斯(Germanus)之子,他与查士丁二世为表兄弟。在查士丁尼的统治时期,这位查士丁的政治地位高于后来的查士丁二世,此人常年驻扎在多瑙河防线,担任军队司令官,握有兵权。

② Evagrius Scholasticus, *The Ecclesiastical History of Evagrius Scholasticus*, V. 1.

查士丁皇帝对查士丁给予了虚情假意的热烈欢迎,然后逐渐捏造各种罪名,撤掉了他的盾牌手、长矛手,遣散了他的卫兵,并限制他接近自己(因为查士丁皇帝命令查士丁只能待在家中),最后将他流放到亚历山大里亚城。查士丁在一天黑夜被残忍地杀死,这就是他对国事勤勉努力、在战场上英勇无比的回报。而皇帝及其皇后索菲亚并未因此息怒,直到他们看到查士丁的首级,并用脚践踏,方才罢休。①

此后,残忍的政治杀戮并未停止,查士丁二世又相继处决了两位查士丁尼时期的元老重臣,以此确立了自己的权威。与之前的查士丁将军之死不同,埃瓦格里乌斯似乎对这两位元老并无好感,认为他们是罪有应得。

不久之后,查士丁皇帝以叛国罪对埃塞里乌斯和阿代乌斯进行了审判,他们都是元老院的成员,在查士丁尼统治时期担任了非常重要的职务。埃塞里乌斯承认自己试图用毒药谋杀皇帝,并说阿代乌斯是他的同谋。但是后者却赌咒发誓,声称自己决不知情,最后他们都被砍了头。阿代乌斯临死前说,虽然在这件事情上他是被冤枉的,但是他的下场是公正的:因为他用巫术杀死了宫廷长官塞奥多图斯。关于此事我无法证明,尽管他们确实是有罪之人。阿代乌斯是个娈童癖者,而埃塞里乌斯则是在查士丁尼的指使下,以皇室的名义用尽种种恶毒手段掠夺财富。这件事情就是这样结束的。②

埃瓦格里乌斯作为深谙古典文化的贵族知识分子,在书中多处体现了以个人道德品质评判皇帝的标准。因此,查士丁二世在继位之初为了排除异己、稳固皇位而大开杀戒,显然难以得到他的认同。但是在宗教立场上,皇帝和埃瓦格里乌斯的观点十分接近。在位期

---

① Evagrius Scholasticus, *The Ecclesiastical History of Evagrius Scholasticus*, V. 2.
② Evagrius Scholasticus, *The Ecclesiastical History of Evagrius Scholasticus*, V. 3.

间,查士丁二世扭转了查士丁尼统治晚期的宗教政策,转而继续坚持《卡尔西顿信经》。但是,他的宗教立场相对温和,如他还于 571 年再次提出了试图调和基督一性论与正统教义矛盾的诏令。埃瓦格里乌斯的作品是迄今发现的关于这一文件最为完整的同时代记录,因此具有极高的史料价值。[1]

查士丁二世对各地的基督徒发表了如下的声明:

奉我主耶稣基督、我们的上帝之名,皇帝、恺撒、虔诚信仰基督的、温和的、最伟大的、行善的,战胜了阿拉曼尼人、哥特人、日耳曼人、安特人、法兰克人、赫鲁利人和格皮德人的,虔诚的、幸运的、光荣的、胜利的、成功的、永远受到崇敬的奥古斯都,弗拉维·查士丁发表如下宣言。我主基督、真正的神对所有人说过'我留下平安给你们,我将我的平安赐给你们。'这意味着信仰他的人应该团结在同一个教会之下,彼此持有相同的关于正确基督徒教义的观点,并且远离那些在言行上有悖于此的人。正确信仰的确立是人们获得拯救的首要途径。为此,我遵循福音书的指令以及圣洁教父们制定的神圣信经,命令每一个人都团结在同一个教会和信仰之下。因为我们信仰圣父、圣子和圣灵这同质的三位一体在言行上都是独一的神或本质和本体,并且坚信独一的力量、权力和能量存在于三个位格之中:通过这一信仰,我们完成了洗礼并且团结在一起。

············

我们承认圣子是为上帝所生的独子,他在万世之先为父所生,而非被造,但在末日降临时为了我们的拯救而从天堂降世,由圣灵道成肉身,从神圣光荣的上帝之母,永远的童贞女玛利亚而生,他就是我们的主耶稣基督,他是神圣的三位一体中的一位,与圣父和圣灵享有同等的荣耀。因为神圣

---

[1] 参见怀特比英译本第 257 页注释 9。

的三位一体不接受第四个位格，即使是当三位一体中的一位，圣子被道成肉身时也是如此；但是他，我主耶稣基督，在神性上与上帝和圣父同质，在人性上与我们同质，他在肉体上遭受和我们相同的苦难，但是在神性上却不会如此。我们不承认圣子制造奇迹的神性和遭受苦难的人性有所不同；但是我们承认我主耶稣基督，也就是道成肉身后有完全人性的圣子，他制造奇迹的神性和为了拯救我们而自愿让肉体遭受苦难的人性统一在同一个生命中。不是某个凡人为了我们而奉献自己，而是圣子在没有改变的情况下，为了我们变成了人并自愿接受了遭受苦难折磨和死亡的肉体。

因而，尽管我们承认他是神，但是我们也不否认他是人的事实。而我们承认他是人，也不意味着我们拒绝他是神。因此，当承认我主耶稣基督是来自神人两性的同一复合之时，我们也不会给这种联合带来迷惑。由于他没有因为变成和我们一样的人而失去他作为神的事实；他也没有因为他的神性而拒绝有人性与我们相同的一面。但是在人性中他依然是神，在伟大的神性中他同样是人。神性和人性这两者是存在于同一之中的，上帝与我们同在。当我们承认他有完全的神性和人性，而他就是由二者复合时，我们就不应该割裂他复合的这一位格，但是我们应该区分两性的不同，这样做是不会毁灭这种联合的。因为神性不会转化为人性，而人性也不会转化为神性。……我们说他有两性，同时我们绝对不会分割它。因为每一性都在他之中。因此，我们承认同一的基督、同一的圣子、同一的位、同一的格，和神与人相同。①

那些持有相反意见的人将被诅咒，并且将被认为是脱离了上帝神圣普世和使徒的教会。因而，当圣洁的教父们宣布的正确教义传给我们之时，我们就团结在了同一个普世和使徒的教会之中，而事实上，我恳求你们——尽管我占据了尊贵的皇帝

---

① 以上的两段话实际上是对《卡尔西顿信经》温和的再次阐述。

的位置，但是为了所有基督徒的和谐和联合，我是不吝于使用这样的词汇的。这种和谐是来自献给上帝和我主耶稣基督的那份独一正确的信经——这样从此之后没有人再为某些人和某些词语争论了，因为那些词语引导了同一正确的信仰①。上帝的普世和使徒的教会中流行至今的习惯和实践通过一切保持稳定和不变，并且会永远这样保持下去。

于是每个人都赞同了这份敕令，说它表达了正统的信仰；但是，已经分裂的派别再难以完全地重新团结在了一起。因为它表明了稳定和不变的局面是由教会捍卫的，并将在之后一直如此。②

与宗教政策相比，在对待不顺从皇命的教会领袖的态度上，查士丁二世与他的舅父一脉相承。如前文所述，查士丁尼晚年曾经试图解除安条克主教阿纳斯塔修斯的职务。查士丁继位之后，终于在570年罢免了这位主教。

查士丁二世还免去了阿纳斯塔修斯的安条克主教之职，指控阿纳斯塔修斯不厉行节制，不适当地浪费了教会的财产；皇帝还咒骂了阿纳斯塔修斯。这是因为当阿纳斯塔修斯被问到为何滥用教会财产之时，他公开回答，就是为了避免让害人的查士丁挪用。据说查士丁对阿纳斯塔修斯十分愤怒，因为当他担任主教之时，曾经拒绝了查士丁向他索取金钱的要求。还有一些人也对阿纳斯塔修斯提出了指控，我猜他们都是皇帝指使的。③

作为阿纳斯塔修斯的幕僚，埃瓦格里乌斯曾经在查士丁尼与主教发生冲突时激烈地批评了皇帝。然而，此处他却没有再次抨击查

① 即本书第二章中提到的卡尔西顿派和基督一性论争论的έν和έκ。
② Evagrius Scholasticus, *The Ecclesiastical History of Evagrius Scholasticus*, V. 4.
③ Evagrius Scholasticus, *The Ecclesiastical History of Evagrius Scholasticus*, V. 5.

士丁二世的行为。这并非作者认同皇帝的决定，而是因为接替阿纳斯塔修斯的格里高利主教不仅是安条克历史上最为重要的教会领袖之一，同时也是作者最为推崇的恩主。对格里高利主教的歌功颂德，在《教会史》的最后两卷中随处可见。

　　在阿纳斯塔修斯之后，格里高利接任了主教的职位。格里高利广有声名，因为从幼年起他就在修道院里接受锻炼，而且他在辩论之时果断坚决，语速惊人。在他成年之后，他成为最有名望的人。他是"拜占庭人"修道院的院长，在那里他选择了一种舍弃财产的生活，这座修道院与查士丁修道院和西奈山修道院齐名①。他在这座修道院遇到了很多惊险的状况，因为他经历了阿拉伯人的围攻，但最终他为这座修道院带来了最伟大的和平。之后，他被任命为安条克主教。

　　他的智慧和美德绝对超过众人，无论做什么事他总是精力充沛。他无所畏惧，更不会在权力面前屈服与退缩。他慷慨解囊，在各种场合都表现得乐善好施，每当他在公共场合露面之时，总会有一大群人跟着他，除了自己的同伴，还有那些看到他的人，甚至听说他要来的人。对于此人来说，人们敬重他首先不是因为他拥有的职位，而是因为人们都渴望靠近他并且聆听他的讲解。不管人们是如何与其相遇的，他都能够让每个人产生一种与他再相见的渴望；他的相貌令人称美，言语使人愉悦，机敏有如人在紧急情况下所能做出的最佳表现，行动特别迅捷，对有关自己和他人的事务，能够提出完美的建议及优秀的判断。确实，他取得如此多的成就，只争朝夕。他做事从不拖沓，在危险来临和机会出现之时，他不仅让罗马皇帝感到震惊，也让波斯人为之惊叹，这些事情我将以适当的方式讲述给每一个人。他的身上充满着强烈的情绪，有时会勃然大怒，有时会

---

① 这座著名的修道院位于耶路撒冷。

特别的仁慈与温柔,甚至表现得相当过分。因此,用神学家格里高利①的话最适合形容他,"严厉和谦逊的混合体",这两种品德不会互相破坏,而只会使各自变得更有声誉。②

在格里高利成为安条克主教之后,埃瓦格里乌斯着重记录了查士丁二世治下拜占庭与波斯的战争。从史料记载来看,年轻的皇帝虽然在宫廷斗争中富于权谋,行事狠辣。但是在战争这种国之大事上显得轻率少谋。在因争夺亚美尼亚而与波斯人开战之后,拜占庭人明显应对不足,处于下风。查士丁二世无论是在选将用人还是在军事战略层面,都难以和自己的舅父查士丁尼相提并论。

格里高利任担任安条克主教的第一年,今称"波斯亚美尼亚"地区的人来了。此地区古称"大亚美尼亚",曾隶属罗马人的统治,但是戈尔迪安的继任者菲利普把它卖给了沙普尔③,此后,"小亚美尼亚"地区继续被罗马人控制,而其他地区都属于波斯了④。这些人都信奉了基督教⑤,他们因信仰问题遭受了波斯人的虐待。因此,他们秘密派遣使节到查士丁皇帝那里,恳求成为罗马人的臣民,这样他们就能够毫不畏惧并且不受阻碍地展示自己对上帝的崇敬。查士丁答应了他们,这位皇帝与他们通过往来信件和庄严的誓言确定了相关事务。亚美尼亚人随后杀死了他们的统治者⑥,然后一致同意投入罗马的怀抱,同时与他们结盟的亲族和外族人也共同加入了这一行列;瓦尔

---

① 指 4 世纪的一位神学家、卡帕多西亚教父之一的尼萨主教格里高利(Geregory of Nyssa)。

② Evagrius Scholasticus, *The Ecclesiastical History of Evagrius Scholasticus*, V. 6.

③ 指萨珊波斯国王沙普尔一世。

④ 亚美尼亚自古以来就是罗马和波斯冲突的一个原因。塞奥多西一世于 387 年和波斯达成协议分割了亚美尼亚。英译本译者怀特比认为,埃瓦格里乌斯此处将异教徒阿拉伯的菲利普作为分割亚美尼亚的责任人,是因为偏袒支持正统信仰的塞奥多西。参见怀特比英译本第 264 页注释 26。

⑤ 亚美尼亚人主要信仰的其实是基督一性论。

⑥ 亚美尼亚人反抗波斯帝国的叛乱发生在公元 572 年。

达内斯因为出身高贵、名声显赫并且拥有军事经验而被推举为领袖。后来，当科斯洛埃斯①对此提出交涉后，查士丁写信回复，声称和平已经结束了，他不能拒绝基督徒在战时逃到他的国家。这就是他的回答，然而他并没有做好战争的准备，而且他还是一如既往地奢侈无度，将自己的享乐看作最重要的事情。②

查士丁二世率先发动进攻，他命令拜占庭军队攻击美索不达米亚重镇尼西比斯，但并未取得成功。随后波斯军队大举反攻，使拜占庭人遭受了惨重的失败。

查士丁任命自己的亲戚马西安③为东部地区的将军，不过既未给马西安一支适合战斗的部队，也未提供足够的武器装备。马西安来到了美索不达米亚，一切都面临着明显的危险，他只有少数训练有素的士兵，其余大部分人缺乏武器，不过是农夫和牧人，是被征召的纳税者。然后他在尼西比斯附近与波斯人进行了几次小规模战斗，因为波斯人也未做好充分准备。在占据上风后，他包围了这座城市，然而，波斯人并没有关闭城门，而是让罗马人遭到了可耻的损失。

还有其他一些不祥的征兆，在战争爆发之前，我们看到一头新生的小牛长出了两个脑袋。④

科斯洛埃斯在做好战争准备后，命令阿达尔马尼斯率领部队渡过幼发拉底河，并进攻罗马人占领的基尔克西姆。对罗马人来说，边境城镇基尔克西姆具有重要的战略意义；这座城镇

① 依然是前文多次提及的波斯国王科斯洛埃斯一世。
② Evagrius Scholasticus, *The Ecclesiastical History of Evagrius Scholasticus*, V. 7.
③ 马西安也是查士丁尼的外甥，是查士丁二世的表兄弟。
④ Evagrius Scholasticus, *The Ecclesiastical History of Evagrius Scholasticus*, V. 8.

的城墙高大坚固，同时还被幼发拉底河与阿伯拉斯河①所环绕，这使其成了一个岛。科斯洛埃斯亲自率领另一支部队越过底格里斯河，向尼西比斯进军②。罗马人在很长一段时间里都没有发现这些军事行动，导致查士丁听信了一个谣言，说科斯洛埃斯不是死了就是快要断气了。因此，他对围困尼西比斯的战事进展缓慢感到恼怒，派人催促马西安尽快夺取该城大门的钥匙。但是战事依然停滞不前——事实上，是查士丁本人让自己蒙受了耻辱，因为他只派遣了如此之弱的军队去攻打这样一座大城市——这一情况立刻被报告给了安条克主教格里高利。因为尼西比斯的主教是格里高利的好朋友，格里高利曾经赠给他许多礼物，而且此人对波斯人一直以来对基督徒的傲慢行为十分不满，也希望自己的城市能够被罗马人统治。他在恰当的时机告诉了格里高利边境发生的所有事情。格里高利立即将这些事情报告给了查士丁，提醒他科斯洛埃斯正在逼近。

但是，查士丁却在习以为常的享乐中沉溺，根本不关注那些信件，也不愿意相信它们，因为他还沉醉在想入非非之中。放荡之人的特征就是不知羞耻，而鲁莽行事则是必然的结果，但是如果事情的发展和这些人希望的不同，那么他们就会心生怀疑。因此，查士丁写信给格里高利，表示这些事情完全是假的，就算属实，波斯人也无法预料围城的情况，而如果他们发动了围攻，最终一定会陷入困境。然后他派出了一名官员阿卡基乌斯，一个鲁莽傲慢的人，去马西安那里，宣布解除马西安的职务，即使那时马西安的一只脚已经踏进了尼西比斯城。阿卡基乌斯正是那么做的，按照皇帝的命令却不考虑实际情况。在来

① 今伊拉克境内的哈布尔河(Khabour)。
② 拜占庭史学家艾比法尼亚的约翰和塞奥菲拉克特等人都记载了科斯洛埃斯是沿幼发拉底河东岸进军，而非跨越底格里斯河。英译本译者怀特比对这场战争有专门性研究，可参见怀特比译本第 266 页注释 33。

到军营后,他在敌人的土地上解除了马西安的职务,但是却没有向士兵们宣布。当晚,那些队长和旅长们在得知他们的将军被解除职务后也都不在士兵面前出现了,而是四散逃去,这场荒唐的围城战结束了。

之后,阿达尔马尼斯率领着一支由波斯人与阿拉伯人组成的庞大军队越过了基尔克西姆,在各地抢掠罗马人的财产,毫无节制地杀人放火。他未遇抵抗就占领了很多堡垒和村庄,首先是因为那里没有人指挥,其次是大部分部队都被科斯洛埃斯围困在达拉。他甚至派军队攻打安条克,但其后却出人意料地退兵了。城中几乎没有人或只有极少数人留下来,神甫们也都带着教堂的财产逃跑了,这种情况一方面是城墙大部分倒塌所致,另一方面是因为那里的人民发动了起义,这就是当时的局势。他们逃跑了,遗弃了城市,那里没有任何准备来抵抗敌军进攻。①

在此之后,由于阿达尔马尼斯的进攻失败了,他命令焚毁了一座古称"赫拉克勒亚"的城市,即现今的甘加里基②,并占领了阿帕米亚,此城是由塞琉古一世所建③,曾经繁荣昌盛,人口众多,但随着岁月的流逝大多已经残破不堪。在特定情况下,这座城市被占领了,城墙因年久失修而倒塌,城内的百姓无力组织抵抗。于是,阿达尔马尼斯彻底焚毁了这座城市,并违背协议抢走了所有东西;在奴役了该城及周边地区后,他便离开了。他把神甫和政府官员抓为俘虏。因为根本没有人能阻止或抵抗阿达尔马尼斯,在撤退途中,他还犯下了其他罪行。除了查士丁二世

① Evagrius Scholasticus, The Ecclesiastical History of Evagrius Scholasticus, V. 9.
② 该城现在的具体位置不详,参见怀特比英译本第 269 页注释 42。
③ 即 Seleucus Nicator。彼得兹和帕门提尔的希腊文译本称其为 Σελεύκου του Νικάνορος,怀特比的英译本也依据此希腊文本称其为 Seleucus Nicanor。这应是沿用了罗马时期的误记。卡拉克斯的伊西多尔所著《帕提亚驿程志》中将塞琉古一世记为 Nicator。

派出的一小股部队,由马格努斯指挥,马格努斯从前是首都一座钱庄的主人,后来受到查士丁二世的信任,从而成为一处皇产的管理者;不过,这股部队却匆匆而逃,险些成了波斯人的俘虏。

再后来,阿达尔马尼斯加入了科斯洛埃斯包围达拉的部队,后者还没有攻下这座城池。阿达尔马尼斯的加入鼓舞了波斯人的士气,同时也使罗马人丧失了信心。他发现这座城市已被封锁,城墙边上堆起了高大的土堆,放置了许多攻城器械,尤其是投石器,它们能在高处投出火球。如此,科斯洛埃斯在冬天攻占了达拉(573 年 11 月),这也是因为负责守城的提莫斯特拉图斯之子约翰的轻忽与背叛。科斯洛埃斯围困了此城 5 个多月,却没有碰到援兵来解围。因而他就这样奴役了所有人,其中一些被杀害了,而大多数则成了俘虏;由于这座城市的重要战略地位,他留下了一支驻防军,之后就撤退回国了。[1]

查士丁二世得知前线惨败的消息后,遭受了巨大的打击。多位拜占庭史学家都记载了他精神失常的情景。[2] 在他无法理政之际,皇后索菲亚劝说他将国家大事托付给禁军统领提比略,使得后者成为帝国的实际统治者。提比略掌握大权后迅速派遣使者向波斯国王科斯洛埃斯求和,从而结束了拜占庭东方战线上的这场灾难。

查士丁二世在得知这个消息后,因其妄想与虚荣之心,失去了健康和理智,无法像正常人一样忍受发生的一切,而是精神错乱了,此后他对事情已经失去了理解能力。提比略掌控了国家,他是色雷斯人,在查士丁二世统治时期担任了最重要的职务。查士丁曾经派遣他率兵与阿瓦尔人作战。因为士兵甚至不敢直视蛮族人的眼睛,所以提比略险些被俘,但是上帝的奇迹保护了他,确保他留在罗马人的统治之地。当时,这个国

---

[1] Evagrius Scholasticus, *The Ecclesiastical History of Evagrius Scholasticus*, V. 10.
[2] 以弗所主教约翰的《教会史》第三卷对这一情况的记载最为详细。

家已经因为查士丁非理智的冒险走向崩溃的边缘,这个伟大的国家险些被拱手让给了蛮族。①

之后,提比略制定了符合当时实际情形的计划,改正了之前的错误。他派图拉真赴科斯洛埃斯那里。图拉真能言善辩,是元老院的成员,因其年资与机智,受到众人尊敬。不过,他并不代表皇帝,也不代表国家,而是代表皇后索菲亚自己的利益去谈判的。索菲亚亲自写信给科斯洛埃斯,哭诉自己丈夫的不幸及国家统治者缺位的窘境,说科斯洛埃斯不应该欺侮一个寡妇、一个衰弱的皇帝和一个被遗弃的国家;而事实上,当科斯洛埃斯得病以后,他不仅得到了很好的照顾,而且罗马人还给他派去了最好的医生,最后治愈了他的疾病。科斯洛埃斯因此被说服了。当他即将进攻罗马人国家的时候,他签订了三年和平协议,尽管他决定亚美尼亚依然属于它现在的国家,这样帝国的东部地区就免于战争的危险②。当东部地区发生这些事情之后,西尔米乌姆③被阿瓦尔人占领了;这个地方先前由格皮德人控制,但是被他们交给了查士丁。④

---

① Evagrius Scholasticus, *The Ecclesiastical History of Evagrius Scholasticus*, V. 11.
② 埃瓦格里乌斯在书中漏记了双方的第一次谈判,当时达成的是一年和约。后来图拉真与波斯国王达成的三年和约源于双方的第二次谈判。拜占庭帝国除了丢失亚美尼亚外,还要向波斯人交纳每年 3 万索里德的贡金。参见怀特比英译本第 271 页注释 48。
③ 多瑙河沿岸的重镇,位于今塞尔维亚的斯雷姆斯卡米特罗维察。
④ Evagrius Scholasticus, *The Ecclesiastical History of Evagrius Scholasticus*, V. 12.

第二节　提比略的内政与军事外交

574 年年末,查士丁二世按照皇后索菲亚的意愿为其心腹提比略加冕,查士丁二世死后,索菲亚与提比略共同成为帝国的新统治者。与拜占庭常规的皇帝遗孀继承先例不同,如泽诺的皇后阿里阿德涅改嫁阿纳斯塔修斯,提比略的继位略显特殊。查士丁二世没有子嗣,他的第一顺位继承人应是皇后索菲亚,而索菲亚之所以要求选择提比略为共治皇帝,是因为她爱慕提比略并向其提出了结婚的要求。但是,查士丁二世去世后,提比略最终拒绝与其原配夫人离婚,因此没有迎娶索菲亚[1],但他仍以查士丁二世的继承人自居。现代学者一般将提比略及其之后的莫里斯归入查士丁尼王朝的谱系。提比略执政时间不长,也未有丰功伟绩。但是,他在一定程度上缓解了查士丁二世时期帝国面临的危机。埃瓦格里乌斯较为欣赏这位皇帝,在自己的作品中高度评价了提比略的仪表与品德,尤其赞扬了他慷慨免除税收的行为。

这时在索菲亚的游说下,查士丁二世宣布提比略为恺撒。这项任命超越了从古至今的一切历史,因为仁慈的上帝给了查士丁二世一个机会,既公开自己的错误,又着手采取有利于国

---

[1] 关于索菲亚和提比略之关系的详细考证可参见 A. Cameron, "The Empress Sophia", *Byzantion*, Vol. 45(1975), pp. 16—20.

家未来的措施。在君士坦丁堡大教长约翰(上文提及)及其随从、帝国各级官员以及宫殿周围的军队长官聚集在一个露天庭院之后(根据古老的习俗,这种仪式都要在此庭院里举行),查士丁二世给提比略穿上皇帝的长袍,为他披上了披风,然后高声宣布:"你不要被皇袍表面的尊贵和眼前的幻象所迷惑;我就是因为没有认识到这一点才要接受这些惩罚。改正我的错误,然后尽力领导这个国家吧。"然后,他指着那些官员告诉提比略不要对他们抱有太多信心,并强调:"正是他们将我带入这种境地的。"随后他还做了一些令所有人惊讶和流泪的事情。

　　提比略身材高大,外表英俊,他的相貌不仅超越了皇帝,甚至超越了众人:如此从一开始,他就看起来配得上最高的权位。但是在性格方面他既温和又仁慈,在与他人初次相见时亲切以待,把捐赠视为人人都可富足的手段,不仅会满足别人的需要,而且常常过于慷慨了。因为他不是考虑别人应该需要什么,而是考虑作为罗马皇帝他应该给予什么,他认为用泪水换得的金子是掺了假的。例如,他免除了纳税者一年的赋税,对那些受到阿达尔马尼斯蹂躏的地方,他免除了当地所有的税役,这不仅考虑了损失的大小,也包括其他很多的因素。他还免除了那些因为前任皇帝出卖臣民而使官员们不得不上交的非法供奉;为此他还专门制定了法律,以确保这样的事情不会再发生。①

　　提比略登基之后继续对波斯人的战争。这一次因为准备充分,拜占庭人占据了优势,于576年取得大胜,暂时缓解了这一强大对手带来的威胁。埃瓦格里乌斯详细记载了战争的经过。不过在这段叙述中他屡屡出现时间上的错误,所幸英译本译者怀特比予以了详细地订正。

---

① Evagrius Scholasticus, *The Ecclesiastical History of Evagrius Scholasticus*, V. 13.

之后，提比略想尽一切办法积攒了大笔金钱，为战争做准备。他召集了一支英勇的军队，其中最棒的战士来自阿尔卑斯山以外莱茵河地区的蛮族部落，还有一些来自阿尔卑斯山以内的马萨革泰人和西徐亚人的部落，还有的来自附近的派奥尼亚①、迈西亚②、伊里利亚和伊苏里亚地区。这支军队由强大的骑兵组成，总数超过 15 万人③。他击败了科斯洛埃斯，后者在占领达拉之后于当年夏天向亚美尼亚进军④，然后从那里进攻卡帕多西亚的首府、最重要的城市凯撒里亚。科斯洛埃斯对罗马人是如此无礼，当恺撒派遣使者到他那里时，他拒绝接见，并且命令这些使者去凯撒里亚，因为他说他将在那里考虑接见他们。

之后，当科斯洛埃斯亲自面对罗马人的大军时，他发现对方的指挥官是查士丁尼，此人是被查士丁二世残忍杀害的那位查士丁的弟弟，罗马人的军队装备精良，号角齐鸣、旌旗招展，士兵充满杀气却又纪律森严，骑兵的数量是任何君主都梦寐以求的。科斯洛埃斯深深地叹息并祈求神的保佑，他不愿意开战。但是在科斯洛埃斯犹疑不决、贻误战机之时，指挥罗马军队右翼的将领西徐亚人库尔斯发动了攻击，波斯人无法抵御他的这番猛攻，很快阵脚大乱，伤亡惨重。库尔斯还攻击了波斯的后军，那里有科斯洛埃斯本人及其整个军队的辎重；他缴获了波斯国王的所有财产和波斯军队的所有装备，科斯洛埃斯为

---

① 位于中马其顿地区。
② 位于小亚细亚西北部。
③ 现代学者普遍认为埃瓦格里乌斯的这个数字过于夸张。不过诸如塞奥菲拉克特、塞奥法尼斯和以弗所主教约翰等人都在自己的作品中记载了提比略拥有一支数量可观的军队。
④ 怀特比指出埃瓦格里乌斯在时间上犯了错误。达拉城于 573 年失守，但是直到 576 年波斯才入侵亚美尼亚，并在同年进军凯撒里亚。参见怀特比译本第 274 页注释 53。

了避让库尔斯只能眼睁睁地看着这一切发生①。

如此这般，库尔斯和他的士兵们成为那些财富、战利品和由牲口驮着的辎重的主人，其中还有科斯洛埃斯的圣火，也就是波斯人的神②。库尔斯骑马绕着波斯营地唱着胜利的歌曲。当他回到自己营地之时已经到了掌灯时分，士兵们也都早已散去了，科斯洛埃斯和罗马人都无心战斗，双方之间只发生了一些小规模的和个人的冲突。深夜，科斯洛埃斯又点起许多火堆，准备发动一场夜袭。罗马人有两个营地，他在黑夜中袭击了北边的营地。罗马军队对突如其来的战斗毫无准备只能撤退。此后，科斯洛埃斯就攻击了附近的梅利泰内城③，这座城市也毫无防备，居民纷纷弃城而逃；在放火焚城之后他准备渡过幼发拉底河。不过，重新集结的罗马军队紧随其后，科斯洛埃斯顾及自己的性命骑上一头大象渡河，而他的大多数士兵则溺死在河中。得知这个消息后，他继续逃跑。

因此，科斯洛埃斯为其对罗马人的傲慢之举付出了惨重的代价，他与活下来的士兵一起逃到了东部地区，他希望在那里没人能再攻击他。然而，查士丁尼却率领大军攻入波斯境内，在那里度过整个冬季，没有谁能给他们制造任何麻烦。直到夏季，他们才撤军，全军几乎没有受到任何损失，他们带着大量财富和光荣在前线度过了夏天。④

多重的悲伤击垮了科斯洛埃斯，他感到愤怒与无助，沉浸

---

① 怀特比认为埃瓦格里乌斯可能把库尔斯于 579 年在亚美尼亚另一次进攻波斯军队的事迹和这次战事弄混了。以弗所主教约翰在《教会史》第 3 卷第 6 章第 28 节记载了这场战役，参见怀特比译本第 275 页注释 55。
② 指萨珊波斯人信奉的祆教（拜火教）。
③ 小亚细亚东部城市，今土耳其的马拉蒂亚。
④ Evagrius Scholasticus, *The Ecclesiastical History of Evagrius Scholasticus*, V. 14.

在痛苦的潮水涨落之中,这不幸地夺去了他的生命①。他回想了溃败的经过后,制定法律,规定波斯国王不许与罗马人再战。他的儿子霍尔米斯达斯成为新的国王,关于他我就不多谈了,因为下面的事情还等待我去记述。②

与波斯人的战争暂时告一段落后,埃瓦格里乌斯用非常简短的两节内容分别记叙了当时帝国的各宗主教区的人事变动,以及在安条克他亲身经历的一次地震。在此之后,他更加详细地记载提比略统治期间帝国内部发生的一次重要的宗教事件。

当被称为卡特利努斯的约翰③死去之后,博诺苏斯接替了他的罗马主教的位置,这之后是另一个叫约翰的④,然后是佩拉吉乌斯。君士坦丁堡大教长约翰去世后,他的前任尤提齐乌斯接替了他。在亚历山大里亚,约翰接替了阿波里拿留,然后是尤罗吉乌斯。在耶路撒冷约翰接替了马卡利乌斯,他先前是不眠者派的修士。安条克教会的情况没有什么变化。⑤

在提比略担任凯撒的第三年,安条克附近的达佛涅在正午时分暴发了强烈的地震。整个达佛涅都被摧毁,而安条克城的很多公共建筑、私有建筑都被震裂了但是没有倒塌。在安条克和首都还发生了一些值得大书特书的事情,这些事情使得两座城市都陷入恐慌和严重骚乱中;这些事情起源于宗教狂热并有

---

① 科斯洛埃斯并没有在 576 年战败之后就很快去世,他死于 579 年。

② Evagrius Scholasticus, *The Ecclesiastical History of Evagrius Scholasticus*, V. 15.

③ 此人即是埃瓦格里乌斯在第 4 卷第 39 节提到的罗马主教约翰·卡特利努斯。怀特比英译本在第 4 卷中将其翻译为 Catellinus,此处译为 Catellinos。彼得兹和帕门提尔的希腊文译本在这两处均按照属格称其为 Κατελλίνου。故此处按先前译法统一翻译为卡特利努斯而非卡特利诺斯。

④ 接替约翰·卡特利努斯(约翰三世)罗马主教之位的应为本笃一世(Benedict I),其后是佩拉吉乌斯二世。埃瓦格里乌斯此处的记载有误。

⑤ Evagrius Scholasticus, *The Ecclesiastical History of Evagrius Scholasticus*, V. 16.

一个神圣的结果，我将要谈一下。①

接下来，埃瓦格里乌斯以自己的亲身经历记载了他所认为的"值得大书特书的事情"，即提比略统治时期在叙利亚发生的一起宗教事件——阿纳托利乌斯献祭案。

> 阿纳托利乌斯，原先是一个平民、生意人，后来不知用何种手段使自己成为帝国的官员。他居住在安条克，在那里经商。为此，他成为安条克主教格里高利的朋友，并且经常去拜访他，与他谈论自己的事情，同时通过与格里高利的关系谋求更大的权力。后来，此人在献祭活动中被抓，经过讯问才发现他是一个可憎之人，一个巫师，一个参与无数野蛮行径的人。但是，他贿赂了东方政区的长官，差点就和自己的同伙一起被释放，不过，此时民众中发生了骚动，让一切陷入了混乱，从而使他的阴谋没能得逞。这些民众还开始反对主教，宣称主教也是这项计划的同谋。一些制造混乱的恶毒的魔鬼使某些人相信，格里高利也参与了阿纳托利乌斯献祭的行动，这就使格里高利陷入了十分危险的境地，民众对他展开了大规模攻击。这种怀疑愈发强烈，以至于皇帝提比略也希望从阿纳托利乌斯的口中了解事情的真相，因此，他下令尽快将阿纳托利乌斯及其同党带到首都。阿纳托利乌斯听说此事之后，就冲进了监狱，把那里悬挂着的一个圣母像抓在手里，宣称自己是一个恳求者和请愿者。但是圣母厌恶他，背过身去，从而证明他是一个受到玷污的、被上帝所厌恶的人。这是一件令人敬畏的、值得永远铭记的神圣奇迹。所有的囚犯、监狱管事和他的同党都目睹了此事，该奇迹从而被所有人所知。一些虔诚的信徒还梦见了圣母，她鼓动这些信徒反对这个恶棍，声称阿纳托利乌斯侮辱了他的儿子。

---

① Evagrius Scholasticus, *The Ecclesiastical History of Evagrius Scholasticus*, V. 17.

当阿纳托利乌斯被带到帝国都城之后，经过严刑拷打，他也没能说出任何对格里高利主教不利的事情。他和自己的同伙一起成为引发首都更大规模混乱的根源，导致了整座城市的民众都参与了暴乱。因为，他们中的一些人只是被流放，没有受到死刑的判罚，所以，群众被狂热的宗教激情所点燃，在暴怒之中破坏了一切。他们把这些被流放的人押到一艘小船上活活烧死，声称这就是人民的判决。他们还批评皇帝和主教尤提齐乌斯，指责此二人背叛了信仰。他们险些杀死尤提齐乌斯和那些参与调查的人，这些愤怒的民众四处搜寻他们，但是上帝，一切事物的救世主，他将尤提齐乌斯等人从搜捕者手中解救出来，并在民众犯下野蛮罪行之前逐渐平息了他们的怒火。而阿纳托利乌斯本人被拖到大竞技场被野兽咬死，他的尸体被野兽撕开之后，又被钉在木桩上——即使这样他还是没有得到解脱，因为恶狼拖走了他的残躯，作为美餐享用了，这是前所未有的事情。有人在事发之前就说他梦到阿纳托利乌斯及其同伙会被交到人民的面前。还有一位掌管皇产的重要官员①，曾是阿纳托利乌斯的坚定支持者，他说看到圣母在质问自己：这个侮辱她和她儿子的人，阿纳托利乌斯，你还要支持他多久②。这件事情就是这么结束的。③

从上述事件中我们能够看到，尽管6世纪末期基督教早已成为帝国的国教，但拜占庭帝国内还是存在着一些多神教崇拜活动的迹象，国家对待这些行为的处罚已经远比5世纪初更为严厉。主犯最终会像3世纪一些被罗马皇帝迫害的基督徒那样，以极其残酷的方

---

① 指前文多次提到的皇产管理者马格努斯。参见怀特比译本第280页注释66。
② 以弗所的约翰在他的《教会史》第三卷第三章第27—34节中更为详尽地记载了这一事件的始末。但是，埃瓦格里乌斯是此事件的亲身经历者，因此他的记录同样具有极高的价值。
③ Evagrius Scholasticus, *The Ecclesiastical History of Evagrius Scholasticus*, V. 18.

式被处死。同时，由于此时拜占庭帝国的大部分民众都已成为基督徒，所以民众对惩治这些异教活动的反应非常强烈。在主犯已经被判处死刑的情况下，普通民众甚至还要将未被判处死刑的其余从犯杀死，并对皇帝和东部教会的领袖严加责难。以弗所主教约翰在其作品中记载，迫于这种压力，皇帝提比略到其统治结束之时都在一直追查与此案相关的余党①，这也表明，拜占庭帝国大多数民众的态度进一步促使国家对多神教崇拜的打击。

与此同时，埃瓦格里乌斯在记录这个案件时提到了圣母像的重要作用。以弗所主教约翰对此事的记载和埃瓦格里乌斯稍有不同，按照他的描绘，这一"神迹"出现在阿纳托利乌斯的家中。当抓捕者到来时，他向来人展示了家中的一个耶稣基督的圣像，并且向他祷告，结果圣像"三次转向墙壁"②。虽然在细节上两种叙述略有出入，但是他们的写作目的是一致的，即都想要证明圣像可以明辨是非，神只会保护基督徒，而异教徒不会受到垂怜，势必会得到应有的惩罚。从这些描述中，我们也可以看到拜占庭帝国早期圣像崇拜对于基督教信仰传播的重要作用。对于普通的平信徒来说，崇拜基督教的圣像正是为了在异教徒面前区隔信仰，从而树立自己特殊身份的良好手段。

在记录了提比略治下的这场骚乱之后，埃瓦格里乌斯再次将笔锋转向了军事领域。不过从此处开始，其作品聚焦的对象不再是皇帝提比略，而是帝国卓越的军事将领——莫里斯。

在《教会史》所记述的 10 位拜占庭皇帝中，只有两位没有受到埃瓦格里乌斯任何的批评，并得到他极大的推崇。其中一位是本书第三章着重分析的马西安皇帝，另一位就是在下一卷中成为帝国最

---

① John of Ephesus, *The Third Part of the Ecclesiastical History of John*, *Bishop of Ephesus*, III. 33－34.

② John of Ephesus, *The Third Part of the Ecclesiastical History of John*, *Bishop of Ephesus*, III. 29.

高统治者的莫里斯。如果说埃瓦格里乌斯推崇马西安,主要是因为他认同马西安的宗教立场与偏向贵族的政策,那么他给予莫里斯高度评价的原因则更加主观。一方面,莫里斯是拜占庭帝国早期一位很有作为的君主,尤其在军事方面战功卓著。莫里斯指挥军队大败宿敌波斯,暂时扭转了查士丁尼去世后拜占庭帝国对外战争的颓势,给埃瓦格里乌斯等东部地区的拜占庭臣民带来了更为安定的生活环境。另一方面,莫里斯是埃瓦格里乌斯的故交,早在他还是东部战区将军之时便与当时身为安条克大教长格里高利幕僚的埃瓦格里乌斯有过交往。在莫里斯登基之后,埃瓦格里乌斯更是平步青云,他从皇帝那里得到了重要的荣誉头衔,使自己成为安条克城的显贵。因此,出于以上两点原因,不难理解文风一直较为客观中正的作者为何如此偏爱莫里斯。从本卷第 19 节开始,莫里斯便仿佛一位天选之子和道德完人,自带光环地登上了帝国中央的政治舞台。

　　但是,在查士丁二世死后继承皇位的提比略解除了查士丁尼的职务,因为查士丁尼在对蛮族的战争中没有受到好运的眷顾。然后提比略任命了莫里斯担任东部军队的将军,此人的家族在罗马时代就声名显赫①,而他最近的直系祖先则出生于卡帕多西亚的阿拉比苏。莫里斯是一个聪慧精明之人,对待一切事物都要求精准判断,坚定不移,他的生活方式和习惯是平衡且恰到好处的,他既能控制自己的食欲,只食用身体必需的、已烹制好的食物,又能掌控其他的一切,享用那些放荡生活的人引以为豪的所有东西。对于大众而言,他不是很容易接近以满足请愿和倾听,因为他知道这会导致自己被轻视,也会使自己陷入谄媚之中。所以,他有节制地开放自己,他会塞住自己的

---

① 怀特比认为,没有证据表明莫里斯家族在罗马时代有显赫的血统,一些现代学者如施泰因(Stein)等认为这是埃瓦格里乌斯向未来皇帝的谄媚之举。参见怀特比英译本第281 页注释 68。

耳朵以远离过多琐碎的事情,但是当面对重要事务之时,他不
会因蜂蜡塞住耳朵而听不见歌唱①,而是带着理性来倾听。因
为,理性对耳朵而言是最好的钥匙,可以在谈话中随意开启或
关闭它们。他绝对远离无知,无知是鲁莽之母,而懦弱虽然与
之不同但却是它的邻居,这样他就能够稳重地确保安全。由于
勇气和智慧是机遇的驾驭者,它们控制着缰绳按必要的方向前
进。他以一种合适的节奏来保证自己张弛有度。关于他可以
写很多的内容。他的伟大和品格我必须留到他统治的时候再
写,通过绝对的权力,这个人可以更清晰地展现他的内在
美德②。

于是,莫里斯来到了帝国的边疆地区。他率军攻占了那些
对波斯人具有重要战略意义的城镇与堡垒,夺取了大量的战利
品,俘获的奴隶遍布了整个岛屿和城市,那些久已荒废和未被
完全开垦的土地,现在都有了收获。充足的兵员可以从他们那
里征召,然后以足够的勇气和精神与其他敌国对抗;即使是对
奴仆的需求也都能够得到满足,因为奴隶是如此便宜,以至于
每一个灶台都可以有充足的奴仆看管。③

接下来埃瓦格里乌斯又记叙了莫里斯在抵御波斯人作战中取
得的成绩,582 年,莫里斯击杀波斯名将塔姆科斯洛埃斯
(Tamchosroes),取得了辉煌的胜利。但是,按照英译本译者怀特比
的考订,埃瓦格里乌斯有意无意之间漏掉了之前一年莫里斯进攻波
斯时遭遇的失败。

他率领军队与波斯最杰出的将军们作战,他们是塔姆科斯
洛埃斯和阿达尔马尼斯,此二人带着一支数量可观的军队发动

---

① 这一典故源于《荷马史诗•奥德赛》。
② 指埃瓦格里乌斯作品第 6 卷中的内容。
③ Evagrius Scholasticus, *The Ecclesiastical History of Evagrius Scholasticus*, V. 19.

了入侵；这件事情是如何发生的，让其他人去叙述吧，我可能将在另一本书中记载这个事件，因为现在我只想谈谈其他事情。那就是塔姆科斯洛埃斯在这场战斗中被杀死，并非因为罗马军队的勇气，而完全是由于他们的统帅①对上帝的敬仰和信任。阿达尔马尼斯也在遭受了重大伤亡之后仓皇逃窜了。甚至连背信弃义的阿拉伯人首领阿拉门达鲁斯也是如此，他拒绝渡过幼发拉底河与莫里斯并肩对抗敌方阵营中的阿拉伯人。因为他们的骑兵比其他人的速度更快，所以他们不会被俘，如果他们被包围或撤退的话，他们比敌军跑得更快②。西徐亚人领袖塞奥多里克也和他周围的人一起逃跑了，尽管他没有受到攻击。③

接下来的一节，埃瓦格里乌斯叙述了一段"神迹"，用来进一步证明莫里斯是上天选定的拜占庭统治者。能够在他的作品中享受这一待遇的拜占庭皇帝，只有莫里斯和马西安二人而已。④ 埃瓦格里乌斯与莫里斯及其家族的相识源于他担任格里高利主教法律顾问时期。当还是东方战区司令官的莫里斯及其双亲在安条克的查士丁尼教堂敬奉熏香时，埃瓦格里乌斯曾经陪伴格里高利主教一起接待了他们。时隔多年之后，当埃瓦格里乌斯撰写他的作品时，莫里斯已经贵为帝国的君主，而作者显然有意渲染了这次活动的神圣

---

① 指莫里斯。

② 怀特比指出埃瓦格里乌斯此处的记载漏掉了之前战争的信息。581 年，莫里斯指挥拜占庭军队沿幼发拉底河进军波斯都城泰西封，但是遭到了失败。转年，波斯人在塔姆科斯洛埃斯的率领下入侵拜占庭帝国，结果此人被莫里斯击败且阵亡。此外，没有其他证据表明另一位波斯名将阿达尔马尼斯参与了这场战役。而关于阿拉伯人首领阿拉门达鲁斯（又称阿尔-门迪尔 al-Mundhir）的这段叙述在此处显然有些突兀。事实上，这段内容可能出自 581 年莫里斯的那次兵败。阿拉门达鲁斯是拜占庭人的盟友，但是在 581 年的失败之后，莫里斯指责阿拉门达鲁斯没有积极配合自己作战。埃瓦格里乌斯也有可能搞混了 581 年和 582 年的这两场战役。参见怀特比英译本第 282 页，注释 73。

③ Evagrius Scholasticus, *The Ecclesiastical History of Evagrius Scholasticus*, V. 20.

④ 即第二章第二节中提到的马西安与汪达尔人的战争失败后被"神鹰"保护的"神迹"。

氛围，并借莫里斯父亲之口，凸显莫里斯从降生起就与众不同的"神迹"，类似的内容在中国古代君主的传记中并不鲜见。

　　还有一些征兆预示莫里斯能够登上皇位。一天夜晚，当莫里斯在纯洁无垢的圣母玛利亚的教堂（安条克人称之为查士丁尼教堂）敬奉熏香之时，圣桌周围的窗帘突然被大火点燃，莫里斯为此感到十分惊讶和恐惧。安条克主教格里高利当时就站在他的旁边，告诉他这是一个神圣的景象，预示着他将有显赫的地位。我主耶稣基督也曾经在莫里斯于东方前线准备战争之时对他显圣，这明显是其成为皇帝的征兆：因为除了皇帝，一个对上帝如此虔诚的人，上帝还会对谁显现这样的景象呢？他的父母也对我讲述了类似的事情，我曾经询问过他们。他的父亲说当莫里斯的母亲还在怀他的时候，其父在梦中看见一棵巨大的葡萄藤从自己的床上长了出来，上面挂着无数串完美的葡萄；他的母亲则说当莫里斯降生时，有一股奇异无比的香气；还有，尽管那个叫作恩浦萨①的怪物经常把婴儿带走吃掉，但是它却不能伤害莫里斯。而居住在安条克附近石柱上的西蒙②是一个预言灵验的人，也有神圣的美德，他曾经说了许多预示莫里斯成为皇帝的话。这些事情我将在其后恰当的时候再来叙述。③

在取得了对波斯人的胜利之后，莫里斯迎娶了提比略皇帝的女儿。因为提比略没有儿子，所以在他去世后，莫里斯以女婿的身份成为皇位继承人。

　　莫里斯在提比略行将驾崩之时登上了皇位。提比略将自己的女儿奥古斯塔嫁给了莫里斯，而将整个帝国作为嫁妆；尽

---

① 希腊神话中的一位吸食人血的女妖。
② 这里的西蒙是指圣徒高柱修士小西蒙（Simone the Stylites the Younger）。
③ Evagrius Scholasticus, *The Ecclesiastical History of Evagrius Scholasticus*, V. 21.

管他统治帝国的时间很短,但却因诸多成就给人们留下了不可
磨灭的记忆:这是无法用言语来形容的。提比略留给国家的一
项伟大的遗产就是将皇位交给莫里斯。他还将自己的称号分
赐给他们,将莫里斯改名为莫里斯·提比略,将奥古斯塔改名
为奥古斯塔·康斯坦提娜①。如果上天保佑我的话,我将在以
后的历史中记载他们的作为。②

　　埃瓦格里乌斯作品第 5 卷的最后两节内容与皇帝查士丁二世、
提比略的统治没有什么关系,其中第 23 节是对诸位皇帝在位时间
的统计,但是本节原文有所缺失。第 24 节,作者介绍了从摩西直到
他所生活时代的重要历史学家及其作品,其中那些他重点使用的史
料已经在本书绪论中予以介绍。

　　为了让我对时代的记录更加准确,让我们了解一下,查士
丁二世本人统治了 12 年 10 个半月,提比略统治了 3 年 9 个月,
合计一共是 16 年 11 个半月。提比略自己统治了 4 年③。这样
从罗慕路斯到莫里斯一共是【原文此处缺失】。④

　　在上帝的帮助下,我们可以通过尤西比乌斯的记载知道直
到君士坦丁大帝为止的教会历史,从君士坦丁到塞奥多西二世
的历史则有塞奥多利特、索卓门和苏格拉底的记录,而从塞奥
多西二世到现在的历史则是我们这本书记载的。古代的和世
俗的历史也被许多勤奋的人保留至今:一方面,摩西开创了记
史的传统,这已经很清楚地由那些收集这方面材料的人表明

---

① 怀特比认为埃瓦格里乌斯似乎搞错了提比略女儿的名字,她应该就叫康斯坦提娜,称
　号才是奥古斯塔。参见怀特比英译本第 285 页注释 81。
② Evagrius Scholasticus, *The Ecclesiastical History of Evagrius Scholasticus*, V. 22.
③ 埃瓦格里乌斯弄混了查士丁和提比略的统治时间。查士丁二世本人统治了 9 年,与提
　比略一起统治了 3 年零 9 个月。
④ Evagrius Scholasticus, *The Ecclesiastical History of Evagrius Scholasticus*, V. 23.

了,他忠实地记录了从世界的开端到他在西奈山遇到上帝的事情,然后那些记录我们宗教和圣经中事件的人继承了他;另一方面,约瑟夫斯①写了一部长篇历史作品,这在各个方面都十分有用。

所有的一切,无论是传奇还是事实,都在希腊人和古代的蛮族之间发生了,他们或自相斗争,或互相为敌,那些其他从人类存在的时代开始的历史被卡拉克斯②、埃弗鲁斯③和塞奥彭普斯④等无数人记载。但是罗马人的活动,当时他们自己几乎就是整个世界的历史,或是其他一些罗马人之间抑或他们与外人交往的事情,被哈利卡纳索斯的狄奥尼西乌斯⑤记载了,他的历史从所谓的原著居民一直到伊庇鲁斯的皮洛士。在此之后,迈加洛波利斯的波里比阿⑥记载了直到占领迦太基的历史。这些事情被阿庇安⑦清楚地分开了,他把发生在不同时代的历史按照事件系统组合起来。这之后,西西里的狄奥多罗斯⑧的历史一直写到恺撒的时候,而狄奥·卡西乌斯⑨则写到了埃米萨的安东尼努斯⑩。赫罗狄安⑪写到了马克西姆斯之死。诡辩学家尼可斯特拉图斯,这位来自特拉布宗的历史学家⑫从戈尔迪安的继任者腓力一直记载到帕尔米拉的欧代纳图斯和瓦勒良在对抗波斯人时可耻地死去。德克西普斯⑬从神话时代一直写

---

① 公元 1 世纪的犹太历史学家。
② 2 世纪历史学家。
③ 公元前 4 世纪的历史学家。
④ 公元前 4 世纪的历史学家。
⑤ 公元前 1 世纪的历史学家。
⑥ 公元前 2 世纪的历史学家。
⑦ 2 世纪的历史学家。
⑧ 公元前 1 世纪的历史学家。
⑨ 2—3 世纪的历史学家。
⑩ 即埃瓦格里乌斯作品第 3 卷第 41 节提到的罗马皇帝奥勒里乌斯·安东尼努斯。
⑪ 2—3 世纪的历史学家。
⑫ 此人情况不详。
⑬ 3 世纪的历史学家。

到了加利努斯的继任者克劳迪安;他记录了卡皮和其他蛮族部落进攻希腊、色雷斯和爱奥尼亚的事情。尤西比乌斯也从屋大维、图拉真和马库斯一直写到了卡鲁斯之死。这些时代的某些事情也被阿里安①和阿西尼乌斯·夸德拉图斯②记载。

在接下来的时代,左西莫斯记载到了霍诺留和阿尔卡迪乌斯皇帝的时代,这之后是修辞学家普里斯库和其他人。所有的这些事情都被埃皮法尼亚的尤斯塔西乌斯完美地摘编下来,保存在他的两卷本著作中,一本写到占领特洛伊,另一本写到阿纳斯塔修斯统治的第 12 年。从他之后直到查士丁尼时代的历史被修辞学家普罗柯比记载。接下来的是修辞学家阿加塞阿斯和修辞学家约翰③,约翰是我的同乡和亲戚,他的历史作品写到了科斯洛埃斯二世来到罗马人的国家并最终重建他的王国的事情:莫里斯对此事并未置之不理,而是花费了大量财力军力,按照皇帝的礼仪接待了科斯洛埃斯,并且迅速派军队将他送回他的国家。这些内容我还没有写到④。如果上天允许的话,我们接下来才会谈到这些事情。⑤

---

① 2 世纪的历史学家。
② 3 世纪的历史学家。
③ 即本书绪论提到的埃瓦格里乌斯的亲戚埃皮法尼亚的约翰。
④ 埃瓦格里乌斯将在其作品的最后一卷记录这一事件。
⑤ Evagrius Scholasticus, *The Ecclesiastical History of Evagrius Scholasticus*, V. 24.

第六章

莫里斯的统治

概　述

莫里斯(Maurice,582—602 年在位),是查士丁尼王朝的末代皇帝。他是提比略的女婿,在提比略临终之前被加冕,之后顺利继承了皇位。虽然莫里斯出生于帝国边疆的小亚细亚卡帕多西亚地区,但是一些拜占庭史家如埃瓦格里乌斯等却在他们的作品中坚持认为他的家世来源于古罗马的名门望族。莫里斯在青年时代即加入了拜占庭的军队,后来逐渐成长为一位重要将领,直至提比略统治时期担任了帝国最为重要的军职之一——东方军队司令官。在接任这一职位后,他率军击败了萨珊波斯,扭转了东方前线的局面。在他回到首都之后,提比略将女儿许配给他,并擢升他为恺撒。

莫里斯登基之后的主要成就在于军事领域。他推行军事改革,使用新的战术,强调发挥骑兵的作用。他还留下了一部军事学名著《战略》(*Strategikon*),对后世影响较为深远。埃瓦格里乌斯在其作品中特别详尽地记载了莫里斯在与萨珊波斯帝国战争中的胜利。591 年,莫里斯因协助波斯王储小科斯洛埃斯平叛成功回国登基,取得了丰厚的回报,暂时性地解决了帝国东方战线的威胁。

然而,莫里斯为了应对国库空虚的问题,一改过去皇帝提比略使用金钱挥霍无度的举措,尽力压缩开支,最终导致军人待遇的削减,引发了多瑙河前线拜占庭军队士兵的不满。602 年,叛军在下级军官福卡斯的带领下攻入首都君士坦丁堡,莫里斯及其诸子惨遭杀害,查士丁尼王朝就此结束,拜占庭帝国由此进入了其中期阶段——黑暗时代。非常遗憾的是,此时埃瓦格里乌斯已经结束了他的这部作品,他的记载终结于莫里斯辉煌的波斯战争胜利之时。

第一节　莫里斯在拜占庭对波斯的
战争中取得胜利

　　莫里斯是拜占庭帝国历史上取得赫赫武功的皇帝之一。在位期间，他巩固了摇摇欲坠的帝国防御体系，在对外战争中取得了一系列的胜利。他北拒阿瓦尔人，东征萨珊波斯，使帝国的边境重新稳固下来。此外，他还是一位军事战略家，对不同兵种的合成运用有理论性的创见。他留下的军事著作《战略》是研究这一历史时期军事问题的重要资料。埃瓦格里乌斯在作品中主要记录了他对于帝国宿敌萨珊波斯取得的胜利。与其他记载莫里斯时代拜占庭一波斯战争的重要史料相比，如塞奥菲拉克特·西摩卡塔的《历史》①，埃瓦格里乌斯的作品价值一般，因为显然埃瓦格里乌斯并不熟悉军事问题，他对帝国东方前线的地理、地形情况缺乏细节方面的研究，所以他主要依靠自己的亲戚埃皮法尼亚约翰的作品，摘录相关内容，但在这一过程中犯下了许多错误。然而，埃瓦格里乌斯的作品在史料价值方面依然有其独特性。凭借与皇帝莫里斯和安条克大教长格里高利密切的私人关系，在某些问题上，他得以成为重大事件的亲历者，因而其记载的内容也就自然具有了无可替代的作用。

　　在继位之初，莫里斯并没有马上与波斯人展开全面对抗，而是

---

① 关于这部史料国内最新的研究成果为苏聪教授所著《西摩卡塔〈历史〉研究》，其中的第三章第三节系统地梳理了塞奥菲拉克特《历史》中关于拜占庭和波斯战争的经过。参见苏聪：《西摩卡塔〈历史〉研究》，天津：天津古籍出版社，2022年，第164—189页。

专注于巩固边境的防御体系。在这一过程中,莫里斯逐渐调整前线的主要指挥官,着重提拔了自己的亲信担任相关要职,例如他的亲戚菲力皮库斯就受到了重用。

　　莫里斯先是任命色雷斯人约翰担任东方军队的司令官。约翰在任内经历了一些失败,也取得了一些荣誉,但这些事情并没有任何记载的价值。然后莫里斯又任命自己的妹(姐)夫菲力皮库斯①担任这一职务。此人在上任伊始就率兵越过边境,沿途抢掠一切,他夺取了大片肥沃的土地,俘虏了许多出身高贵的、来自尼西比斯和底格里斯河对岸其他地区的人。他率军与波斯人进行了一场激烈的战斗,许多波斯名将都在战斗中阵亡;他还抓到了大量战俘;当有一小队波斯士兵逃到一座小山丘的时候,他本可以抓住他们,但是他却放他们离开了,因为菲力皮库斯让他们去告诉波斯国王尽快派遣使节来进行和谈②。作为一名将军,菲力皮库斯还取得了其他一些成就,他限制了军队过分奢侈的行为,在部队中建立了良好的纪律和服从观念。这些事情一定要被历史学家记载,对于已经这样做的某些人来说,他们的记载是不真实的,他们的作品因为无知而有所疏漏,或是因为偏爱而多有讹误,抑或被敌意蒙蔽了双眼③。④

接下来,埃瓦格里乌斯用了有间断的、长达 8 节的篇幅详细记载了一场前线的兵变,这是他亲身经历的事件,因此也是其作品中关于拜占庭—波斯战争最有价值的部分。587 年冬天,菲力皮库斯

---

① 菲力皮库斯是莫里斯的妹妹(姐姐)高尔狄娅的丈夫,584 年接任了约翰的东方军队司令官职务。
② 埃瓦格里乌斯的记载在此处出现了疏漏,他把 586 年的阿尔扎蒙河(Arzamon)战役与 584 年的战斗混为一谈,这次战役拜占庭人大获全胜。可参见 Theophylact,*The History of Theophylact Simocatta*,ii. 4—6.
③ 埃瓦格里乌斯此处批评的历史学家应该是埃皮法尼亚的约翰。
④ Evagrius Scholasticus,*The Ecclesiastical History of Evagrius Scholasticus*,VI. 3.

因为身体原因被召回君士坦丁堡,莫里斯任命普里斯库为菲力皮库斯的替代者。这项人事任命最终引发了灾难性的后果,险些动摇了皇帝的统治。

此后,普里斯库接任了东方军队司令官:他是一个很难接近的人,除了遇到一些特别重要的事以外。他认为如果自己可以掌控大局的话,那么一切都好解决,因此他试图用恐惧的手段让士兵更加服从自己的命令。于是,当他到达军营之时,他表现得骄傲自大,穿着极为华丽。他向士兵们宣布了他们要服役的期限、得到的确切装备、从国库中获得的军饷①。在听到这些安排后,士兵们的怒火被点燃了,他们聚集在普里斯库的营帐周围,然后像野蛮人一样抢劫了普里斯库所有的贵重装备以及最珍贵的财产,差点杀死他,但是普里斯库早已跳上一匹备用的马,一直逃到艾德萨城去了。叛军甚至派遣了士兵包围艾德萨,要求抓住普里斯库。②

由于艾德萨这座城市的民众没有向叛军屈服,叛军不再紧逼,放弃普里斯库,转而强掳了腓尼基黎巴嫩军团长官日耳曼努斯,推举他为领袖和皇帝。日耳曼努斯坚决不从,但是叛军也表现得更为坚决,他们之间发生了争论,一方不愿意被迫行事,另一方则坚持必须如此;叛军明确地说,如果他不接受就要杀掉他,但是他说宁死也不从,因为他对此毫不畏惧、镇定自若。叛军对日耳曼努斯施以酷刑,因为他们觉得他的天性和年龄使得他不可能忍受住刑罚。在带着尊敬和体谅对他进行了这些考验后,他们最终迫使日耳曼努斯同意并发誓带领他们。这样叛军就强迫这个被统治者成为统治他们的人,让这个被控

---

① 莫里斯给予军人的待遇是远远低于前任提比略的,这很可能是本次叛乱的根本原因。普里斯库的傲慢行为也许只是导火索。

② Evagrius Scholasticus, *The Ecclesiastical History of Evagrius Scholasticus*, VI. 4.

制者成为控制他们的人，让这个俘虏成为他们的主人。而在其他的军团、大队和小队中，那些人都选择自己中意的人做领袖。他们公开地诅咒皇帝，尽管在某些方面他们对待纳税人比对待异邦人要好，但是他们实在不像国家的同盟者或是仆人，因为他们并不按照固定的度量标准获取供给品，也不满足于分配给他们的一切，而是每个人都按照自己的意愿行事。①

皇帝派遣了菲力皮库斯去处理这种局面，但是叛军不接受他，而且那些同意接触他的人也处于十分危险的境地中。②

前线发生的军队叛乱使拜占庭的战线动摇。波斯人抓住战机发动了反攻。然而，这些叛军在日耳曼努斯的带领下履行了守土之责，痛击了波斯军队，由此缓和了与皇帝之间的关系，进而为解决矛盾创造了契机。

军队也遭遇到了相同的状况，蛮族认为没有人可以阻止他们的野蛮行为，因而发动了侵略。但是日耳曼努斯组织军队击败并消灭了他们③，甚至没有给敌军留下逃回波斯报信的人。④

皇帝用金钱犒赏了这支军队，不过他召回了日耳曼努斯和其他一些人来接受审判。尽管他们都被判处死刑，但是皇帝没有让他们受到任何恶劣的对待，反而奖励他们使他们得到荣耀。

当这些事情发生之时，阿瓦尔人先后两次渗透到了"长城"

① Evagrius Scholasticus, *The Ecclesiastical History of Evagrius Scholasticus*, VI. 5.
② Evagrius Scholasticus, *The Ecclesiastical History of Evagrius Scholasticus*, VI. 6.
③ 塞奥菲拉克特在《历史》中详细记载了这场胜利。他还提到日耳曼努斯的军队俘虏了3000波斯人，缴获大量战利品。参见 Theophylact, *The History of Theophylact Simocatta*, iii. 3 - 4.
④ Evagrius Scholasticus, *The Ecclesiastical History of Evagrius Scholasticus*, VI. 9.

(Long Wall)，他们通过围困占领了辛吉杜努姆①和安奇阿鲁斯②，以及整个希腊和其他一些城市、堡垒，他们摧毁并烧毁了一切，因为此时帝国大多数军队都在东部战线作战。

　　皇帝派遣了御林军长官安德鲁去劝说这些军人接受之前的和其他的军官。③

如埃瓦格里乌斯所言，莫里斯派遣了亲信前去说服叛军，然而没有收到预期的效果。因此，皇帝不得不请求教会的帮助。安条克大教长格里高利亲自出马，最终在一番演讲之后取得了成功。埃瓦格里乌斯在作品中完整地记录了这一事件，并将其归结于神的帮助。然而，他不经意间提到格里高利曾经多次用钱财物资慰劳军队，这样的行为可能才是更真实的原因。由此我们也不难看出，6 世纪晚期，大教区的主教拥有可支配的巨额财富，他们借此能够在世俗事务中发挥巨大的影响力。

　　因为叛军根本不听皇帝的命令，所以格里高利主教被派去处理这件事情，这不仅仅是因为他在处理重大事务上能力出众，而且这些军人都尊敬他。因为格里高利主教在他们被征召入伍并路过他的教区之时，用钱财、衣物和其他东西犒劳他们。因而他派遣使者让叛军首领到距离塞奥波利斯④ 300 斯塔德远的利塔尔巴集合相见。他忍受病痛来到那里，发表了如下的演说：⑤

　　先生们，你们在称谓和行为上都应是罗马人，我想大概在之前的某个日子你们曾到过我们这里，现在你们来到这里与我交流当前的问题，并听取我好心的建议。你们可以相信我，因为在很久之前，你

---

① 今塞尔维亚的贝尔格莱德。
② 今保加利亚的波摩莱。
③ Evagrius Scholasticus, *The Ecclesiastical History of Evagrius Scholasticus*, VI. 10.
④ 即安条克。
⑤ Evagrius Scholasticus, *The Ecclesiastical History of Evagrius Scholasticus*, VI. 11.

们漂洋过海、经历风浪后来到这里，我曾经用一些必需品欢迎你们，减轻你们的痛苦。但是直到现在这件事一直被忽略，也许是由于不被你们的上级所允许①，这样一方面波斯人不得不正视罗马人的勇敢，你们即使没有将军的领导，也能战胜他们；而另一方面，你们纯粹的善意彻底被明确了，你们在战场上的表现经受了考验，并且被证实了——因为即使你们痛恨你们的将军，但你们还是展现了国家高于一切的行为——现在让我们谈谈接下来该做什么吧。

皇帝召集你们，宽恕你们先前的所有行为。他认为你们对国家表现出的善意和对敌人表现出的勇气就是恳求宽恕的象征，因此他给予你们最可靠的赦免保证，他说："如果上帝让善意占据上风，让勇气光芒闪耀，并且将错误搁置在一边，这就是宽恕的证据，那么我怎么能不遵从上帝的决定呢，如果一个帝王的心灵掌握在上帝的手中，那么他就会按照上帝说的去做。"罗马人，听我说，赶快臣服吧，不要放过眼前这个机会，以免让它溜走。因为机会一旦逃之夭夭，它好像由于被忽视而感到愤慨，就绝不会再次被人抓住。你们继承了你们先祖的忠诚与勇气，因此你们在各个方面都表现得像一个罗马人，没有什么可以用来责备你们，或否定你们是罗马的合法子孙。那些生养你们的人，他们被执政官和皇帝有秩序地组织起来，通过忠诚与勇气获得了整个世界。曼利乌斯·托奎图斯②在为他的儿子戴上桂冠后又杀死了他，因为他只有勇气而不服从命令。因为领袖良好的决策和部下坚决的服从结合在一起才能得到好的结果。如果勇气与服从互相脱离，一旦这对优秀的组合彼此分离，那么他们就会跛脚、颠覆乃至完全毁灭。

不要拒绝遵从我的意见，因为神甫是皇帝和军队之间的调解者：你们不是叛乱，而只是短暂、合理地对错待你们的将军发泄不满而已。如果你们不尽快服从，在对国家的忠诚、对你们的敬重方面我都已尽到了责任，那么你们就会被认为是谋反者。结果会是怎样？你们要继续聚在一起是不可能了，你们无法保证粮食和海产品的运输，

---

① 格里高利在此处将叛乱的责任推给了将军，以掩盖皇帝给予军需不足的根本原因。
② 古罗马的执政官，曾在苏伊萨会战中击败拉丁同盟的军队。

除非像你们做的那样,进行基督徒之间的战争,还有比这种行为更可耻的吗?而如果最终你们一哄而散,你们又如何才能获得给养?这之后正义会接踵而至,不会原谅你们。因此,让我们紧扣双手并在这个上帝复活的日子①考虑一下如何才是对我们和国家都有利的办法吧。②

在发表了上述演说,流下了真挚的泪水后,仿佛在神的助力下,他马上改变了所有人的想法。叛军首领要求暂时离开并彼此商议要怎么做。很快他们就回来表示他们相信主教的话。然后,格里高利说他们应该要求菲力皮库斯成为他们的将军。叛军首领回答说整个军队都发誓听从他。然后主教又说他们不要再有任何的犹豫,他是上帝认可的神甫,并且拥有"在天上或地下捆绑和释放的权力"。当他们答应了这件事后,格里高利主教向上帝祷告;接着与他们分享了圣餐——因为这是神圣的星期二——他宴请了他们所有人,大约有 2000 人,他们坐在草地上,然后在第二天回到自己的驻地。他们接受了到任何指定的地方集合的命令。后来,主教告知菲力皮库斯,当时菲力皮库斯在西里西亚的塔尔苏斯。主教还通知了皇帝关于叛军接受菲力皮库斯的消息。因此,当菲力皮库斯来到安条克之后,这些叛变军人就拜见了菲力皮库斯,并在请愿书中将那些被认为值得重生的人视为他们的帮助者③,然后在他面前拜倒。在得到大赦的保证后,他们便跟随着菲力皮库斯去战斗了。这就是事情的经过。④

兵变被平息之后,普里斯库的前任,也就是上文提及的莫里斯

---

① 指 589 年的复活节。
② Evagrius Scholasticus, *The Ecclesiastical History of Evagrius Scholasticus*, VI. 12.
③ 这里的帮助者指向并不明确,可能是指随格里高利主教参与调停的神职人员及其随从,包括埃瓦格里乌斯本人在内。
④ Evagrius Scholasticus, *The Ecclesiastical History of Evagrius Scholasticus*, VI. 13.

的亲属菲力皮库斯重新成为这支军队的司令长官。在之后与波斯人的战争中,他取得了一些战果,但是总体看来离大获全胜相差甚远。埃瓦格里乌斯比较详细地描述了589年拜占庭和波斯军队围绕马提洛波利斯城①进行的两场战斗,其中较为隐晦地为菲力皮库斯的作战不力进行了辩解。

西塔斯,此人是马提洛波利斯城的一个下级军官。因其对当地的司令官心怀不满,在占领此地的士兵离去后,他选择了背叛。他将一支伪装成罗马人的波斯小股部队引入城中,控制了这座城市。马提洛波利斯城对于罗马人来说具有重要的战略意义。他把大部分青壮年女子扣押在城中,除少数奴隶外,其他人都被赶出了城市。菲力皮库斯很快率军包围了这座城市,尽管此时他还没有足够的军需物资②。然而,他还是依靠现有的资源发动了进攻。菲力皮库斯派兵挖掘了几条坑道,成功地使该城的一座防卫塔倒塌。不过由于波斯人晚上又修复了倒塌的部分,他没能攻下这座城市。当罗马人再次发动进攻之时,他们被城墙所阻——大量的投掷物准确地击中他们,他们遭受了沉重的伤亡——所以放弃了围攻。菲力皮库斯的军队向后撤退了一小段的距离,安营扎寨后继续监视马提洛波利斯城,不让更多的波斯人进入该城。在皇帝莫里斯的命令下,格里高利主教前往菲力皮库斯的军营,劝说他们继续发动进攻。然而,由于没有攻城器械,他们只能无功而返。最后,到了冬季,菲力皮库斯的部队一部分回驻地休整,另一部分有足够的

---

① 拜占庭与波斯边境的重要要塞之一,或可意译为殉道者之城(Martyropolis)。
② 这场战争发生在589年春天。英译本译者怀特比认为埃瓦格里乌斯是在为之后菲力皮库斯不成功的军事行动辩护,参见怀特比译本第306页注释55。这种观点是有一定道理的,埃瓦格里乌斯确实对莫里斯皇帝及其家人十分偏爱。但是其他历史学家并不一定赞同这一观点,比如塞奥菲拉克特对菲力皮库斯的态度显然就与埃瓦格里乌斯不同。早在上文提及的兵变发生之前,他就在《历史》中直斥这位将军"十分愚蠢",以至于许多人对他"心存不满"。参见 Theophylact, *The History of Theophylact Simocatta*, ii. 9.

兵员在该城附近的堡垒里驻扎,以防波斯援军进入此城。

在来年的夏天菲力皮库斯的军队重新集结完毕之时,波斯人也发动了一次远征,双方在马提洛波利斯城附近进行了一场激烈的战斗,虽然菲力皮库斯占据了上风,杀死了很多波斯人,一位波斯的英雄也被击败,但还是让波斯人的大部队进入了马提洛波利斯,从而实现了波斯人的目的。[①] 结果,罗马人对占领此城已经不抱希望了——因为他们不能用武力使守城者屈服——所以他们在该城 7 斯塔德之外又建立了一座新城,这座城市对着山,更加安全,这样他们就能准备反击了。如此,拜占庭的军队度过了夏天,冬天就回营了。[②]

在这场战役之后不久,莫里斯临阵换将,用科门提奥鲁斯(Comentiolus)接替了菲力皮库斯,担任东方军队司令官。这也从侧面说明了后者的军事指挥并不算特别成功。对于这位新的将军,埃瓦格里乌斯与塞奥菲拉克特的评价再次出现了较大的分歧。塞奥菲拉克特在其作品中指责科门提奥鲁斯在战斗的关键时刻出现了临阵脱逃的懦弱行为。[③] 但在埃瓦格里乌斯笔下,科门提奥鲁斯则是一位英勇善战、舍生忘死的英雄。他生动地记载了这位将军攻打马提洛波利斯附近的奥克巴斯(Okbas)要塞的胜利过程。

科门提奥鲁斯接任了菲力皮库斯的指挥职务,他是一个色雷斯人。他率军与波斯人进行了激烈的战斗,差点连人带马一起被摔死,幸亏他的一名卫兵帮他爬上了一匹备用马,把他带出了战场。波斯的残兵败将慌忙逃窜,最终在失去首领的情况

[①] 埃瓦格里乌斯似乎弄错了时间,按照塞奥菲拉克特记载,这是 589 年夏天的事情,波斯司令官马赫伯德(Mahbodh)阵亡,但是胜利的是波斯人。参见 Theophylact, *The History of Theophylact Simocatta*, iii. 6.

[②] Evagrius Scholasticus, *The Ecclesiastical History of Evagrius Scholasticus*, VI. 14.

[③] 参见 Theophylact, *The History of Theophylact Simocatta*, iii. 6. 关于这一指责,苏聪教授也在著作中进行了分析,他认为塞奥菲拉克特夸大了科门提奥鲁斯的懦弱,记载无法令人信服。苏聪:《西摩卡塔〈历史〉研究》,第 175 页。

下逃到了尼西比斯。他们的国王曾经说过,如果他们不能保护长官的安全,就要杀了他们。他们害怕受到惩罚,因此就发动了对霍尔米斯达斯国王的叛变。波斯将军瓦拉姆在和突厥人作战归来之后,已经计划好了一切。与此同时,科门提奥鲁斯派出他的大部分士兵包围了马提洛波利斯,自己率少数精兵进攻奥克巴斯。奥克巴斯是一座坚固的堡垒,位于马提洛波利斯对岸的陡峭悬崖上,从这里可以看到整个城市。科门提奥鲁斯的部队紧紧地包围了这处堡垒,用弩炮轰垮了部分城墙。随后率军从缺口攻入,最终使其陷落。结果是波斯人对马提洛波利斯的局势已经感到绝望了。①

随着战场局势往有利于拜占庭人的方向发展,波斯帝国内部开始出现分裂的迹象。叛乱势力杀死了波斯国王霍尔米斯达斯,其子小科斯洛埃斯于 590 年继位。为了和叛军斗争,他向莫里斯皇帝求援。在拜占庭皇帝的帮助下,小科斯洛埃斯于 591 年归国,恢复了统治,波斯和拜占庭两国也在长期交战后进入了暂时的友好和平时期。关于波斯内战的历史,塞奥菲拉克特的记载远比埃瓦格里乌斯更为详尽,尽管两者的资料来源很可能都来自埃皮法尼亚的约翰。然而,作为安条克主教格里高利的幕僚,埃瓦格里乌斯目睹了主教和波斯国王的一些直接交往,这使其作品具有独特的史料价值。

埃瓦格里乌斯首先记述了波斯内战以及小科斯洛埃斯向莫里斯求援的内容。

当这些事情发生之时,波斯叛军杀死了霍尔米斯达斯,他是最邪恶的国王,因为他不仅用罚金,而且用各式各样的死刑来惩罚自己的臣民。②

在此之后他的儿子科斯洛埃斯继承了王位,他与瓦拉姆的

① Evagrius Scholasticus, *The Ecclesiastical History of Evagrius Scholasticus*, VI. 15.
② Evagrius Scholasticus, *The Ecclesiastical History of Evagrius Scholasticus*, VI. 16.

军队作战。科斯洛埃斯因为兵力不足被迫逃亡,他的士兵也遗弃了他。正如其所称,他在向基督徒的上帝祈祷,让他的马把他带到上帝指引的地方之后,来到了基尔克西姆。他的妻子们、两个刚出生的孩子,还有几个自愿跟随他的贵族也一起来到这里;在基尔克西姆,科斯洛埃斯派遣使节觐见皇帝莫里斯。莫里斯在这件事上处理得非常圆满。皇帝考虑了无常的人生和命运的突变,因此接受了科斯洛埃斯的请求。对于科斯洛埃斯,皇帝将他视为贵客而非亡命者,甚至待其如亲子一般,并以国王之礼欢迎了他。不仅莫里斯以皇帝的规格为科斯洛埃斯做好准备和招待,而且莫里斯的皇后也以皇后的规格对待科斯洛埃斯的妻子们,莫里斯的孩子们也是如此对待科斯洛埃斯的孩子们。[1]

莫里斯还派遣了一支皇家卫队以及由一名将军率领的罗马军队跟随护卫科斯洛埃斯,无论他希望去哪里。此外,科斯洛埃斯还荣幸地得到了皇亲贵戚梅利泰内主教多米提安的陪同,此人精明练达,处理各种事情都精力充沛、十分称职。皇帝还安排了格里高利主教去见科斯洛埃斯,格里高利的言谈交流、馈赠的礼物和选择处理问题的时机等都使科斯洛埃斯感到惊讶。[2]

科斯洛埃斯来到幼发拉底的重要城市希拉波利斯之后,又掉头回到首都,这是莫里斯做出的决定,相较于自己的名声,莫里斯更加关心的是此事是否对科斯洛埃斯有利。莫里斯用史无前例的巨额资金来接纳科斯洛埃斯,此后,又将波斯人整编入伍,自己花钱承担他们的装备费用,接着派遣科斯洛埃斯率

---

[1] Evagrius Scholasticus, *The Ecclesiastical History of Evagrius Scholasticus*, VI. 17.
[2] Evagrius Scholasticus, *The Ecclesiastical History of Evagrius Scholasticus*, VI. 18.

领罗马人和波斯人的联军越过边境发动进攻。这支联军部队
很快攻占了马提洛波利斯。西塔斯被当地人民用石头砸死后
钉在木桩上示众。波斯人也交还了达拉。在罗马人独自战胜
了瓦拉姆之后,此人不光彩地逃跑了①,科斯洛埃斯回到了他的
王国。②

在帮助小科斯洛埃斯回国复位之后,拜占庭和波斯之间迎来了
一段友好安宁的和平时期,双方结束了旷日持久的战争,拜占庭的
统治者甚至希望以传播基督教的方式来改变波斯国王的信仰,但是
实际上小科斯洛埃斯主要是利用基督教来对抗国内的祆教僧侣势
力,后者在推翻其父亲统治的过程中起到了不小的作用。不过,小
科斯洛埃斯也确实受到了基督教的一些影响,如他的妻子塞妊
(Siren)就是基督徒。他本人也非常崇敬基督教圣徒、殉道者塞尔吉
乌斯。埃瓦格里乌斯在作品中就详细记载了小科斯洛埃斯向塞尔
吉乌斯的圣所敬献名贵十字架和黄金圣餐盘等礼物。

当时,殉教士戈林杜赫还与我们同在;后来,她被波斯的僧
侣拷问的时候受了很多的折磨,死后制造了许多的奇迹。希拉
波利斯的前任主教斯蒂芬记载了她的事迹。③

当科斯洛埃斯重新成为自己王国的主人之后,他送给格里
高利主教一个十字架,上面镶满了黄金和宝石,以纪念殉教士
塞尔吉乌斯。这个十字架是查士丁尼的皇后塞奥多拉敬献的,

---

① 埃瓦格里乌斯在此处的记述过于简略,塞奥菲拉克特的作品更详细地描述了科斯洛埃
斯复位的过程。拜占庭人在 590 年夏天收复了马提洛波利斯,随后波斯人交还了达
拉。此后的一年中,拜占庭人与科斯洛埃斯组成的联军发动了一系列的攻击。在 591
年夏天的坎扎克(Canzak)战役中,拜占庭和科斯洛埃斯的联军(埃瓦格里乌斯只提到
了拜占庭人的贡献)决定性地击败了波斯叛军首领瓦拉姆的军队,后者逃亡后被杀,科
斯洛埃斯得以复位。关于这一年战斗的详细过程可以参见 Theophylact, *The History
of Theophylact Simocatta*, v. 3 – 9.

② Evagrius Scholasticus, *The Ecclesiastical History of Evagrius Scholasticus*, VI. 19.

③ Evagrius Scholasticus, *The Ecclesiastical History of Evagrius Scholasticus*, VI. 20.

但后来在战争中被科斯洛埃斯一世抢掠财宝时所获得,这件事情我已有记载。科斯洛埃斯还送来了另一个黄金十字架,以及下面的这封信:

> 送来这个十字架的是我,科斯洛埃斯,王中之王,科斯洛埃斯之子①,我在被万恶的巴拉米斯·古斯纳斯和他的骑兵攻击之后来到了罗马人的国家,因为万恶的扎德普拉姆率领军队向尼西比斯进发,旨在引诱尼西比斯地区的骑兵发起叛乱,我们也派遣了一支骑兵队在军官的指挥下到查尔卡斯迎敌。我们偶然得知神圣而可敬的殉教士塞尔吉乌斯是一个有求必应的人,因此,在我统治的第一年的一月七日那天,我恳求他如果我们能够战胜扎德普拉姆和他的骑兵,那么我将送给他一个镶嵌珠宝的黄金十字架;然后在二月九日,扎德普拉姆的头颅就被送来了;因为实现了我的愿望,所以我们将这个十字架送来,此外还有查士丁尼及其家族送给他的那个十字架,这是在我们两国交恶的时候,我的父亲科斯洛埃斯、王中之王、卡巴德斯之子把它抢走的。当我发现它之后,我就把它送到永远值得尊敬的神圣的塞尔吉乌斯这里来。

后来在皇帝莫里斯的决定下,格里高利主教将这些宝物放在了殉教士的圣所内。不久,科斯洛埃斯又给这个地方送来了许多其他礼物,在其中一个黄金圣餐盘上,他写了如下的话:

> 我,科斯洛埃斯,王中之王、科斯洛埃斯之子,目前在这个盘子上写下的话不是给凡人看的,也无法展现您这位最值得尊敬之人的伟大之处,但它的存在是为了记录所写的事实和您赐予我的恩惠:因为能够把我的名字写在您神圣的器皿上是我的荣幸。当我在比拉迈斯之时,我祈求神圣的您能帮助我的妻子塞妊②怀上孩子。塞妊是基督徒而我是异教徒,我们的法律不允许我拥有一个基督徒的配偶,而

---

① 其实如前文所述,小科斯洛埃斯的父亲是霍尔米斯达斯,著名的科斯洛埃斯一世是他的祖父。
② 怀特比英译本为 Siren,也有其他英文专著译为 Shirin。彼得兹和帕门提尔的希腊文本原文为 θεαν。这是小科斯洛埃斯最为宠爱的一位夫人。

我出于对您的感激，违反了这项法律，并一直把她视为正妻。因此，我恳求您能让我的妻子怀孕。我请求您如果能够让她怀孕，我将赠给您一个她佩戴的十字架。但是因为我和她都希望能保留那个十字架以铭记您，所以作为替代，我们将奉献 5000 斯塔特①，尽管这个十字架的价值不应该超过 4400 斯塔特。从那时起，当我心里祈求此事后，不到 10 天我就来到了雷森霍斯隆，不是因为我值得如此，而是因为您的恩赐。您在夜晚的梦中出现了三次，告诉我塞妊已经怀孕了。而在梦里我三次回答"好"。因为您有求必应，所以从那天起塞妊就怀胎了。虽然我对此有些怀疑，但是我相信您的话，因为您是神圣且有求必应的。从她怀上胎儿一事中，我知晓了梦境的力量和您话语的真实性。因此，我将所承诺的十字架和其他财物送到您的圣所，我命人制作了一个圣餐盘、一个圣餐杯、一个放在圣桌上的十字架、一个纯金香炉，还有一个用黄金装饰的窗帘；而剩下的钱我也安排送到您的圣所。这样，希望您能够满足我和塞妊的要求，通过您的仁慈和好意实现我们的希望；这样我和塞妊以及世界上的所有人都能够对您的力量抱有希望，并且始终坚信您。

这就是科斯洛埃斯的话……②

上述就是埃瓦格里乌斯作品中关于波斯问题的最后记载。显然，作者对于两国之间的关系是以乐观的情绪收尾的。然而，就在他的作品完结之后不久，双方的矛盾再次浮现。尤其是当 602 年莫里斯皇帝全家死于兵变之后，小科斯洛埃斯以替莫里斯复仇为名发动了对拜占庭的战争。双方的这场争斗持续了 20 年。战争之初波斯人节节胜利，一度将拜占庭人推到了濒临灭国的境地。后来，在皇帝伊拉克略的高明指挥下，拜占庭人发起了反击，并取得了战争的最后胜利。然而，拜占庭人赢得的是一场"皮洛士的胜利"，尽管老对手萨珊波斯已经奄奄一息，但是自己也受到了沉重的打击。就

---

① 原文 stater，银币名。
② Evagrius Scholasticus, *The Ecclesiastical History of Evagrius Scholasticus*, VI. 21.

在双方战争结束 10 年之后,新兴的阿拉伯帝国走出大漠,席卷叙利亚、美索不达米亚、巴勒斯坦、埃及和伊朗高原。当然,这一结局是埃瓦格里乌斯无法预料到的。

第二节　莫里斯统治时期的
其他重要事件

　　除了拜占庭与波斯帝国的战争,埃瓦里格里乌斯还在作品中记述了莫里斯统治时期的其他一些事件。这些叙述尽管看上去较为零散,但是都紧密围绕着他的两位恩主——莫里斯皇帝和格里高利主教展开。

　　埃瓦格里乌斯在本卷的第一节首先记录了莫里斯与提比略之女康斯坦提娜大婚的场景,并借此阐明了自己判定君主优劣的一个重要标准——个人品德。在他看来,这与信仰的虔诚同样重要,因为品德高尚是信仰虔诚的前提和保障,而虔诚则会给品格高尚的皇帝带来回报,最终让他能够因美德而为民众所景仰。在他心目中,一个缺乏高尚品质的皇帝不能真正成为保护信仰和人民的合格统治者,信仰与道德二者缺一不可。此外,前文已提及,埃瓦格里乌斯希望皇帝能够重视贵族的利益,尊重他们的权利。皇帝莫里斯的政策显然受到了作者的赞赏,他在赞美了皇帝的美德之后,还特别强调了莫里斯奉行的是"精英政治",而非查士丁尼时期的"暴民统治"。

　　莫里斯即位之后,首先按照先皇的诏令宣布自己将迎娶奥古斯塔·康斯坦提娜。这场婚礼举行得非常隆重,城中各处都有公共宴席和庆典活动。教俗两界的要人都出席了这场婚礼,带来了壮观的护卫队和珍贵的礼物。队伍的前方是皇帝的双亲,他们白发苍苍、皱纹满面,使人肃然起敬——这是从来未有记载的皇帝事迹①——让这场婚礼变得神圣,皇帝的那些正值盛年、英俊美丽的兄弟姐妹在队伍中出现,也为这场婚礼增光添彩。皇帝穿着镶金的紫色长袍,表面点缀着印度的宝石,头戴缀满黄金、珠宝的皇冠。其身后则有许多军政要员,他们身着盛装,佩戴着各自的勋章,点燃婚礼的蜡烛,唱着迎娶新娘的歌曲。再也没有任何人能够拥有这么庄严和欢乐的队伍了。达摩菲鲁斯曾经说过,当普鲁塔克在写罗马历史时表示,罗马的美德和机遇彼此达成了一致②。但是我要说,莫里斯在宗教上的虔诚与他的好运交织在了一起,因为宗教上的虔诚使他的好运不会转化为其他方向。这之后他不仅在肉体上穿戴了紫袍皇冠,而且在精神上也是如此:因为在近几任的皇帝当中,只有他成为超越自己的皇帝,而他在变成真正的统治者之后,他从自己的精神中驱除了激情的暴民统治,同时在深思熟虑后确立了贵族精英政治,这体现了他的美德,臣民因此以他为榜样、被他教化。这不是我的谄媚之言,因为皇帝看不到我写的东西,我为什么不借此说出事实呢? 这些事情被上帝赐予他的东西和我们全体一致地归于上帝的所有事件所证实。③

为了证明自己对莫里斯的称赞不是阿谀奉承,埃瓦格里乌斯在接下来的一节又举了另一个例子来证明皇帝的仁慈。莫里斯赦免了阿拉伯叛军领袖阿拉门达鲁斯父子的死罪。

> 莫里斯希望在任何情况下都不要让那些因国家事务受审的人流血。因此,如莫里斯没有杀死那个我之前提到过的、彻

---

① 应该是指皇帝在大婚时他高龄的双亲还能出席典礼。
② 出自普鲁塔克《论罗马人的命运》(*On the Fortune of the Romans*)。达摩菲鲁斯 (Damophilus)是 2 世纪晚期小亚细亚的一位作家。
③ Evagrius Scholasticus, *The Ecclesiastical History of Evagrius Scholasticus*, VI. 1.

底背叛国家和皇帝的人——塞尼特阿拉伯人首领阿拉门达鲁斯①；而惩罚只是将他及其妻子、部分孩子流放到西西里。还有，阿拉门达鲁斯的儿子纳曼也给国家带来了无数麻烦。在其父被捕后，他洗劫了腓尼基和巴勒斯坦地区，与其蛮族同伴一起抓走了很多俘虏。尽管每个人都说他应该被处死，皇帝还是仅对他处以软禁的惩罚。在很多其他的事情上，皇帝也是这样做的，我将在后面的内容中适时再谈。②

在以上两节之后，埃瓦格里乌斯关于莫里斯的记载转向了前文提及的与波斯帝国的战争方面。在叙述战争的过程中，他断断续续地讲述了与自己的另外一位恩主——安条克主教格里高利有关的内容。在他的笔下，格里高利主教虔诚、仁慈、极其睿智，颇受帝国各阶层人士的欢迎。在上文所述的东方前线兵变发生之时，格里高利几乎是凭一己之力力挽狂澜，这似乎也印证了埃瓦格里乌斯所言不虚。然而，在本卷第7节中，埃瓦格里乌斯却记录了安条克城中的一场因格里高利而爆发的骚乱。虽然我们现在已经无法得知这场动乱的准确原因，而埃瓦格里乌斯的解释是站在格里高利主教的立场上指责东方政区长官阿斯特里乌斯（Asterius）与前来调查的官员约翰"给城市带来了极大的骚乱"，但是从安条克城中各阶层人士均站在主教对立面的事实来看，他之前赞扬格里高利受到普遍欢迎的论点并不见得十分可靠。后来，格里高利被迫前往君士坦丁堡为自己申辩，埃瓦格里乌斯也随同他一起再次来到了首都。

此时，安条克主教格里高利从首都归来，他在那里取得了一场辩论的胜利，我要谈一下这个问题。当阿斯特里乌斯担任东方政区行政长官之时，他与格里高利之间爆发了激烈的争执。整个城市的上层社会都支持阿斯特里乌斯，此外，部分普

① 埃瓦格里乌斯在第5卷第20节中记述了阿拉门达鲁斯临阵叛变的经过。
② Evagrius Scholasticus, *The Ecclesiastical History of Evagrius Scholasticus*, VI. 2.

通群众与商人也成为他的支持者。他们中的每个人都声称自己受到了伤害。最后，这些民众开始同主教对抗。双方的支持者都持同一个观点，他们在街道和剧场叫骂、侮辱主教，甚至在剧场舞台上的人也这么干。阿斯特里乌斯被免职，皇帝派遣约翰接任其职并调查此事，不过约翰是一个连小事情都没法处理好的人，更不用说让他承担这么重要的任务了。

因此，约翰的到来给这座城市带来了更大的骚乱，他发布公告称任何人都可以控告主教。有一个钱庄庄主指控主教与他即将出嫁的妹妹通奸。还有人指控主教滥用公共财产。对于滥用公共财产的问题，主教格里高利进行了辩护，但是对其他的指控，他决定到首都向皇帝申诉，要求召开宗教会议为自己申辩，当时我是他的随从顾问。各地的大教长均参与了调查，有些是亲自前来，有些是派了代表，同时，神圣的元老院和其他大都市的上层人物也都参加了调查。经过审查和争辩之后，格里高利取得了胜利。结果，那些所谓的控告人被鞭打并游街示众，然后被谴责再处以流放。于是，格里高利回到了自己的教区，而当时军队还在叛乱中，菲力皮库斯正在徘徊于贝罗和卡尔基斯城。①

格里高利主教胜利归来后不久，588年10月，强烈的地震再次重创安条克，这是安条克城在6世纪遭受的第六次地震，这次地震造成的破坏仅次于查士丁一世统治时期的526年大地震，不但城市中的诸多建筑被夷为平地，还有多达6万人死于非命。埃瓦格里乌斯根据自己的亲身经历详尽地描述了大地震的场景。他特别强调了格里高利主教奇迹般地获救，以及主教的政敌、东方政区长官阿斯特里乌斯之死。

---

① Evagrius Scholasticus, *The Ecclesiastical History of Evagrius Scholasticus*, VI. 7.

在格里高利回来 4 个月后,正值安条克建城后的第 637 年,距上次大地震已过去了 61 年①,在这一年的希普贝勒泰乌斯月②的最后一天,当我与一位年轻的女士举行婚礼之时,这座城市如同庆祝节日一般,为我迎娶新娘举行了公共庆典③。在这天夜晚的第 3 个小时,一场大地震爆发了。城市的大部分建筑都倒塌了,地基也都被搅动起来:结果最神圣的教堂附近的一切都被夷为平地,只有教堂的穹顶还保留下来。这个穹顶是上次查士丁时期大地震后,厄弗雷姆用达佛涅附近的木材支撑起来的:这之后的地震使那些木材朝向北方倾斜,这样它们就受到了反压,但是这次大地震使这些支撑的木材都倒了,而穹顶却仿佛在某种法则的支配下又回到了它原来的位置。奥斯特拉基尼以及之前提到的普塞菲乌姆区域的大量建筑也都倒塌了,整个布尔西亚区域以及神圣的圣母堂附近区域的建筑也大都倒塌了,只有中央柱廊奇迹般地保存下来。所有的防卫塔也都倒塌了,而除了城墙之外的其他设施尚无损失,只是有一些石头发生了扭转,却并没有脱落。另外一些教堂也严重受损,而按照季节区分的公共浴室也是如此。这次大地震造成大量人员伤亡,按照某人根据面包供应量的估计,大约有 6 万人死亡。

主教却出乎意料地被救了出来,尽管他所在的整座建筑都倒塌了,除了坐在他周围的人,没有一个人幸存下来。人们把他抬起来,托着他,利用余震造成的一个洞,用一根绳索在危险到来之前把他救了上来。这座城市也得到了另一种救赎,因为仁慈的上帝用慈悲缓和了他的威力,他在惩罚我们罪恶的同时

---

① 这里的“上次地震”指的是 526 年大地震。
② 原文为 Hyperberetaeus。
③ 这显然不是埃瓦格里乌斯的第一次婚姻了,如他在作品第 4 卷第 29 节中所言,他至少有一个外孙,而他的这场婚礼成为公共庆典也显示出此时此刻他在安条克城的社会地位。

也怜悯了我们：城市里没有火灾发生，尽管城里各地有许多壁炉、公共及私人的灯笼、厨房、烤炉，等等。许多著名人士都遇难了，其中就包括东方政区长官阿斯特里乌斯。皇帝也拨出专款以供救灾。①

在本卷的最后三节中，埃瓦格里乌斯记载了格里高利主教晚年的一些经历。他在第 22 节中提到了主教的传教活动。

> 敌对的塞尼特部落阿拉伯人首领纳曼②是一个最可恶和完全肮脏的异教徒，他甚至亲手杀人献祭给他们的魔鬼。但是他后来接受了神圣的洗礼。他熔化了一座黄金打造的制造麻烦的阿弗洛狄忒雕像，然后把黄金分给乞丐，随后带着所有人一起皈依了上帝。而格里高利在敬献了科斯洛埃斯的十字架之后，在皇帝的同意下到特别信奉塞维鲁教义③的边境沙漠④地区四处宣传教会的信仰，然后使许多堡垒、村庄、修道院和部落的人皈依到了上帝的教会。⑤

592 年，格里高利主教的好友，也是埃瓦格里乌斯的师友圣徒高柱修士(小)西蒙因病去世了。埃瓦格里乌斯非常尊重西蒙，他记载了圣徒的许多"神迹"，如其驯服豹子、狮子的故事。这些传说与他作品中的其他一些"奇迹"似乎出自同一个模板。例如，在第四卷中，他记载圣徒左西莫斯在去凯撒里亚城的路上，有一只狮子把他驮物的驴吃掉了。左西莫斯通过自己的言语使狮子驯服并为其所用，直至他到达目的地。⑥ 与这些"奇迹"类似的故事也在拜占庭早期的作品中多有出现，并发生于不同圣徒的身上。有现代学者认

---

① Evagrius Scholasticus，*The Ecclesiastical History of Evagrius Scholasticus*，VI. 8.
② 即本卷第 2 节中提到的塞尼特阿拉伯人的首领阿拉门达鲁斯之子。
③ 即第四卷提及的安条克主教塞维鲁所信奉的基督一性论教义。
④ 原文作 Limites。
⑤ Evagrius Scholasticus，*The Ecclesiastical History of Evagrius Scholasticus*，VI. 22.
⑥ Evagrius Scholasticus，*The Ecclesiastical History of Evagrius Scholasticus*，IV. 7.

为,驯服猛兽的这些传说是用来证明圣徒神圣美德的绝好方式,因此才会以此为模板衍生出如此众多的相似故事。① 作家通过对这些素材的加工、再创作和传播使得这些"奇迹"更加深入人心,从而在日常的生活中使圣徒与基督教信众的关系更为密切。他们经常能够在与神"交流"之后为后者"传道解惑"。例如,埃瓦格里乌斯本人就曾经与西蒙有过这样的对话。埃瓦格里乌斯在瘟疫中"失去了自己的孩子"而感到十分难过,并且"困惑为什么很多异教徒的孩子能够幸免于难",圣徒西蒙在得知此事后特意写信告诉他不要有这种想法。

在此期间,圣徒西蒙患了致命的疾病,当我把这个消息告诉格里高利主教后,他立刻赶去希望见西蒙最后一面,但未能如愿。在他那个时代,西蒙是所有人中品德最杰出的,因为自幼年起,西蒙就一直在一座石柱上修行,连换牙也是在那里完成的。

西蒙是这样来到石柱上修行的。当他很小的时候,他在山上漫步,如同其他孩童那般奔跑玩耍。在他遇到一只野豹后,他将自己的铃铛挂在了这只豹子的脖子上,然后豹子忘记了自己的天性,被他带回了修道院。当西蒙的老师站在一座石柱上看见这个场景后,向西蒙问道,这是什么,西蒙回答那是一只猫。通过问答西蒙的老师判断西蒙有伟大的品德,然后把他也带到了石柱上。在这座石柱及另外一座最高峰的石柱上,西蒙度过了68年,他以自己的圣洁抵御魔鬼、治愈疾病、预示未来。西蒙曾预言格里高利不会见到他的死亡,但对此后的事情他就不知道了。

我失去了自己的孩子,困惑于为什么那么多异教徒的孩子

① A. G. Elliott, *Roads to Paradise*; *Reading the Lives of the Early Saints*, Hanover,1987, p. 144.

却能够幸免于难,尽管我没有向任何人表达这些,西蒙还是写信给我,告诉我不要有这种想法,因为这会使上帝不快。当我的一位秘书的妻子在生产之后出现了乳汁淤积,因此她的孩子处于极其危险之中,西蒙把自己的手放在她丈夫的右手之上,然后嘱咐这个男人将这只手再放在其妻子的胸部,接着奶水就立刻涌出,那个女人的衣服都湿了。

当一群旅行者在夜里丢失了一个小孩之后,一只狮子将孩子放在背上,然后带到了西蒙居住的地方。当那些人在西蒙的指引下来到这里时,他们发现这只狮子正在保护那个小孩。西蒙还施行了很多奇迹,记述这些事迹要有优雅的文笔和专门的著作,因为这些事迹被人们赞颂。附近地区的民众,不止有罗马人,还有异邦人都到他那里,并且他们的愿望都得到了满足。西蒙居住的地方有一丛灌木,他从它的枝蔓上得到食物。①

转年,埃瓦格里乌斯的上司安条克主教格里高利也因病去世。作者随之结束了自己的作品。直到此时此刻,埃瓦格里乌斯依然保持着乐观积极的情绪,其心心所念的帝国也如日中之光般灿烂夺目。然而,就在他作品结束不到 10 年之后,拜占庭的命运就如同过山车一般从高点迅速滑落。埃瓦格里乌斯的恩主莫里斯皇帝全家在兵变中死于非命,他所生活的安条克城等东方重镇也被波斯人占领。遗憾的是,我们无法了解这位历史学家的最终归宿,也不知他是否见证了帝国从"黄金时代"到"黑暗时代"的转变……

不久之后,格里高利主教也去世了:他患有痛风病,被该病折磨,喝了医生开的一种含有鸢尾花②的药。他去世之时,格里高利接替佩拉吉乌斯担任罗马主教,约翰担任君士坦丁堡大教长,尤罗吉乌斯担任亚历山大里亚主教,阿纳斯塔修斯时隔 23

---

① Evagrius Scholasticus,*The Ecclesiastical History of Evagrius Scholasticus*,VI. 23.
② 原文作 Hermodactylus。

年之后重新担任了安条克主教，而耶路撒冷主教约翰去世后，一时没有选出继任者。

　　我叙述的历史就到此结束了，这是莫里斯皇帝统治帝国的第 12 年。之后的事情留给其他人来记载吧。如果我的作品有遗漏或不确切的地方，那么大家不要责怪我，因为我的作品记叙的是很多零散的事件，这部作品是对人类有益的。我还准备写作另外一本书，其中包含了报告、信件、法令、演说，讨论与其他相关的事情；几乎所有的报告都是以格里高利的名义完成的。① 这部作品给我带来了两项荣誉，提比略皇帝给予了我荣誉法官②的职衔，莫里斯皇帝则因为我记录他拯救了国家并且得到了塞奥多西这个儿子而给予了我荣誉行政长官的名望，塞奥多西的降生给他自己和国家的每个人都带来了欢乐③。④

---

① 埃瓦格里乌斯的这本著作未能保存至今。
② 原文作 Quaestor。
③ 莫里斯之子塞奥多西生于 584 年 8 月 4 日。因为从阿卡狄乌斯传位塞奥多西二世之后，拜占庭帝国再没有一个皇帝是父子相传的，所以全国都很高兴。关于这段无皇子时期的拜占庭皇位继承问题可以参见拙作《450—584 年"无皇子时期"的拜占庭皇位继承特点》，《历史教学》2014 年第 18 期。莫里斯一共有 5 个儿子，均与其死于 602 年的政变。
④ Evagrius Scholasticus, *The Ecclesiastical History of Evagrius Scholasticus*, VI. 24.

附　录

埃瓦格里乌斯作品分卷各节简述

第1卷

1.1　聂斯托里争端产生的背景。

1.2　聂斯托里与支持者教士阿纳斯塔修斯阐述其思想。

1.3　亚历山大里亚主教西里尔反对聂斯托里与以弗所大公会议的召开。

1.4　聂斯托里的反对者在以弗所会议上宣布剥夺他的主教职务。

1.5　安条克主教约翰等人支持聂斯托里,最终被剥夺教籍。

1.6　西里尔称赞罢免聂斯托里等人的决定。

1.7　聂斯托里被放逐后的遭遇与最后的死亡。

1.8　聂斯托里死后君士坦丁堡主教职位的传承。

1.9　尤提克斯反对君士坦丁堡主教弗拉维安以及第二次以弗所会议的召开。

1.10　亚历山大里亚主教狄奥斯库鲁支持尤提克斯,在以弗所会议上罢免了弗拉维安等人。

1.11　埃瓦格里乌斯批判希腊多神教的诸神。

1.12　塞奥多西二世立法谴责聂斯托里。

1.13　安条克著名的高柱修士(老)西蒙的事迹。

1.14　对西蒙修道场所的描写。

第 2 卷

2.11　亚历山大里亚主教提摩太被罢免放逐,君士坦丁堡大教
　　　长由阿卡基乌斯接任。

2.12　利奥一世统治时期安条克城的一场大地震。

2.13　利奥一世统治时期首都君士坦丁堡的一场大火灾。

2.14　阿提拉之子对拜占庭帝国的进攻。

2.15　利奥一世将女儿嫁给伊苏利亚人泽诺。

2.16　利奥一世干预西部帝国事务,处死权臣阿斯帕。

2.17　利奥一世去世与泽诺的继位。

2.18　(附录)卡尔西顿大公会议的详细会议记录。

第3卷

3.1　泽诺的品格让他成为暴君。

3.2　周边诸民族对拜占庭帝国的侵扰。

3.3　瓦西里斯库发动政变。

3.4　瓦西里斯库登基,颁布《瓦西里斯库通谕》

3.5　前亚历山大里亚主教提摩太等教会人士对《瓦西里斯库
　　　通谕》的态度。

3.6　前亚历山大里亚主教提摩太重获权力。

3.7　君士坦丁堡大教长阿卡基乌斯起草《反瓦西里斯库通
　　　谕》。

3.8　泽诺重回首都,夺回了皇位。

3.9　亚细亚地区的主教们向阿卡基乌斯表示道歉。

3.10　安条克主教斯蒂芬被杀。

3.11　亚历山大里亚主教提摩太去世。

3.12　亚历山大里亚主教约翰被泽诺罢免。

3.13　亚历山大里亚主教彼得·蒙古斯向人民宣读《联合诏
　　　令》。

3.14　泽诺的《联合诏令》全文。

3.15　被罢免的亚历山大里亚主教约翰来到罗马,说服罗马主教支持他。

3.16　安条克主教卡兰狄翁被放逐。

3.17　亚历山大里亚主教彼得·蒙古斯给君士坦丁堡大教长阿卡基乌斯的信。

3.18　罗马主教菲利克斯派使者去调查阿卡基乌斯的信仰。

3.19　不眠者派修士的领袖西里尔与菲利克斯通信。

3.20　罗马主教菲利克斯与泽诺皇帝通信。

3.21　罗马教会谴责君士坦丁堡大教长阿卡基乌斯。

3.22　亚历山大里亚城因为信仰问题发生分裂。

3.23　阿卡基乌斯等宗教领袖去世,各宗主教区教职位的更迭。

3.24　泽诺杀死皇太后维里娜的亲戚阿尔马图斯。

3.25　塞奥多里克·斯特拉波起兵反抗泽诺,却遭遇意外死亡。

3.26　西罗马皇帝安特米乌斯的儿子马西安发动叛乱反对泽诺。

3.27　泽诺囚禁皇太后维里娜,支持塞奥多里克攻克罗马城。

3.28　马米阿努斯在安条克城的建设。

3.29　泽诺去世,阿纳斯塔修斯一世继位。

3.30　阿纳斯塔修斯面临着因为基督一性论问题产生的宗教分裂。

3.31　巴勒斯坦地区的修道团体给阿尔奇森写信谈及信仰问题。

3.32　阿纳斯塔修斯一世罢免君士坦丁堡大教长马其顿尼。安条克城因为信仰问题发生屠杀事件,主教弗拉维安被流放。

3.33　安条克新任主教塞维鲁公开支持基督一性论信仰。

埃瓦格里乌斯的卡尔西顿
大公会议详细记录

卡尔西顿会议所通过的决议纪要如下：①

帕斯卡西阿努斯主教、卢森西乌斯主教和卜尼法斯司铎作为罗马主教利奥的代表参会；君士坦丁堡大教长阿纳托利乌斯、亚历山大里亚主教狄奥斯库鲁、安条克主教马克西姆斯和耶路撒冷主教尤维诺，以及他们各自的随从神甫出席了会议；在场者还包括那些尊贵的元老院中的显赫之人。利奥的代表提出拒绝让狄奥斯库鲁和他们坐在一起，因为利奥曾经这么要求过他们；如果无法保证这一点，那么他们自己就会被教会开除。当元老院询问他们究竟以什么罪名指控狄奥斯库鲁时，他们声称狄奥斯库鲁应该说明他自己的观点，因为他没有得到罗马主教的命令，就擅自做出了错误的判决。在他们说了这番话后，元老院裁定狄奥斯库鲁坐到中央的位置，多里莱乌姆的主教尤西比乌斯要求宣读他给皇帝的请愿书，他的说辞是这样的："我曾经被狄奥斯库鲁错误地对待，我们的信仰也被歪曲，弗拉维安主教被谋杀了，而我也被不公正地罢免；我希望能够当场宣读我的请愿书。"这个要求得到了同意，请愿书被宣读如下：

最谦卑的多里莱乌姆主教尤西比乌斯代表我自己、正统的信仰和比肩

---

① 卡尔西顿大公会议纪要见《教会史》第 2 卷第 18 节。重点记录了会议的前六个阶段，同时也简要提及会议后续阶段的主要事件。该附录内容为笔者与吕丹彤博士合译。

圣徒的前君士坦丁堡大教长弗拉维安向您上书。

　　您凭借您所具有的权力可以照顾到您所有的臣民,您会伸出援助之手以帮助那些被错误批判的人,尤其是那些神职人员,他们所侍奉的上帝赐予您帝王的权力和掌管人间事务的资格。因为最虔诚的亚历山大里亚主教狄奥斯库鲁的缘故,我们对于耶稣基督的信仰发生了严重的分歧,因此我们恳请您来主持公正。

　　事情的真相如下所述:在最近于以弗所召开的宗教会议上——我们宁可这个会议没有召开过,因为这样的话整个世界就不会像现在这样充满邪恶和迷惑——"好人"狄奥斯库鲁无视公正和上帝的权威,公然支持尤提克斯愚蠢的异端教义,他在会议中就是这么做的,但却没有被大众察觉。而我则对他的同伙尤提克斯提出了指控,神圣的弗拉维安主教也站在了他们的对立面。于是,狄奥斯库鲁通过用金钱诱惑的手段集合了大量暴民,并且由此增强了他的力量,他玷污了虔诚的信仰和正统的教义,同时他尽其所能支持修士尤提克斯的教义,而这种错误的教义早在其刚刚出现的时候就已经被神圣的教父们批判。因为他公开侮蔑对耶稣基督的信仰以及与我们作对的举动并非无足轻重的事情,我们恳请您能够下令给予最虔诚的狄奥斯库鲁主教一个机会,就我们的指控进行辩护:也就是说,在一个神圣的宗教会议上当众宣读他当初反对我们的记录,然后通过这种方法,我们可以揭露他的所作所为确实违背了正统教义,证明他支持了一个充满不虔诚的异端,同时表明他不公正地罢免我们的这一行为给我们造成了恶劣的影响;一旦您下达神圣的命令,并将这个决定传达给前来参加这次神圣会议的上帝最钟爱的主教们,我们的请求就能得到实现。在这次会议上,他们应认真聆听我们的指控和狄奥斯库鲁之前的所作所为,并且将这一切事情提交给虔诚的您来裁决,因为您能做出不朽而至高无上的决定。如果您答应我们的请求,那么我们将为了您——我们最神圣的皇帝——永恒的权力而终日祈祷。

因此,应狄奥斯库鲁和尤西比乌斯的共同要求,第二次以弗所会议的记录被公开宣读。由此人们发现,利奥的信件并没有被宣读出来,尽管当时有人对于这个问题发表过一两次的提议。当狄奥斯库鲁被要求说明其中的原因时,他宣称他曾提出过一两次倡议,并要求耶路撒冷主教尤维诺及卡帕多西亚的凯撒里亚主教萨拉西乌斯就此问题提供解释，因为他们和他一起是会议的领导者。尤维诺说由于一份皇帝的通信更为重要，他当时提出应该延后这封信件的阅读顺序，但后来没有人再提及过它。而萨拉西乌斯声称，他并没有阻止人们宣读这封信件，只是他自己权力不足，不能擅自做出宣读此信的决定。

于是，随着记录不断被宣读，一些主教攻击其中的某些段落是伪造的，以弗所主教斯蒂芬被问及他的哪位公证人参与了当时的事；他说后来成为利贝德斯主教的朱利安和克里斯皮努斯是自己的公证人；但狄奥斯库鲁的公证人却不允许这种情况发生，他甚至抓住公证人们的手指，使他们陷入遭受极度痛苦的危险。然后那位斯蒂芬做证，在同一天他签署了罢免弗拉维安的文件。阿利亚拉西亚主教阿卡基乌斯补充道，在强制和迫使之下，所有人都在一张空白的羊皮纸上签了字，因为他们被不计其数的恶人包围，手持致命武器的士兵将他们困在其中。

随后，当另一份文件被宣读时，克劳狄波利斯主教塞奥多利宣称，没有人曾说过这些内容。宣读继续进行，在一个特定之处出现了尤提克斯的言论，"以及说上帝和我主耶稣基督的肉身从天堂降临下来的那些人"，据记载，尤西比乌斯宣称，在这一点上，他当时说了"从天堂"这个短语，但没有补充从哪里来，昔齐库斯主教第欧根尼坚称："那么是从哪里来，你说？"他们没被允许去质询此外的事情。

接着同一份记录表明，伊苏里亚的塞琉西亚主教瓦西里说道："我崇敬我主耶稣基督，上帝之子，唯一神圣的逻各斯，在道成肉身和联合之后，他在两性之中。"对此埃及人大喊出声："谁也不要把那不可分割的拆开，也不要说圣子有两性。"而东部的人们喊道："革除分裂者的教籍，革除区分者的教籍！"同一份记录表明，当尤提克斯被问到他是否说过基督具有两性时，他声称自己知道基督在联合以前从两性中来，但联合之后只有一性。瓦西里说，如果他没有声明两性在联合后不可分割，就是在宣告分裂与混乱；然而，如果他加上"道成肉身并成为人"，和西里尔一样持有道成肉身与成为人的看法，他就会跟他们说同样的话，因为自父而来的神性是一回事，自母而来的人性是另一回事。

　　因此，当他们被问及为什么同意罢免弗拉维安时，记录显示东部的人们大声疾呼："我们都犯了错，我们请求原谅。"宣读继续进行，主教们被问及出于何种原因，当尤西比乌斯想要入场时他们没有准许他入场。狄奥斯库鲁解释说，埃尔皮狄乌斯①出示了一份备忘录，上面有塞奥多西皇帝禁止尤西比乌斯入内的命令。记录显示，尤维诺说了同样的话。萨拉西乌斯则声称自己没有这种权力。这遭到了官员们的谴责，因为在信仰受到威胁时，这并不是一种辩护的方式。对此，记录表明狄奥斯库鲁这样抱怨道："既然塞奥多利特在场，这些教规是如何保存下来的？"而元老院已宣布塞奥多利特作为控告人出席。狄奥斯库鲁表示自己还位居主教之职，元老院再次声明，尤西比乌斯和塞奥多利特都是控告人，狄奥斯库鲁则确实处于被告的位置。

　　这样，第二次以弗所会议的所有记录被宣读完毕，包括对弗拉维安和尤西比乌斯的详细判决，听到"接着希拉里主教宣布"这句话，东部主教和他们的随从们都喊了起来："革除狄奥斯库鲁的教籍。就在他免职别人的那一刻，他也该被免职。神圣的主，你向他复仇吧。正统信仰的皇帝，你向他复仇吧。利奥已等待多年，大教长已沉冤多年。"随即，当所有主教都同意罢免弗拉维安和尤西比乌斯的内容被宣读出来时，最杰出的官员提议如下：

　　　　考虑到正统和普世的教义后，我们决定有必要在下一次出席人员更齐整的情况下，进行一个更细致的调查。但是关于虔诚的弗拉维安和最虔诚

---

① 此人是代表塞奥多西二世出席第二次以弗所会议的官员之一。

的主教尤西比乌斯的案件,在检视了他们的所作所为之后,我们认为操控那次会议的人是错误的,并且他们做出的罢免决定是不合理的,因为事实证明弗拉维安和尤西比乌斯的罢免是不公正的,他们没有在信仰方面犯下任何错误,如果以下决定能够得到我们最神圣和虔诚的主的认同,那么我们就会因为使上帝感到愉悦而认定此举是公正的。所以我们决定在这次神圣的宗教会议上,给予那些操控上次会议的亚历山大里亚主教狄奥斯库鲁、耶路撒冷主教尤维诺、卡帕多西亚的凯撒里亚主教萨拉西乌斯、亚美尼亚主教尤西比乌斯、贝鲁特主教尤斯塔修斯以及伊苏里亚的塞琉西亚主教瓦西里等人以同样的处罚:这些人将被剥夺主教的职位,所有的结论应该由神圣的'显赫者'元老们做出。

对此,东部的人们高呼道:"这个判决是公正的。"伊利里亚的主教们大喊:"我们之前走错了路,我们都请求宽恕。"东部的人们再次疾呼:"这次表决是公正的。基督罢黜了凶手,上帝为殉道者复仇了。"元老院提议每一位到场的主教都应该单独阐述自己的信仰,同时承认最神圣的皇帝相信这与尼西亚会议的 318 名教父及之后的 150 名教父保持了一致,与神圣的教父格里高利、瓦西里、希拉里、阿塔纳修斯、安布罗斯的信件,以及西里尔在第一次以弗所会议上公开的两封信件保持了一致。实际上,最虔诚的罗马主教利奥也是据此将尤提克斯免职。

因此,在这次集会结束后,只有那些最神圣的主教参加了第二次会议①;多里莱乌姆的主教尤西比乌斯代表自己和弗拉维安进行陈述,指责狄奥斯库鲁和尤提克斯持有相同的意见,并且剥夺了他们的神职。他补充说,狄奥斯库鲁确实将一些在当时召开的会议上未曾说过的话添加到记录当中,他还安排他们在白纸上签字。尤西比乌斯请求第二次以弗所会议上所作的一切决议,都由与会的人们表决作废,并应恢复他们的神职,那个人②的邪恶教义应当受到诅

① 此处所说的第二次会议已经到了会议的第三阶段。
② 此处应该指狄奥斯库鲁。

附　录

咒。说完这些话后，他要求他的对手也要出席。这个要求被提出之后，副主教兼首席公证人埃提乌斯解释说，他像对待其他人一样到狄奥斯库鲁那里去了，但狄奥斯库鲁声称看守他的人不允许自己出席。有人提议应该在会场之外搜寻狄奥斯库鲁。由于没有找到他，君士坦丁堡大教长阿纳托利乌斯倡议应传唤他来参加会议。接着，那些再次被派出的人回来以后，复述了狄奥斯库鲁的说辞："我受到了监视。让他们说清楚是否允许我离开。"受到差遣的人回复说，他们是受命到他那里，不是到稽查密使①那里。他们重复他的应答："我准备参加神圣的普世大公会议，但被人阻止了。"希米利乌斯补充道，当他们离开狄奥斯库鲁时，遇见了神圣的执事长官的助理，在他的陪同下，主教们再次去见狄奥斯库鲁，对于当时的情形他有一些速记记录。他们将狄奥斯库鲁的言辞逐字宣读出来：

> 考虑到对我个人更为有利的形势，我给出了这个答案。身为会议发起人的最尊贵的官员们在上一次会议中，对每一件事进行多次讨论后，才做出了许多决定，但现在我被召集到第二次会议，要求废除之前的决定，我请求先前参会的最尊贵的官员以及神圣的元老院也能到场，以便同样的问题可以再次得到解决。②

对此，记录显示阿卡基乌斯的反驳如下："神圣而伟大的会议命令阁下出席，并不是为了撤销最尊贵的官员和神圣的元老院所做出的决议，我们来到这里是请您参加元老院的会议，不至于从中缺席。"按照记录所示，狄奥斯库鲁对他说道："既然你告诉我尤西比乌斯呈递了证词，我再次请求，应当在官员和元老院出席的情况下评定那些对我不利的事务。"

在其他类似的干涉事务结束之后，一些人再次被派遣去敦促狄奥斯库鲁出席会议。那批人回来后宣读了他的言辞记录，上面记载

---

① magistriani/agentes in rebus
② 在这一过程中，狄奥斯库鲁一直在采用拖延策略。

他说：

> 我已经向虔诚的诸位说明，我确实是被疾病所羁住了，我要求最尊贵的官员和神圣的元老院立即到场，对正在调查的事务进行裁决。不过，的确出于病情加重的原因，我耽搁了会议的出席。

记录显示，塞克洛皮乌斯对狄奥斯库鲁说，他之前可没提过自己患上了疾病；因此，他应该按照教规的要求去做。狄奥斯库鲁回答道："我已经反复说过，官员们必须出席。"随后撒摩撒他主教鲁菲努斯告诉他，会议的程序完全符合教规，只要他前去参加，就可以详细讲出自己想要说明的情况。当狄奥斯库鲁询问尤维诺、萨拉西乌斯及尤斯塔修斯是否出席时，他回答这完全是不相关的事。记录表明，随后狄奥斯库鲁向热爱基督的皇帝恳求，让官员们和那些曾与他一起参与判决的人都要在场。对此，被派遣来的人说，尤西比乌斯仅仅指控他一个人，他必须得出席会议。狄奥斯库鲁回答道，和他一起参与判决的人也应该到场，因为尤西比乌斯同他没有任何私人纠葛，当时是大家共同对他做出了判决。当那些被派遣的人再次坚持要他出席时，狄奥斯库鲁回应道："我要说的话，已经说过最后一遍；除此之外，我再无话可说。"

对此，多里莱乌姆的主教尤西比乌斯解释道，这件事情只关乎狄奥斯库鲁一人，与他人无干，他要求第三次传唤狄奥斯库鲁。于是埃提乌斯加入进来，告诉他们刚才有一些自称是神甫的人，同亚历山大里亚的几个平信徒一起来为揭发狄奥斯库鲁提供证词，他们正在会场外面唱着圣歌。亚历山大里亚的圣教会助祭塞奥多利第一个发言，接下来是依希利诺，他同样是一位助祭，随后是司铎阿塔纳修斯，他是西里尔的侄子，此外还有索弗尼乌斯，他们控诉狄奥斯库鲁亵渎神明、人身伤害及暴力侵占财产，会议第三次传唤狄奥斯库鲁出席。

因此，那些被派遣的人回来后，复述了狄奥斯库鲁说过的话："我已经同虔诚的诸位说清楚了，我没有任何能补充的话；我对此感到满意。"当处理此事的人再次敦促狄奥斯库鲁前来时，他回答道：

"我要说的话已经都说尽了；我没有任何能补充的话；我对此感到满意。"那批人再次敦促狄奥斯库鲁前来，他照旧如此回应。由于狄奥斯库鲁说辞一致，而那些被派遣去的人再三催促，帕斯卡西努斯主教①说，尽管狄奥斯库鲁已被第三次传唤，却仍然没有露面，这是因为他受到良心的谴责，并且询问自己应得到怎样的处置。主教们回答说他已经违反了教规，士麦那主教普罗特里乌斯说道："当圣弗拉维安被谋害时，可没人对此作出任何回应。"罗马主教利奥的代表们宣布：

前亚历山大里亚主教狄奥斯库鲁公然违背教规并对抗教会的处置，这种轻慢的态度已在会议调查的第一阶段以及今天的情况中清楚地体现出来。我们不谈其他事情，而来看看他的罪行，他凭借自己的权力公然对抗教规，并且和尤提克斯走到了一起。尤提克斯曾经在参加以弗所会议前被他的主教罢免——我说的就是和圣徒比肩的弗拉维安主教。而对于他们，使徒教区甚至可以原谅他们的所作所为是无心之失：这些人应该由此对最神圣的利奥大主教和神圣的大公会议保持恭顺，这样他们就可以被我们看作信仰上的同伴。但是这家伙固执已见，甚至犯下了应该令他痛心疾首并且跪在地上请求饶恕的恶行。此外，他甚至拒绝宣读受主祝福的罗马主教利奥写给被纪念为圣徒的弗拉维安的信，而之前他已经被那些送信人再三劝告，要求他宣读这封信。因为信没有被宣读，所以各地最神圣的教会之间充满了麻烦和危害。但是，尽管他犯下了这么多恶行，我们还是可以宽恕他之前不虔诚的行为，因为连其他那些权力不如他大的主教们都是上帝所钟爱的。但是他又犯下了更大的罪行，他居然胆敢宣布将最神圣的罗马大主教利奥革除教籍，除此之外，神圣而伟大的会议充斥着各种控诉他非法行径的证词，同时那些被上帝钟爱的主教屡次召唤他而他都不予理睬——无疑他的良心受到了谴责——并且因为他不合法地接待了那些被

———————

① 怀特比英译本中此处称其为帕斯卡尼乌斯（Pascanius），这个名字和第2卷第4节罗马主教利奥的代表帕斯卡西努斯（Pascasinus）主教在拼写上略有区别，疑为笔误。而彼得兹和帕门提尔的希腊文译本这两处分别按照属格和主格形式称其为 Πασκασίνου 和 Πασκασίνος，即同为帕斯卡西努斯，故此处修改了英译本的误译，统一翻译为帕斯卡西努斯。

历次宗教会议合法罢免的人，同时他屡次践踏教规，因此他现在是自食其果。因此，最神圣和受到祝福的伟大的罗马大主教利奥通过我们和现在这次会议，与被多次祝福和盛名远扬并且是正统信仰基石的圣彼得一起剥夺他主教的职位以及所有作为神甫活动的资格。因而，现在这个神圣和伟大的会议对狄奥斯库鲁施行了与教规相适应的制裁。

这些文件得到了阿纳托利乌斯、马克西姆斯以及其他主教的批准，那些和狄奥斯库鲁一起被元老院废黜的主教被排除在外。会议人员写给马西安皇帝一份与此相关的备忘录，同时革职决议被送到狄奥斯库鲁那里，内容如下：

> 由于你无视神圣的教规、违抗神圣而普世的会议这两重原因，再加上你被查明的其他罪恶行径，以及尽管这神圣而伟大的会议根据神圣的教规第三次传唤你出席，你没有现身回应那些对你不利的事情，因而在本月即十月十三日，神圣而普世的会议确认你已经被革除主教职位并被开除教籍。

接下来，相关信件送达至亚历山大里亚最神圣的教会那里，由当地受上帝保佑的主教所接收，惩罚狄奥斯库鲁的公告也被发布了，这次会议的事务到此结束。

虽然前一次会议的事务以这种方式宣告结束，在此之后，应希望得到正确的宗教指导的官员的请求，他们再次集会，并宣称没有必要再做出进一步的规定，因为反对尤提克斯的事务已经彻底告终，它得到了所有人的认可以及罗马主教的批准。① 主教们全部在叫嚷，大家持有同样的言论，为了使每个人的意见清楚无误，官员们提议每个主教从自己的教区中选出一到两个人作为代表来到会场中央，萨尔迪斯主教佛罗伦提乌斯请求休会，以便他们能够通过深思熟虑来探求真理。塞瓦斯托波利斯主教塞克洛皮乌斯说道：

---

① 会议第二阶段于 10 月 10 日举行。马西安决定对信仰进行新的定义，而主教们倾向于反对；第一次以弗所会议禁止使用除尼西亚信经以外的任何定义。详见怀特比译本第112 页，注释 192。

　　信仰已由318位圣洁的教父阐明，并被圣洁的教父阿塔纳修斯、西里尔、塞莱斯廷、希拉里、瓦西里、格里高利所确认，现在又被最神圣的利奥所维护。我们要求宣读318位圣洁的教父①和最神圣的利奥的话语。

　　宣读完毕后，与会的所有人高呼道："这就是正统的信仰；我们全部虔信于此；教皇利奥的信仰如此；西里尔的信仰如此；罗马主教利奥已进行过详细的说明。"随后有人提出另一个建议，即应当宣读150位圣人②的论述，于是这些也同样被宣读出来。对此，会议上的众人再次喊道："这是所有人的信仰；这就是正统的信仰；我们全部虔信于此。"

　　随后，埃提乌斯副主教宣称可敬的西里尔写给聂斯脱里的信件就在自己手上，所有参加以弗所会议的人都赞同它的意见，他还有一封西里尔写给安条克的约翰的信，它同样已得到众人认可，他要求宣读这些信件。在提出这样的倡议后，两封信件都被当众宣读；前者的一部分内容如下：

　　　　西里尔致聂斯脱里，他最虔诚的教士同事。据我所知，有些人在虔诚的您面前诋毁我的声誉，在权贵集会的场合之下尤为频繁，也许是怀揣着取悦诸位的想法。

以及：

　　　　现在神圣而伟大的会议宣布，独生子为圣父所生，是从神所出的神，从光所出的光，万物都是借着他受造，他从天降临，成为肉身，成为人，受难，第三天复活，升天。我们也必须遵循这些话语与范例，考虑道成肉身这一事实的意义所在。我们并没有说道的本性会转变为肉身，也不会转变成一个由灵魂与身体组成的完全的人类。相反我们认为，道在本质上与被理性灵魂所驱动的肉身结合在一起，就不可言喻、不可思议地成了人，并被称为人子，这不单凭靠愿望或恩惠，抑或接纳一具肉身就能够实现。虽然真正

---

① 指尼西亚基督教大公会议。
② 指君士坦丁堡基督教大公会议。

联合到一起的本性并不相同，从两种本性所出的是一位圣子基督，并非由于联合的缘故，本性的差异就消失了，而是由于唯一的主、基督、圣子通过不可言喻的联合，从神性到人性都为我们变得完美。

以及：

为了我们以及我们的救赎，他把人性联合进本性当中，借一位女人之身诞生，通过这种方式得来肉身。因为他不是像一个普通人那样由圣母玛利亚所生，随后道才降临于他，他在母腹当中就通过联合诞生了肉身，他的肉身诞生于自己。因此我们称他受难并复活，并不是说道的本性遭受了击打、钉刺或其他伤害。因为神性是无形的，也就不受苦难。但既然他的肉身已经受了苦难，他就是替代我们受苦的；那不受苦难的神性就在受苦的肉身当中。

另一封信的大部分内容已经记录在第一卷中，其中的以下内容虽出自安条克主教约翰之手，但西里尔全心全意地赞同：

我们承认圣母玛利亚是上帝之母，因为神圣的逻各斯通过她成为肉身，成为人，从她的怀孕中他得来肉身并与之联合。至于福音传道者和使徒对我主的表述，我们知道那些受圣灵启示的人用宽泛的话语来描述单独一个人，用分散的话语描述两种本性，他们关于基督神性的表达合乎上帝，关于基督人性的表达合乎恭顺的人类。

他又补充道：

读完你的神圣的话语，我们觉得自身同样持有这些意见：一主，一信，一洗。因此我们荣耀了世人的救主，彼此喜乐，因为与我们同在、亦与你同在的教会，持有与圣灵所启示的圣经以及我们神圣的教父相一致的信念。

当宣读这些内容时，与会的人们高呼道："我们全部虔信于此；教皇利奥的信仰如此；将分裂和混乱信仰的人革除教籍。这是主教利奥的信仰，利奥的信仰如此，利奥和阿纳托利乌斯的信仰如此，我们的信仰全都如此；正如西里尔一样，我们全部虔信于此。永远怀念西里尔；正如西里尔的信件那样，我们如此考虑，曾经如此虔信，现在亦是如此。主教利奥如此考虑，如此虔信，如此落笔成文。"

有人提议应当宣读利奥的信件，它被翻译出来并公开宣读；它被收入记录当中。宣读结束后，主教们高声齐呼："这是教父的信仰，这是使徒的信仰；我们都虔信于此，我们正统教会虔信于此。要将不信的人革除教籍。通过利奥彼得是如此宣告的，使徒也是这样教导的；虔敬而诚实的利奥如此教导，西里尔如此教导，他们的教导相似。要将不信的人革除教籍。这是真正的信仰，正统的教会如此考虑，这是教父的信仰。这封信为什么没有在以弗所被宣读出来？是狄奥斯库鲁隐瞒了它。"

在上述记录中，利奥信件的部分内容如下："为了赎还我们凡人本性所致的罪过，神圣的本性与受苦的本性联合——这实际上是为了我们得救——因而只有一位神，在神和人中间只有一位中保，乃是降世为人的基督耶稣，一方面，两者都可能死亡，而就另一方面而言，两者都不会死亡……"伊利里亚和巴勒斯坦的主教们对于这种说法感到怀疑。但是，最神圣的君士坦丁堡教会副主教埃提乌斯提供了西里尔的陈述，其中包括以下内容："正如使徒保罗所言，从那时起耶稣的肉身因着神的恩，为人人尝了死味，据说他自己代我们遭受死亡，至少就他的本性来说，并不是他经历了死亡——这么说或这么想都是愚蠢的——因为我刚才说过，是他的肉身尝了死味。"

利奥的信中还有这样一段话："每一形态就其特殊的本性而言，在彼此交流时都是活跃的，道达成了属于道的本性，肉身达成了属于肉身的本性。前者于神迹的显现中发光，而后者在遭受屈辱……"当伊利里亚和巴勒斯坦的主教们表示怀疑时，那位埃提乌斯读了西里尔的一段话："有些表达特别适合于神性，还有一些表达适合于人性，而其他的表述则处于中间位置，代表耶稣基督同时是神与人。"

此后那些主教质疑利奥信件的另一部分，内容包括："如若我主耶稣基督是神人一位的，那么一方面屈辱是二者共有的，另一方面荣耀又是二者共有的。因为从我们当中,他得到低于圣父的人性,但从圣父当中,他得到与父同等的神性……"塞奥多利特考量一番,宣称神圣的西里尔也曾说过这样的话:"他在成为人后,继续保持而非丧失自己的本性,即神性居于与它相异的人性当中。"

随后,杰出的官员们询问是否还有人持怀疑态度,大家回答说已经不再有疑虑了。接着尼科波利斯主教阿提库斯(Atticus)请求休会几天,以便大家通过平和而镇静的考虑,确切表达出那些对于上帝及神圣的教父而言正确的信仰。他还请求他们能够带走西里尔写给聂斯脱里以劝服他赞同自己十二条咒诅文的信件,所有人都同意了此事。官员们提议休会五天,从而与君士坦丁堡大教长阿纳托利乌斯进行会谈,所有主教都表示赞同:"我们全部虔信于此,我们全部虔信于此;就像利奥一样,我们的信仰全都如此。没人再有疑虑;我们全都签字了。"①

关于这一点有人提议道:"没必要让所有人聚集到一起,但应该保证那些心怀疑虑的人在场,最虔诚的大教长阿纳托利乌斯也应从签名者中选出他所敬重的人来引导那些心怀疑虑者。"为此与会者添加了如下内容:"我们恳请相关教父们,参加会议的教父,在会议中和利奥看法一致的教父,参加会议的教父;我们向皇帝,向正统的教会,向奥古斯塔②发出请求。我们过去都做错了,请原谅我们所有人吧。"

君士坦丁堡教会的人们说道:"几乎没人叫喊;会上我们都很沉默。"东部的人们高呼:"流放那个埃及人。"伊利里亚的人们喊道:"请宽恕我们所有人。"东部的人们接着高呼:"流放那个埃及人。"伊利里亚的人们也提出类似的要求,君士坦丁堡的神职人员们呼吁道:"流放狄奥斯库鲁,流放那个埃及人,流放异端;基督罢免了狄奥

---

① 指开除狄奥斯库鲁的教籍。
② 指塞奥多西二世的姐姐,马西安的皇后普尔切里亚。

斯库鲁。"随后伊利里亚的人们及其副主教们再次说道："我们过去都做错了,请原谅我们所有人。将狄奥斯库鲁逐出会议,将他逐出教会。"经过类似的流程过后,本次会议到此为止。

在随后的会议上,元老院提议宣读已经提交上来的方案,书记官君士坦丁逐字宣读了以下内容:[1]

> 考虑到正统和普世的教义后,我们决定有必要在下一次出席人员更齐整的情况下举行一个更细致的调查。但是关于虔诚的弗拉维安和最虔诚的主教尤西比乌斯的案件,在检视了他们的所作所为之后,我们认为操控那次会议的人是错误的,并且他们做出的罢免决定是不合理的,因为事实证明弗拉维安和尤西比乌斯的罢免是不公正的,他们没有在信仰方面犯下任何错误,如果以下决定能够得到我们最神圣和虔诚的主的认同,那么我们就会因为使上帝感到愉悦而认定此举是公正的。所以我们决定在这次神圣的宗教会议上,以下人员应受到和最虔诚的亚历山大里亚主教狄奥斯库鲁同样的惩罚,包括耶路撒冷主教尤维诺、卡帕多西亚的凯撒里亚主教萨拉西乌斯、亚美尼亚主教尤西比乌斯、贝鲁特主教尤斯塔修斯以及伊苏里亚的塞琉西亚主教瓦西里,这些当时会议上的权威领袖将被剥夺主教的职位,并且所有的结论应该由神圣的"显赫者"元老们做出。

在宣读了其他内容之后,与会主教被问及利奥的信件是否与尼西亚会议上318位神圣的教父及聚集在首都的150位教父的信仰相一致,君士坦丁堡大教长阿纳托利乌斯和其余人员一起回答道,利奥的信件与上述神圣的教父们的信仰相一致。他们全都赞同利奥的那封信件。在这之后,与会人员高声喊道:"我们达成共识,我们全都同意,我们全部虔信于此,我们想法一致,我们的信仰全部如此。致敬与会的教父们,赞成会议决定的教父们。皇帝已等待多时,奥古斯塔已等待多时。致敬与会的教父们,会议上信仰一致的教父们。皇帝已等待多时。致敬会议上意见一致的教父们。皇帝

---

[1] 这是会议的第四阶段,世俗官员们参与到了会议之中。

已等待多时。这五人确实已签认共同的信仰。同利奥一样,我们的想法一致。①"

有人提出如下主张:"我们已经将他们交付于最神圣和最虔诚的主人,我们在等待他虔诚的答复。但你们需要对上帝做出说明,其一是在我们和最神圣的显赫者不知情的情况下,狄奥斯库鲁被罢免之事,其二是你们为之申诉的上述五人,以及会议上的所有记录。"他们欢呼道:"上帝罢免了狄奥斯库鲁。狄奥斯库鲁被免职是公义的。基督罢免了狄奥斯库鲁。"

此后根据官员们的提议,马西安准许主教们在与被免职者有关的事务上做出决定,于是他们请求道:"我们恳请他们参会。包括那些对会议持相同意见的人、与会议有相同看法的人、赞同利奥致会议的信件的人。"经过讨论,这些人被算在与会人数之内。

在这之后,会上宣读了埃及教区主教们写给皇帝马西安的请愿书,其中包括如下内容:

> 我们与尼西亚会议上 318 位教父的意见保持一致,与圣徒当中受主保佑的阿塔纳修斯及西里尔保持一致,我们咒诅一切异端,包括阿里乌、优诺米、摩尼、聂斯脱里,以及声称我主的肉身来自天堂而不是从神圣的上帝之母玛利亚所出,除不带原罪之外与我们无异的那群人。

会场上所有人都喊道:"他们为什么不咒诅尤提克斯的信仰?让他们赞同利奥的信,并咒诅尤提克斯及其信仰。让他们和利奥的信件达成一致。他们想要在嘲弄我们之后离开。"

对此,来自埃及的主教们反驳说,埃及有很多位主教,而他们无法代表留在埃及的那些人的态度;他们力劝会议等待其大教长的意见,这样他们就可以按照惯例遵从大教长的决定。因为如若他们在其领袖任职前擅自行动,整个埃及教区的人们就会攻击他们。在多

---

① 狄奥斯库鲁的同僚中因为有五人改弦易辙,接受了罗马主教利奥的观点,因此得以复职。

次请求之后，尽管会议上存在强烈反对的声音，还是有人提议同意埃及主教们的恳求，可以为他们宽限至其大教长被任命之时。

在这之后，一些修士发起请愿，其要旨是不应强迫他们在会议之前签署任何文件，尽管皇帝已下令要收集它们，并且他们认为自己应该被召集到会议上，他们已经知悉会上制定的内容。当这些请愿被宣读出来后，昔齐库斯主教第欧根尼宣称参会者巴苏马杀死了弗拉维安：因为他曾喊道"屠杀"，并且让他进入会场是不合宜的，他其实并非请愿者的一员。所有主教高呼："巴苏马已经毁了整个叙利亚，他带着一千名修士来反对我们。"有人提议集会者应该等待会议批准他们的请愿，于是修士们要求宣读他们起草的文件；其中部分文件宣称狄奥斯库鲁以及他的同事应该出席会议。对此所有的主教大喊："革除狄奥斯库鲁的教籍。基督已将他罢免。把他们赶出去。肃清会议中的违法与暴力行为。将这些话致给皇帝。"修士们也对此加以抵制并吼道："肃清会议中的违规行为。"

当同样的事情再次在会议上被呼吁时，有人提议应当宣读其余的文件；这些人宣称将狄奥斯库鲁免职是不恰当的，他必须参加会议，因为在他们面前摆着一个信仰问题；如果此事无法得到解决，他们就脱下自己的长袍，不再与其他参会主教为伍。听到这些话后，副主教埃提乌斯宣读了那些分裂者提出的教规。修士们再次对最神圣的主教们的询问提出异议，在回复会议代表副主教埃提乌斯的一个问题时，一些人谴责了聂斯脱里和尤提克斯，另一部分人却表示拒绝，官员们建议宣读福斯图斯（Faustus）和其他修士的请愿书，在其中他劝告皇帝应禁止那些反对正统教义的人继续得势。这时，修士多罗修斯宣称尤提克斯才是正统。于是官员们提出了有关尤提克斯的各种教义问题。

此后，在会议的第五阶段，官员们提议应当明确表达出有关信仰的定义；君士坦丁堡的助祭阿斯克勒皮亚德斯（Asclepiades）宣读了一份对信仰的定义，但它未通过决议被纳入文件当中①。对此一些人持有异议，但绝大多数人表示赞同。人们发出反对的叫喊声，官员们说道，狄奥斯库鲁声称罢免弗拉维安的原因就在于他说存在两种本性，但定义却是基督从两性中来。为此阿纳托利乌斯宣布狄奥斯库鲁之所以被罢黜，并不是因为他的信仰，而是由于他开除了利奥的教籍，并且受到三次传唤而不至。官员们要求将利奥信件的内容写进定义当中；主教们表示反对，他们认为定义已经是完整的，不可再添入另一重定义，这些问题被提交给皇帝定夺。于是他命令六位东部主教、三位本都主教、三位小亚细亚主教、三位色雷斯主教、三位伊利里亚主教、阿纳托利乌斯以及罗马代表们全部聚集到殉教士的圣地里，让他们准确无误地提出一个信仰的表述，或者每个人都要阐明自己的信仰；如若这个目标无法达成，他们必须意识到会议将在帝国西部召开。当他们被问及是追随狄奥斯库鲁宣称耶稣从两性中来，还是赞成耶稣在两性之中的利奥的观点时，他们呼喊着"我们相信利奥"，那些反对者都是尤提克斯的信徒。然后官员们宣称应当根据利奥的看法添加如下内容，即两性在基督中联合，两性不可变换、不可割裂、不可混淆，官员们同阿纳托利乌斯、利奥的代表们、安条克主教马克西姆斯、耶路撒冷主教尤维诺、卡帕多西亚的凯撒里亚主教萨拉西乌斯等人一起进入了殉教士圣尤菲米娅的圣地②；他们出来后宣读了信仰的定义："我们的救世主耶稣基督"及其他被纳入《教会史》的内容。随后众人高声喊道："这是教父们的信仰。各个辖区的主教都对此表示认可。这是使徒的信仰。我们所有人都以此为准，我们全部想法一致。"官员们提议："信仰由教父所阐明，令众人倍感愉悦，应该将它提交给神圣的显赫者。"

---

① 会议第五阶段时，君士坦丁堡大教长阿纳托利乌斯在主教们的支持下，试图使一份与西里尔的措辞相差无几的信仰定义得到认可；这激起了帝国官员们的反对，罗马主教的使节对此也加以抵制，他们要求在文件中引用《利奥大卷》。
② 参见埃瓦格里乌斯作品第 2 卷第 3 节。

在会议的第六阶段，马西安出席并向主教们宣讲和睦一致的问题；皇帝的致辞结束后，君士坦丁堡副主教埃提乌斯宣读了定义并得到所有人的一致同意。皇帝询问这个定义是否已经被全体人员所认可，众人欢呼起来。随后皇帝第二次在会上致辞，每个人都向他致敬。在皇帝的授意下，教规得到确立，卡尔西顿也获得了作为都主教辖区的权力。皇帝命令主教们在此停留三四天，每个人都可以就其所想畅所欲言，在场官员们应该保证适宜的提议得到执行。本阶段会议到此结束。

在下一阶段的会议上，其他教规被确立起来。①

在另一次会议上，尤维诺同马克西姆斯达成协议，由安条克主教统辖腓尼基和阿拉伯半岛地区，而耶路撒冷控制巴勒斯坦的三个地区。经过官员和主教们的讨论，这个协议得到批准。②

到了会议的第九阶段，塞奥多利特的事情得到解决，他诅咒聂斯脱里道："将聂斯脱里革除教籍，将那些不称圣母玛利亚为上帝之母并把独生子一分为二的人们革除教籍。我同意信仰的定义，同意利奥的信件。"在全体成员的一致提议下，他恢复了自己的职位。

在另一次会议上，与伊巴斯有关的事务得到处理，推罗主教弗条斯及贝鲁特主教尤斯塔修斯对他的判决被宣读。但投票环节推迟到了下一次会议。

在会议的第十一阶段，大多数主教投票赞成他应当位列众神职人员之间，但也有人反对称控诉他的人正在外面，并请求允许他们入场。与他有关的文件被当众宣读。官员们提议宣读与伊巴斯相

---

① 第六阶段会议安排主教们在教规上签名，安条克和耶路撒冷之间的争议在第七阶段被解决了。
② 至此，拜占庭帝国的五大宗主教区正式形成。五位宗主教在帝国的绝大部分地区划分了自己的势力范围。帝国的西部地区的教会归罗马教区统辖；首都君士坦丁堡教区对希腊部分地区、色雷斯、黑海地区和小亚细亚大部拥有管辖权；亚历山大里亚主教则是埃及和附近利比亚部分地区的宗教领袖，安条克和耶路撒冷教区分别享有叙利亚和巴勒斯坦以及阿拉伯地区教会的领导权。

关的第二次以弗所会议上的文件,主教们宣布除了对安条克主教马克西姆斯的任命之外,第二次以弗所会议上的其他所有文件都是无效的。就此他们还请求皇帝下令,在圣人之一、亚历山大里亚主教西里尔所主持的第一次以弗所会议以后,任何决议都不再生效。人们决定应该让伊巴斯担任主教之职。

在另一次会议期间,人们调查与以弗所主教瓦西亚努斯相关的事情,并决定将他和斯蒂芬一同罢免。在下一次会议上众人对此进行了表决。

到了会议的第十三阶段,人们调查了尼科米底亚主教优诺米和尼西亚主教阿纳斯塔修斯之间的情况,他们为各自的城市起了争执。

在会议的第十四阶段,众人调查了瓦西亚努斯主教的情况。最终决定君士坦丁堡的地位应当紧随罗马之后①。

---

① 即著名的卡尔西顿教规第 28 条。

译名对照表

阿巴斯吉人（Abasgi），黑海东北岸的部族

阿布加（Abgar），奥斯若恩（Osroene）国王

阿伯拉斯河（Aboras）；见哈布尔（Khabour）

阿卡基乌斯（Acacius），君士坦丁堡大教长

阿卡基乌斯（Acacius），梅利泰内（Melitene）主教

阿卡基乌斯（Acacius），皇帝的信使

阿卡基乌斯（Acacius），阿利亚拉西亚（Ariarathia）主教

阿凯亚（Achaea），希腊地区名

阿达尔马罕（Adarmahan），即阿达尔马尼斯（Adarmaanes），波斯将领

阿代乌斯（Addaeus），查士丁尼的重臣，被查士丁二世诛杀

埃米利阿努斯（Aemilianus），罗马皇帝

埃塞里乌斯（Aetherius），查士丁尼的重臣，被查士丁二世诛杀

埃提乌斯（Aetius），西罗马权臣

埃提乌斯（Aetius），君士坦丁堡副主教

阿伽佩图斯（Agapetus），罗马主教

阿加塞阿斯（Agathias），6世纪的历史学家

阿拉门达鲁斯（Alamundarus），即阿尔-门迪尔（al-Mundhir），阿拉伯人领袖

阿兰人（Alans），游牧民族

阿尔奇森（Alcison），伊庇鲁斯的尼科波利斯主教

亚历山大（Alexander），阿帕米亚主教

亚历山大（Alexander），君士坦丁堡大教长

亚历山大（Alexander），希拉波利斯（Hierapolis）主教

阿庇安(Appianus),公元 2 世纪的历史学家

阿波里拿里乌斯(Apollinarius),亚历山大里亚主教

阿波罗尼乌斯(Apollonius),曾击败波斯人的统治者,具体指代暂且不明

阿奎利努斯(Aquilinus),比布鲁斯(Byblus)主教

阿拉比苏(Arabissu),地名,位于小亚细亚卡帕多西亚地区

阿拉伯人(Arabs),塞尼特(Scenites)部落

阿尔卡迪乌斯(Arcadius),拜占庭皇帝,塞奥多西大帝之子

阿尔凯西劳斯(Arcesilaus),圣徒左西莫斯的同伴

阿尔达布尔(Ardabur),阿兰人阿斯帕之子

阿瑞图萨(Arethusa),叙利亚埃皮法尼亚附近的城市

阿里阿德涅(Ariadne),泽诺皇帝的皇后,利奥一世之女

阿里克麦西乌斯(Aricmesius),即泽诺(Zeno)皇帝

阿尔马图斯(Armatus),泽诺皇帝时期的重臣

亚美尼亚(Armenia),地区名

阿里安(Arrian),2 世纪的历史学家

阿尔塞尼乌斯(Arsenius),埃及的军政长官

阿斯克勒皮亚德斯(Asclepiades),君士坦丁堡教会助祭

阿西阿提库斯(Asiaticus),拜占庭腓尼基与黎巴嫩地区军队的司令官

阿西尼乌斯·夸德拉图斯(Asinius Quadratus),3 世纪的历史学家

阿斯特里乌斯(Asterius),东方政区长官

阿塔拉里克(Atalarich),东哥特国王

阿塔纳修斯(Athanasius),亚历山大里亚主教

阿塔纳修斯(Athanasius),亚历山大里亚司铎,西里尔主教的侄子

阿提库斯(Atticus),尼科波利斯主教

奥古斯塔(Augusta),见康斯坦提娜(Constantina)

奥古斯丁(Augustine),拉丁教父

奥古斯都(Augustus),罗马元首

奥勒良(Aurelian),埃比法尼亚教会助祭

阿瓦尔人(Avars),游牧民族

阿维图斯(Avitus),西罗马皇帝

阿扎雷斯（Azareth），萨珊波斯名将

阿塞拜疆（Azerbaijan），地区名

亚速海（Azov），东欧的陆间海

巴比拉斯（Babylas），安条克主教，殉教士

巴兰（Balaam），《旧约全书》中的摩押国王

巴拉达图斯（Baradatus），叙利亚修士

巴拉米斯·古斯纳斯（Barames Gusnas），波斯叛军将领

巴尔萨努菲乌斯（Barsanuphius），修士圣徒

巴苏马（Barsuma），卡尔西顿会议的参会者

瓦西亚努斯（Basianus），以弗所主教

瓦西里（Basil），安条克主教

瓦西里（Basil），塞琉西亚（Seleucia）主教

瓦西里（Basil），或译为大巴西尔，希腊教父

瓦西里斯库（Basiliscus），拜占庭皇帝，利奥一世的内弟

瓦西里斯库（Basiliscus），阿尔马图斯之子，泽诺一度任命其为恺撒

贝鲁特（Beirut），黎巴嫩城市

贝利撒留（Belisarius），查士丁尼时代的拜占庭名将

比拉迈斯（Beramais），美索不达米亚地名

贝罗（Beroe），叙利亚城市

比提尼亚（Bithynia）小亚细亚西北地区名

黑海（Black Sea），即尤克森海（Euxine）

布勒米斯人（Blemmyes），埃及的部族

博阿内湖（Boane Lake），小亚细亚的湖名

彼奥提亚（Boeotia），希腊中东部地区名

卜尼法斯（Boniface），罗马主教利奥的代表

博诺苏斯（Bonosus），罗马主教

博斯普隆（Bosporon），君士坦丁堡地名

博斯普鲁斯（Bosporus），博斯普鲁斯海峡

布尔西亚（Bursia），安条克城地区名

布塞利努斯（Buselinus），法兰克将领

比布鲁斯(Byblus)，贝鲁特附近的城市名

比撒里亚(Bytharia)，君士坦丁堡周边地名

拜占庭(Byzantium)，见君士坦丁堡(Constantionple)

卡巴德斯(Cabades)，波斯国王

卡巴翁(Cabaon)，摩尔人的首领

凯撒里亚(Caesarea)，小亚细亚重要城市

该亚法(Caiaphas)，犹太大祭司

卡兰狄翁(Calandion)，安条克主教

卡利尼库斯(Callinicus)，查士丁尼时代的西里西亚长官

坎迪杜斯(Candidus)，塞尔吉奥波利斯的主教

卡诺普斯(Canopus)，埃及尼罗河三角洲的古城

卡帕多西亚(Cappadocia)，小亚细亚地名

卡里努斯(Carinus)，罗马皇帝

卡皮(Carpi)，蛮族名称

迦太基(Carthage)，北非城市

卡鲁斯(Carus)，罗马皇帝

卡西乌斯(Cassius)，罗马皇帝

里海(Caspian Sea)，湖泊名

高加索(Caucasus)，地区名

塞克洛皮乌斯(Cecropius)，塞瓦斯托波利斯(Sebastopolis)主教

塞勒(Celer)，阿纳斯塔修斯一世统治时期的执事长官

塞莱斯廷(Celestine)，罗马主教

卡尔西顿(Chalcedon)，小亚细亚城市，第四次大公会议召开地

卡尔基斯(Chalcis)，叙利亚城市

查尔卡斯(Charcas)，城市名，位于尼西比斯附近

卡拉克斯(Charax)，2世纪历史学家

科斯洛埃斯(Chosroes Ⅰ)，科斯洛埃斯一世，波斯国王

科斯洛埃斯(Chosroes Ⅱ)，波斯国王，科斯洛埃斯一世之孙

科兹巴(Choziba)，修道院名称

克里斯皮努斯(Crispinus)，第二次以弗所会议上的公证人之一

克里萨菲乌斯(Chrysaphius),塞奥多西二世时期的宦官

西里西亚(Cilicia),小亚细亚东南部地区

基尔克西姆(Circesium),拜占庭帝国在幼发拉底河畔的重要军事据点

克劳迪安(Claudian),诗人

克劳迪安(Claudian),3 世纪罗马皇帝

科尔基斯人(Colchians),高加索地区的民族

科门提奥鲁斯(Comentiolus),莫里斯皇帝时期的拜占庭将领

科农(Conon),阿帕米亚主教

科农(Conon),萨巴斯修道院院长

康斯坦提纳(Constantina),拜占庭城市名

康斯坦提娜(Constantina),即奥古斯塔(Augusta),提比略(Tiberius)之女,莫里斯皇帝之妻。

君士坦丁一世(Constantine Ⅰ),拜占庭皇帝,君士坦丁大帝

君士坦丁堡(Constantinople),拜占庭帝国首都

君士坦提乌斯(Constantius),罗马皇帝,君士坦丁大帝的父亲

科尔布罗(Corbulo),罗马将军

科尔基斯(Colchians),高加索地区地名,位于今天的格鲁吉亚。

科林斯(Corinth),希腊城市名

哥斯马斯(Cosmas),泽诺皇帝的侍卫

库尔斯(Cours),提比略时期的拜占庭将军

克里特(Crete),希腊在爱琴海最大的岛屿

克里塞亚(Crisaea),希腊海湾名称

克里斯普斯(Crispus),君士坦丁之长子

库库苏斯(Cucusus),小亚细亚地名

基克拉泽斯群岛(Cyclades),爱琴海南部的群岛

基涅吉格(Cynegike),安条克地区城市名

西普里安(Cyprian),殉教士

塞浦路斯(Cyprus),地中海的重要岛屿

西里亚库斯(Cyriacus),修士

西里尔(Cyril),亚历山大里亚主教

西里尔(Cyril),拜占庭将军

西里尔(Cyril),不眠者修士的首领

居鲁士(Cyrus),诗人,官员

昔齐库斯(Cyzicus),小亚细亚城市

达尔马提亚(Dalmatia),巴尔干地区名

达摩菲鲁斯(Damophilus),2世纪小亚细亚的作家

丹尼尔(Daniel),卡雷(Carrhae)主教

多瑙河(Danube),欧洲的河流名称

达佛涅(Daphne),安条克的郊区

达拉(Dara),美索不达米亚城市

大流士(Darius),波斯国王大流士三世

德修斯(Decius),罗马皇帝

丹克兹克(Dengizich),匈人王阿提拉之子

德克西普斯(Dexippus),3世纪的历史学家

狄底姆斯(Didymus),4世纪神学家

戴克里先(Diocletian),罗马皇帝

西西里的狄奥多罗斯(Diodorus of Sicily),公元前1世纪的历史学家

第欧根尼(Diogenes),昔齐库斯主教

狄奥米得斯(Diomedes),咨议会召集人

狄奥尼西乌斯(Dionysius),埃及军队的长官

哈利卡纳索斯的狄奥尼西乌斯(Dionysius of Halicarnassus),公元前1世纪历史学家

狄奥斯库鲁(Dioscorus),亚历山大里亚主教

狄奥斯库鲁二世(Dioscorus Ⅱ),亚历山大里亚主教

狄奥·卡西乌斯(Dio Cassius),公元2—3世纪的历史学家。

多米提安(Domitian),梅利泰内主教

多姆尼努斯(Domninus),安条克主教

多姆努斯(Domnus),安条克主教

多罗修斯(Dorotheus),5世纪拜占庭修士

第拉修姆(Dyrrachium),巴尔干地名,今阿尔巴尼亚的城市都拉斯

艾德萨(Edessa),美索不达米亚城市

埃及(Egypt),地区名

伊里芬丁(Elephantine),埃及的地名

埃莱夫西努斯(Eleusinus),卡帕多西亚的塞昆达的主教

埃琉西斯(Eleusis),古希腊宗教中心之一,位于雅典西部

埃利阿斯(Elias),耶路撒冷主教

埃尔皮狄乌斯(Elpidius),塞奥多西二世时期的官员

埃米萨(Emesa),叙利亚城市名

恩浦萨(Empusa),希腊神话中的一位吸食人血的女妖

以弗所(Ephesus),小亚细亚重要城市

埃弗鲁斯(Ephorus),公元前 4 世纪的古希腊历史学家

厄弗雷姆(Ephrem),安条克主教

埃比达姆诺斯(Epidamnus),地名,见第拉修姆

埃皮法尼亚(Epiphania),叙利亚城市名

埃皮法尼乌斯(Epiphanius),君士坦丁堡大教长

埃皮法尼乌斯(Epiphanius of Tyre),推罗主教

尤多西雅(Eudocia),塞奥多西二世的皇后

尤多克西雅(Eudoxia),塞奥多西二世之女,西罗马皇后

尤罗吉乌斯(Eulogius),塞奥多西修道院院长

尤罗吉乌斯(Eulogius),法律秘书

尤菲米娅(Euphemia),马西安(Marcian)之女

尤菲米娅(Euphemia),殉教士

尤菲米乌斯(Euphemius),君士坦丁堡大教长

尤夫拉修斯(Euphrasius),安条克主教

尤夫拉塔斯(Euphratas),查士丁尼时期的宦官

尤普列皮乌斯(Euprepius),修道院名称

尤西比乌斯(Eusebius),亚美尼亚(实际为安卡拉)主教

尤西比乌斯(Eusebius),多里莱乌姆(Dorylaeum)主教

尤西比乌斯(Eusebius),贝鲁西亚(Pelusium)主教

潘菲鲁斯之子尤西比乌斯(Eusebius Pamphili),4 世纪著名的教会史家

尤斯塔西乌斯(Eustathius),安条克主教

尤斯塔西乌斯(Eustathius),贝鲁特主教

埃皮法尼亚的尤斯塔西乌斯(Eustathius of Epiphania),5 世纪的历史学家

尤斯托齐乌斯(Eustochius),耶路撒冷主教

尤塞里乌斯(Eutherius),神学家

尤提克斯(Eutyches),基督一性论理论的提出者

尤提齐乌斯(Eutychius),君士坦丁堡大教长

尤克森海(Euxine),即黑海(Black Sea)

埃瓦格里乌斯(Evagrius Scholasticus),6 世纪叙利亚历史学家

本都的埃瓦格里乌斯(Evagrius of Pontus),4 世纪神学家

福斯塔(Fausta),君士坦丁大帝的妻子

福斯提努斯(Faustinus),来自西里西亚的刺客

福斯图斯(Faustus),参加卡尔西顿会议的修士

菲利克斯(Felix),罗马主教

菲德利乌斯(Fidelius)东哥特国王阿塔拉里克的臣子

弗拉维安(Flavian),安条克主教

弗拉维安(Flavian),君士坦丁堡大教长

佛罗伦提乌斯(Florentius),萨尔迪斯(Sardis)主教

弗洛卢斯(Florus),埃及地区的行政与军事长官

弗拉维塔(Fravita),君士坦丁堡大教长

加拉太(Galatia),小亚细亚中部地区名

伽尔巴(Galba),罗马皇帝

加利努斯(Gallienus),罗马皇帝

科尼利乌斯·伽卢斯(Cornelius Gallus),奥古斯都任命的埃及总督

伽卢斯(Gallus),罗马皇帝

甘加里基(Gangalike),即赫拉克勒亚(Heraclea),拜占庭城市名,具体位置现已不详

甘格拉(Gangra),小亚细亚城市名

伽倪墨得斯(Ganymede),希腊神话中的特洛伊王子

高加米拉(Gaugamela),位于底格里斯河上游,亚历山大击败大流士三世之地

高卢人(Gauls),居住于现西欧地区的古代部族

加沙(Gaza),巴勒斯坦城市

盖泽里克(Geiseric),汪达尔国王

盖里梅尔(Gelimer),汪达尔国王

金纳狄乌斯(Gennadius),君士坦丁堡大教长

格皮德人(Gepids),居住于巴尔干北部的古代部族

基尔加士人(Gergesites),圣经中的古代部族

日耳曼努斯(Germanus),莫里斯时期的将领

盖塔(Geta),罗马皇帝塞维鲁之子

格里萨利乌斯(Glycerius),西罗马皇帝

戈林杜赫(Golinduch),殉教士

戈尔迪安(Gordian),罗马皇帝

高尔皮埃(Gorpiaeus),安条克旧历月份名称

哥特人(Goths),古日耳曼人的一支

希腊(Greece),地区名

格里高利(Gregory),安条克主教

格里高利(Gregory),巴勒斯坦隐居者

格里高利(Gregory),希腊教父

哈德良(Hadrain),2世纪罗马皇帝

霍诺留(Honorius),西罗马皇帝,塞奥多西大帝之子

赫拉克勒亚(Heracleia),即甘加里基(Gangalike)

希拉克略(Heraclius),西罗马禁卫军长官

赫莫吉尼斯(Hermogenes),查士丁尼时代的拜占庭将领

赫罗狄安(Herodian),2—3世纪的历史学家

希罗多德(Herototus),古希腊历史学家,有"历史学之父"的美誉

赫鲁利人(Heruls),5世纪活跃于多瑙河流域的民族

希拉波利斯(Hierapolis),城市名,位于今土耳其西南部

希拉里(Hilary),拉丁教父

希米利乌斯(Himerius),卡尔西顿会议参会主教

霍尔米斯达斯(Hormisdas),波斯国王,科斯洛埃斯一世之子

霍西乌斯(Hosius)，科尔多瓦主教

胡内里克(Huneric)，汪达尔国王

希帕提乌斯(Hypatius)，阿纳斯塔修斯一世的侄子

伊巴斯(Ibas)，埃德塞尼斯(Edessenes)主教

伊比利亚(Iberia)

伊比斯(Ibis)，埃及地名，见奥西斯

伊格纳提乌斯(Ignatius)，殉教士

伊利昂(Ilium)，见特洛伊

伊鲁斯(Illus)，泽诺的亲信重臣

因德斯(Indes)，伊苏里亚叛军将领

艾雷尼厄斯(Irenaeus)，推罗主教

艾雷尼厄斯(Irenaeus)，查士丁时代的安条克长官

伊斯多里(Isidore)，修士

意大利(Italy)，地区名

雅各布(Jacob)，叙利亚修士

耶利哥(Jericho)，巴勒斯坦地名

耶路撒冷(Jerusalem)，巴勒斯坦城市

犹太人(Jews)，民族名

约翰·马拉拉斯(John Malalas)，6 世纪的编年史家

"驼背"约翰(John Hunchback)，阿纳斯塔修斯一世时期的将领

约翰(John of Ephesus)，以弗所主教

西徐亚人约翰(John Scythian)，阿纳斯塔修斯一世时期的将领

约翰(John of Paltos)，帕尔托斯主教

约翰(John)，亚历山大里亚教会的司铎

卡帕多西亚的约翰(John the Cappadocian)，查士丁尼时期的东方大区长官

约翰.卡特利努斯(John Catelinus)，罗马主教

约翰(John the Chozibite)，6 世纪圣徒，凯撒里亚主教

埃皮法尼亚的约翰(John of Epiphania)，6 世纪的历史学家

色雷斯人约翰(John Thracian)，莫里斯时期的军事将领

约瑟夫斯(Josephus)，公元 1 世纪的犹太历史学家

约书亚（Joshua），圣经中的人物

约西亚（Josiah），犹太王国的国王

卓维安（Jovian），拜占庭皇帝

朱利安（Julian），拜占庭皇帝，"背教者朱利安"

朱利安（Julian），4世纪的诡辩家

朱利安（Julian），利贝德斯（Lebedus）主教

博斯特拉的朱利安（Julian of Bostra），博斯特拉主教

尤利阿努斯（Julianus），罗马皇帝

尤利乌斯（Julius），主教，罗马主教利奥的代表

查士丁一世（Justin Ⅰ），拜占庭皇帝

查士丁二世（Justin Ⅱ），拜占庭皇帝

查士丁尼（Justinian），拜占庭皇帝

查士丁尼（Justinian），6世纪拜占庭将军

查士丁尼（Justinian），莫里斯（Maurice）之子

尤维诺（Juvenal），耶路撒冷主教

哈布尔（Khabour），河流名称，位于今伊拉克境内

利奥一世（Leo Ⅰ），拜占庭皇帝

利奥二世（Leo Ⅱ），拜占庭皇帝

利奥（Leo），罗马主教

莱昂提亚（Leontia），利奥一世之女

莱昂提乌斯（Leontius），泽诺时期的重臣

里巴尼乌斯（Libanius），安条克的大学者

利比亚（Libya），非洲地区名

李锡尼（Licinius），罗马皇帝，君士坦丁大帝的共治者，后被君士坦丁打败，处死

利塔尔巴（Litarba），叙利亚地名

伦巴德人（Lombards），古代部族名

朗基努斯（Longinus），泽诺皇帝的兄弟

朗基努斯（Longnius of Cardala），伊苏里亚叛军首脑

塞利努斯的朗基努斯（Longinus of Selinus），伊苏里亚叛军将领

卢森西乌斯（Lucensius），罗马主教利奥的使者

马布格(Mabbug),叙利亚城市名

马卡利乌斯(Macarius),耶路撒冷主教

马其顿尼(Macedonius),君士坦丁堡大教长

马克利努斯(Macrinus),罗马皇帝,即位前刺杀了卡拉卡拉

马吉嫩提乌斯(Magenentius),君士坦提乌斯二世时期的拜占庭将领

马格努斯(Magnus),查士丁二世的皇产管理者

马赫伯德(Mahbodh),6世纪波斯司令官

迈奥提克湖(Maiotic),即亚速海

玛依乌玛(Maiuma),巴勒斯坦地名

马约里安(Majorian),西罗马皇帝

曼利乌斯·托奎图斯(Manilus Torquatus),古罗马执政官

马玛斯(Mamas),阿纳斯塔修斯一世时期的修士

马米阿努斯(Mamianus),泽诺时期的元老

马赛里努斯(Marcellinus Comes),拜占庭历史学家

马西安(Marcian),拜占庭皇帝

马西安(Marcian),查士丁二世的亲戚

马西安(Marcian),安特米乌斯之子

马库斯(Marcus),拜占庭皇帝瓦西里斯库之子

马库斯(Marcus),3世纪罗马皇帝

马里努斯(Marinus),贝鲁特主教

叙利亚人马里努斯(Marinusthe Syrian),阿纳斯塔修斯一世时期的宫廷长官

波斯人马瑞斯(Maris the Persian),5世纪神学家

马罗(Maro),修道院名称

马尔苏斯(Marsus),泽诺皇帝时期的重臣

马尔提利乌斯(Martyrius),安条克主教

马尔提利乌斯(Martyrius),耶路撒冷主教

马提洛波利斯(Martyropolis),拜占庭与波斯边境上的重要要塞城市

莫里斯(Maurice Tiberius),拜占庭皇帝

马克森提乌斯(Maxentius),赫丘利乌斯·马克西米阿努斯之子,被君士坦丁大帝击败

努米底亚(Numidia),地名

尼姆法埃姆(Nymphaeum),安条克附近地名

屋大维(Octavian),见奥古斯都(Augustus)

帕尔米拉的欧代纳图斯(Odaenathus of Palmyra),3世纪罗马在帕尔米拉的统治者

奥德苏斯(Odessus),今保加利亚港口瓦尔纳

奥克巴斯(Okbas),马提洛波利斯附近的军事要塞

欧里布利乌斯(Olybrius),西罗马贵族,元老

欧列斯特斯(Orestes),西罗马军队司令官

奥利金(Origen),希腊教父

奥隆特斯河(Orontes),叙利亚埃皮法尼亚附近的河流

奥西斯(Oasis),埃及地名

奥斯若恩(Osrhoene),幼发拉底河上游古国名

奥斯特拉基尼(Ostrakine),安条克附近地名

东哥特人(Ostrogoths),哥特人的分支

奥索(Otho),罗马皇帝

派奥尼亚(Paeonia),古地名,位于中马其顿地区

巴勒斯坦(Palestine),地区名

帕拉狄乌斯(Palladius),安条克主教

帕拉狄乌斯(Palladius),大区长官

潘菲鲁斯(Pamphilus),历史学家尤西比乌斯的养父

潘普里皮乌斯(Pamprepius),泽诺时期的重臣

潘克拉提乌斯(Pancratius),修士

潘诺尼亚(Pannonia),古地名,大致是今天的匈牙利、罗马尼亚、塞尔维亚、捷克、斯洛伐克及奥地利的部分地区

潘诺波利斯(Panopolis),埃及底比斯地区首府

帕夫拉戈尼亚(Paphlagonia),小亚细亚地名

巴比里奥斯(Papirius),小亚细亚要塞

帕斯卡西努斯(Pascasianus),罗马主教利奥的使者

帕特里西乌斯(Patricius),阿斯帕之子,利奥一世的女婿

保罗(Paul),埃米萨主教

保罗(Paul),以弗所主教

保罗(Paul),尼西比斯主教

保罗(Paul),埃及修士

保罗(Paul),西里西亚刺客

保罗(Paul),泽诺的奴隶

保罗(Paul),安条克主教

保罗(Paul),维塔里安的秘书

保罗(Paul),莫里斯皇帝的父亲

佩拉吉乌斯(Pelagius),罗马主教

贝鲁西亚(Pelusium),埃及城市名

五城(Pentapolis),位于北非地区五座城市组成的城市群统称

珀伽米乌斯(Pergamius),埃及地区行政长官

波斯(Persia),古国名

佩提纳科斯(Pertinax),罗马皇帝

彼得(Peter),阿帕米亚主教

彼得(Peter),大马士革主教

彼得(Peter),耶路撒冷主教

彼得(Petert he Fuller),安条克主教

伊比利亚人彼得(Peter the Iberian),玛依乌玛主教

彼得·蒙古斯(Peter Mongus),亚历山大里亚主教

佩特拉(Petra),巴勒斯坦城市名

菲利普(Philip),赛德(Side)主教

菲利普(Philip),罗马皇帝

菲力皮库斯(Philippicus),拜占庭将军,莫里斯皇帝的亲属

菲利普波利斯(Philippopolis),巴尔干城市名

斐洛斯特拉图斯(Philostratus),古罗马作家

菲罗克塞努斯(Philoxenus),马布格主教

弗里贡(Phlegon),古罗马历史学家

腓尼基-黎巴嫩地区(Phoenicia Libanensis)

弗条斯(Photius),推罗主教

弗里吉亚(Phrygia),小亚细亚省区

皮桑德(Pisander),古罗马诗人

皮西狄安省(Pisidians),小亚细亚地名

普拉西狄亚(Placidia),西罗马公主,瓦伦提尼安三世之女

柏拉图(Plato),古希腊哲学家

普鲁塔克(Plutarch),罗马帝国时代的希腊历史学家、哲学家

庞培乌斯(Pompeius),拜占庭贵族,希帕提乌斯的兄弟

本都(Pontus),黑海南岸地名

迈加洛波利斯(Megalopolis)的波里比阿(Polybius),公元前2世纪历史学家

普里斯库(Priscus),5世纪历史学家

普里斯库(Priscus),莫里斯时期的将军

普罗科卢斯(Proclus),君士坦丁堡大教长

普罗科卢斯(Proclus),查士丁尼的司法长官

普罗柯比(Procopius),6世纪历史学家

加沙的普罗科比(Procopius of Gaza),神学家

普罗庞提斯(Propontis),即马尔马拉海

普罗特里乌斯(Proterius),亚历山大里亚主教

普罗特里乌斯(Proterius),士麦那主教

普尔切里亚(Pulcheria),公主,塞奥多西二世的姐姐

普塞菲乌姆(Psephium),安条克城的地区名

伊庇鲁斯的皮洛士(Pyrrhus of Epirus),希腊伊庇鲁斯王国君主

拉文纳(Ravenna),意大利城市名

雷森霍斯隆(Rhesonchosron),一处波斯皇宫的名字

罗德岛(Rhodes),爱琴海岛屿

里西默(Ricimer),西罗马皇帝

罗马(Rome),罗马帝国首都

罗慕路斯(Romulus),小奥古斯都(Augustulus),西罗马末代皇帝

罗慕路斯(Romulus),罗马建城者

鲁菲努斯(Rufinus),撒摩撒他(Samosata)主教

鲁菲努斯(Rufinus),查士丁尼时代的重臣

鲁弗斯(Rufus),修士,埃瓦格里乌斯把他错认为塞奥多西修道院院长

萨巴斯(Sabas),修道院名称

萨罗纳(Salona),达尔马提亚城市名

萨卢斯提乌斯(Salustius),耶路撒冷主教

萨拉森人(Saracens),即阿拉伯人

沙普尔(Sapor),萨珊波斯国王

塞尼特人(Scenites),阿拉伯半岛的部落

色里米斯(Seremis),安条克地区的村庄名称

塞尔吉奥波利斯(Sergiopolis),拜占庭边境城市,位于今天的叙利亚

塞尔吉乌斯(Sergius),殉教士

塞维利阿努斯(Severianus),阿瑞图萨(Arethusa)主教

塞维鲁(Severus),西罗马皇帝

塞维鲁(Severus),安条克主教

塞维鲁(Severus),罗马皇帝

西西里(Sicily),意大利岛屿

希尔万努斯(Silvanus),君士坦丁堡教会司铎

希尔维里乌斯(Silverius),罗马主教

辛普利西乌斯(Simplicius),罗马主教

西奈(Sinai),埃及的西奈半岛

辛德(Sinde),推罗附近的村庄

辛多奥德(Sindoald),赫鲁利人将领

辛吉杜努姆姆(Singidunum),巴尔干城市,今贝尔格莱德

西尔米乌姆(Sirmium),多瑙河重镇,位于今塞尔维亚

塞妊(Siren),波斯国王小科斯洛埃斯的王后

西塔斯(Sittas),莫里斯时期拜占庭的下级军官

斯基尔托(Skirtos),艾德萨附近的河流

苏格拉底(Socrates),5 世纪教会史家

所罗门(Solomon),安条克教会的司铎

索菲亚(Sophia),查士丁二世的皇后

索弗尼乌斯(Sophonius),康斯坦提纳(Constantina)主教

索特里楚斯(Soterichus),凯撒里亚主教

索卓门(Sozomen),5世纪教会史家

索佐波利斯(Sozopolis),小亚细亚城市名

斯蒂芬(Stephen),安条克主教

斯蒂芬(Stephen),以弗所主教

斯蒂芬(Stephen),希拉波利斯主教

斯蒂拉斯(Stilas),埃及军队的长官

斯特拉波(Strabo),地理学家

苏拉(Sura),幼发拉底河畔拜占庭城市

西凯(Sycae),君士坦丁堡附近地名

西蒙(Symeon),圣愚者(Holy Fool)

老西蒙(Symone the Stylites theElder),5世纪圣徒

小西蒙(Symone the Stylites the Younger),6世纪圣徒

锡纳西斯(Synesius),昔兰尼(Cyrene)教士

叙利亚(Syria),地区名

塔姆科斯洛埃斯(Tamchosroes),6世纪波斯名将

塔内斯人(Tanais),居住在亚速海和黑海之间的人

塔尔苏斯(Tarsus),小亚细亚地名

特伊阿斯(Teias),东哥特国王

萨拉西乌斯(Thalassius),凯撒里亚主教

底比斯(Thebes),埃及地区名

塞克拉(Thecla),基督教殉教士

塞奥克里托斯(Theocritus),查士丁一世的皇位竞争者

塞奥多里克·斯特拉波(Theoderic Strabo),巴尔干半岛的哥特人领袖

塞奥多里克(Theoderic Amal),东哥特首领

塞奥都鲁斯(Theodulus),摩普苏埃斯提亚主教塞奥多利的学生

塞奥多拉(Theodora),查士丁尼的皇后

塞奥多利(Theodore the Sykeon),小亚细亚修士

塞奥多利(TheodoreAscidas),凯撒里亚主教

塞奥多利(Theodore),摩普苏埃斯提亚(Mopsuestia)主教

塞奥多利(Theodore),克劳狄波利斯(Claudiopolis)主教

塞奥多利(Theodore),亚历山大里亚教会助祭

塞奥多利特(Theodoret),西鲁斯(Cyrrhus)主教

塞奥多西欧波利斯(Theodosiopolis),亚美尼亚城市

塞奥多西一世(Theodosius Ⅰ),拜占庭皇帝

塞奥多西二世(Theodosius Ⅱ),拜占庭皇帝

塞奥多西(Theodosius),亚历山大里亚主教

塞奥多西(Theodosius),耶路撒冷主教

塞奥多西(Theodosius),巴勒斯坦修士

塞奥多西(Theodosius),莫里斯皇帝之子

塞奥多图斯(Theodotus),安卡拉主教

塞奥多图斯(Theodotus),约帕(Joppa)主教

塞奥多图斯(Theodotus),6 世纪拜占庭宫廷长官

塞奥法尼斯(Theophanes),9 世纪历史学家

塞奥波利斯(Theopolis),安条克城在 6 世纪的新名字

塞奥彭普斯(Theopompus),埃及修士

塞奥彭普斯(Theopompus),公元前 4 世纪古希腊历史学家

塞昆达(Secunda),叙利亚地区名,即科罗叙利亚(Coele Syria)

塞奥达图斯(Theodatus),东哥特国王

托马斯(Thomas),阿帕米亚主教

托马斯(Thomas),修士

托马斯(Thomas),6 世纪圣徒

色雷斯(Thrace),拜占庭地区名,位于巴尔干半岛东部

斯拉萨门德(Thrasamund),汪达尔国王

修昔底德(Thucydides),古希腊历史学家

提比略(Tiberius),拜占庭皇帝

提比略(Tiberius),莫里斯之子

底格里斯河(Tigris),美索不达米亚河流

提尔莫农(Tilmognon),叙利亚修道院名

提摩斯特拉图斯(Timostratus),查士丁尼时代的拜占庭将领

提摩太(Timothy Aelurus),亚历山大里亚主教

提摩太(Timothy Salophacialus),亚历山大里亚主教

提摩太五世(Timothy Ⅴ),亚历山大里亚主教

提摩太(Timothy),君士坦丁堡大教长

提摩太(Timothy),巴勒斯坦主教

提图斯(Titus),罗马皇帝

托提拉(Totila),东哥特国王

图拉真(Trajan),罗马皇帝,五贤帝之一

图拉真(Trajan),查士丁二世时的君士坦丁堡市政长官,元老

特里波利斯(Tripolis),黎巴嫩港口城市

特罗亚(Troas),小亚细亚西北部的古城

特洛伊(Troy),小亚细亚古城

突厥人(Turks),民族名

推罗(Tyre),腓尼基人建立的位于黎巴嫩的古城

乌尔皮安(Ulpian),4世纪的修辞学家

瓦拉姆(Vahram),波斯国王

瓦拉姆(Vahram),6世纪晚期的波斯将军

瓦伦斯(Valens),拜占庭皇帝

瓦伦提尼安一世(Valentinian Ⅰ),西罗马皇帝

瓦伦提尼安三世(Valentinian Ⅲ),西罗马皇帝

瓦勒良(Valerian),罗马皇帝

汪达尔人(Vandals),古部族名

瓦尔达内斯(Vardanes),6世纪晚期的亚美尼亚人领袖

文提狄乌斯(Ventidius),罗马将军

维里娜(Verina),利奥一世的皇后

韦斯帕芗(Vespasian),罗马皇帝

维特拉尼奥(Vetranio),君士坦提乌斯二世时期的拜占庭将领

维吉利乌斯(Vigilius),罗马主教

西哥特人(Visigoths),哥特人分支

维塔里安(Vitalian),5—6 世纪的拜占庭将军,反叛者

维塔利斯(Vitalis),罗马主教菲利克斯的特使

维特利乌斯(Vitellius),罗马皇帝

维提吉斯(Vitigis),东哥特国王

沃卢西阿努斯(Volusianus),罗马皇帝

亚兹达德(Yazdard),波斯国王

扎卡里亚(Zacharias Rhetor),5—6 世纪历史学家

扎德普拉姆(Zadespram),波斯叛军将领

泽诺(Zeno),拜占庭皇帝

泽诺(Zeno),伊苏里亚人,塞奥多西二世时期的执政官和贵族

佐伊鲁斯(Zoilus),亚历山大里亚主教

佐伊鲁斯(Zoilus),安条克长官

左西莫斯(Zosimus),5 世纪历史学家

左西莫斯(Zosimus),6 世纪的拜占庭圣徒

后　记

　　此时,距离我开始翻译整理埃瓦格里乌斯的这本作品已 17 年有余。记得 2006 年 6 月,当时我刚从南开大学历史学院硕士毕业,获得了继续跟随恩师陈志强教授攻读博士学位的资格。在暑假前,老师与我长谈了一次,对我未来的博士阶段学习提出了新的要求。老师特别希望我能够完整地翻译一部拜占庭史料,并以此为基础进行博士学位论文研究。根据研究方向,我最终选定了埃瓦格里乌斯的作品,由此和这部著作结下了不解之缘。

　　如前文所言,埃瓦格里乌斯的这部作品内容丰富,言辞考究,因此在最初的翻译和注释的过程中,我遇到了很多困难。在老师的鼓励下,我最终完成了研究工作,并且得到了他的肯定。在博士毕业之后,我一直希望有机会将读书期间撰写的关于这部作品翻译、注释以及导读的文稿出版,以此表达我对这位史学先贤及其最重要译本的译者怀特比教授的敬意。2016 年,我有幸获得了教育部哲学社会科学研究后期资助,并顺利结项。在其后的多年里,由于出版的需要,我对结项成果进行了多轮体例修改与内容补充,最终辗转多家出版社后,拙作以现在的面貌呈现在读者的面前。虽然因为相关要求,成书的形式与最初的设想不尽相同,但能够让这部重要史料的主要部分与国内同仁以及拜占庭爱好者们见面的希望终于得以实现,相信埃瓦格里乌斯也会对此予以谅解吧。

　　我要特别向江苏人民出版社的领导和同仁们,尤其是直接负责本书的责任编辑致以诚挚的谢意,他们给予的宝贵意见以及对学术包容扶持的态度是拙作得以与读者见面的重要助力。本书的出版还得到了南开大学中外文明交叉科学中心的经费资助,以及历史学院与交叉科学中心的领导与同仁们的大力支持与协助,我也对他们表示衷心的感谢。此外,项目组成员——伦敦国王学院的朱子尧博士和南开大学历史学院的吕丹彤博士参与了书稿的整理和校对工作,在此一并致谢。由于本人水平所限,书中一定还有许多错误与不足,恳请读者们予以批评指正。

2023 年是恩师陈志强先生在南开大学开创拜占庭学科研究的第 40 年,同时也是他总主编的鸿篇巨著《拜占庭帝国大通史》的出版之年。我仅以这本小书作为贺礼敬献给老师,以表学生的感恩之情。追随老师的 22 年来,他渊博的学识和高尚的人品一直是我仰望的榜样,指引我在拜占庭研究的学术道路上努力前行。

武　鹏

2023 年 10 月于家中